第五项修炼
学习型组织的艺术与实践

［美］彼得·圣吉（Peter Senge）_ 著　张成林 _ 译

The Fifth Discipline
The Art & Practice of the Learning Organization

第 五 项 修 炼 系 列 典 藏 版

中信出版集团·北京

图书在版编目（CIP）数据

第五项修炼：学习型组织的艺术与实践 /（美）彼得·圣吉著；张成林译. -- 2 版. -- 北京：中信出版社，2018.2（2024.7重印）

书名原文：THE FIFTH DISCIPLINE：The Art & Practice of the Learning Organization

ISBN 978-7-5086-6905-2

I.①第… II.①彼… ②张… III.①企业管理－组织管理学 IV.① F272.9

中国版本图书馆 CIP 数据核字（2016）第 258184 号

THE FIFTH DISCIPLINE by Peter M. Senge
Copyright © 1990, 2006 by Peter M. Senge
Simplified Chinese translation copyright © 2017 by CITIC Press Corporation
This translation published by arrangement with Crown Business, an imprint of the Crown Publishing Group, a division of Random House LLC
ALL RIGHTS RESERVED
本书仅限中国大陆地区发行销售

第五项修炼——学习型组织的艺术与实践

著　　者：[美] 彼得·圣吉
译　　者：张成林
出版发行：中信出版集团股份有限公司
　　　　　（北京市朝阳区东三环北路 27 号嘉铭中心 邮编 100020）
承 印 者：三河市中晟雅豪印务有限公司

开　　本：880mm×1230mm　1/32　　印　张：15.75　　字　数：435 千字
版　　次：2018 年 2 月第 2 版　　　　印　次：2024 年 7 月第 28 次印刷
京权图字：01-2009-0848
书　　号：ISBN 978-7-5086-6905-2
定　　价：78.00 元

版权所有·侵权必究
如有印刷、装订问题，本公司负责调换。
服务热线：400-600-8099
投稿邮箱：author@citicpub.com

献给戴安

目录

推荐序　宋志平　真正的学习型组织永远在路上　// 7
　　　　秦　朔　解决问题需要回到整体，回归根本　// 11
　　　　成　甲　如何打造有超强能力的学习型组织　// 15
2017年第五项修炼系列中文版序　// 19
2009年扩充修订版中文版序　// 23

第一部分
我们的行动如何才能创造和改变现实

| 第1章 | 从个人学习到组织学习的五项修炼　// 003
　　　　从事一项修炼就意味着成为一个终身学习者　// 005
　　　　第五项修炼：个人看待自己和世界的新方法　// 013
　　　　心灵的转变：学习的深层含义　// 014
　　　　如何实践　// 016

| 第2章 | 你的组织有学习障碍吗？　// 020
　　　　障碍1　"我就是我的职位"　// 021
　　　　障碍2　"对手在外部"　// 022
　　　　障碍3　主动积极的幻觉　// 023
　　　　障碍4　执着于短期事件　// 024

障碍 5　煮蛙寓言　// 026
障碍 6　试错法的错觉　// 027
障碍 7　管理团队的迷思　// 028
学习障碍与修炼　// 029

| 第3章 |　是系统的囚徒，还是我们自己思想的囚徒？　// 031

消费生产和分销组织模拟实验：啤酒游戏　// 031
零售商　// 032
分销商　// 036
啤酒厂　// 041
系统结构影响行为模式　// 048
重新界定你的影响范围：如何改善在啤酒游戏中的表现　// 053
解决和改进问题取决于我们的思考方式　// 058

第二部分
第五项修炼：学习型组织如何看待世界的基石

| 第4章 |　第五项修炼的法则　// 065

法则 1　今天的问题来自昨天的"解决方法"　// 065
法则 2　你越使劲儿推，系统的反弹力越大　// 066
法则 3　情况变糟之前会先变好　// 068
法则 4　选择容易的办法往往会无功而返　// 069
法则 5　疗法可能比疾病更糟糕　// 069
法则 6　快即是慢　// 070
法则 7　因和果在时空中并不紧密相连　// 071
法则 8　微小的变革可能产生很大的成果——但最有效的杠杆
　　　　常常最不易被发现　// 072
法则 9　鱼和熊掌可以兼得——但不是马上　// 074
法则 10　把大象切成两半得不到两头小象　// 075
法则 11　不去责怪　// 076

| 第 5 章 |　**心灵的转变**　// 077
　　重新看世界　// 077
　　观察因果循环　// 083
　　正负反馈和延迟：系统思考的积木块　// 089
　　正反馈：发现微小变化是如何增长的　// 090
　　负反馈：发现稳定因素和抵制的来源　// 094
　　延迟：事情会发生的……等时候一到　// 099

| 第 6 章 |　**把系统观点融入实践：掌握系统基本模式**　// 103
　　基本模式 1　增长极限　// 105
　　基本模式 2　转移负担　// 114

| 第 7 章 |　**是自我局限，还是自我持续地增长**　// 125
　　当我们制造自己的"市场局限"时　// 125
　　既见树木，也见森林　// 135

第三部分
各项核心修炼：建设学习型组织

| 第 8 章 |　**自我超越**　// 141
　　学习型组织的精神　// 141
　　超越和精通　// 143
　　"我们为什么需要它"　// 145
　　抵制的声音　// 147
　　自我超越的修炼　// 148
　　自我超越与第五项修炼　// 171
　　看清我们与世界的联系　// 173
　　在组织中培养自我超越　// 176

|第9章| 心智模式 //179

- 最好的想法为什么会失败？ //179
- 孵化新的商业世界观 //183
- 在实践中进行心智模式的修炼 //187
- 把学习实践制度化 //191
- 工具和技能 //192
- 心智模式的修炼 //193
- 协调一致重要吗？ //205
- 心智模式与第五项修炼 //207

|第10章| 共同愿景 //209

- 共同的关怀 //209
- 共同愿景为什么关系重大？ //211
- 建立共同愿景的修炼 //215
- 愿景的推广：加入、顺从和投入 //221
- 共同愿景与第五项修炼 //229

|第11章| 团队学习 //236

- 协同校正的智慧潜力 //236
- 团队学习的修炼：让团队智商超过个人智商 //241
- 学会如何"演练"：深度汇谈 //264
- 团队学习与第五项修炼 //271

第四部分
实践中的反思

|导 读|

|第12章| 反思型文化的基础 //280

- 建立深度交流的反思型文化 //280

人的成长 //284
把组织看成生命系统 //289

| 第13章 | **学习型文化的推动力** //295
不同的变革方式 //296
建设适应性组织 //298
业绩与幸福感是动力来源 //304

| 第14章 | **战略思考与8种应用策略** //307
用战略眼光思考和行动 //307
策略1 学习与工作的结合 //311
策略2 从现有条件和人力出发 //318
策略3 学会双向交流的文化能力 //321
策略4 建立演练场 //325
策略5 与核心业务联系起来 //328
策略6 建设学习型社区 //332
策略7 与"对手"协作 //335
策略8 开发学习型基础设施 //338
创造现实而非贴标签 //341

| 第15章 | **领导的新工作** //343
领导即设计师 //347
领导即老师 //356
领导即受托人 //361

| 第16章 | **系统的公民** //370
看清系统 //372
实践系统 //378
面向未来的教育 //391

| 第 17 章 |　**未来的前沿**　// 393
　　发现并运用自然的模式　// 394
　　新型领导者　// 397

第五部分
总　结

| 第 18 章 |　**不可分割的整体**　// 409

| 附录 1 |　**五项学习修炼**　// 413
| 附录 2 |　**系统基本模式**　// 419
| 附录 3 |　**U 型过程**　// 433
| 注　释 |　// 437
| 2006 年英文修订版致谢 |　// 463
| 译后记 |　学习型组织不是"学习型组织"　// 466

推荐序

真正的学习型组织永远在路上

宋志平

中国建材集团有限公司董事长

中国企业改革与发展研究会会长

在诸多阅读过的管理学书籍中,我对彼得·圣吉教授在《第五项修炼》中提出的"学习型组织"情有独钟。在快速变化的市场环境中,在充分竞争的领域,仅仅依靠一两位优秀领导的经验是不够的,仅仅靠少数人学习也是不够的,而是整个团队都要学习。为此,我一直把建立学习型组织作为做企业的一个基本目标,在北京新型建材厂任厂长时,我提出"像办学校一样办企业";在中国建材集团,我常对大家说的一句话就是"把时间用在学习上,把心思用在工作上"。建设学习型组织正是中国建材集团进入世 500 强的重要因素。

学习型组织理论并不只是要大家多读几本书,不只是讲学习或者培训什么科目,而是告诉我们如何通过系统的学习和交流互动,使组织更具活力和生命力,达到不断进取、自我更新、整体提高的目的。像企业里举办乒乓球赛等活动,其目的不仅是锻炼身体,更重要的是增加员工互动。美国管理学大师彼得·圣吉在《第五项修炼》中,归纳出学习型组织要进行的 5 项修炼:建立共同愿景、加强团队学习、实现自我超越、改变心智模式、进行系统思考。

共同愿景可以简单描述为"我们想创造什么",是组织成员共同的愿望、共同的价值观。杰斯帕·昆德在《企业精神》一书中讲道,"在未来的公司内,只有信奉者生存的空间,却没有彷徨犹豫者立足的余地"。我非常认同这句话。一个企业团队应该是一群拥有共同愿景、对事业有着忠实信仰的人,不信奉企业价值观的人不在此列。共同愿景用共同的事业把大家联在一起,是学习型组织最强大的推动力。中国建材的愿景是建设具有全球竞争力的世界一流企业,打造创新能力、盈利能力、管控能力、国际市场竞争力、品牌知名度、企业美誉度这"6个世界一流",这既是我们的战略目标,也是我们的共同愿景,这个愿景极具感召力,已经成为广大干部和员工奋斗与奉献的力量源泉。

团队学习不是团队成员学习成果的简单相加,团队学习必须由成员共同参与、共同完成,是成员互相配合、实现目标的过程。在中国建材集团,每年的1月份都是非常繁忙的,这个月是会议月、沟通月、思想月。整个月,我都会奔波于全国各地,参加重要子企业的年会。通过这种面对面的沟通交流、总结反思,整个团队统一了思想,加深了对企业新一年经营思路的理解,为全年工作奠定了思想基础。就这样,原本生产经营的淡季变成了思想交流的旺季。团队内部的交流互动有助于提高组织质量,提高企业效益和价值。在中国建材集团,团队学习沟通是我们众志成城的重要秘诀。

自我超越源于对愿景的追求和对工作创新的追求。在组织中,有愿景的人才有可能去超越,既超越别人也超越自我。自我超越的人是不断学习,追求工作尽善尽美的人。凡事总想做到最好,这样的人才能超越自我,才有爆发力。自我超越之所以能持续实现,除了人的天赋外,根本原因是不断学习和实践,是一个"学习—实践—再学习—再实践—成功"的循环往复的过程。如何成为能够自我超越的人?我曾对年轻人说:要想强大,一要忠诚,忠诚于事业、忠诚于团队;二要勤奋,别人休息、娱乐时,你在工作、读书,只有比别人付出更多,才能比别人强大；三要有激情，甘于奉献，充满活力。我们要有崇高的人生理想和可敬的自我牺牲精神，在一生的奋斗过程中，不断超越自我。

心智模式就是常说的心理定势。改变心智模式就要由直线思维变为发散思维，考虑更多的因素和可能性。企业在制订战略、重组、定价等方面，都存在着心智模式的突破。拿建材行业来说，作为一家央企，我们要做行业排头兵，参与国际竞争，实现这个目标就要跨越企业分散、恶性竞争、集中度低等诸多屏障，以往的发展模式走不通，就必须换一种思路。在成长方式上，采取联合重组模式，而不是建新线，加增量；在盈利模式上，着眼于稳定价格，然后降低成本来取得效益；在竞争模式上，倡导包容性的理性竞合。这些心智模式的突破，引领了行业的思想变革，推动了企业的快速成长和建材市场的健康发展。

系统思考是相对于局部思考而言的，在学习型组织建设里是很难的修炼。进行系统思考要抓住三点：一是从局部思考扩展到全局思考；二是扩大思考范围；三是更新思考方式。在一个系统里，事物之间彼此关联，互相影响，虽然每个局部都是一个增量，但加起来却不一定是增量。所以从局部考虑问题看似正确，但放到系统里不一定对。这就要求企业认真观察环境的变化，系统地研究问题。

团队组织的质量，主要取决于组织不断学习和创新的能力。企业如何立于不败之地？答案就是建立学习型组织。一个好企业必定是一个学习型组织。学习型组织（learning organization）的英文原意并没有"型"或者"类"的含义，而是指"不断学习的组织"，真正的学习型组织并非一劳永逸，而是永远在路上。

推荐序

解决问题需要回到整体，回归根本

秦朔

资深媒体人

彼得·圣吉被认为是继爱德华兹·戴明、彼德·德鲁克后又一位杰出的管理学大师。孔子说过"七十从心所欲不逾矩"，即达到一种对问题的思考和认知非常自由，同时又不会逾规越矩的境界。彼得·圣吉正是如此。

他在《第五项修炼》开篇提出了一连串问题：空气是突然被污染的吗？水质是突然变坏的吗？为什么在一个组织中，个体智商可能达到120，组织的整体智商却只有62？为什么20世纪70年代财富500强的公司，短短10年后，三分之一都已消失？彼得·圣吉认为，所有这些问题，最终都是"学习"的问题。中国古语"学而时习之""吾日三省吾身"代表了个人反省学习、不断超越自我的状态，学习型组织则不仅针对个体，还涉及一切组织、企业和国家。

彼得·圣吉非常推崇中国文化，他认为西方人解决问题，大多是用片断式的、静止的、机械的、拼接零件式的方法，而东方"天人合一"的思想则提倡人和世界是一个统一体。所以，《第五项修炼》提出的系统思考模式旨在为人类打开一个新局面，活出生命的意义，让生命生机盎然。彼得·圣吉希望利用系统化方法让组织愿景同个人愿景真正地融为一体。

我在1996年前后初读《第五项修炼》时写过书评,2017年又应《总裁读书会》邀请做了一期节目,重新阅读这本书,发现经过几次修订,内容有了很多变化。之所以有变化,是因为学习型组织不仅是理论,更重要的是实践。彼得·圣吉于1990年在麻省理工学院斯隆管理学院成立了一个组织学习中心,当时就有很多美国知名大型企业在那里学习,包括苹果公司。彼得·圣吉由此积累了丰富的案例,又通过案例反馈到理论中,不断充实,所以就有了后面的迭代作品。

回到开头说到的污染等一连串问题,彼得·圣吉认为,是人与世界的关系出了问题。我们是怎么看待周围的世界的?我们称其为自然资源,其实是把它当成了一个可利用的东西,实际上是把我们和外部环境分割开了。而在中国传统智慧中,两者是不可分割的,即"天人合一"。为什么个人智商很高,组织智商很低?本书称其为"组织智障",即组织的智能出现了问题,根本原因也是分割。组织里的每个人心中都有很多假设,但没有深度对话,没有通过对话找到共同愿景,所以形不成"一",而是各怀心事,无法凝聚。

最近几年,全球出现了一些"黑天鹅"事件,目前是一个充满变局和不确定性的环境。现在读《第五项修炼》,对我们有着特别的意义。

为什么彼得·圣吉能写出这样一本书?我认为有两个原因。第一,他是一个跨界型人才。他毕业于斯坦福大学理工专业,善于用系统观点观察一项发明创造,比如最早的商业航空飞机是由5项关键技术构建的,这即是"五项修炼"最初的思考雏形。他一直保持着系统思考,同时又有跨界思维。第二,后来他在斯隆管理学院学习时,发现几乎每一个大型公司的领导者都有应对外部变化的正面案例和反面教训。比如他在书中提到荷兰皇家壳牌公司从1971年就开始运用情景学习方法,来研究应对未来外部形势变化的战略,设定多情景预案,进行预演。其中一个准备就是企业投资和文化的多元化。当时壳牌石油已经在100多个国家和地区开展业务，后来石油输出国组织欧佩克（OPEC）诞生，油价和储量剧烈变化，而壳牌公司却从世界七大石油公司中最弱小者上升到与埃克森（Exxon）并肩称雄的地位，就是因为通过情景学习，进行了多元化投资，分散了风险。

所谓"五项修炼"，第一是自我超越。即我们每个人在组织中是否能为自身的最高愿望而存在，为自己真心向往的生活方式而工作，这是自我超越最重要的方向。彼得·圣吉认为，组织的成长基于个人的成长，而个人的成长基于内心的向往，并经由日常工作去实现。现在很多企业层级问题严重，组织中新的成员、新的声音和不同的意见不能被听见；同时也有一些优秀的公司会创造场景，让组织里最基层的员工感受到他们在组织中的意义。比如顺丰控股在深交所重组更名上市时，邀请了当年送快递被无辜殴打的一名员工去敲钟。创造这一场景的目的其实是让每个人在组织中都能感到被尊重，并得到关怀，每个人被视作完全平等的一员。所以，一定要在组织中创造自我超越的环境：让新的声音能够被听到，让不同的声音能够被听到，让提出不同意见的人能够被包容，让个人能够在组织中释放真实自我。

第二是心智模式，即我们看待世界、看待对方、看待彼此的框架。这个框架是我们看问题的角度，包含了我们的信念、思考方法和立场，并且这个立场与我们以往的经验也是高度关联的。

比如腾讯最早是由5个人创办的，创始人马化腾非常清晰地意识到要用一个好的团队来代替一个人的领导，这是腾讯的模式，也体现了马化腾的谦卑和节制。有这样心智模式的公司就容易获得成长。心智模式的不同，也会使整个公司的架构、战略和格局大有不同。所以，一个企业创始人的心智模式决定了这个企业能走多远。在某种意义上，公司的天花板不一定是能力的天花板，但一定是心智模式的天花板；你的能力不一定很强，但是可以通过改造、引进新的人才来提高。

第三是团队学习。很多优秀的公司都会用各种各样的方法进行团队建设，而团队学习离不开共同愿景，这就是第四项修炼。通过团队学习，最终让整个组织找到既能把每个人的努力和奉献包容其中，又能超越个人目标之上的共同愿景。很多公司往往会混淆目标和共同愿景。目标通常是一些短期的考核指标，这会让人觉得公司和我的关系只是围绕着冰冷的KPI（关键绩效指标）；KPI当然重要，但我为什么要完成这样的KPI，这个KPI背后有哪些东西是可以激发我内心动力的？对于共同愿景的探讨反而比较少。阿里巴巴在创立之初有三个共同愿景：第一，未来有一天能跻身世界十大网站；第二，"让天下没有难做的生意"，服务小企业；第三，成为一家百年老店。提出这样的共同愿景，核心不是财务数字，它真正的核心是，我要让外部的世界因为我的存在，而有正向的改善，有长久的价值。共同愿景其实是在打造整个组织共同努力的长期激励氛围。

最后的第五项修炼，也是作者认为最重要的一项修炼，就是系统思考。我们今天的世界、环境和组织往往都是割裂的，我们所处的是一个整体，但这个整体往往会被简单化的思维割断，变成了线性、片断、局部的观念。而学习型组织对我们的启发是，要解决一个问题，需要回归本源，找到背后的真正动因，然后从这个动因出发，经由一整套的修炼方法和技巧，一步步解决，系统攻坚、超越前进。

总之，学习型组织的很多观点对于我们如何能够回到整体、回到根本、回到真心有很大的启发。希望这本书能够对我们每个人的工作、生活和学习都有所帮助。

2017年12月

推荐序

如何打造有超强能力的学习型组织

成甲

《好好学习：个人知识管理精进指南》作者

罗辑思维得到 APP 节目说书人

北京京都风景生态旅游规划设计院常务副院长

《第五项修炼》是一本极其经典的管理学著作，被《金融时报》称为有史以来最伟大的 5 部工商巨著之一，被《哈佛商业评论》称为过去 75 年最具影响力的管理类图书。在这本书中，作者明确提出了"学习型组织"的管理理念，以及如何通过五项修炼来打造一个有超强学习力的学习型组织。

他认为，一个组织能够拥有长期竞争力，关键在于他们有比竞争对手更快、更好的学习力。那何谓学习型组织呢？和通常公司组织培训、学习新业务、新知识不同，学习型组织是指组织中的每个人都充满了学习的热情和能力，并能在合作的过程中不断地互相启发，同时这个组织在创新和试错中又能够不断地自我成长和进化。

要打造学习型组织，需要了解三个问题：

一、关于五项修炼

1. 自我超越。从个人角度而言，自我超越是指要有不断超越自己能力的愿望，有热情和动力去好好学习。从安于现状到自我超越的转变，就是我们要修炼的第一项能力。

2. 心智模式。每个人对世界都有一些固定的想法、观点以及思考问题的方式。人之所以每次采取相同的行动，背后的原因就是因为我们的心智模式没有发生变化。所以，如果你想要精进自己的行为，提升自己的能力，其实真正要改变的是你的心智模式，让自己理解和认识这个世界的方式更合理。

3. 共同愿景。从团队的角度而言，共同愿景指的是组织里的所有人拥有一个共同的目标，能够心往一处使。所以，一个组织要建立学习热情，第一步是让大家达成共识，有共同目标。

这需要花费大量时间去探寻，是一个团队在长期成长过程中至关重要的一环。

4. 团队学习。是指要让团队的每个人都能够亮出自己的心智模式，彼此能够互相交流、互相启发，从而让这个团队快速地学习和进步。

5. 系统思考。这是一种从整体、全局出发的思考方式。它打破了传统那种局部的、简单的、单因果的思考方式。认为这个世界是一个系统，而且是相互联系、彼此影响的。

二、为什么第五项修炼特别重要

1. 不懂系统思考的人，往往会把组织当做一个机器来管理；而懂系统思考的人，则会把组织看作一个生命体来管理。前者倾向于认为一个组织是用来控制的和完成业务目标的。而每个人就像机器上面的一个螺丝钉，只需要做好自己职责范围的事情。比如，部门之间相互扯皮，员工只完成本职工作不思考公司全局，都是基于管理机器的思考模式来处事的。

2. 类似管理机器的思考方式带来的问题，总结起来主要是存在两方面的认知误区：

（1）误区一，简单短视的单因果思维方式，导致被眼前的问题牵着鼻子走。

（2）误区二，只能从局部视野来看问题，看不到全局的关系。思路决定出路，认知的高度决定行动的效果，系统思考就是帮助我们提升认知水平的重要工具。

三、如何运用第五项修炼

培养人的认知习惯是需要时间的，但如果知道一些训练的方法，就能事半功倍，加速提升认知能力，《第五项修炼》便为我们提供了方法和工具。总结起来，就是"一个方法，两个模型"。

1. 一个方法——找关系

找关系不是指托人找关系，而且我们通常解决问题的习惯是找原因，而系统思考是梳理系统中各个事物之间的关系。比如：把汽车本身看做一个系统，那么在这个系统中，就有汽车速度、油门、刹车这三者之间形成的关系。油门越大速度越快，刹车越紧速度越慢。这个世界上看起来纷繁复杂的各种事情，归根到底只有三种关系：

（1）正反馈。两件事情的关系是正相关的，A增加，B会进一步增加。比如，越踩油门速度越快。

（2）负反馈。不是说一定起负面的作用，而是指它起着稳定作用。比如，越踩刹车速度越慢。

（3）延迟。事情A发生之后并不立即导致事情B发生，而是中间会有一段时间的间隔。比如打开水龙头的热水，可能要十秒钟以后才会出热水，这个过程就有了十秒钟的延迟。反馈的时间决定学习的效果。比如，学生时代"三天一大考两天一小考"的机制，目的就是通过及时反馈从而改进，如果三年一考，成绩肯定大幅下降。

2. 两个模型（系统基本模型）

（1）增长极限的模型

一件事情如果刚开始运行得很顺利，发展很快，那这种快速地增长一定会导致副作用，会让整个系统慢下来甚至大幅下降。比如，一个优秀的演讲者会有可观的收入，但是也会产生副作用，就是你的应酬会变多，导致没有时间更新新的知识，最后丧失名气。

（2）转移负担的模型

遇到问题的时候，先解决它表面露出来的症状，把难解决的负担转移成容易解决的负担，这其实就是"治标不治本"。转移负担模型是由两个负反馈构成的：一个负反馈就是"治标"，比如用喝醉酒来缓解现在的压力；另一个是"治本"，我承认自己现在做的不好，然后花很长时间努力改变自己。站在系统思考的角度上，你要选择治本的路或标本兼治，但不应该沉溺在治标的暂时缓解压力上，不然未来会带来更大困难。

当然，书中还有更多有用的模型和观点。不过，如果我们从总体来看，《第五项修炼》这本书基本是从两个方面给我们启示：（一）从个人角度出发，需要我们不断超越，校正自己心智模式。（二）从团队角度出发，团队需要共同学习，实现共同愿景。而这一切，都应当建立在第五项修炼——系统思考的基础之上。掌握系统性思考有助于我们更快找到问题的根源，运用"一个方法、两个模型"，坚持修炼，个人和团队的学习力一定大幅上升。

本序改编自：得到APP"每天听本书"节目内容（感谢作者与得到APP授权使用）

2017年第五项修炼系列中文版序

自《第五项修炼》中文版出版至今10年间,中国内部发生了很大变化,她在世界上的地位亦然。中国不再以追赶西方作为驱动力——在许多方面,中国已经与西方国家并驾齐驱了。尽管中国是一个巨大而复杂的社会,但中国目前已有约4亿人属于"中产阶层"了,物质生活水平以如此惊人的速度提升,在人类历史上前所未有。

不过,中国的崛起也带来了自身文化的困惑。拥有如此深厚、绵长,历经5 000多年滋养的文化认同感的国家为数甚少。然而,消费主义的理念已经逐步影响了这个社会。许多人担心,这样的社会将会渐渐取代"中央王国"的自我意识,"香蕉"——外黄内白,这个部分中国人会用来自我描述的标签,尖锐地表达了这种担心。鉴于西方生活方式以极为迅疾的速度发展,设想再经过一两代人,中国传统文化或将仅仅是一个局限于书籍、电视剧等大众媒体的浪漫主题,这种情况恐怕不是凭空幻想。这很像当今的美国人还可以观看一些有关"老西部"的电影,但心里清楚,那是一个已经永远逝去的时代。

此类深层文化动荡也可以是生成的机缘。以"我们永远是中国人"或者"我们可以先学习西方,而后再创造我们独特的发展模式",以及"中国文化是这个世界上至高无上的文化,并将永远如此"等简单假设为基础的文化自满自足已经日渐失去影响,取而代之的是超越迷信,超越过去一百多年来由殖民占领和后来的消费主义塑造成形的种种扭曲观念,进而对更深入领悟中国文化的种种根本的真诚关注。

我自己对于这种觉醒有切身了解。我有幸成为南怀瑾大师的学生历时十年，近年来，我遇到的许多中国人最希望探讨的，就是中国传统文化及其与学习型组织的关系。尽管《第五项修炼》和其他相关书籍显然在西方有其历史成因，但最令我感到神奇的是，这些书籍对于许多中国人来说，已经成为某种门径，开启了他们自己对于管理和领导力的人本认知，开启了他们自己对于不同组织对培育超越效率和利润的福祉做出真正承诺时，存在何种可能的人本认知。

随着中国以一个领导者的身份逐步登上全球舞台，对于中国文化自身认知的种种根本，进行这样的深层探寻尤为重要。中国如何以一个全球政治领导者的角色呈现自己呢？所有现代工业国家的种种政策都存在同样的局限：以牺牲社会与文化方面的各种进步为代价，执迷于GDP（国内生产总值）增长，以资源为目的压榨欠发达国家的历史，沉迷于在政治上将我们相互隔离的"民族—国家"的人为边界——即便对那些与我们分享共同利益的人们来说也是如此。中国在多大程度上能够从工业时代的地缘政治藩篱中脱身呢？

我相信，我们从中国开始在全球社群如何面对全球气候变化的深层威胁的过程中扮演的角色，已经开始看到了这样的"脱身"。多年来，中国一直在采取行动，加速能源结构调整，尽管外界对此几乎一无所知。自2009年启动的历史性碳减排承诺起，中国就已将自身投入了一条激进的道路：终止并最终逆转温室气体排放的灾难性增长。不过，这些承诺最初在西方几乎无人知晓。我对此有所了解，是因为在我做过的一些公开演讲中，我会就此向那些在这个领域中博学多闻的听众们提问，但几乎没有人知道这些在2009年已经做出的承诺。在我看来，这是一个有力的证据，由此可见，无论在中国之内或之外，对于中国作为一个全球领导者的积极作用，都还没有做好准备。

随着历史性的《联合国气候变化框架公约》于2015年在巴黎签订，情况开始变化了。此时，那些与联合国这项议程有密切关系的人们意识到，地缘政治之风已经变换了方向。他们认识到，如果不是中国已经做出了承诺并持续前行，无论其他国家做了什么，巴黎协定的签订根本不会发生。实际上，当时在巴黎参会的多数人都了解，奥巴马总统做出的承诺不大可能获得国会批准，而这早在特朗普总统2017年戏剧性地宣布退出这项协定之前。虽然远不够理想，两个最大温室气体排放国家之一做出了深层变革的承诺，这对于许多国家就是足够的保证：我们在减缓并最终逆转全球气候的不稳定上，正在进入一个全球合作的新时代。

围绕气候变化的全球领导力量转变既具象征意义，又有实际影响作用。实际上，各个国家都被要求优先考虑长期的未来，而非各种短期的经济措施，各个国家也被要求以评价经济健康的同等重要程度，评价自然环境的健康，更要认识到这两者是密切相关的。他们还被要求以全球社群的形态合作努力，因为任何单一国家的行动——包括中国的行动在内，都是远远不够的。他们被要求真诚对待科学，即便这样做会挑战以往那些被奉为神圣的、"一切照常"的信念，比如，只关注GDP增长，而忽视社会和环境健康的指标。

这些都是领导力文化的改变，并非仅是其策略或手段的改变；而且我相信，恰恰就是在这个领域，而非其他领域，中国的觉醒可以产生更大的影响。几百年来，西方模式奉行的道德与伦理的完美理想，与"一切照常"的实际做法近乎背道而驰。然而，我相信，中国传统智慧的觉醒与对一种新型全球领导力的前所未有的需求相结合，当可创造出一种新的良性循环。

南怀瑾大师过去几十年的努力，着重于帮助中国领悟儒学传统的精神基础，以及如何将其与道释学问融会一体。他以为，在过去500年里，这种领悟大都遗失，但今天迫切需要。比如，他在《原本大学微言》中的全新诠释中指出，《大学》是一部以"领导力形成发展的七证反思空间"（知、止、静、定、安、虑、得）为根基的领导力培育手册。真正的领导力并非来自企图心或是源自地位的威权，而是来自于一个人一生专注培育自己的深入倾听能力：既倾听当下，又倾听若隐若现的生成，以及将自己的注意力从无论是金钱、权力，还是奉承等自我关注或他人的不良影响中释放出来。领导人必须培育孟子所说的"不动心"，以形成明晰的愿景。他们必须有诚信，才能因此而建构服务于更为远大目标的真诚协作。他们必须成为罗伯特·格林里夫所说的"仆人领导"，为一个更大缘起和整体的福祉服务。

超越"一切如常"的领导力需要智慧，并非只需要情感。我相信，如前述例子所示，我们所需要的智慧必须来自于重振全球各地的智慧传统，来自于展示这些智慧与我们今天所处困局的相关、相适。虽然这超出了中国自身的范围，但如果不是中国引领这个进程，我看不出还会有谁有力量引领。

南怀瑾大师在他生前最后一批著述中指出，自黄帝起，教化——教以成化，就是中国文化的根基。能够在今天全球化商业中有效竞争并成长的企业，必须拥抱一种对于学习的真正承诺——通过培育人，去培育一家企业。工作场所的人本价值观不应只是些口号，还必须植根于培育个人、培育包容性团队文化的不息进程之中。相比之下，基于家长式控制的碎片式工作文化的衰败，在政府和社会领域及商业中比比皆是，因为这些组织没有能力持续学习，没有能力适应今天无常变幻的世界。在各个层级上对于学习的这种深层次、全身心的承诺，一直以来就是各种学习型组织的标志特征，恰如持续评估我们共同为更大整体做出贡献的状态是系统思考的核心。

因此，在中国这个转折时刻，《第五项修炼》系列再版，我最大的希望是通过汲取往昔的深层智慧，为应对今天种种罕见难题尽微薄之力。试想一下以张载（1020—1077）在著名的《西铭》中的文字描述的一个全球领导力世界：

"乾称父，坤称母；予兹藐焉，乃混然中处。故天地之塞，吾其体；天地之帅，吾其性。民，吾同胞；物，吾与也"。

彼得·圣吉
2017年7月28日

2009年扩充修订版中文版序

20世纪90年代，《第五项修炼》中文版刚面世时，我们生活在完全不同的世界里。当时中国仍处在工业经济空前快速发展的早期阶段，美国仍然是毫无疑问的世界领袖，而气候变化还只是学术会议上使用的科学术语。

今天，我们已经来到世界历史的转折点：一面是过去150年来工业时代主导的经济与社会的变迁，另一面是刚刚萌动兴起、尚未冠名的新时代。新时代的主导变革力量已经不是意识形态，因为它完全出自所有人的需要。工业时代的扩张一直靠对自然资源的不可持续的攫取，并造成对传统生活方式的破坏，但这已经不可能再继续下去了。我们今天在使用一又三分之一个地球的资源，而且，按照目前的过度攫取资源的经济模式和扩张速度，局面还将迅速恶化。建设再生型经济的工作延缓越长，痛苦就会越大。工业增长和物质进步的好处，现在必须与社会福祉的综合需要相协调和平衡：在不断缩小的地球村里，人类间相互和谐相处，并与所有生命系统和谐相处，是我们的一项基本的生活需要。

在这样的历史时刻，我相信《第五项修炼》描述的基本理念和能力开发，比以往任何时候都更重要。对正在崛起的全球领导者，如中国和印度，尤其如此。

一切都要从创新开始。应对当今的各种挑战，我们必须超越反应式解决问题的模式。我们所需要的创新的规模和深度都是前所未有的。我们需要一个全新的能源系统、全新的交通系统和全新的教育系统。我们需要对工业时代"攫取—制造—废弃"的线性生产系统进行重新设计，转而模仿自然的循环生产系统。我们需要全新的农业系统：它能生产出健康的食品并促进农村社区和生态系统的健康。我们需要重新发现自我：作为人，而不是消费者，我们要生活得更好，就必须修炼身心，以加深对相互依赖性的体悟。目前我们还没有支撑这种创新的管理体系。这个时代的管理挑战，就是一个根本的转型：从基于攫取自然和社会资本、专门为私利而进行的创新，转向为滋养社会和生态的健康福祉的创新。

只有通过领导力开发，才能创立新的管理体系。各类组织和许多个人敢为人先的行动就是这种领导力的表现。世界各地的组织机构都在进行艰苦的努力，探索对这种领导力的培育之道。大多数走上领导岗位的人都经历过"适者生存"式的激烈竞争，都学会了如何有效地宣扬自己的观点，都学会了玩弄政治游戏，比如如何取悦老板。以这样的方式训练出来的人，如何能鼓励团队协作？如何能进行系统思考？又如何能为建设更健康的社会发挥必要的想象力？

首先，我们需要一种新的领导力模式，并把它与组织变革联系在一起。在第一版《第五项修炼》中我讲过，必须放弃旧观念，即领导人就是占据权位而自动出现的；必须拥抱领导的"新工作"，即作为设计师、老师和受托人的新工作。掌握这些新领域的工作技能，对占据高级职位的人至关重要。然而，学习型组织的决定性特征，是优秀的领导者广泛分布在组织的各个角落，而不是只处在高位。这个时代的决定性特征也与此类似，当前的危机不能只由处在等级体系高层的总统和总理们单独解决，而必须激发社会各个阶层人群中的集体智慧和才能，以及承诺和投入。简言之，新一代领导者的培养，与学习型组织和学习型社群的开发，是同一枚硬币的两面：把新的领导力和新的组织文化有力地联系在一起的正反馈过程，将给未来的各种社会变革注入强大动力。

其次，我们必须重新挖掘古老文明中仍然保留的、有关领导力开发的传统智慧。儒家传统认为，要成为领导者必须首先学会如何做人："学而优则仕。"①换句话说，理解领导力变革的第一步，就是领悟到我们的领导力必须通过修炼，通过我们大家都参与的修炼，才能实现。在修炼方面中国有各种各样丰富的历史传统，使这些传统具有生机活力的学习实践精神，是未来的变革要求的，必须重新激发。学习系统思考、实践对心智模式的反思，或进行自我超越的修炼，是没有捷径可走的。这些都需要终生的努力。

然而，当前的需要还是有一个重要的不同之处。大多数修炼传统都聚焦在个人身上，而建设真正的学习型文化所要求的修炼，除了个人方面以外，还必须有集体的方面。建设深度汇谈的容量能力（capacity）②，即依靠集体智慧也同时生发集体智慧的、真正的共同思考和共同行动，必须在工作团队中培养；从最基层一直到最高层都是如此。同样，建立共同愿景的容量能力也不是个人的技能，它要求大家真正学会相互聆听，并且聆听正在通过我们大家身上发生和成长的东西。我的好朋友木村靖彦（Yasuhiko Kimura）在日本出家之后，曾去印度修学，并有了开悟的经历。他领悟道："这个时代已经不再是个人修炼的时代，而是集体修炼的时代。"这是我们在世界各地学到的经验：要建设学习型组织，除了

---

① 原文"to become a leader, you must first become a human being"，意为："要成为领导者，你必须首先要成为人。"译文内容出自《论语·子张》："子夏曰：仕而优则学，学而优则仕。""学"，本是"修学"，是学礼、学做人，是为人之学、做人之学，即儒家修身、立德之"内圣之学"，或"大学"。详见第15章"'领导'是什么意思？"一节。——译者注

② capacity 一词有容量、容积、能力等意思。容量能力建设，capacity building，一般译为能力建设。在此它指组织团队在有相对稳定边界和安全感的"容器"（container）之内，进行深度汇谈和各项学习修炼，达成集体凝聚力和开放性的智能生命活力，包含理解力、包容力、行动力和变革力。特别见第11章"团队学习的修炼"一节。——译者注

个人以外还必须有团队和更大的网络，来共同对实践和成长进行不断的投入。

回顾过去20年的历程，我对国际组织学习学会（SoL）这个全球社群中发生的理论和实践的持续演进，深有感触。这些经历都反映在我即将在中国出版的一系列著作里。继1990年《第五项修炼》问世之后，我们于1994年出版了《第五项修炼·实践篇（上）》，它主要针对在日常管理和领导工作中如何融入学习型组织的实践，以及如何应对其中的实际问题和挑战。5年以后又出版了实践篇下册，它主要针对保持深层变革势头的过程中会反复出现的挑战，介绍了成功的领导者在应对这些挑战时所使用的策略和方法。2000年出版的《知行学校》（*Schools That Learn*）描述了教育工作者如何应用这些原理和工具，使学校超越工业时代"组装线"的模式。2004年出版的《第五项修炼·心灵篇》（*Presence*）一书探讨的是比较微妙而又略有不同的问题：为什么在建设学习型组织的工作中都使用同样的基本工具和方法，有些经理人做出了出色的成绩，而另外一些经理人却收获甚微？我们采访了数百名"实践大师"（其中有好几位也给增订版《第五项修炼》中"实践中的反思"部分贡献了内容），还有认知科学家、物理学家和创造过程专家。我们得出的结论是：领导力的本质不在于简单的行动和目标，而在于一种更微妙的身心状态，它使领导者与现实有更深层的连通，能够"感知并促生正在呈现的东西"。最新一本书《必要的革命》，又回到了描述基本工具和核心理念在面对前述"可持续发展"挑战中的应用。

在这个过程中，由于《第五项修炼》在中国的畅销，我有机会了解当代中国，也了解中国传统文化，并开始感知正在那里呈现的未来。

南怀瑾大师讲到，我们正在进入"新认知科学"的时代，必须对人类如何观察世界有新的理解，对观察结果所进一步产生的行为有新的理解。假如我们把世界看成是"自然资源"，我们就会去掠夺。假如我们把世界分成"中国人和外国人"（或美国人和其他国家的人），我们就会以防卫和保护自身利益的心态行事。假如我们把世界看成是外在的"物体"，我们就会去摆布和操控。这里，古代修炼传统、现代科学和管理创新有可能整合。新的认知科学可能把对人类意识的知性理解与修炼身心意识的感性过程结合起来，进而整合科学知识和精神修炼。这会成为东方文化和西方文化的真正的沟通桥梁，而且是通过个人和集体两方面的修炼实践完成的。最终我们需要的不是书籍和科学刊物，也不是冥想静修营，而是影响社会的组织机构平日进行的转化工作。这包括在企业界、教育界、卫生医疗和公共管理领域去创造活的组织，去滋养人的生命，去丰富社区生活乃至自然界的生命。

过去十年间我曾听中国朋友讲，《第五项修炼》的理念与"中国传统的思考方法非常和谐一致"。对我个人来说，这是个很让我欣慰并富有启发性的经历。但在中国，理论和实践之间有一定的差距。因此，核心任务是把中国传统文化对系统世界观和个人修炼的理解，转变为在真实的组织环境中的实践。

为了与中国的组织机构合作，共同创造新的管理体系和培育新的领导力，我的中国同事和合作伙伴新近筹划和创建了索奥中国这个平台，并且为这部《第五项修炼》全新扩充修订版的中文翻译出版发挥了重要作用。全球社会正处于重要历史关口，索奥中国只是建设东西方管理文化沟通桥梁的一小步，目的是推进集体学习修炼和创新的实践。

中国在过去30年里发生了巨变。我认为，今天是中国未来发展的新转折点，中国在未来30年将成为真正系统性的学习型管理体系的共同创造者。这一新的转变无疑将要改变中国，也将改变世界。索奥中国的同事和伙伴致力于为这一转变贡献微薄之力。许多人在大学课堂中学习《第五项修炼》，我感到很高兴，但我们需要在管理企业的日常工作中进行系统思考的实践、自我超越的实践、建立共同愿景的实践、深度汇谈的实践和反思心智模式的实践。这样，我们就不仅在学习如何建设学习型组织，而且学习建设学习型社群和学习型社会。我认为，只有通过这些实践，才能找出培育社会和生态的健康与福祉之路。

彼得·圣吉

2009年7月20日，马萨诸塞

第一部分 我们的行动如何才能创造和改变现实

The Fifth Discipline
The Art & Practice
of the Learning Organization

| 第1章 |

从个人学习到组织学习的五项修炼

从很小的时候起,我们接受的教育就是如何拆解问题、如何拆分世界。这样做显然会使复杂的任务和课题变得更容易些,但是,我们却在无形中为此付出了巨大代价。我们丧失了对更大的整体的内在领悟能力,再也看不清我们采取的行动所带来的各种后果。而当我们试图"考虑大局"的时候,我们总要在脑子里重新组装那些拆分出来的部件,给它们编组列单。然而,正如物理学家戴维·波姆(David Bohm)所说,这种做法是徒劳无益的——就好比试图通过重新拼起来的碎镜子来观察真实的映像。所以在一段时间之后,我们便干脆完全放弃了对整体的关注。

本书中所描述的工具和理念就是为了破除这种幻象,即认为世界创生于分立的、互不相干的力量的幻象。一旦放弃了这个幻象,就是另外一番天地:我们便能建设"学习型组织"——那里,人们为了创造自己真心渴望的成绩而持续拓展能力;那里,各种开阔的新思想得到培育;那里,集体的热望得到释放;那里,人们不断地学习如何共同学习。

由于世界的联系变得更加紧密，商业活动更加复杂多变，因而工作就必须更加"富有学习性"。在过去，组织中只要有一个像福特、斯隆（Sloan）、沃森（Watson）或盖茨那样的人去学习就够了，一切靠上面的人弄明白，其他人只需要听从"战略大师"的指挥，这种情况已经一去不复返了。真正能在未来获得成功的组织，将是那些发现有效途径去激励人们真心投入，并开发各级人员的学习能力的组织。

学习型组织之所以可能，是因为在内心深处我们都是学习者。婴儿不需要人教就知道怎么学习。实际上，婴儿不需要人教任何东西，他们天生就是好奇的、优秀的学习者——学走路、说话，以及基本独立地照料自己——管好自己的事。学习型组织之所以可能，是因为我们不仅有学习的天性，而且热爱学习。我们大多数人都曾经是某个优秀团队的一员，在团队中大家以不同寻常的方式共同做事——彼此间相互信任，取长补短；大家有着共同的目标，它比每个人的个人目标更大；并且团队最终取得了优异的成绩。我曾见过许多有过这种深刻团队经历的人，他们或来自体育界、演艺界，或来自工商界。其中有很多人表示，他们在后来的生活中一直想找回那种经历。这些人曾经经历的正是学习型组织。他们所经历的那些优秀的团队并不是从一开始就出色——它是"学会"了如何做出优异的成绩。

甚至可以说，全球范围的工商业社区都在学习如何共同学习，都在变成学习型社区。过去，很多产业都只被一个企业主导，这个企业在行业中占据毫无争议的领袖地位，像IBM、柯达、富士施乐。但在今天，每个产业中都有数十个优秀的公司，制造业更是如此。中国、马来西亚和巴西的创新者牵动了美国、欧洲和日本的公司；韩国人和印度人反过来又牵动了中国、马来西亚和巴西的公司。意大利、澳大利亚和新加坡的公司完成了引人注目的改进，随后这些企业就产生了世界范围的影响。

工业社会的进化还产生了另一种对建设学习型组织的需求，从某种意义上说这是更深层的需求。大多数物质生活富足的人逐渐改变了对工作的价值取向：从一种丹尼尔·扬克洛维奇（Daniel Yankelovich）所说的"工具主义"工作观，即把工作当作达到目标的手段，到一种更"神圣的"工作观，即寻找工作的"内在"利益。[1]"我们大多数人现在每周只需要工作到周二下午，就能挣到我们的祖父辈每周工作六天才能挣到的钱，"汉诺瓦保险公司（Hanover Insurance）首席执行官奥布赖恩说，"只有当我们把组织机构建设成超越对食物、住房的需要，超越从属关系的组织，建设成符合人们更高志向的组织，管理中的动荡纷扰才会消失。"

此外，现在持这种价值观的人许多都处在领导岗位。我遇到越来越多的组织领导人，尽管还是少数，但他们都感到，由于工作的社会性，作为组织社会活动的工作场所的性质，正经历一种深刻的演变；而他们则是这种演变的部分参与者。"我们为什么不能在职场做让人满意的工作？"赫尔曼－米勒公司（Herman Miller）前总裁爱德华·西蒙（Edward Simon）曾提出这样的质问。我现在经常能听到这种质疑的声音。联合国前秘书长科菲·安南在创建"全球契约"（Global Compact）项目时，曾邀请世界各地的企业来建设学习型社区，以提高劳动者权益以及社会与环境责任等方面的全球标准。

也许，建设学习型组织的最主要原因是，我们直到现在才开始理解这样的组织所必须具备的各种能力。在很长一段时间里，建设学习型组织的努力就好像在黑暗中摸索，我们只能逐步理解建设这种组织的路径、技巧和各类知识。学习型组织与传统靠权威专制的"控制型组织"的根本区别，就在于它对某几项基本训练功夫的熟练掌握。这就是为什么"学习型组织的各项修炼"至关重要的原因。

从事一项修炼就意味着成为一个终身学习者

1903年12月的一个寒冷而晴朗的早上，北卡罗来纳州基蒂霍克镇的莱特兄弟用一架并不结实的飞行器证实了动力飞行是可能的，并由此发明了飞机。但是，面向普通大众的商业航空服务，直到30多年后才出现。

当一个想法在实验室中被验证为可行的时候，工程师们会说：一个新概念被"发明"了。但概念发明以后，还要在有实用价值的成本范围内，以一定的规模进行可靠的复制，它才能成为一项"创新"。如果那个创新概念足够重要，比如电话、电脑或商用飞机，那它就是一项"基础创新"——它会创造一个新产业，或者改变某个现有的产业。在这个意义上，学习型组织已经被发明了，但还没有成为一项"创新"。

在工程领域，当一个概念从发明向创新转变时，会有很多不同的"构件技术"得到整合。从不同的研究领域分别开发出来的一些构件，逐步成为一个技术集合，它们对各自的成功应用互为关键。而在这个技术集合形成之前，那个概念虽然在实验室可行，但不会达到它在实践中的潜力。[2]

莱特兄弟证明了动力飞行是可能的，但直到1935年麦道公司推出DC–3型飞机，才标志着商业航空时代的开端。DC–3型飞机是首款在经济和空气动力学领域都很成功的机型，而在此前的30年间（孵化基础创新一般需要这么长时间），无数次商业飞行实验都失败了。就像学习型组织早期的实验一样，早期的飞机并不可靠，也没有获得适当规模上的成本效益。

DC–3型飞机第一次把五项关键的构件技术成功地整合在一起。这包括：可变螺距螺旋桨、可伸缩起落架、一种称为"单体壳"的轻型铸造机身、星型气冷发动机和机翼襟翼。DC–3的成功需要五项技术的全部：这意味着五项技术缺一不可——仅有四项还不够。波音公司1934年推出的247型飞机，拥有除机翼襟翼以外的其他四项技术。但波音的工程师们发现，这种没有襟翼的飞机在起飞和降落时很不稳定，为此他们不得不缩小发动机的尺寸。

今天，我认为有五项新的构件技术正在逐步集中到学习型组织创新过程中。虽然是分别开发的，但就像任何技术集合一样，我认为它们中的每一项都将成为其他各项成功运用的关键。每一项技术对于从事真正"学习型"的、能持续开拓能力以实现自己最高理想的组织建设工作，都至关重要。这五项技术是：

系统思考（systems thinking）。当乌云密布、天色昏暗、树叶微微飘卷的时候，我们就知道快要下雨了。我们还知道，一场暴风雨的雨水将会进入数英里之外的地下水系统，而明天的天空又要放晴。这些事件发生在距离相对很远的时空里，但它们都以同一个模式相互关联。每一个事件都对其他事件产生影响，而这种影响通常是隐藏在我们视觉观察之外的。只有通过仔细考虑这个模式的整体，而不仅仅是其中的某个部分，你才能理解暴风雨系统。

商业以及其他人类活动也是一种系统。这些活动也是由一系列相互关联的行动所组成的无形网络编织在一起，但这些活动之间的相互影响，常常需要很多年的时间才能完全显现出来。由于我们自己"身在此山中"，要看清整个系统演变的模式便是难上加难了。因此，我们总是把注意力集中在为系统的各个孤立组成部分拍摄快照上，然后纳闷为什么我们最深层的问题总是得不到解决。系统思考是一个概念框架，一个知识体系，一个在过去50年里开发出来的工具系列，它的功能是让各类系统模式全部清晰可见，并且帮助我们认识如何有效地改变这些模式。

虽然这些是新工具，但其背后的基本世界观，却可以很容易地靠直觉来把握：实验表明，年轻的孩子们可以很快学会系统思考。

自我超越（personal mastery）。"超越"（mastery）一词或许带有获取对人或物的支配和控制的含义，但它也可以表达一种特殊的精通和熟练程度，例如一位技术精湛的手艺人对于陶器或编织品的造诣。在自我超越方面修养水平高的人，能够始终如一地为实现他们内心深处最关心的成果而努力，实际上，他们对待自己的生活，就像艺术家对待一件艺术品一样。他们之所以能这么做，是因为他们对自己的终身学习过程有全身心的投入。

自我超越是不断澄清和加深我们的个人愿景的修炼，是持续集中我们的能量、增强我们的毅力，并客观地观察现实的修炼。因而，它是学习型组织的重要基石——或者说是学习型组织的精神基础。一个组织在学习方面的信念和能力，不会超过组织成员在这方面的信念和能力。这项修炼的根基在于东方和西方的精神传统，当然也存在于世俗生活传统中。

但是，很少有组织机构鼓励他们的成员以这种方式成长发展。这样做的结果是令巨大的资源处于未开发状态："刚进公司的时候人人都聪明伶俐，受过良好的教育，精力充沛，浑身充满干劲儿，并渴望做出突出的成绩，"汉诺瓦的奥布赖恩说："而当这些人到30岁时，却只有少数人进入了职场快速发展通道，其余的就在周末'花自己的时间'做自己想做的事了。他们没了信念，也没了使命感，职业生涯开始时的激情也消失了。我们只得到他们很少的精力，至于他们的心灵，我们根本就得不到。"

而且，只有少得令人吃惊的成年人能够严谨地努力实践自我超越的修炼。如果你去问人们对自己的生活有什么追求，大多数成年人经常会首先提到他们不想要的东西，他们会说，"我想让丈母娘（或婆婆）搬出去"，或者"我希望我的腰疼病好起来"。在自我超越的修炼中，我们一开始就要弄清楚，在我们为实现自己最高理想而生活的过程中，哪些是真正重要的东西。

在这里，我最关心的是个人学习与组织学习的关系，以及个人和组织的相互承诺和信念，还有由学习者组成的企业和事业机构所具有的特殊精神风貌。

心智模式（mental models）。心智模式是决定我们对世界的理解方法和行为方式的那些根深蒂固的假设、归纳，甚至是图像、画面或形象。我们通常不能察觉自己的心智模式以及它对自己行为的影响。例如，我们看到某个同事着装优雅，就暗想"她是乡村俱乐部会员"。而如果有人不修边幅，我们可能就感到"他不在乎别人怎么想"。在各种管理工作环境中，什么可以做、什么不可以做的心智模式的坚固程度，丝毫不比这些逊色。许多有关新兴市场，或有关组织机构中对于过时的运作习惯的深刻见解总是得不到实施，原因就在于它们遇到了强有力的、隐蔽的心智模式的抵触。

例如，在20世纪70年代初，荷兰皇家壳牌公司就理解了隐蔽的心智模式的广泛影响力，他们是做到这一点的第一家大公司。壳牌公司在70年代和80年代的成功[从世界七大石油公司中的最弱小者上升到与埃克森（Exxon）并肩称雄]，是在世界石油市场经历前所未有的变化时期[石油输出国组织（OPEC）诞生，油价和储量剧烈变化，以及后来的苏联解体]。壳牌成功的原因在很大程度上可归结为学习如何显现并挑战经理人的心智模式，并把这作为准备应对变化的修炼。80年代壳牌公司的集团规划协调人德赫斯曾说过，要适应不断变化的商业环境并实现持续增长，必须依赖"组织机构的学习，即管理团队成员看待本公司、竞争对手和市场的集体心智模式的转变过程。因此，我认为规划就是学习，而公司规划就是组织机构的学习"。[3]

心智模式的修炼要从审视自己开始——学习如何把我们内心的、有关世界的图像展露出来，让它们"浮出水面"，并严格仔细地加以审查。这项修炼还包括"富于学习性"的交流沟通：把好奇地探寻他人（inquiry）与宣扬自己的想法（advocacy）相结合，在有效地表达自己思想的同时，也开放自己的思想，以接受他人的影响。

共同愿景（shared vision）。如果说有一种关于领导力的理念，数千年来一直给予组织机构激励和启迪，那就是要有能力不断地分享我们所追求的未来图景。如果组织中没有全体成员深度分享的共同目标、价值观和使命感，很难想象这个组织能够保持其在某种程度上的伟大称谓。这种使命，对IBM来说是"服务"；对宝丽来公司是"即时照相"；对福特汽车公司来说是"公共大众交通工具"；而对苹果公司来说则是

"为（主流以外的）其余人设计的电脑"。[4] 虽然类别和内容相差甚远，但这些组织都无一例外地用共同的身份和命运归属感把人们成功地凝聚在一起。

当真心的愿景建立起来的时候（这不同于大家都熟悉的"愿景声明"），人们都会力行卓越，用心学习，积极上进。这不是因为有人叫他们这么做，而是因为他们想这么做。虽然很多领导者有个人愿景，但他们却从没能把它变为激励组织的共同愿景。很多时候，公司的共同愿景仅仅是围绕某个领导的个人魅力，或者使大家兴奋一时的某种危机。但是，如果可以挑选，大多数人不仅在危机时刻会选择一个高尚的目标，在所有时间里都会如此。我们只是缺少把个人愿景变为共同愿景的修炼——不是"烹饪手册"，而是一系列基本原则和引导性的练习方法。

共同愿景的实际训练涉及分享共同"未来图景"的挖掘技巧，这种共同图景会激发真正的信念、行动意愿和投入参与，而不只是服从。在掌握这项修炼的过程中，领导者会了解到，用硬性指派的方法发布一个愿景，不论他自己认为这个愿景有多么真切，总会导致适得其反的结果。

团队学习（team learning）。一个工作很投入的管理团队，每个成员的智商都在 120 以上，为什么他们的集体智商却只有 63？团队学习的修炼所针对的就是这个奇怪的悖论。我们知道团队是能够学习的。无论是在体育、表演艺术还是科学领域，有时甚至在工商领域，都有集体智慧超过每个成员、协同行动能力开发出色的突出的团队样板。团队真正在学习时，不仅能做出非同寻常的成绩，而且每个成员都能比在其他情况下更迅速地成长。团队学习的修炼要从"深度汇谈"（dialogue）[①] 开始。

[①] "深度汇谈"对应的英文 dialogue 一词通常译作"对话"。而团队的 dialogue 特指在边界相对稳定和安全的团队集体"容器"里，汇聚和融合各个成员的观点和情感，从而实现有探询、创意和心灵共鸣的深层沟通和集体智慧的过程。本书修订版序言里提到的"跨文明深度对话"也对应 dialogue 一词，但那里和这里的团队修炼的内容虽有关联但又不尽相同，故译作"深度汇谈"。——译者注

深度汇谈是团队成员暂时忘掉假设和成见而进入真正的"共同思考"的过程。希腊文 dia-logos 是指思想在一组人群里的自由流动和沟通，它使集体得以实现个人无法完成的洞悉和领悟。有趣的是，很多"原始"文化保留了深度汇谈的做法，像美洲印第安文化，而现代社会却几乎完全把它丢掉了。现在，深度汇谈的原则和实践方法正在被重新发现并应用在当前的环境中。[深度汇谈和普通的"讨论"（discussion）不一样，讨论一词的词根是"撞击"（percussion）和"震荡"（concussion），实际就是来回碰撞既成想法，就像比赛一样，最终由赢家获得全部荣誉。]

深度汇谈的修炼还需要学习如何辨别团队中那些妨害学习的交往模式。自我防卫的习惯模式常常是团队交往中根深蒂固的障碍。如果没有察觉，这种习惯模式就会妨害学习。而如果有所察觉并且创造性地使它浮出水面，它还能加速学习进程。

团队学习之所以重要，是因为团队，而非个人，才是现代组织的基本学习单位。这才是要动真格的地方。除非团队能够学习，否则组织是不能学习的。

如果学习型组织可以称作某种工程创新，例如飞机或个人电脑，那么它的组成构件就应该称为各种"技术"。而对于人的行为领域的创新，其组成部件则应该是一些修炼（disciplines）[①]。修炼一词，在这里不是指一种"强制秩序"或"惩戒方法"，而是需要研究和熟练掌握，并在实践中加以应用的理论和技巧。修炼（拉丁语 disciplina，即学习之意）是为获取某些技能或能力的培育发展路径。像其他任何一种训练修习一样，不论是弹钢琴还是做电气工程，有些人是有天分的，但任何人通过练习都能达到熟练和精通。

---

① 这里的"修炼"对应的英文 discipline 一词更确切的译法也许是"训练"和"修习"；另外，它还有"纪律""处罚"和"课目"或"学科"之意。但本书中还是尽量保持了已经广泛使用的原来的译法（即上海三联书店 1998 年出版的《第五项修炼》中的译法）。——译者注

从事一项修炼就意味着成为一个终身学习者，这个过程永无止境，你要花一辈子的时间来掌握和精通它。你永远不能说，"我们是个学习型组织"，就好比你也不能说，"我是个开悟之人"。你越是学习就越能深切地感受到自己的无知。因此，一个公司不可能是"卓越的"，因为它不可能达到一种永恒的卓越境界；它总是处在学习修炼的实践过程中，要么变得更好，要么变得更差。

组织能够从各种训练中受益，这其实不是全新的概念。毕竟，像财会等管理领域的训练，已经有很长时间的历史了。但五项学习修炼与其他大家更熟悉的管理训练的不同之处在于，它们是关于个人自身的修炼。每一项修炼都涉及我们如何思考、如何交往以及如何相互共同学习。从这个意义上讲，它们更像艺术训练，而不像传统的管理训练。另外，财会当然对"计分"很有用，但不能依靠它来完成组织建设的微妙细致的工作，也不能加强组织的创新和创造能力，更不能吸收消化新的训练科目，以完成战略计划、制定政策和设计组织结构。也许正因为这样，一些伟大的组织常常是转瞬即逝，在鼎盛一时的得意之后，便悄然堕入平庸。

实践一项修炼不是效仿一个样板。管理创新常常被形容为所谓的领袖企业的"最佳实践"。我认为，对最佳实践的标杆管理可以打开人们的眼界，看到什么是可能做到的；但这也可能弊大于利，因为它把注意力引向零碎的模仿抄袭和攀比。丰田公司一位经验丰富的经理在接待了一百多个高管参观团后评论说："他们总是说，'哦对了，你们有看板管理系统[①]，我们也有。你们有质量圈，我们也有。你们的员工填写标准工作说明表，我们也一样。'他们都只看到了那些局部的东西，并进行了模仿。而他们看不到所有的局部整合在一起运行的方式。"我不认为通

[①] 看板管理系统（Kan-Ban System），指企业为降低原材料或零部件的仓储成本，在需要前期才进货的制度系统。——编者注

过模仿别人能够成就一个伟大的组织，就像任何个人的伟大不能通过试图照抄其他"伟人"来实现一样。

把五项构件技术整合在一起的DC-3型飞机起飞之时，就是商务航空工业的诞生之日。DC-3型飞机不是这个整合过程的终结，恰恰相反，它是一个新兴工业的先行者。与此相似，五项学习修炼的聚合并不意味着学习型组织创建的完成，而仅仅是实验和改进的新浪潮的开始。

第五项修炼：个人看待自己和世界的新方法

把五项修炼（five disciplines）作为一个整体开发是非常重要的。但这也是一项极具挑战性的工作，因为整合这些新工具，比简单地分别应用它们要困难许多，但回报很大。

这就是为什么系统思考成为第五项修炼（fifth discipline）。它是整合其他修炼的修炼，它把其他修炼融入一个条理清晰一致的理论和实践体系。它防止了其他修炼变成分散独立的花招，或最新流行的组织变革时尚。没有系统的观点，就不会想去了解各项修炼之间的关联。通过强化其他各项修炼，第五项修炼不断提醒我们：整体大于局部的组合。

比如，缺乏系统思考的愿景只能描绘关于未来的美好画面，却不能深刻理解从现实走到未来的过程中我们必须熟练把握的各种影响力。近年来许多加入"愿景活动浪潮"的公司后来却发现，仅靠高尚的愿景并不能改变公司的命运。为什么呢？没有系统思考，愿景的种子就落在了贫瘠的土地里。如果非系统性的思考是主流，培育愿景的第一前提条件就没有了，这个条件就是：真心相信我们可以把愿景变成未来的现实。我们也许会说"我们能够实现我们的愿景"（这是大多数美国经理人所处的环境条件催生的信念），但我们默认的现实观总会背弃我们——它把现实看成是由别人创造的一系列条件和状况。

但是，系统思考还需要开发共同愿景、心智模式、团队学习和自我超越的修炼，才能发挥出潜力。开发共同愿景会促进对长期性目标的承诺。心智模式的修炼主要是开放我们的心胸，这是我们发现自己目前看待世界的方法的局限性的必要过程。团队学习能够培育超越个人视角局限，以看清更大图景的集体技能。而自我超越则激发一种个人动机，它让我们持续地学习和理解我们的行动如何影响我们的世界。没有自我超越，人们就会沉浸在一种反应式的心态里（"是别人或其他东西造成了我的问题"），以至认为系统观点是对自己的严重威胁。

最后，系统思考可以使我们理解学习型组织的最微妙之处，即个人看待自己和世界的新方法。学习型组织的核心是心灵的转变：从把自己看成与世界相互分立，转变为与世界相互联系；从把问题看成是由"外部的"其他人或其他因素造成的，转变为认清我们自己的行动如何导致了我们所面对的问题。在学习型组织中，人们不断发现自己如何创造现实，以及自己如何改变现实。就像阿基米德说的："给我一根足够长的杠杆，我就能用一只手撬动世界。"[①]

心灵的转变：学习的深层含义

如果你询问人们置身一个伟大的团队的感受如何，那他们最突出的感受一定是这段经历的深刻意义。人们会乐于谈到这种超越个人的、广泛关联的、富于创造力和生成力的过程。对许多人来说，身处真正伟大团队的经历在他们的人生中清晰地凸显出来，堪称最充实圆满的美好岁月。有些人还会在时过境迁后，仍想重温那段精神体验。

在西方文化中描述这样一种学习型组织经历的最准确的词语，却在过去几百年里很少有人使用。我们和各种组织合作的 10 年里，曾

[①] 阿基米德这句话的另一种说法是，"给我一个支点，我就能撬起地球"。本章的标题及此处内容原文与这句话稍有出入。——编者注

使用这一词语，但也经常提醒他们还有我们自己，在公共场合要尽量少用。这个词就是"metanoia"，意思是心灵的转变。这个词有很丰富的历史。对希腊人，它曾意味着根本性的转变或变革，或更直接地指超越心灵（transcendence；"meta"意思是上面或超过，如形而上学"metaphysics"；"noia"来自词根"nous"，指的是心）。在早期基督教[直觉神秘主义诺斯替（Gnostic）教派]中，这个词特指对共同分享的直觉和对最高主宰（上帝）的直接感悟的觉醒。这个词可能是施洗约翰等早期基督徒常用的关键词。后来在天主教耶稣圣体教义中，这个词被逐渐翻译成忏悔（repent）。

了解"心灵转变"这个词的含义，就能了解"学习"一词的深层含义，这是因为学习也涉及一种心灵的根本性转变或提升转化。谈论"学习型组织"的问题在于，当代人使用的"学习"一词已经丢掉了它原有的核心含义。如果你和别人说起"学习"或"学习型组织"，大多数人会变得目光呆滞。这些词马上会使人想起被动地坐在教室里听讲、听从吩咐，以及为了取悦老师而尽力避免犯错的情景。实际上，日常使用的学习一词等同于"接受信息"。"没错，所有这些我已经在昨天的培训课上学到了。"然而，接受信息和真正的学习，却只有遥远的间接关联。如果说"我刚刚读了一本关于骑自行车的好书——我已经学会骑车了"，这话就会很好笑。

真正的学习会触及做人的意义这个核心问题。通过学习我们得以再造我们自身；通过学习我们开发自身能力，去做从前不能做的事；通过学习我们重新认识世界，重新认识我们与世界的关联；通过学习我们拓展创新能力，使自己成为生命的成长和生发过程的一部分。在我们每个人的内心，都有对这样的学习过程的深层渴望。正如人类学家爱德华·霍尔（Edward Hall）所说："人类是杰出的学习型生物。学习的欲望和性欲一样强烈——而且比性欲更早就开始有，持续时间还更长。"[5]

因此，这就是"学习型组织"（learning organization）的基本含义，即持续开发创造未来的能力的组织。[①] 对这样的组织而言，仅仅维持生存是远远不够的。"生存性学习"（survival learning），或经常被称为"适应性学习"（adaptive learning），也很重要——其实也是必需的。但对于学习型组织来说，"适应性学习"必须与"生成性学习"[②] 相结合。

有少数勇敢的组织建设先锋正在引领道路，但从总体上说，建设学习型组织的工作领域尚未开发。我衷心希望本书能加速推进这项开发工作。

如何实践

本书中的五项主要修炼不是我个人的发明。后面即将具体描述的五项修炼代表了数百人的实验、研究、写作和创造。我多年来所做的工作包括了这些修炼的各个方面，如完善理念、进行合作研究，并向世界各地的组织介绍这些修炼。

我在刚进入麻省理工学院研究生院的时候就确信，人类所面对的大多数问题，都与我们在理解和管理世界各类系统方面的能力低下有关，而且这些系统的复杂性又在不断增加。迄今为止，我的看法仍然没有改变。今天，环境危机、贫富差距不断扩大，还有随之而来的社会政治不稳定、全球持续的军备竞赛、国际贩毒、美国的预算膨胀、贸易赤字及其引发的金融系统的脆弱等问题，所有这些都证明，当今世界的各类问题都日益复杂、相互交织、相互关联。初到麻省理工学院，我就被计算

---

① 学习型组织，英文 learning organization，直译是"学习中的组织"，或"学习实践中的组织"，或"获取（知识和能力）过程中的组织"，这里更是在强调其精神取向和行动能力。由于它并没有特别的"型"或"式"的含意，所以译成"学习型"有很大歧义，还特别影响了这套理论和以往案例在中国的学习和实践（详见"译后记"）。但由于已经成为习惯术语，故仍保留这一译法。——译者注

② 生成性学习，英文 generative learning，增强我们创新能力的学习。——译者注

机领域的先驱、"系统动力学"创始人杰伊·福雷斯特（Jay Forrester）的工作所吸引。杰伊认为，今天许多严峻的公共问题，从城区的衰败到全球生态危机，都是由初衷良好、本想用来解决这些问题的各种政策所引起的。这些问题乃是"实际的系统"，它们诱惑决策者们制定针对表面症状而非深层原因的政策。而这样的政策只能产生短期功效，却带来长期隐忧；这些政策同时还造成一种需求，即必须不断制定更多的表面症状缓解方案。

随着博士研究工作的进行，我开始和到麻省理工学院我们这个小组来学习系统思考的企业领导者见面。这些人很有思想，他们非常清楚各种流行的管理方式的缺陷。与多数学者不同，他们不是脱离现实的知识分子，他们积极参与实际工作，其中许多人正在建设新型的、分散式的、非等级制的组织，这样的组织不仅注重业绩，更注重员工的成长和福祉。有些人还设计了激进的公司哲学理念，把责任和自由作为核心价值观。他们都有一种共同的、对创新的信念和行动能力，而在社会其他部门这些都还十分少见。我后来逐渐认识到，为什么在开放型社会里企业会成为产生创新的场所。原因在于，尽管企业也受到旧有的思想和习惯的束缚，但与公共和教育部门以及多数非营利组织不同，它们有进行实验的自由。此外，企业还有清晰的底线，所以它们所进行的实验是可以接受客观标准检验的，至少原则上是这样。

但是，这些企业家为什么对系统思考感兴趣？组织管理中最大胆的实验，最终一无所获、石沉大海的情况太普遍了。局部自主权所产生的企业决策对整个组织而言往往成了灾难；"团队建设"的练习虽然集中改善了人际关系，然而大家对整个企业系统的理解（心智模式）仍然大相径庭；危机中的企业在获得重生之后，其灵感却随着业绩的改善而丧失殆尽；开始很成功的企业，虽然认真善待顾客和员工，却经常发现自己陷入恶性循环，问题越是尽力解决就越严重。

当我还是学生并随后成为年轻教授的时候，我们都以为系统思考的工具可以给这些公司带来生机。但我后来在和不同的公司的合作过程中逐步认识到，只有系统思考是不够的。我们需要新型的管理实践者，系统思考只有通过他们才能发挥作用。那是20世纪70年代中期，当时我们对于未来的新型管理实践者会是什么样子，只有一种萌芽概念，并没有形成清晰的理解。1980年前后，随着在麻省理工学院定期聚会的"CEO（首席执行官）小组"的成立，这个概念便逐步清晰起来。CEO小组的成员包括汉诺瓦保险公司的奥布赖恩、壳牌公司的德赫斯、米勒公司的爱德华·西蒙，以及模拟器件公司（Analog Devices Inc.，ADI）的雷·斯达塔（Ray Stata）。在后来的十多年时间里，又逐步吸引了苹果公司、福特公司、哈雷-戴维森摩托车公司、飞利浦公司、宝丽来公司以及TCC公司（Trammell Crow Company）[①]加入进来。

在超过25年的时间里，我还参与开发和主持了各类领导力研习营（leadership workshops），把我们在麻省理工学院的工作中发展出来的五项修炼理念，介绍给各行各业的人。这些理念在开始时融合了创新伙伴公司（Innovation Associates）在建设共同愿景和自我超越方面的先驱工作。研习营后来通过国际组织学习学会的全球网络一直延续至今。《第五项修炼》英文第一版开始发行时，已经有4 000多位经理人参加过这些研习营。实际上，他们正是本书当时的"目标客户"。在这些经历过程中，最初聚焦在企业高管群的工作范围被逐步扩大，很显然，这些有关系统思考、自我超越、心智模式、团队学习和共同愿景的基本训练，对教师、公共管理者和选区领导人、学生以及家长来说都有重要意义。这些人也同样在其各自的环境中处于重要的领导地位，都在各自的"组织"里面对着那些尚未开发的、开创自己未来的潜能。而且他们都感到，要开发这种潜能，首先必须开发他们自身的某种能力，那就是学习能力。

---

① Trammell Crow Company，美国主营货仓和连锁店管理的商业房地产公司。——译者注

因此，本书是献给学习实践者的，特别要献给我们当中对集体学习（collective learning）的艺术和实践感兴趣的人。

本书能够帮助管理者确定具体的实践方法、技巧和训练方式，以便给学习型组织建设的艺术减少一些神秘色彩（尽管它仍然是门艺术）。

本书能够帮助家长们把孩子当作老师，就像孩子们把家长当作老师一样。孩子们能够把学习当作一种生活方式，他们会教给家长很多。

本书能够帮助公民建设更善于学习的社区和社会。本书中的深度对话，讨论了当代组织不善于学习的原因，也讨论了建设学习型组织所需要的条件，它们都揭示了学习实践所需要的一些工具。

| 第 2 章 |

你的组织有学习障碍吗?

很少有大公司的寿命能超过人均寿命的一半。1983 年荷兰皇家壳牌公司的一项研究发现,1970 年世界《财富》500 强名单上的公司,届时已有三分之一销声匿迹了。[1] 根据壳牌的估计,大型工业企业的平均寿命小于 40 年,大概只有人的平均寿命的一半!这项研究后来又被美国 EDS(电子数据系统公司)等其他几家公司复制,并成为吉姆·柯林斯(Jim Collins) 2001 年出版的《从优秀到卓越》[①](*Good to Great*)一书的参照点。本书读者将有 50% 的机会,能够在自己的职业生涯过程中看到自己现在的公司的消亡。

大多数走向消亡的公司,事先都有很多迹象表明它们面临着严重的问题。然而,即使有一些经理人曾经注意到这些问题,它们还是没能引起足够的重视。组织作为整体不能认识到某些危险正在来临,不能理解那些危险可能带来的后果,也没有形成其他替代行动方案。

也许以"适者生存"的法则看来,企业的不断消亡很正常,对社会

---

① 《从优秀到卓越》一书中文版已由中信出版集团出版。——编者注

也无妨。虽然雇员和业主会很痛苦，但这只不过是经济土壤的更新，生产力资源被重新分配给新的公司和新的文化。但是，这种公司高死亡率如果只是一些深层问题的表面症状呢？被这种深层问题折磨的如果不单是死亡的公司，而是所有的公司呢？进而，有没有可能连最成功的公司也是很差的学习实践者——它们虽然存活下来了，却从未发挥出所有的潜力？有没有可能，与组织将来可能做到的相比，现在所谓的"杰出"实际上只是"平庸"而已？

大多数组织机构的学习实践情况很糟糕，这不是偶然的。组织的设计和管理模式，人们对工作的定义，还有，最要紧的，我们在思想和交往方面（不仅在组织里，还包括在日常生活中）所接受的教育，造成了根本的学习障碍。即使有聪明肯干的人做出最大的努力，这些障碍还是挥之不去。他们往往越是努力解决问题，结果反而越糟糕。所有的组织都在某种程度上遭遇着这类障碍，而学习实践的发生也都是在这样的背景之下。

学习障碍对孩子来说是个悲剧，特别在其没有被发现的时候更是如此。对组织而言，学习障碍同样是悲剧，并且也常常被忽视。消除障碍的第一步，是开始识别以下 7 种学习障碍：

障碍 1 "我就是我的职位"

我们接受的教育历来强调忠于职守这一概念，以至我们会把自己的工作混同于自己的身份。20 世纪 80 年代初，美国一家大型钢铁公司开始关闭工厂时曾宣布，要为被裁员的钢铁厂职工提供培训，以帮助他们找到新工作。然而，培训根本不管用，工人们听天由命地沦为失业者，然后零星做些临时工作。心理学家来到他们中间，想找出问题的原因，结果发现，这些钢铁厂职工遭受了严重的身份认同危机。"我怎么能做别的工作？"工人们说，"我就是个车工。"

当被问到靠什么生活时，大多数工人只描述了每天做的工作，却没有谈到他们曾身处其中的这家大企业的目的。他们大多觉得，自己对身处其中的系统只有很少的或者根本没有任何影响力。他们干自己的工作，花时间做事，还要试图应付自己掌控范围之外的各种影响力。结果，他们总是把自己的责任限定在自己的职位界限之内。

多年前，底特律一家汽车公司的经理们告诉我，他们曾拆分过一辆日本进口汽车，想知道为什么日本人能在某条组装线上，以低廉的成本达到非常出色的精确度和可靠性。结果他们发现，那辆车的发动机缸体上有三处都用了同一种标准的螺栓。每一处螺栓都固定了一个不同种类的部件。而在美国车上，这三处组装需要三种不同的螺栓，也就是说要有三种不同的扳手和三种不同的螺栓存货，这使组装工作速度更慢、成本更高。美国人为什么要用三种不同的螺栓呢？因为底特律的设计公司有三组工程师，每一组只对"他们自己的"部件负责。而日本汽车设计团队只有一个总设计师，整个发动机的组装程序，或许还有更多设计工作，都由这个人负责。而具有讽刺意味的是，每一组美国工程师都认为自己的工作很成功，因为他们的螺栓都一样好用。

当组织中的人们只关注自己的职位时，他们就对所有职位之间因相互关联而产生的结果缺乏责任感。另外，当结果令人失望时，要找出其原因也会很困难。你所能做的就只剩下猜测，"一定有人把事情给搞砸了"。

障碍2 "对手在外部"

一位朋友曾讲到他给一个参加美国少年棒球联盟（Little League）的男孩当教练的故事。有一次，那个男孩在球场的右侧外野一连三个高飞球都没接住，他甩掉手套走进休息区，愤愤地说："这个破球场，没人能接住球！"

当发生问题时，我们每个人都有这种倾向：去责怪我们身外的人或事。而有些组织则会把这种倾向提升成命令，说："你们必须找到问题的外部责任方，这是个原则。"市场部门责怪生产部门："我们一直不能完成销售指标的原因是产品质量没有竞争力。"生产部门又责怪设计工程部门。设计工程部门再责怪市场部门，说："如果他们不再干扰我们的设计，让我们真正发挥出设计产品的水平，那我们就能成为业界领袖。"

"对手在外部"这一障碍的症状，其实是"我就是我的职位"观念的副产品，是这种观念导致的结果——观察世界缺乏系统性。当我们只关注自己的职位时，我们就无法看清自己的行动在超越自己职位边界范围的影响。而当我们的行动所产生的影响回过头来伤害到我们自己时，我们会错误地认为这些新问题是外部造成的。就好像被自己的影子追着，我们无法摆脱这些问题的困扰。

"对手在外部"的症状不仅限于组织内部的相互指责。曾经红火一时的人民快线航空公司（People Express Airlines）在最后几年的运营中，曾推出大规模降价、促销及并购边疆航空公司（Frontier Airlines）等一系列举措，试图疯狂反击想象中的对手，即越来越好斗的竞争对手们。然而，这些举措并没有挽回公司日益亏损的局面，也没有解决公司的核心问题，那就是服务质量越来越差，对顾客的唯一吸引力最后就只剩下低价格了。

多年来，一有美国公司的市场份额输给外国公司，人们就会责怪那个国家的低工资，责怪美国的劳工组织和政府管制，或责怪购买别国产品而"背叛我们"的顾客。但是，"对手在外部"几乎从来不是故事的全部，因为"外部"和"内部"通常是在同一个系统里。正是因为这种学习障碍，我们几乎无法从"内部"找到关键的杠杆作用点，来有效解决横跨"内部"与"外部"界限的系统性问题。

障碍 3　主动积极的幻觉

眼下，"主动积极"（proactive）是一种时尚。经理人经常宣示：我们要面对困难的问题，掌控局面。一般来说，这种宣示的意义是指我们应当迎难而上，不要等别人来想办法解决问题，并且要在问题演变成为危机之前把它解决掉。尤其是，主动积极还往往被当作"被动反应"的对症药，而后者是等到局面失控才采取措施。但是，针对外部敌人的攻击性行动，真就是主动积极的同义语吗？

一家曾与我们合作过的地产责任保险公司的管理团队，有一次就钻进了主动积极的死胡同。这个管理团队的领导者是位才华横溢的副总裁，主管公司的索赔业务。他曾准备在一次演讲中宣布，不再接受越来越多的律师提请的庭外和解索赔。公司准备扩大自己的律师团队，这样便能在法庭上完成裁决程序，而不是总接受庭外和解。

这时，我们和公司管理团队成员一起，用更系统的观点来审视了这个提议可能带来的各种影响：有希望胜诉的索赔案比例、败诉案可能耗费的金额、无论胜诉败诉都会产生的每月直接开销和管理费用，以及诉讼过程可能持续的时间等等。有趣的是，这种团队情景推测的结果是，整个成本将会上升。这是因为，考虑到大多数索赔案的初期调查质量，公司可能胜诉的案件带来的收益，不能抵消诉讼总量增加带来的成本上升。那位副总裁最后撕掉了自己的演讲稿。

遗憾的是，主动积极往往只是被动反应的一种伪装掩饰。无论在工商界还是在政界，如果我们只是对"外部的敌人"采取更积极的攻击性战斗，我们还是在被动反应——不管我们怎么称呼它。只有当我们认识到，我们是问题的始作俑者之一，才能达到真正的积极主动。这种主动是我们思考方法的结果，而不是我们情绪状态的产物。

障碍 4 执着于短期事件

有两个孩子在操场上打起来了，你过去劝架。露茜说："他抢了我的球我才打他的。"汤米说："她不让我玩她的飞机我才拿她的球的。"

露茜说:"他不能玩我的飞机,因为他把螺旋桨弄坏了。"我们是充满智慧的成年人,于是我们说:"嘿,孩子们,你们要好好一起玩啊。"但是,我们自己在陷入争执时所说所做的,真和孩子们有什么不同吗?我们都有一种惯性思维,即把生命看成是一系列分立的事件,而且每一个事件都应该有一个显而易见的起因。

组织机构中的交谈都被事件所主导:上个月的销售额、新的预算裁减、上季度的利润、谁得到升迁或被解雇了、竞争对手新推出的产品、我们推迟发布新产品的通知,等等。同时,媒体又在不断强化对短期事件的关注:无论如何,什么事超过两天就不是"新闻"了。强调事件导致了"事件式"的诠释描述:"今天道琼斯工业平均指数下降了16点",报纸报道说,"因为昨天发布了第四季度利润走低的预期。"这类诠释也许没有错,但它转移了我们对事件背后长期规律性模式的注意力,干扰了我们对这些长期模式的理解力。

我们对个别事件的执着,其实也是生物进化给我们的程序编码中的一部分。试想你要构思处于生存竞争中的洞穴人,对宇宙的沉思冥想能力将不会是一项优先设计标准。重要的指标会是察觉左侧后方的剑齿虎,并迅速做出反应。好像是对我们的嘲弄,今天我们的组织和社会所面对的主要生存威胁,并不是来自突发事件,而恰恰是来自缓慢渐进的过程:军备竞赛、环境恶化、社会公共学校系统的衰败、公司产品设计或质量(相对于竞争对手)的下滑等等,这些都是缓慢渐进的过程。

如果大家的思想都被短期事件主导,那么一个组织就不可能持续地从事有创意的生成性学习。如果我们只注意个别事件,那最好的结果就是我们能在事件发生之前做出预测,以便做出最佳反应,但这不可能让我们学习如何创造。

障碍 5 煮蛙寓言

在企业失败案例的系统研究中我们发现，企业对缓慢积累的生存威胁普遍缺乏应对措施。这种情况相当普遍，导致了"煮蛙寓言"的流行。如果把青蛙放进沸水中，它会立刻跳出，夺路而逃；但如果把青蛙放进室温的水中，也不去惊吓它，它会安然不动。要是把水放在加热器上慢慢加热到21℃~27℃，青蛙还是不会动，而且会悠然自得。如果继续加热，青蛙就会变得越来越虚弱，最终再也无法爬出来。虽然没有任何限制青蛙逃生的障碍，它还是待在水里，最终被煮死。为什么会这样呢？原因就是青蛙体内感应生存威胁的感官，只能针对环境中突发的改变，对缓慢渐进的改变却毫无察觉。

美国汽车工业就是一个长期的温水煮蛙案例。20世纪60年代，美国汽车业在北美市场占据主导地位，但情况已经开始发生非常缓慢的变化。可以肯定，底特律三大汽车巨头在1962年还没有看到日本汽车会成为他们生存的威胁；当时日本汽车在美国的市场占有率还不到4%。到1967年，日本汽车的占有率达到10%时，三大巨头还是没有看到威胁。1974年日本汽车达到近15%的占有率时，他们还是没有任何感觉。直到80年代初，三大巨头才开始认真反省自己的运营方法和核心假设；而那时日本汽车已经占据美国汽车市场21.3%的市场份额。1990年，这个数字达到25%，到2005年已接近40%。[2] 鉴于这几家美国汽车公司的财务状况，这个特别的青蛙能否重新获得力量，从热水中逃脱出来，看来还是个未知数。

学会观察缓慢、渐进的过程，要求我们放慢自己忙乱的脚步，去注意那些细微的，以及戏剧性的变化。假如你坐下来注视前方的那片潮水滩，刚开始看不出多少东西。但如果你花足够长的时间，大约十几分钟，潮水滩会突然在你眼前呈现出生命。其实那个美丽的生物世界一直都在那里，只是它运动速度太缓慢，我们不容易一开始就发现它。问题是我们的心总是被锁在一个固定频率上，好像只能观察到每分钟跳动78次的东西，而看不到每分钟跳动 $33^1/_3$ 次的东西。如果不学会放慢脚步，去察觉那些常常是最具危险性的渐变过程，我们就不能避免煮蛙的命运。

障碍 6　试错法的错觉

最深刻的学习来自直接的经验。的确，我们通过直接的试错法学会吃东西、爬行、走路和交流。试错法是通过做出行动并观察其结果，如果结果不令人满意，就再做出另一个新行动。但是，如果我们行动的结果是不可观察的呢？如果我们行动的主要结果要在很久之后的未来才会显现，或者在我们身处其中的更大系统里相隔很远的地方显现呢？我们每个人都有一个"学习视界"（learning horizon），即我们只能在一定的时空和视力范围之内观察自己的行动效果。当我们行动的结果超越我们的学习视界时，就不可能通过直接经验来学习了。

在这里我们遇到了组织机构的核心学习悖论：我们从经验中学习得最好，但许多最重要的决策所带来的结果恰恰是我们无法直接体验的。许多组织的最重大的决定，会在数年或数十年的时间里、在整个系统范围内产生影响。研发决策首先影响生产和市场领域；对新生产设备和工艺的投资会在十年或更长时间里，影响产品质量和发货可靠性；提拔合适的人担任组织领导，也会在很多年里影响组织的氛围和战略。在诸如此类的决策中，我们很少能有"试错式学习"（trial and error learning）的机会。

如果决策的作用周期超过一两年，就很难看清并从中学习。正如系统思考研究者小德雷珀·考夫曼（Draper Kauffman, Jr.）所指出的，大多数人都有短期记忆的毛病。他写道："一旦某一领域的求职者出现暂时的过剩情况，大家就都大谈特谈该领域的劳动力超级过剩了，都劝年轻人赶紧转行。几年后，该领域又出现劳动力短缺，招工岗位没人应聘，年轻人又被紧急召回到该领域来——于是又产生了过剩。显然，职业培训开始的最佳时机，就是在人们已经讨论过剩有好几年，而很少有人问津该领域的时候。这样，你就可以刚好在短缺形成的时候完成你的职业培训。"[3]

传统上，组织机构试图通过划分部门来克服广泛的决策影响所带来的困难，并通过建立功能性等级结构使工作易于上手。然而，功能的划分演变为"诸侯割据"，曾为了分工方便而进行的劳动划分，演变为"火炉管道"，切断了各功能部门之间的联系。结果是：对公司最重要的、跨越功能界限的复杂问题的分析，竟然成为一种危险的或者根本无从下手的操练。

障碍 7 管理团队的迷思

兵来将挡。面对这些学习悖论和障碍，放马迎战的自然是"管理团队"——一组智慧超群、经验丰富、来自不同职能部门和专业领域的经理人。他们应该一起理清对组织至关重要的、跨部门的复杂问题。那么，对典型的管理团队克服这些学习障碍，我们究竟有多大信心呢？

非常遗憾的是，企业团队常常陷于势力范围之争，常常简单地回避会使个人丢脸的事，常常假装已经在集体策略上统一了思想——以维护表面上的团结一致。为了保持形象，他们努力消除意见不合；避免公开表露严重分歧；集体的决策退化为大家都能接受的妥协，或者干脆是强加在集体名义上的个人观点。如果有分歧，它通常表现为相互指责和意见主张的两极分化，因而无法揭示深层经历的差异和不同的假设，无法使团队整体得到学习提升。

"大多数管理团队会在压力下分崩离析，"哈佛大学长期研究管理团队学习行为的克里斯·阿吉里斯（Chris Argyris）写道，"管理团队在日常问题的处理中可能运作良好。但是，当他们面对可能使他们陷入窘迫和危险境地的复杂问题时，那种'团队性'似乎就崩溃了。"[4]

阿吉里斯认为，大多数经理人都觉得集体探寻本来就具有威胁性。学校教育告诉我们：永远不能承认我们不知道的答案。而大多数公司还在强化这种训练，奖励善于推销自己观点的人，却忽视对复杂问题的探寻。（还记得上一次你的组织给对公司现行政策提出难题的人——而不是解决某个紧迫问题的人——颁发奖励是什么时候吗？）即使我们感到没有把握，或者根本就不懂，我们还是学会了保护自己，避免由于暴露我们没有把握或无知所带来的痛苦。这一过程正好阻止了新知识的形成，而新知识是可能给我们带来威胁的。这样做的结果，就是阿吉里斯所说的"老练的无能"（skilled incompetence）——团队成员非常擅长躲避学习。

学习障碍与修炼

这些学习障碍长期以来一直伴随着我们。芭芭拉·塔奇曼（Barbara Tuchman）在《愚蠢进行曲》（*The March of Folly*）一书中，描述了一系列具有重大影响、"执行了违背终极自利性"政策的历史事件，从特洛伊的失陷到美国参加越战。[5]在一个接一个的历史故事中，领导人对自己的政策即将带来的后果全然不知，即使曾事先接到警告，说这些政策会威胁其自身的生存。细读塔奇曼的书，你会在字里行间发现，14世纪法国瓦卢瓦王朝的国王们，正是遭遇了"我就是我的职位"这一障碍——他们实行货币贬值政策，全然不知他们这样做是在逼迫法国新兴的中产阶级走向暴动。

18世纪中叶的英国也经历了一个煮蛙案例。在"整整10年的时间里"，塔奇曼写道，英国人"与美洲各个殖民地的冲突越来越多，却没有任何英国政府官员派遣代表，更不要提派遣大臣，到大西洋对岸……调查危及与殖民地关系的原因是什么……"[6] 到 1776 年美国独立战争开始时，关系的危局已经无法挽回了。塔奇曼在书中另一处描述了 15~16 世纪罗马天主教，由红衣主教组成的悲剧式的管理"团队"。对其虔诚态度的要求迫使他们要表现得团结一致。而在背后，他们却相互耍手段（有时甚至是背后行刺）。由此导致了一系列机会主义教皇的上台，而这些教皇对权力的滥用，则直接引发了新教改革运动。

历史学家贾雷德·戴蒙德（Jared Diamond）也描述了类似的由于傲慢与无知而导致整个文明毁灭的故事。从玛雅文化到复活节岛，戴蒙德解释了强大的帝国是如何在相当短的时间里走向灭亡的。和组织的失败一样，这些帝国中大多数人也感到了事情有点儿不对，但他们还是本能地变本加厉地维护，而不是质疑传统的行为方式——自然更没有可能去开发能力，以改革传统的行为方式。[7]

我们今天这个时代的危局并不比从前小，而同样的学习障碍及其所导致的后果，也仍然持续着。我深信，学习型组织的五项修炼，能够成为医治这些学习障碍的对症良药。但是，我们必须更清晰地了解这些学习障碍——因为它们很容易被喧嚣纷扰的日常事物所掩盖。

| 第 3 章 |

是系统的囚徒，还是我们自己思想的囚徒？

消费生产和分销组织模拟实验：啤酒游戏

为了看清组织在实际运作中的学习障碍，做一项实验会有所帮助——实验是真正组织运作的微缩，在实验中你能够比在实际组织中更清晰地看到，你的决定所带来的各种后果是如何逐一显现的。为此，我们经常邀请大家参加一个叫作"啤酒游戏"的模拟实验。这个实验是麻省理工学院斯隆管理学院在 20 世纪 60 年代率先进行的。由于啤酒游戏不是真实情况本身，而只是后者在实验室中的模拟，所以我们能够比在实际组织中，更加明晰地把学习障碍及其起因剥离出来。这个实验揭示了，问题的来源更多在于思考和互动交往的基本方式，而不在于组织结构和政策的具体特征。

啤酒游戏的做法，是让我们参加一种广泛流行却又不被人注意的组织：一种生产和分销体系，它承担了所有工业国家的消费品和商业用品的制造和发货任务。在游戏里，这种体系负责制造和分销单一品牌的啤酒。游戏参与者担任某一职位角色，并根据自己的判断完全自主地做出任何决定。他们的唯一目的，就是尽自己的职能来获取最大利润。[1]

和许多其他游戏一样，每一场啤酒游戏都是一个故事。故事有三个主要角色——零售商、分销商和啤酒厂营销主管。[2] 每个角色都从自己的角度叙述故事的经过。

零售商

把你自己想象成一名零售商。也许你是一家地处城郊路口、灯火通明的24小时营业特许加盟连锁店的经理，也许你是地处一条维多利亚时期褐色砂石建筑街道的夫妻杂货店的店主，或者，你也许是偏远高速公路上一家折扣饮料经销点的业主。

不管你的店看上去怎样，也不管你还经销别的什么商品，啤酒是你经销的主要商品之一。你不仅在啤酒上获利，还通过啤酒吸引顾客购买爆米花和薯片等其他商品。你的库存里至少有12种不同品牌的啤酒，在你存放商品的里屋还有个账本，上面大致记录着每种品牌的啤酒还有多少库存。

送货卡车每周来店铺一次，每次你都交给司机一份本周订货单，上面有你每周想要的每一种品牌的啤酒数量。卡车司机去完其他地方以后，会把你的订单交给你的啤酒批发商。批发商处理订单以后，就安排适当的出货顺序，然后发货到你的店里。这个过程需要时间，你也已经习惯了平均四个星期的送货延迟时间。换句话说，从你的订单发出到啤酒运到你的店里，一般需要四个星期。

你从未直接和你的啤酒批发商通话，你们之间的沟通就是通过你在订单上打的钩。也许你从未见过你的批发商，你只认识送货的卡车司机。原因很简单：你店里有数百种商品，给你发送各种商品的批发商有几十家。同样，你的啤酒批发商要给十几个城市的数百家零售店发货。你要接待潮水般光顾店铺的顾客，批发商要处理成堆的订单，谁还有空闲聊？你们之间的沟通只凭一个订货数字就足够了。

第 3 章 | 是系统的囚徒，还是我们自己思想的囚徒？

你店里销售最稳定的啤酒品牌是"情人啤"（Lover's Beer）。你大概记得这是 300 英里之外一家效率很高的小酿酒厂的产品，但它不是超级流行品牌。其实它根本就不做广告。但和每天早上的送报一样稳定，你每周都会卖出去 4 箱情人啤。当然，顾客都是年轻人——年龄多数在二十几岁，而且喜好快速变化。但不知道为什么，一旦有人开始换买另一种大牌啤酒，比如米勒或百威，就总有一位更年轻的妹妹或弟弟加入情人啤的购买者行列。

为了保证情人啤供应充足，你总是在店里留有 12 箱存货。这就意味着每个星期一啤酒送货卡车来店铺时，你要订 4 箱货。如此一周又一周地循环往复。你现在已经对 4 箱订货量习以为常了，它已经成为你心目中对情人啤销量的难以转变的认知。你订货时根本就不假思索。"啊，对了，"你会像每天祷告那样自动地说，"情人啤，4 箱。"

第 2 周：在没有任何预警的情况下，10 月有一个星期（我们暂且叫第 2 周）情人啤的销量翻了一番，从 4 箱增加到 8 箱。你会觉得那没关系，因为店里还剩 8 箱存货。你并不知道为什么销量会突然上升这么多，也许有人在开派对。但为了补充存货，你把订货量提升到 8 箱。这样你就可以把库存拉回到正常水平。

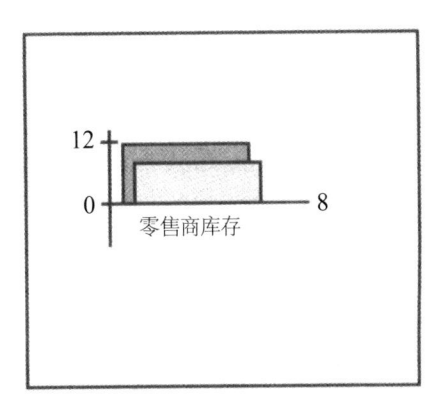

第 2 周

第3周：很奇怪，下一周你又卖出8箱情人啤。你不免有些纳闷：这不是放春假的时候啊。于是，你开始在繁忙的工作之余考虑出现这种情况的原因。也没有情人啤的促销广告啊，要是有的话，你会收到邮寄来的广告。也许寄来的信件丢了，或者你不经意间扔掉了，也许还有别的什么缘故……但这时有顾客进来了，打断了你的思路。

送货司机进来时，你还是没来得及过多考虑情人啤的事，但你看到送货单上只有4箱到货（那是你4个星期以前订单的量）。而你现在只有4箱库存，那就意味着，除非销量下降，否则这周你会把所有情人啤库存卖光。明智的考虑是，至少订8箱货才能保证不脱销。保险起见，订12箱——那样还可以重新开始建立库存。

第4周：这个星期二，你抽空向来店里买东西的年轻人打听了情人啤的事情。原来大概一个月前，有一支新推出的单曲MV（音乐短片）在流行的电视频道上播放。演唱的乐队"叛逆偶像"（Iconoclasts）在这首歌的最后一句唱道："喝完最后一口情人啤，我冲着太阳奔去。"你不知道他们为什么要在歌词里提到情人啤，要是有新的情人啤广告，分销商应该会通知你啊。你想要打电话问问分销商这件事情，正在这时候，一批薯片送来了，关于情人啤的事情又从你脑海中溜走了。

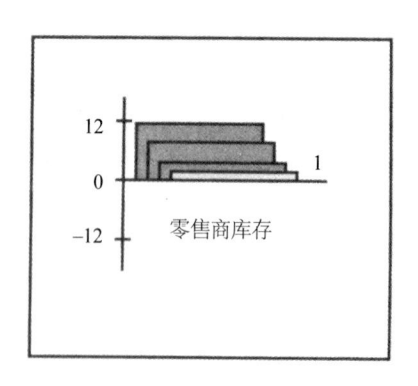

第4周

这星期的啤酒送货车来了,但只到了 5 箱情人啤。这下你觉得很懊恼,因为情人啤快要卖光了,现在只剩下一箱存货。而且因为那支 MV,可能会有更多的顾客来买情人啤。你还是觉得应该多订一些,但又不确定具体订多少合适。最后你决定,至少订上 16 箱情人啤,这是底线。

第 5 周:星期一的早上,情人啤已经卖光了。还好,这天又新到了 7 箱情人啤(显然是分销商注意到你订的情人啤数量增加了)。但在周末之前,所有的情人啤又都卖光了,一瓶也没剩下,更别说库存了。你闷闷不乐地盯着空货架。这次最好再订 16 箱,你不想别人说你的店里连热销的啤酒都没有。

第 6 周:和预计的一样,这星期刚一开始,就有顾客来买情人啤。有两位忠实的顾客说要在你这儿订情人啤。"要是情人啤到货了,一定要第一时间通知我们,"他们说,"我们会来买的。"他们给你留了姓名和电话,每人订了一箱情人啤。

这星期只到了 6 箱情人啤。你通知了两位"订货"的顾客,他们来买走了两箱;其余的 4 箱又在周末前卖光了。又有两位顾客给你留了联系方式,说一旦有货就马上联系他们。你开始思考,要是有货的话,这星期还能再卖多少情人啤啊。看来大家已经开始抢购情人啤了:这一带的商店都没货。情人啤十分畅销,而且越来越火。

你连续两天看着空空的货架,之后你觉得这次至少还得订 16 箱情人啤。你本想再多订些,但想想还是算了。因为你知道之前下的大单子应该快到货了,但什么时候才能到呢?

第 7 周:送货车这次只送来了 5 箱情人啤,这意味着这星期你又得看着空空的货架。在订货的顾客买走情人啤的时候,其他几箱也卖出去了,情人啤在两天之内就脱销了。令人吃惊的是,这星期竟有 5 位顾客订了情人啤。于是这周你又订了 16 箱,并在心里默默地祈祷大订单能快点到货。没有情人啤,薯片的销量也下滑了。

第 8 周：现在，你对情人啤的关注比对店里的其他任何商品都要多。你的神经时刻被它牵动着：情人啤在货架上默不作声，但只要有人一次买走半打，你都会立刻注意到。人们似乎开始谈论情人啤了。你焦急地等着送货车运来你期待的 16 箱情人啤……

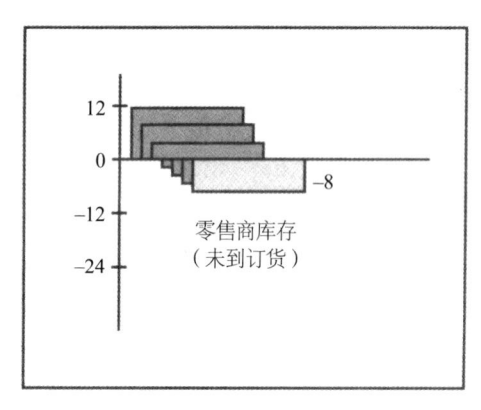

[图：零售商库存（未到订货），数值 12、0、-8、-12、-24]

第 8 周

但送货车只送来了 5 箱情人啤。你问道："这算怎么回事？只有 5 箱？""天哪，这事儿我怎么知道！"送货人跟你说，"我猜是订单积压了，你可能要一两周之后才能拿到货。"一两周？通知完订情人啤的顾客，你这星期的情人啤也就全卖光了。整个星期货架上连一瓶情人啤都没有。这会对你的经营信誉产生怎样的影响！

这周你一下子订了 24 箱情人啤——这是原计划的两倍。你开始琢磨，分销商到底想对我做什么？难道他不知道我们这儿的市场有多狂热吗？他脑子里到底在想些什么？真见鬼！

分销商

作为一家批发公司的经理，啤酒就是你的生命。你在办公桌前度过绝大部分时光，那张不锈钢台面的办公桌就在放啤酒的仓库里。仓库里满是堆得高高的啤酒箱,几乎涵盖了所有的著名品牌:米勒、百威、银子弹(Coors)、滚石(Rolling Rock),以及一些进口啤酒,当然了,还有情人啤这样的地方品牌。跟公司有生意往来的地区包括一个大城市,几个小的卫星城市,一些城郊社区,以及更偏远的一些农村地区。你并不是这里唯一的啤酒批发商,但你的公司有着良好的信誉,实力很强。对于有些品牌,你是这一地区唯一的分销商,而情人啤就是其中之一。

通常情况下,你和啤酒厂的订货方式,跟零售商和你的订货方式差不多。每个星期,你都把写着订货数量的表格交给送货人。一般四个星期之后,货会送过来。你不是按箱算货,而是按罗(gross)算。一罗是12打,即144箱,大概能装满一辆小卡车,因此你按车来计算订货数量。就像固定跟你联系的零售商每周向你订4箱啤酒一样,你每星期向啤酒厂订4车啤酒,每周都一样。这样的订货数量能够保证在任何时候,你都有12车啤酒的存货。

在第8周,你和零售商一样沮丧,一样气愤。情人啤的销量一向稳定,但就在几星期前,具体算是在第4周,情人啤的订货量突然开始迅速上升。在接下来的那个星期,零售商订的情人啤数量增加得更多了。到第8周,大多数商店订情人啤的数量是常规订货量的四倍。

开始时,你能通过仓库里的存货来满足额外的情人啤订单。而且你很有先见之明:你立即察觉到了订单有增加的趋势,并在第一时间向啤酒厂增加了订货数量。第6周,你在《啤酒批发新闻》上看到了有关情人啤的摇滚MV的报道,于是你进一步增加了订货量——每星期20车,虽然这是常规订货量的五倍,但你确实需要这么多啤酒。从零售商的订单上看,情人啤的销量已经到了原来的两倍、三倍,甚至是四倍。

在第6周,你的仓库里已经没有情人啤的存货了,你处于地狱般的拖欠订单的境况。从这时候起,你只能尽可能地多批发些情人啤,并给尚未发货的啤酒打欠条,交给零售商。有少数几家较大的连锁店给你打了电话,并得到了你的特殊照顾,但你的情人啤存货是一去不复返了。

不过令你欣慰的是，增加的啤酒订货应该还有一两个星期就到了。

在第 8 周，当你打电话问啤酒厂，是不是可以加快送货速度（并通知啤酒厂你把订单增加到每星期 30 车）的时候，你失望地发现他们刚意识到需求的增加，在两个星期前才开始增加生产量。他们的反应怎么能这么慢?!

现在到了第 9 周。你每星期收到的情人啤订单有 20 车，但你还是没有足够多的存货。在上个周末之前，你又向啤酒厂发出了另外 29 车的订货单。员工们收到大量关于情人啤的投诉电话，多到他们要求安装自动答录机来解释情人啤的交货延迟问题。不过你相信，一个月前订的 20 车情人啤这个星期就会送到。

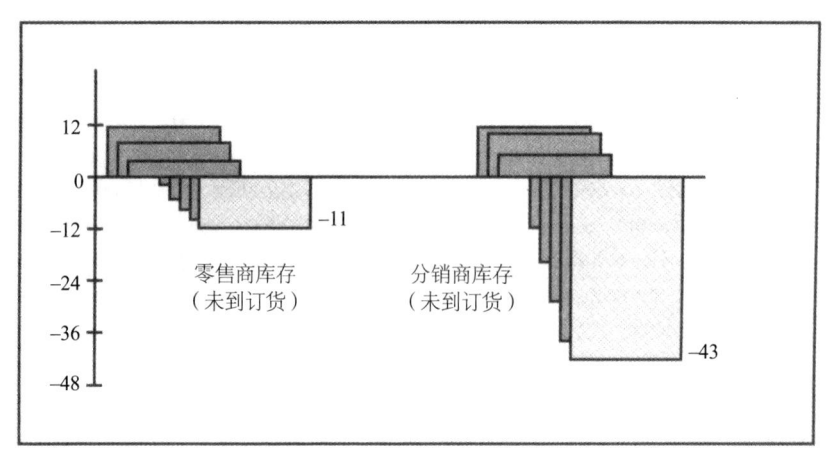

零售商库存（未到订货）：−11
分销商库存（未到订货）：−43

第 9 周

但实际上，你只收到了 6 车情人啤。很明显，啤酒厂仍然不能满足订货需求，增加的产量现在才刚刚开始出货。你给那些较大的连锁店打电话，向他们保证啤酒会在短时间内送到。

第 10 周是令人沮丧的。你期待送来的至少 20 车啤酒根本就没有出现。你猜测大概是因为啤酒厂的生产速度跟不上飙升的需求。送来的啤酒只有 8 车，而且没法联系上啤酒厂，对方的电话一直没人接听——很显然，啤酒厂的人都在生产车间忙着生产啤酒呢。

在这时候，零售商们正在疯狂地销售情人啤。这星期你收到了前所未有的大订单——26车。当然，订货量增加的原因也可能是你拖延订单，零售店里没有足够的啤酒。不管怎样，你没有足够的情人啤来应付订单。要是因为拿不到货，零售商们转向跟你的竞争对手合作，那该怎么办？

你必须拿到情人啤，于是你向啤酒厂发出了另外40车的订单。

在**第11周**，你发现自己吃午饭的时间越来越长了，总爱待在离仓库不远的小饭馆里发愣。送来的情人啤只有12车，你还是联系不上啤酒厂的任何人。而且你手头上拖欠的订单已经超过了100车——之前有77车的订单，还有这星期的28车。送货延迟造成的部分费用已经得支付了，你真不敢把最坏的预期告诉会计。

到**第12周**，事态已经很明显了，情人啤订单量的增长远远超过了你的预期。你懊恼地叹了口气，要是有足够的情人啤，这次能赚多少啊！以后这样的情况一定不能再发生了！啤酒厂怎么能这么干？情人啤的订单怎么会增加得这么快？你的供货速度根本跟不上嘛，真是！于是你又订了60车情人啤。

在接下来的4个星期，零售商发来的情人啤的订货量还是超出了你的供货能力。实际上，在第13周你拖欠的订单数量半点儿也没降下来。

在**第14周**和**第15周**，啤酒厂终于开始多送来一些情人啤了。与此同时，零售商们的订货量也略微下降了一点儿。你猜可能是因为他们前几个星期稍微多订了些。在这时候，任何能减少你拖欠订单数量的事，都是受欢迎的。

现在到了**第16周**，你在几个星期前订的啤酒终于到货了：55车。这批货在星期一就到了，你到仓库里堆放情人啤的地方看了看。很好，到的情人啤都堆在货架上，数量可以跟那些著名品牌相比了，而且很快就会被送往各个零售店。

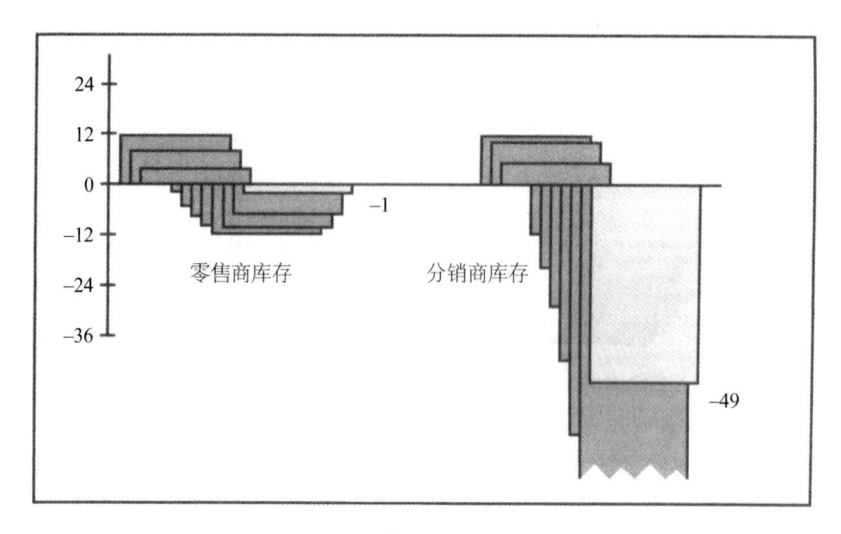

```
  24 ┤
  12 ┤▆▆▆
   0 ┼──────────────        ──────────────
 -12 ┤   ▀▀▀      -1
 -24 ┤
 -36 ┤    零售商库存           分销商库存

                                         -49
```

第 14 周

整整一个星期，你满心期望地等着零售商的订单。你甚至会站在记录台旁边，查看每个零售商的新订单。翻过一张又一张表格，你只看到同样的数字：0，0，0，0。这帮人怎么了？4 个星期前还冲我嚷嚷着要啤酒，现在他们却连一瓶都不要了！

突然间，你觉得浑身发冷。这时送货车要出发了，路上会去啤酒厂。你赶紧追上司机，要回订单，划掉原来写好的 24 车，也填了个 "0"，并签上了字。

第 17 周：这星期会送来另外 60 车情人啤。而零售商却没有更改订货量，仍然是 "0"；你向啤酒厂发出的订单也依然是 "0"。仓库里放着 109 车情人啤，你天天用啤酒泡澡也无妨，反正啤酒有的是。

你想着在这个星期，零售商肯定会订更多情人啤，毕竟那支情人啤 MV 还在电视上播着呢。你在脑海里把零售商统统打进了地狱最深处，那里全都是不守信用的人。

但实际上，零售商们又一次送来了写着 "0" 的情人啤订单。你呢，也向啤酒厂订了 "0" 车情人啤。但啤酒厂又送了 60 车啤酒过来，你的

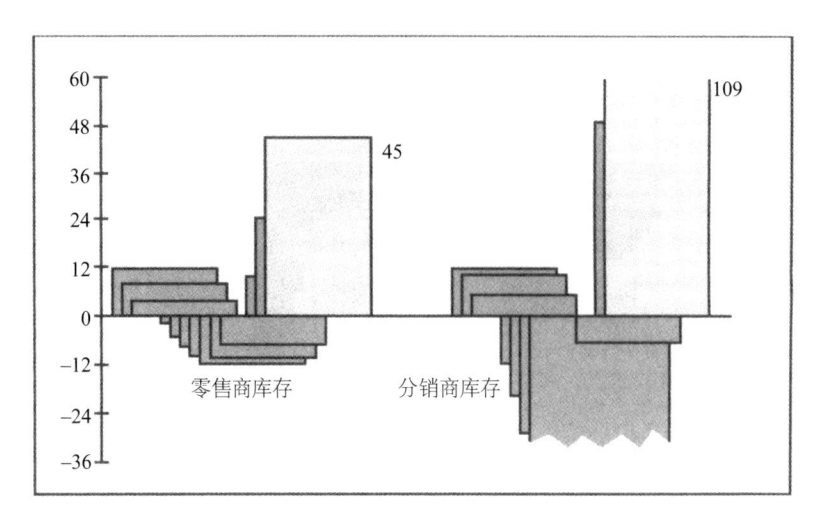

第17周

货仓里边又多了60车情人啤。啤酒厂为什么还送来这么多啤酒?这什么时候才是个头啊!

啤酒厂

想象一下,你在4个月前受聘于这家啤酒厂,负责管理市场和销售业务。情人啤只是啤酒厂的几个主要产品之一。这家不大的啤酒厂以质量闻名,而不是靠营销能力取胜,这正是它雇用你的原因。

你在新岗位上一直干得很好,这是大家有目共睹的。因为早在你上任的第二个月(游戏的第6周),订单量就开始猛增。在你入职的第三个月末,订单量从你刚到啤酒厂的每周4罗猛涨到了40罗,你对此非常满意。你出货了……嗯,这次一共发出了30罗啤酒。

这是因为啤酒厂也有未完成的、延迟交付的订单。一瓶啤酒从酿造到装瓶出厂得花两周时间(至少在你的啤酒厂是这样)。当然,啤酒厂的库房里存有够供应几星期的啤酒,但这些存货在第7周的时候就都卖出去了。这仅仅是订单开始激增后的两周。接下来这个星期，延期交货的啤酒有9罗，还收到了24罗的新订单，但实际上你只能供应21罗啤酒。在这个时候，你仍然是啤酒厂的英雄。公司经理鼓励每个员工加班加点地工作，还十分热切地约谈相关人士，为修建新工厂做准备。

"叛逆偶像"的那支MV给你带来了好运，他们在歌里提到情人啤。早在第3周你就知道这支MV了，因为有年轻人专门为此给啤酒厂写了信。但直到第6周，这支MV的影响才在增加的订单量上表现出来。

直到第14周，啤酒厂仍然没能处理完延迟交货的订单。要求每批生产70罗甚至更多情人啤，对你来说已经是很常规的产量指标了。你开始想，今年应该能拿到一大笔奖金，说不定还能要求拿到1%的利润分成，至少在完成延迟交付的订单后可以提出这样的要求。你甚至开始想象自己成为《营销周刊》的封面人物的情景。

在第16周的时候，你终于完成了延迟交付的订货。但在接下来的那个星期，你的分销商竟然只订了19罗啤酒。在上星期，也就是**第18周**，他们连半罗都不要了。在一些订单上，你甚至发现了被划掉的订货记录。

现在是**第19周**。你的库房里有100罗啤酒。然而，送来的订单又没有要货，订货单上写着：0。与此同时，你之前要求生产的那些啤酒，现在正不断地涌入库房。你忐忑不安地给老板打了电话。"咱们最好暂停生产一到两个星期，"你说，"我们遇到……"你用上了在商学院里学到的词，"……遇到了需求不连续（discontinuity）的情况。"电话那头一片沉寂。"不过我坚信，这只是暂时的。"你补充说。

同样的情况又持续了4周：**第20周**、**第21周**、**第22周**和**第23周**。渐渐地，需求重新增加的希望越来越渺茫，你的借口也越来越不靠谱。你的解释包括：分销商把我们逼入了绝境；零售商根本没订购足够多的啤酒；媒体和那支摇滚MV宣传得过头了，让大家都厌倦了情人啤。说到底，还是要怪那些善变的小青年——他们连半点儿品牌忠诚度都没有，他们怎

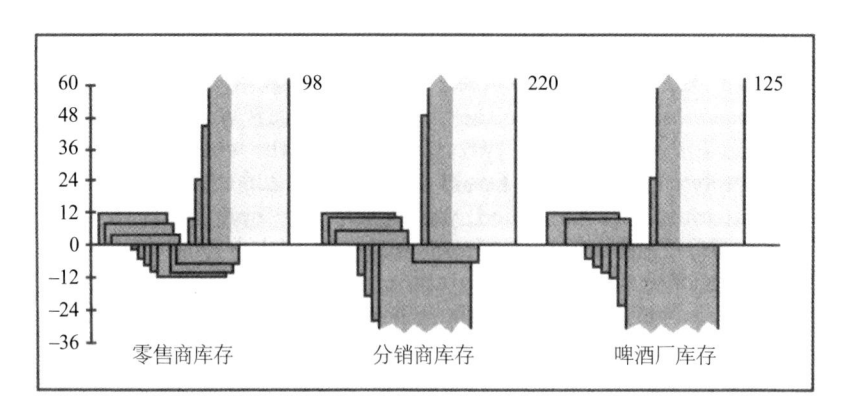

[图表:第21周 - 零售商库存 98,分销商库存 220,啤酒厂库存 125]

第 21 周

么能在一个月买几百箱啤酒,到下个月却连半箱都不买?

第 24 周:这星期刚开始的时候,你从公司借了辆车开出来,这时已经没人在乎你要去哪里了。你的第一站是分销商的办公室。这是你们第一次见面,而且也只是你们的第二次谈话而已。在这场危机之前,你们几乎没什么可聊的。你们闷闷不乐地打了招呼,然后分销商把你带到了后面的仓库。"我们已经有两个月没有接到你们这个牌子的订单了,"分销商气愤地说,"我觉得自己被耍得团团转。看!还有 220 车情人啤压在这儿。"

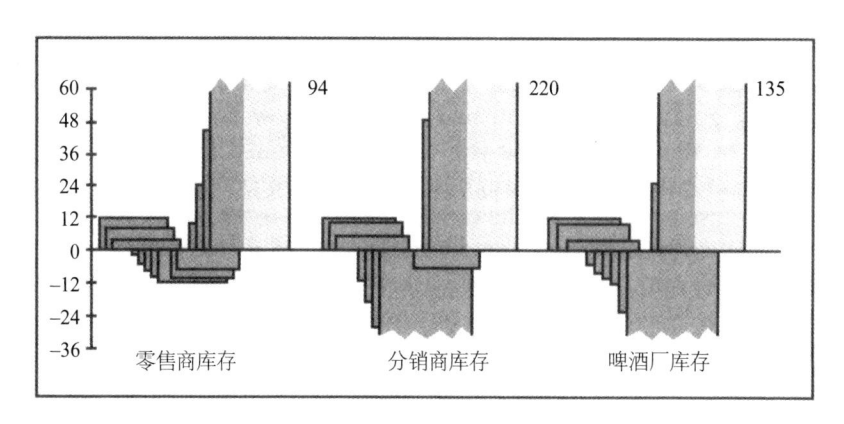

[图表:第24周 - 零售商库存 94,分销商库存 220,啤酒厂库存 135]

第 24 周

043

你们俩一致认为，这一切都是因为需求的突增和陡降。这是公众喜好变化无常的又一个例子。如果零售商之前能够把握行情，及时提醒你，这场危机根本就不会发生。

在回家的路上，你开始盘算要怎么写营销战略报告。突然你心中一动，在路过的一家零售店前停了下来。幸运的是，店主人正好在。听完你的自我介绍之后，零售商露出了嘲讽的笑容。留下了一名助理看店，你们俩走进了隔壁的餐厅，要了杯咖啡。

零售商带上了他们店的库存记录本，他把记录本在桌上摊开，说："你不知道，几个月前我真想掐死你。"

"为什么？"你问。

"瞧瞧这个——我们的仓库里积压了93箱情人啤。按现在的销售速度，要6个星期之后才会下新的订单。"

6个星期，你在心里重复了一遍，然后拿出随身带着的计算器。如果这个地区的每个零售商都等6个星期才下新订单，之后每周又只订几箱啤酒，那么至少要一年，堆在分销商那儿的220车啤酒才能卖出那么一点儿。"这简直是个悲剧，"你抱怨道，"你说这是谁造成的——我是说，我们怎样才能避免这样的情况再次发生呢？"

"嗯，这不是我们的错，"零售商喝了口咖啡，"在那支MV刚播出的时候，我们一直是每周卖4箱情人啤。然后在第2周，我们卖了8箱。"

"然后，销量就开始突然增加了，"你说，"但为什么后来它又陡然下降了呢？"

"不不，你没明白，"零售商说，"需求从头到尾都没有剧增过，也没有陡降过。我们第3、第4和第5周都是每周卖8箱啤酒。是因为你们，因为你们没有运来我们要的啤酒，所以我们只好一直下订单，其实只是为了保证店里边有足够的情人啤，好满足顾客的需求。"

"但是我们已经竭尽全力，把啤酒尽快生产出来了呀。"

"那可能是分销商把事情弄砸了，"零售商说，"我一直在考虑要不要换个分销商。不管怎样，我希望你们能搞个优惠券促销什么的，好让我能收回点儿成本。我真想把那 93 箱啤酒卖出去一些。"

接下来你结了账。在回家的路上，你寻思着怎么写辞职信。显然，要是这场危机导致裁员或者工厂倒闭，这都得怪你。就像分销商责备零售商，零售商又责备分销商，他们两方还同时责备你一样。现在辞职的话，至少还能挽回点儿脸面。要是能有什么解释，证明这不是你的错，该有多好；要是能证明你也是受害者，而不是罪魁祸首，该有多好……

啤酒游戏的启示

1. 结构影响行为

在同一结构中，不同的人也会做出性质类似的表现。当问题出现，或绩效不如人意时，我们喜欢找出某人或某事来加以责怪。但是，系统的危机往往是由其自身引起的，而不是由于外力或某些个人的错误。这种情况比我们想象的要更普遍。

2. 人类系统的结构很微妙

我们容易把"结构"看成是外界加在个人之上的各种限制。但是，在复杂的生命系统里的结构，比如人体中的各类"系统"（如心血管系统和神经肌肉系统）的"结构"，是指支配行为模式的基本相互关联。在人类系统中，结构就包括人们如何做决策——即我们依据观点、目标、规则和习惯来指导行动的"操作性政策"（operating policies）。

> **3. 解决问题的关键杠杆作用往往来自新的思考方式**
>
> 在人类系统中,人们常常不能发挥杠杆作用的潜力,找不到有效解决问题的关键,因为大家只注意自己的决策,而忽视这些决策如何影响他人。在啤酒游戏里,参与者本来有能力消除老是在发生的极端不稳定的局面,然而,他们没有这么做,因为他们压根儿不明白,造成这种不稳定局面的始作俑者恰恰是他们自己。

工商界崇尚英雄。我们对那些取得了看得见的成果的人,给予了太多的奖励和提拔,但如果出了问题,我们就凭直觉认为,一定有人把事情给搞糟了。

在啤酒游戏中,让大家都陷入了困境的某个罪魁祸首其实并不存在。我们不能怪任何人。拿故事中的三类角色来说,每个人的意图都好得不能再好了:都想服务好自己的顾客,都希望产品能在系统中平稳流通,也都想避免问题的出现。每个角色都对接下来要发生的事情进行了合理的猜测,也都依此做出了决定。这些决定不但有着良好的动机,而且符合逻辑。没有谁是不尽职的人。尽管如此,危机还是发生了——这是系统结构中固有的。

过去 20 年间,啤酒游戏在数以千计的课堂及管理培训班里演练过。来自五大洲的不同年龄、不同国籍、不同文化、不同商业背景的人,都做过这个游戏。有些参与者以前根本没听说过生产分销系统,有些则对此十分熟悉。但不管怎样,每次演练这个游戏,都会引发同样的危机。一开始,是出现无法满足的需求增长,系统在运作过程中积累起大量订单。存货卖光,延迟交货的现象越来越严重。接着,啤酒大量到货,订单却突然减少。在游戏结束的时候,几乎所有参与者都守着卖不出去的大批存货——举例来说，零售商给分销商每周 8 箱、10 箱、12 箱的新增订单，能让啤酒厂新增上百个订单，这种现象屡见不鲜。[3]

如果说，足有数以千计的参与者，他们有迥然不同的背景，却都表现出了同质的行为模式，那么导致这种行为出现的原因一定超出了个人的范畴，它源于游戏结构本身。

有更多的类似啤酒游戏的系统，它们在现实世界的生产分销系统中造成了类似的危机。例如，在 1985 年，个人电脑内存条很便宜，也很容易买到，当年的销量下降了 18%，使美国厂商遭受了 25%~60% 的损失。[4] 但是到 1986 年年底，短缺突然出现了，加剧了恐慌和过度订货的现象。结果，同样的内存条的价格涨了一到三倍。[5] 半导体行业在 1973~1975 年也出现过类似的需求激增与崩溃现象。在整个系统经历了巨大的订单堆积和大量的运货延迟之后，需求崩溃了。这时，任何产品都可能在一夜之间下架。几年内，西门子、西格尼蒂克公司（Signetics）、北方电讯（Northern Telecom）、霍尼韦尔（Honeywell）和斯伦贝谢公司（Schlumberger）都纷纷通过收购不景气的半导体生产商，进入了这个行业。[6]

正如 1989 年 5 月 30 日的《华尔街日报》的报道："通用、福特、克莱斯勒正在生产远超过实际销量的汽车，经销商积压的库存越来越多……这些汽车公司已经开始闲置工厂并裁减员工，其规模和速度是近年来未曾有过的。"[7] 当时，美国全国的经济正经历着同样的需求激增和存货过度调整，经济学家把背后的原因称为商业周期的"存货加速器"理论。

类似的激增和崩溃循环也一直在各类服务行业中不断上演。比如，在房地产业中，这种循环是臭名昭著的，投机商故意抬高价格，以吸引投资者关注新的开发项目，更是人为地加剧了这种循环。1989 年，马萨诸塞州的公寓开发商保罗·奎因（Paul Quinn）曾这样告诉《麦克尼尔-李瑞尔新闻时刻》节目："公司办公室的电话响个不停。'这该怎么办？'我们说，'让所有人把 5 000 美元的支票寄来，上面写上他们的名字，然后把这些人列进候补名单吧。'我们接下来发现，很快就有 150 多张支票堆到了桌上。"市场迅速繁荣过后，又马上进入过剩状态。"那是一种缓慢的、越沉越低的感觉。"在某个到处是卖不出去的地产项目的海边小镇，奎因在接受采访时这样说，"现在，是时候为下一个增长周期着手盖房子了。不幸的是，地产行业的人都无暇顾及这个，他们都还忙着处理上一个周期留下的问题。"[8]

实际上，生产分销系统的现实情况往往比啤酒游戏更糟糕。现实中的零售商可能会同时向三四家分销商订货，在收到一家最先发来的货品之后，就取消给其他分销商的订单。啤酒游戏中，没有对生产能力设限。在实际情况中，生产商往往不顾生产能力的限制，满负荷生产，加剧了整个分销系统的恐慌。生产商还会追加投资，扩大生产能力，因为他们相信眼下的需求水平会在将来持续下去。一旦需求崩溃，他们会发现自己陷入了产能过剩的困局。

类似啤酒游戏中的生产分销系统的运作机制，阐释了系统思考的第一条原则：结构模式影响行为。

系统结构影响行为模式

当置身于同一个系统中时，人们无论有多大差别，都倾向于产生相似的行为结果。

系统的观点告诉我们，为了理解重要的问题，我们不能只看到个人失误或者运气不佳，也不能只看到人物和事件，我们必须看到隐藏在事物表面以下的结构模式：它们塑造了人的行为，它们创造的条件使各类事件得以发生。正如德内拉·梅多斯 [Donella Meadows，《增长的极限》(*Limits to Growth*) 一书作者] 所说：

"真正深刻而且不同寻常的洞察力，来自观察系统如何塑造自己的行为方式。"[9]

100多年前，同样的观点也曾被一位系统思考者表述过。《战争与和平》写到三分之二的内容时，托尔斯泰突然中断了对拿破仑和沙皇战争时期的俄国历史的叙述，转而思考为什么在一般情况下，历史学家总是不能解释历史：

> 在19世纪的头15年里，出现了一场数千万民众参与的声势浩大的运动。人们抛下自己熟悉的工作，从欧洲的一侧奔向另一侧，相互掠夺、杀戮，经历了凯旋与绝望。他们的整个生活境况发生了转变，生命活动先形成一个加速趋势，后来又减缓衰退下来。是什么原因造成了那样的运动？或者说，什么法则引起它的发生？人类的理智在发问。
>
> 历史学家试图回答这个问题，于是就把几十个人在巴黎城里的一座建筑物中所说的话、所做的事，用一个词来概括——革命。然后告诉我们拿破仑的详细生平，以及某些人对他的喜好或憎恶，还讲到其中一些人对另一些人的影响，最后竟认为这就是当时运动爆发的根源，而且这些就是它的法则。
>
> 但是，人类的理智不仅拒绝相信那种解释，而且断然宣布，那种解释的方法不对……人们个体意志的总和产生了革命，也产生了拿破仑，而且只有那些意志的总和，才能先支撑他们，后来又毁灭他们。
>
> 历史告诉我们："哪里有战争，哪里就有伟大的军队统帅出现；各个国家中哪里有革命，哪里就有伟人。"人类的理性解释道："当伟大的军队统帅出现的时候，战争的确出现了，但那不足以证明将军引起了战争，也不足以证明战争的起因出自一个人的行为……"[10]

托尔斯泰认为，要想深入领悟历史，就必须努力理解"历史的规

律"背后暗藏的东西,这其实是他用来描述我们现在所说的系统结构模式的同义词:

> 在历史规律的研究中,我们必须彻底变换一下观察的对象:要把那些国王、大臣和将军们忘掉,转而研究引导群众的那些看似特征相同的、微不足道的因素。没人可以确定,沿这条新路走下去,人类对历史规律的了解能达到怎样的深度。但是很显然,只有沿着这个新方向走,才有发现历史规律的可能性。历史学家花了很大力气,去描述国王、大臣和将军们的种种行为。而迄今为止,人类理智用在前述的新研究方向上的精力,还不及历史学家已花费的精力的百万分之一。[11]

这里的"结构"一词,不是指缜密的论述和推理中的"结构",也不是组织架构图表中的"汇报程序结构"。系统结构是指随着时间的推移而影响行为表现的重要的相互关系。但这种相互关系也不是指人际关系,而是关键变量之间的关系,比如发展中国家的人口、自然资源和食品生产之间的关系,还有高科技公司工程技术人员的产品理念、技术诀窍和管理技巧之间的关系。

在啤酒游戏中,导致原始订单和存货摇摆不定的系统结构,包含了多环节的供应链及其不同层次之间的库存延迟、每个环节中可用信息的有限性,以及影响啤酒订单的个人目标、成本、认知和担心。然而,"系统结构"这个术语并不是指独立于个体之外的结构,理解这一点非常重要。人类系统的结构特性非常微妙,因为我们自己就是结构的一部分,也就是说,我们经常有能力改变自己身处其中的结构。

然而,我们往往察觉不到自己有这种能力。事实上,通常我们根本看不到结构模式的作用。我们反而只会感到,自己被迫以某种方式行事。

在1973年,心理学家菲利浦·津巴多(Philip Zimbardo)做过一个实验。他在斯坦福大学心理学大楼的地下室建立了一个模拟监狱,令大学生们分别扮演囚犯和狱警的角色。实验开始一段时间后，出现了"囚犯"轻微的反抗和"狱警"的武断行为，后来逐渐升级成为难以控制的造反与虐待，直至"狱警"开始在身体层面虐待"囚犯"。这时，实验主持者感觉到局势很可能要失控，会发生危险。实验最终提前结束了，因为在这个实验进行到第六天时，实验对象开始感到郁闷和压抑，出现失控的哭泣，表现出心理疾病的症状。[12]

我永远不会忘记一个令人不寒而栗的、有关国际政治结构影响力的例证。那是在前苏联出兵阿富汗几个月后，苏联大使馆的一位高级官员在私下会晤时说的事。那位官员口若悬河，一本正经地讲述了关于苏联如何成为在阿富汗建国后第一个承认它的国家的事情。尽管阿富汗内部不和、局势不稳定，苏联是第一个不断给予它帮助的国家。而从20世纪70年代末开始，由于来自游击队内部派系之争的威胁不断加剧，阿富汗政府请求苏联增加援助。开始时规模不大的援助，逐渐导致了越来越大的需求和越来越广的援助范围。结果，那位官员总结说："我们除了军事干预以外，已经别无选择了。"

听到这个故事的时候，我不禁想到那些零售商和分销商在啤酒游戏结束时所做的解释：他们除了增加订单以外没有其他办法了。我还想起在20世纪70年代，美国官员曾试图用类似的方法解释美国是如何陷入越战泥潭的。

结构产生行为模式，究竟是什么意思？怎样才能识别出这些控制性的结构？怎样才能让这些知识帮助我们在复杂的系统里取得成功？

啤酒游戏是用来研究结构如何影响行为的实验。每个角色，无论是零售商、分销商还是啤酒厂，每周都只做一个决定：要订（生产）多少啤酒。零售商是最先大量增加订单的，订货量在第12周达到顶峰。这时，因为分销商和啤酒厂的订单积压，零售商期望数量的啤酒都不能按时到货。但是零售商并没有考虑到那些积压，仍然拼命增加订单，不顾一切地要把啤酒弄到手。激增的订单在整个系统中放大，先是波及分销商，然后是啤酒厂。分销商的订购高峰达到每周 40 车，啤酒厂的生产顶峰大概到每周 80 罗。

结果是一种典型的模式：不同环节上订单起伏波动，从零售商到啤酒厂，其强度向产业链"上游"不断放大。换句话说，离消费者终端越远，订单就越多，损失就越大。实际上，几乎所有处在啤酒厂角色的游戏参与者都经历了重大危机：本来每周生产 40 罗、60 罗、100 罗或者更多啤酒，而短短几周后，产量基本上变成了零。[13]

游戏中另一个典型的行为模式，是有关存货和订单积压的。大概在第 5 周的时候，零售商的库存就是零了。他们的订单积压继续增加，直到大约第 12 到第 15 周。类似地，分销商大概从第 7 周开始出现订单积压，直到第 15 到第 18 周。啤酒厂的订单积压从第 9 周开始，直到第 18 到第 20 周。而库存一旦开始积累，就数量巨大（到第 30 周的时候，零售商大概有 40 箱，分销商大概 80 到 120 车，啤酒厂大概是 60 到 80 罗），比想要的多得多。所以每个环节上的人又进入了一个库存订货延迟的循环：开始是存货不足，之后是存货积压。

尽管消费者的需求量保持稳定，但这些订货量过头和存货积压过量的典型模式还是会发生。消费者的实际需求只改变了一次。在第 2 周，消费者的需求加倍了，从每周 4 箱涨到了 8 箱。之后需求量就一直保持在 8 箱，直到游戏结束。

换句话说，在经历了一次性增长之后，消费者的需求在接下来的游戏环节里根本都没变过！当然，除了零售商，其他角色都不知道消费者的需求，就算是零售商也只能每隔一周才能观察到一次需求量的变化，而完全不知道接下来会发生什么。

在啤酒游戏做完之后，我们让扮演了分销商和啤酒厂经理的人画出他们想象中消费者的需求变化图。大部分人都画了一条上下波动的曲线，就像他们的订单量忽上忽下一样。[14] 换句话说，如果游戏中的订单量时涨时落，参与者就会假设这一定是由消费者的需求量忽大忽小造成的。这个有关"外部原因"的假设就是非系统思考的特征。

当问题发生时,我们内心深处都觉得需要去责怪什么人或者什么事。游戏参与者关于消费者需求量的猜想,就揭示了这种倾向。在游戏刚刚结束的时候,很多人都认为罪魁祸首是其他环节的参与者。直到发现不管是谁在哪个岗位上,都会发生同样的问题,他们才会彻底否定这个想法。然后许多人又把目光转向消费者,想寻找替罪羊。他们推断:"消费者的需求一定出现了大起大落。"但是当他们把自己的推断与消费者稳定的需求情况一经对照,这个观点同样被一击毙命。

这给一些游戏参与者习以为常的思维方式带来了毁灭性的冲击。我永远不会忘记,一家货车运输公司的总裁靠在椅子上,睁大眼睛盯着啤酒游戏的图表,在中间休息的时候,他冲到了电话旁。等他回来后我问道:"发生什么事了?"

他解释道:"我们来这儿之前,高管团队刚刚做完三天的运营工作检查。其中一个部门的车队用量极不稳定。看上去似乎很明显,那个部门经理没有能力做好他的工作。于是我们自然去责怪他,就像在刚才的实验里,我们每个人都不自觉地责怪啤酒厂一样。但我突然想到,这可能是系统结构的问题,而非个人的问题。我刚才就是跑出去给我们公司总部打电话,取消了辞退那个人的决定。"

一旦当参与者发现他们不应当再相互责备,也不能责备顾客时,他们就只剩下最后一个可以去责备的目标——系统。有些人说:"这是一个无法管理的系统,问题就在于我们不能相互沟通。"但这个说法也站不住脚。事实上,既然有存货清单、发货延迟,以及不完整信息这些"物质系统"存在,大部分团队的成绩都应该有很大的提升空间。

重新界定你的影响范围:如何改善在啤酒游戏中的表现

要想看到有可能会出现的改进,我们首先来考虑,如果每一个参与者都不去调整货物订单积压，会出现什么样的结果。根据这种"无策略"策略，每一个参与者都只会发出与他接收到的货品等量的订单，这可能是最简单的订货法则。如果分销商收到某零售商4箱啤酒的订单，那就从啤酒厂订4箱。如果收到了8箱的订单，就订8箱。根据在游戏中出现的顾客需求模式，你每周为该零售商订货都会是4箱（或4卡车），直到有一天你接到了该零售商8箱的订单，你才开始改成订8箱（或8卡车）。

如果全部三种角色的参与者都一直坚定不移地执行这个对策，到第11周的时候，他们的状态就逐步稳定了。但零售商和分销商都不会得到他们所订的全部货物。在游戏的初始版本中，未到货的订单越积越多，原因是发货时间的延迟。由于参与者没有去纠正积压的订单，这种情况会持续存在，因为"无策略"策略阻止了他们向上游供货商预订比从下游客户收到的实际订货数量多的啤酒，而这种做法正是纠正未到货订单积压所必需的。

"无策略"策略究竟是否成功？也许大部分参与者都会给出否定的答案。毕竟，此策略造成了持续不断的积压；系统里的每一个人，等待进货的时间都过长。毫无疑问，在现实生活中，这样的情况一出现，就等于你在邀请竞争对手前来提供更好、更及时的送货服务。只有垄断市场的生产商和经销商才有可能坚持执行这个策略。[15]

但是这个策略消除了产品订单长期延迟和突然到货的震荡，以及库存的大幅度波动。此外，实行"无策略"策略的团队所耗用的总成本，竟然比参加游戏的四分之三的团队要低！[16] 换句话说，游戏中的大部分参与者，虽然很多人是有经验的经理，却做得比"收多少就订多少"这个简单的订货办法要糟糕。为了去改变"无作为"而产生的失衡，大部分参与者把情况弄得更糟，而且多数时候简直是一塌糊涂。

另外，还有约四分之一的参与团队成绩好于实行"无策略"策略的团队，而约有10%取得了很不错的成绩。换句话说，成功是有可能的，但是它需要大部分参与者改变思维方式。这意味着我们必须深挖根源，找到大家对游戏运作情况的通常思考方式（我们后面称其为"心智模式"）与游戏运作的真实情况之间的巨大反差。大部分参与者把他们的工作看成脱离整个系统，而去"管理自己的职位"，但这里需要的恰恰是他们看到自己的职位角色如何与更大的系统互动关联。

考虑一下，如果你就处在其中的某个职位，会有什么感受。你会非常关注库存、成本、积压、订单和交货。进来的订单来自"外部"。作为多数分销商和啤酒厂，你被后期出现的不可思议的无情订单震惊了，这些订单数量本来应该很大，但一周接一周，订单数却又变成了"0，0，0，0"。你的工作就只是根据新订单发出啤酒，基本不去考虑这些发货是否会影响下一轮的订单。同样，你对自己所发出的订单会带来什么影响，也只有模糊的概念，只求自己订的货会在可接受的拖延时间范围内到达。你对系统的理解大概就像下面这张图所描绘的那样。

在这种情况下看此图，如果你需要啤酒，那么你就会理所当然地要下订单。如果啤酒没有按时到货，那你就接着下更多的订单。此时，你

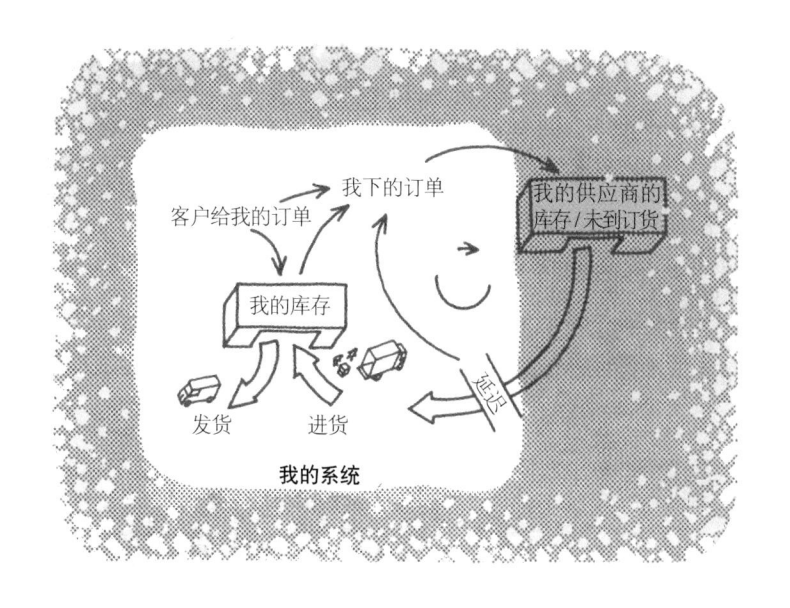

的工作就是管理好自己的职位角色,对来自外界的变化做出反应,考虑进来的订单、到货的啤酒和供货商的拖延等情况。

典型的"管理自己的职位"这一做法的缺陷在于,你看不到自己与他人的订单之间相互作用而产生的影响,这些影响往往被你当作是"外部的"。参与者其实是更大系统中的一部分,而身处其中的多数人都对系统感到迷茫。举个例子,如果他们发出更多的订单,他们可能就扫空了供应商的存货,之后供应商的送货延迟就会越来越严重。那时,如果他们的反应是(像很多人所做的那样)继续发出更多的订单,就形成了一个恶性循环,使整个系统里的问题日趋恶化。

系统中的任何参与者,不管是零售商还是分销商,都有可能在恐慌时触发这个恶性循环。甚至连啤酒厂,也会因为没有生产出足够量的啤酒而造成同样的影响。最终,一个恶性循环会影响到另一个恶性循环,从而造成整个生产分销系统的恐慌。当恐慌的程度逐渐上升时,我曾见过一些游戏参与者会订购实际需求量的20~50倍的啤酒,企图纠正存货失衡的实际状况。

要想改善在啤酒游戏里的表现,参与者必须重新认清自己影响的范围。作为一个参与者,你的影响远远超出你的职责范围。你并不只是简单地向真空中下个订单,然后通过以太或氙的变幻法术,就让啤酒送上门来。你的订单影响到供货商的行为,然后他的行为也许又要影响到另一个供货商。反过来,你的成功并不仅仅是由于你的订单,整个系统内每一个人的表现都对你有影响。如果啤酒厂没啤酒了,那么很快,每一个人都没啤酒了。除非整个大系统正常运转,否则你的岗位就会出问题。有趣的是,在啤酒游戏以及其他许多系统里,如果你想要成功,其他人也必须成功。最后,每一个参与者都要有这个系统的观点,因为哪怕只有一个参与者因恐慌而发出大量订单,恐慌情绪也会在系统里蔓延和加剧。

在此游戏中,对参与者有两个关键性的规则提示。

我的系统

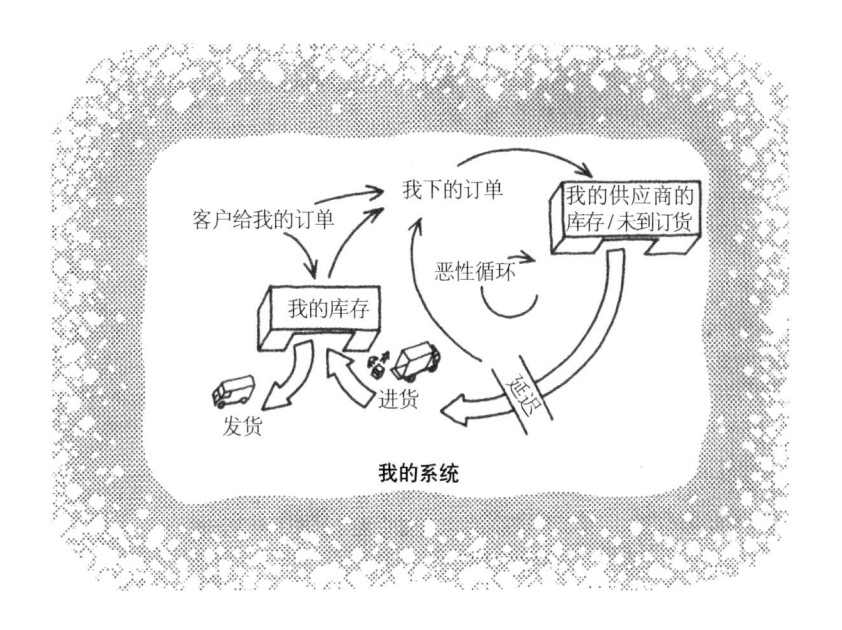

第一要记着,你发出的啤酒订单是因为延迟才没有到货。我称之为"吃两片阿司匹林并等待"的规则。如果你头痛并且需要吃阿司匹林的话,你不会每过五分钟就吃一次,直至头不痛为止。你需要耐心等待药物起作用,因为你知道,阿司匹林起作用是要有一段时间的延迟的。而许多游戏参与者却每周都在下订单,直到他们的订单积压消失为止。

第二,不要恐慌。当供应商不能像正常情况那样送来你需要的啤酒时,你再去发出更多的订单就是最糟糕的事情,而很多游戏者正是这么做的。当欠货数量激增,客户着急催货时,你需要克制力来控制想发出更多订单的强烈欲望。如果不克制的话,你和别人将来都会吃苦头。

这些关键的提示总是被多数游戏参与者忘记,因为他们只有当了解了不同岗位的互相影响,才会变得头脑清醒。要清楚"吃两片阿司匹林并等待"这个原则,你必须明白,到货的延迟是供货商对你订货量变化做出反应而产生的,是系统固有的。"不恐慌"这条提示是要求你懂得,恶性循环的产生是由于你追加的订单加剧了送货延迟。

如果游戏参与者都遵守这些规则提示，那能玩出什么样的成绩呢？

超量订货和所有订单积压及库存的波动，是不可能完全消除的。但把这种不稳定局面控制在一个适度的水平，却是有可能的。比如把波动幅度控制在情人啤案例中的一小部分，使总成本降低到"无作为"团队成本的五分之一，或典型团队成本的十分之一，这都是有可能的。换句话说，重大改进是可以实现的。

解决和改进问题取决于我们的思考方式

第2章中描述的各种学习障碍在啤酒游戏里都有所体现：

- 由于当事者"变成自己的职位"，他们就难以看到自己的行为对其他职位所造成的影响。
- 因此，当问题出现时，他们很快就相互抱怨，把其他职位上的人当成了"敌人"，甚至消费者也成了"敌人"。
- 当他们变得"主动积极"，并发出更多订单时，事情也变得更糟。
- 过度订货数量逐渐增大，直到无法收场时，他们才意识到自己已经深陷泥潭。
- 大体来说，他们没能从自己的经验中学习，因为他们的行为所导致的最严重的后果，发生在系统中其他环节，他们自己感受不到，但这些后果最终导致更多原来他们相互埋怨的种种问题。[17]
- 这些处于不同职位的"团队"（每个职位角色一般有2~3名成员）最终纠缠在内部的相互埋怨中，失去了相互学习各自的体验的机会。[18]

通过观察和对比这些学习障碍及其与应对复杂局面的替代性的、

另类思考方式之间的关联,啤酒游戏会给我们提供深层的启示。大多数参与者对整个游戏的经历深感不满,认为这个经历纯粹是反应式的。但是,很多人最后还是意识到,这种反应式行为源自他们自己狭隘的注意力,即只关注眼前一周接一周发生的事件。大多数人无法承受游戏中的局面:自己的库存严重短缺、接到超大量订单,以及蜂拥而至的啤酒新货。当我们请他们解释自己的决定时,他们一般给出的是典型的"事件解释":"我在第11周下的订单量达到了40,因为零售商们给我的订货量达到了36,把我的库存啤酒全提走了。"只要他们继续把焦点放在事件本身,就注定会有这样的反应式的结局。

从系统角度看,对于任何复杂的情况,都有多层面的解释,如下图所示。在某种意义上,所有解释都是"正确的",但这些解释的用途却各不相同。对事件的解释,比如"谁对谁做了什么",注定会将持有这种观点的人局限在反应式的心态上。正如前面所讨论的,现代文化中最经常发生的,就是对事件的解释,这也正是"反应式管理"(reactive management)流行的原因。

系统结构
有生成力的(generative)
↓
行为模式
回应式的(responsive)
↓
事件
反应式的(reactive)

"行为模式"描述的是看到长期趋势,并判断里面深藏的含义。比如,在啤酒游戏里,从行为模式角度的解释是:"生产和分销系统本来就受到市场波动的制约,会产生不稳定性,这种情况随着你远离零售商，越靠产业链上游就越严重。所以，啤酒厂迟早要发生严重的危机。"理解了行为模式，会帮助你从短期反应式心态中解脱出来；至少这种理解告诉我们，面对长期变化的趋势，我们是能够做出回应的。[19]

第三层，系统"结构上"的解释最不常见，但却最有力。它把重点放在回答以下问题上："是什么导致了这样的行为模式？"在啤酒游戏中，结构上的解释必须能够说明，参与者各自下的订单、发的货，以及库存之间如何相互影响，产生了我们观察到的不稳定和放大作用。为此必须考虑到，当系统固有的对新订单延迟送货的情况出现，以及延迟又引起更多订单时，将会造成恶性循环。尽管它不多见，但结构上的解释如果很清楚，并得到广泛理解，那就能起到很大作用。

富兰克林·罗斯福就是具有这种洞察力的杰出领导人。他在 1933 年 3 月 12 日来到电台，通过电波向广大民众解释了为期四天的"银行假日"的缘由。当时气氛很恐慌，罗斯福平静地解释了银行系统在结构上是怎样运作的。他说："让我说明一下这个简单的事实，当你们把钱存在银行时，银行不是把钱藏在地窖的金库里，而是要以多种形式去投资，投资到信贷公债、抵押贷款上面，换句话说，银行把你们的钱投入工作，使钱运转起来……"他解释了银行必须维持一定的现金储备量，而如果碰到大量挤兑现金的情况，这些储备就会不够用；也解释了银行关门休息四天对于恢复工作很有必要。这样做以后，他激起了民众热情，他们支持了这一极端而又必要的行动。作为公众交流大师，他的声望也随之而起。[20]

结构性的理解之所以如此重要，是因为只有这种理解才能涉及行为背后的原因；也只有在这个水平上，行为模式才可以改变。结构模式可以产生行为，潜在的结构变化可以产生不同的行为模式。从这个意义上来说，结构性的理解是有内在生成力的。而且，既然在人类系统的结构里包括决策者的"操作性政策"，那么，重新设计我们自己的决策机制就是在重新设计系统结构。[21]

对大多数游戏者来说，最深层的洞察力通常来自他们意识到，问题的产生以及改进的希望，这两者都取决于他们的思考方式。以就事论事为主导模式的组织，是不能持续进行生成性学习的。我们需要"结构性"或者系统性思考的概念框架，也就是发现影响行为的结构性原因的能力。仅靠"创造未来"的热情是远远不够的。

随着啤酒游戏的参与者搞清楚影响他们行为的系统结构，他们对于自己改变行为的能力就看得更清楚了，就可以采用适应更大系统的订货策略。与此同时，他们也发现了一点儿永恒智慧，如果借用沃特·凯利（Walt Kelly）很早以前的漫画《波哥》（*Pogo*）里的一句名言，那就是："我们已经遇见了敌人，那就是我们自己。"

第二部分 第五项修炼：学习型组织如何看待世界的基石

The Fifth Discipline
The Art & Practice
of the Learning Organization

| 第4章 |

第五项修炼的法则[1]

法则1　今天的问题来自昨天的"解决方法"

从前有位地毯商,有一次他无意间发现,他最漂亮的一块地毯的中央鼓起一个包。[2] 为了弄平地毯,他就用脚去踩那个包——果然踩平了。但是,地毯上离原来不远的另一处又鼓起来了。于是,他又去踩,包又不见了。过了一小会儿,包又在另一个地方出现了。他垂头丧气地一次又一次地踩踏碾蹭,直到最后他掀起地毯的一角,看见一条蛇摇晃着身体愤怒地爬了出来。

我们经常对问题的起因感到困惑,而这只不过是提醒我们,需要检讨过去处理其他问题时采用的方法。一家有声誉的公司可能发现,这个季度的销售额突然下降了。为什么?原因是上个季度的部分退款折扣计划非常成功,许多顾客选择当时就购买了产品,而没有等到这个季度。或者,新上任的经理下手"解决了"长期库存成本过高的问题——却不承想,销售部门现在要多花20%的时间来应付客户对逾期交货的投诉,还要用全部其他时间去设法说服潜在客户,让他们相信:"想要什么产品颜色都行,只要是经典的黑色调即可。"

执法的警察也会看到这条法则在他们所辖领域里的表现:在30大街逮捕毒贩子,只不过是使犯罪地点转移到了40大街。还有更诡异的案例,近期全城与毒品相关的犯罪率突然上升,竟是联邦政府抓获一起毒品走私案的结果——毒品供应量下降,价格上升,吸毒者为了争夺毒品而增加了犯罪行为。

把问题从系统的一部分转移到另一部分的解决方案,往往不会引起注意,因为,和地毯商的故事不同,这里继承了新问题的人并不是原来那位"解决了"第一个问题的人。

法则2　你越使劲儿推,系统的反弹力越大

在乔治·奥威尔(George Orwell)的《动物农庄》(Animal Farm)中有一匹名叫"拳击手"的马,它在任何难题面前总是给出同样的回答:"我会更努力地工作。"开始时,这种愿望良好的工作态度激励了大家,但渐渐地,它的勤勉引起了微妙的反弹。它越是努力工作,要做的事就越多。它并不知道,其实经营农庄的猪正在利用所有的动物来获取私利。"拳击手"努力工作的结果,是使其他动物更难以察觉猪的动机。[3]这种现象在系统思考里有个名称:"补偿反馈"(compensating feedback),即愿望良好的措施介入后引起系统的反应,结果抵消了介入行动所带来的好处。我们都知道遇到补偿反馈时是什么感觉:你越使劲儿推,系统的反弹力越大;你越努力试图改进,似乎越要求你付出更多的努力。

补偿反馈的例子不胜枚举。政府部门的许多愿望良好的行动措施,结果都引起了补偿反馈。20世纪60年代美国政府在许多城市的老旧中心区,推行了大规模的低收入家庭住房建设和改善就业技能培训项目。尽管有政府的慷慨资助,但是到70年代,这些城市的情况反而更糟糕

了。为什么呢？原因之一是低收入人群从其他城市以及农村地区，流入享有最好资助计划的城市。结果，新建的住房逐渐变得更加拥挤了，就业培训项目的申请更是人满为患。整个过程使城市税收状况不断恶化，越来越多的市民被困在经济萧条的城区里。

类似的补偿反馈过程，还挫败了对发展中国家的食品和农业援助。营养不良造成的死亡率下降以后，净人口增加了，人口增加又引起更多的营养不良，反而把原来外援食品增加的效益给"补偿掉了"。

类似地，周期性的试图用美元贬值的办法来修正美国对外贸易不平衡的努力，被外国竞争对手的出口商品平行降价措施（对汇率"紧盯美元"的国家，商品价格自动调整）给补偿掉了。一些外国政府镇压本土反政府游击武装的努力，反而给游击武装以更多的合法性，更坚定了他们的信念和各方的支持，结果是更大的反抗力量。

很多公司在某个产品突然失去市场吸引力的时候，会经历这种补偿反馈。他们使劲儿促销——这方法以前不是挺管用的吗？增加广告费、降价，这类措施可能会暂时吸引一些回头客，但也使公司资金外流，所以只是试图走捷径的补偿行为而已。结果，公司服务质量（如送货速度或质量检查）开始下降。从长远看，公司更狂热地促销，反而会失去更多的顾客。

补偿反馈也不仅限于大系统——还有很多个人的例子。比如，戒烟者发现自己体重增加，在自我形象方面损失太大，结果为了减轻压力，又重新开始吸烟。又比如，护子心切的妈妈希望儿子和同学处好关系，于是就不断介入处理各种问题，结果，孩子从未有机会学习如何解决分歧。再比如，热情满怀的新来者非常希望得到别人的喜欢和认可，却未能认真回应别人对自己工作的委婉的批评意见，结果他难以被人接受，反而被称为"难以共事的人"。

不管是采取越来越富于攻击性的介入行动，还是对自然本能采取越来越紧张的压抑行为，这类勉强的努力都会让你疲惫不堪。然而，作为个人和组织，我们不仅常常陷于补偿反馈之中，还经常赞美随之而来的痛苦。当最初的努力不能奏效时，我们就加把劲儿——像"拳击手"那样，坚守努力工作将克服一切障碍这个信条，殊不知我们一直在蒙蔽自己，使自己无法看见，我们自己其实一直在帮助制造障碍。

法则3 情况变糟之前会先变好

低杠杆效益的措施，如果不是在短期内确实管用，就不会那么有诱惑力。新住房建起来了，失业的人群得到了培训，饥饿的儿童得救了，订货单又回来了，烟戒了，消除了给孩子的压力，并且避免了与新来同事的争执。补偿反馈通常有一段时间"延迟"，即在短期的利益和长期的损害之间的时间间隔。《纽约客》杂志曾经刊登过一幅漫画：一个人坐在椅子上，把压在他左侧的巨大的多米诺骨牌推倒了。"这下我终于可以放松了。"那个人对自己说。当然，他没有看见，骨牌在一个接一个地倒下，骨牌链会从他身后绕一圈，最后从他的右侧砸向他自己。

"先好后糟"是许多管理措施的结果，正是它，使得政治性决策过程往往制造出毫无裨益的反效果。"政治性决策过程"是指在比较各类替代方案本身的价值之外，还考虑了各种其他因素的决策过程——如扩大自己的势力范围，"挣得体面"或者"讨好老板"。在复杂的人类系统中，总有无数种方法来让短期效果很好看。只不过补偿反馈的阴魂，会逐渐兜着圈子回来找上你。

"逐渐"是这里的关键词。比如，多米诺骨牌圈的延迟，就说明为什么系统性问题是那么难以识别。往往是，典型的解决方案能够马上缓解症状，让你感觉良好，你会觉得：现在情况好起来了，甚至问题已经彻底解决了。可能要等两年、三年或四年，老问题才会回来，或者出现新的、更严重的问题。到那时，按现在大多数职场换人的速度，在那个位置上坐着的已经是另外一个人了。

法则4 选择容易的办法往往会无功而返

这是一个古代苏菲（Sufi）故事的现代版：一个过路人看见一个醉鬼趴在路灯下寻找丢失的房门钥匙，于是就帮他找。找了一会儿才问醉鬼："你在哪里丢的？"醉鬼说，就在房门外丢的。"那你为什么在这儿找？"过路人问。"因为房门外没有光亮。"醉鬼回答道。

我们都对使用熟悉的方法解决问题感到放心，总是坚持我们最了解的办法。有时，钥匙可能恰巧就在路灯下，但更多时候会藏在黑暗的地方。不管怎样，假如解决方法真的能那么轻易地被发现，或对每个人都那么明显，那它可能早就已经被发现了。用熟悉的办法使劲儿努力，再努力，而深层的根本问题并没有改变，或更加恶化，乃是"非系统思考"的可靠指示信号——我们经常把它称为"我们这儿需要更大号锤子"综合征。

法则5 疗法可能比疾病更糟糕

有时候，容易的或者熟悉的办法不仅没有效果，它还会带来上瘾的危险。比如，酗酒可能从简单的交际性喝酒开始——作为消除自尊心缺乏，或工作压力等问题的一个解决办法。渐渐地，这个疗法变得比原来的疾病还要糟糕，它使人感到自尊心比原来更渺小，工作压力也更大了，同时还带来了其他各种问题。

使用非系统性的解决方法，会带来长期的、更具潜在危害性的后果，那就是对该方法的需求将会越来越大。这就是为什么欠考虑的政府介入措施不仅是无效的，它们还是有"毒瘾的"，也就是说，会引起更大的依赖性，从而削弱当地人民自己解决问题的能力。短期改善引起长期依赖的现象如此普遍，以至在系统思考中有了专门的名称，叫作"转移负担给介入者"（Shifting the burden）[①]。介入者可能是给城市、食品救济部门或社会福利计划提供资助的联邦政府机构。所有这些都在"帮助"受援系统，只不过使后者比以前更虚弱，需要更多的救助。

如自然资源专家兼作家德内拉·梅多斯所说，要找出一些转移负担给介入者的例子，"会是件容易而又有乐趣，而且有时很恐怖的事"，[4] 但例子绝不会仅局限于政府介入者。我们把应用算数知识做简单数学题的负担，转移到对计算器的依赖上。我们拆散了大家庭，把照顾老人的负担转移到疗养院。在城市里，我们把负担从多样性的地方社区，转移到住房项目。冷战把维持和平的责任，从谈判转移到军备竞赛，从而强化了军备及其相关产业。在工商界，我们把负担转移给咨询师或其他"帮手"，使公司依赖他们，而不是培养公司内部的经理人去自己解决问题。介入者的影响力会逐渐得到强化——包括吃进的药品对病人身体的影响，还包括国防预算对经济、对外援机构的规模和范畴，以及对各类组织的"救助机构"经费的影响力。

如梅多斯所说，"转移负担"的模式对长期解决方案的启示是，它必须"加强系统担负自己的负担的能力"。有时这很难，有时又会意外地简单。把人事问题的负担转移给人际关系专业人士去处理的经理人，可能觉得要重新承担这个负担会很艰难，而一旦收回了负担，他会发现，学习如何处理人事关系，主要就是个时间和实践承诺的问题。

法则6　快即是慢

这又是个老故事：乌龟虽然跑得很慢，却赢了兔子。对大多数美国企业界人士来说，最佳增长率是快、更快、最快。然而，几乎所有自然系统，从生态系统到动物再到人类组织，都有天然固有的最佳成长速

---

① shifting the burden 旧译为"舍本逐末"，现直译为"转移负担"。——译者注

度。最佳成长速度，比可能的最快成长速度要慢许多。当增长过快时，比如癌症肿瘤，系统自身会自动放慢速度来作为补偿，这个过程可能会给组织的生存带来风险。人民快线航空公司的故事就是个很好的例子，它说明了，为什么从长期来看，更快可能导致更慢，甚至完全停止。

著名生物学家、散文作家刘易斯·托马斯（Lewis Thomas）在观察复杂系统的特征时曾说："面对复杂的社会系统，例如一个城区中心或仓鼠社会，你发现其中有你不满意的地方，而且特别想去修补，但你不能简单地介入其中，贸然展开修补行动，因为那样可能不会有任何帮助。这个认知，是本世纪令人伤心和沮丧的事情之一。"[5]

当经理们开始意识到，这些系统原则是如何阻碍了许多他们最喜欢的介入措施时，他们会感到非常沮丧、心灰意冷。这些系统原则甚至可能成为无所作为的借口——借此不去采取行动，因为可能产生事与愿违的结果，甚至把事情搞得更糟。这倒是一知半解的危险性的经典案例。因为系统观点的真实含义不是无所作为，而是在新的思考方法基础上的新型作为——系统思考不仅更富于挑战性，而且也比通常处理问题的方法更有希望、更有前途。

法则 7　因和果在时空中并不紧密相连

以上所有问题的背后，是复杂人类系统的一个基本特征：因和果在时空中不是紧密相连的。"果"是指问题显现出来的表面症状，如：吸毒、失业、饥饿的儿童、订单减少和利润下降；"因"是指系统中造成那些症状的相互作用。如果能够发现这些相互作用关系，就可能导致有持久改善功效的变革。为什么因果是个问题呢？因为我们大多数人都假设，在大部分时间里，因和果是在时空上紧密连接的。

在小时候的游戏里，问题总是离解决办法不远——至少在我们把游戏局限在同一组玩具内的时候是这样。多年后，作为经理人，我们仍倾向于认为，世界也是按同样的方式运作的。如果生产线出了问题，我们就在生产部门找原因；如果销售达不到目标，我们就认为需要新的销售奖励或促销活动；如果住房不够，我们就盖更多的房子；如果食品缺乏，解决方法一定是供应更多的食品。

正如第三章中玩啤酒游戏的人后来发现的，造成我们困难的根本缘由，不是问题的顽固性或对手的邪恶，而是在于我们自己。现实中复杂系统的特性，与我们思考现实的主流方法之间，存在着根本的差距。消除这种差距的第一步，就是放弃因和果在时空上紧密连接的观念。

法则 8　微小的变革可能产生很大的成果——但最有效的杠杆常常最不易被发现

有人把系统思考称为"新的沉闷科学"，因为它教导人们：最明显的解决方法不管用，它最多也只能带来短期的改善，长期来看则会把事情搞得更糟。然而，故事还有另一面。系统思考还指出：微小的、集中的行动，如果选对地方，有时会带来可观的、可持续的改善。系统思考学者们把这个原则叫作"杠杆作用"（leverage）。

因此，应对困难的问题，常常必须找到"高效杠杆作用"（high leverage）在哪里，即找到最省力，又能产生持久、可观的改进的变革方法。①

---

① 杠杆作用是一种比喻，指的是解决问题的关键和有效方法。尽管比喻是机械性的，但系统问题的高杠杆效益的解决方法，一定不是机械和线性的方法，而是涉及微妙和复杂的人际关系，包括组织决策程序、个人情感和习惯等非线性因素。说找到系统问题的杠杆作用点，即是最省力的方法，这也是一种比喻，是相对于不找这种作用点而说的；但这可能很容易引起误解。因为找到这种"作用点"本身可能就是个艰难的学习修炼过程，而且使用这样的作用点往往又涉及改变思维和行为习惯，甚至根本的世界观和人生观，说起来容易，做起来绝非易事。——译者注

唯一的问题是，高杠杆效益变革的路径对系统内的大多数人来说通常是非常不明显的。这些变革对于显而易见的问题症状来说，并非"在时空上紧密连接"。这使生活变得更有意思。

巴克敏斯特·富勒（Buckminster Fuller）对杠杆作用的效益有一个巧妙的说明，也是他对杠杆作用原则的比喻："小舵板"。小舵板是船上的"舵中舵"，它的尺寸只有船舵的很小一部分，作用是让转舵更容易，也就是让船转向更容易。船越大，小舵板就越重要，因为大量的水流会使船舵很难转动。

小舵板是杠杆作用的绝妙说明，因为它不仅十分有效，还很不起眼。在你对流体力学一无所知的情况下，当你看见一艘大油轮在海上航行，想让油轮左转的话，你会推哪里？你也许会向左推船头。可是，你是否知道要把一艘航速 15 节的油轮，从船头推向左转，需要多大的力量？向左掉头的杠杆作用点，在于把船尾向右推。这当然就是船舵的功能。但是，要让船尾向右，船舵应该向那边转呢？哎呀，当然是向左喽。

看到了吧，船能转向是因为其尾部被"翻转吸吮"着呢。船舵转动时，迎面而来的水流因受到压力而在舵板上产生压力差，压力差使得船尾向转舵方向相反的一侧运动。飞机飞行的原理也完全一样：机翼形成空气流的压力差，使飞机被"吸吮"着向上托起。

小舵板——这个对大船产生巨大效应的、非常小的部件，相对船舵来说也是一样。当它转向某一侧时，就在船舵两侧的水流中产生了很小的压力差，压力差"吸吮着船舵"向需要的方向转动。假如你想让船舵向左转，小舵板应该向哪个方向转呢——自然是向右了。

整个系统——船、船舵、小舵板，通过杠杆作用原理形成绝妙的工程设计组合。然而，如果你不了解流体动力学原理的话，它的功能就不会是显而易见的。

同样，在我们了解人类系统的动力学原理之前，其高杠杆效益的变革作用也不会是显而易见的。

寻找高杠杆效益的变革没有简单的规则可循，但有一些思考方法会使这项工作更有可能完成。起点之一，是学会观察事件背后的结构模式，而不仅是事件本身。在后面描述的系统基本模式中，会揭示高杠杆效益和低杠杆效益的不同的变革情形。

用变革过程的思考方法，而不是定点拍快照的方法，是另一个起点。

法则9　鱼和熊掌可以兼得——但不是马上

从系统观点来看，有些最棘手的悖论难题实际上完全不是什么难题。它们只不过是由于放弃了"过程"思考方法，而用"拍快照"方法所形成的人为难题。一旦你有意识地考虑事情随着时间的变化过程，它们就会显现出全新的景象。

比如，多年来美国制造业一直认为，必须在低成本和高质量两者之间进行选择。他们心想："高质量产品，生产成本更高，组装要花更长的时间，需要更昂贵的材料和部件，质量监控成本也更高。"他们没有想到，实际上有许多方法可以让提高质量和降低成本这两个目标并行不悖。他们没有考虑到，工作流程的基础性改进可以排除重复劳动，降低担保成本，增加顾客忠诚度，并减少广告和促销费用。他们更没有想到，如果愿意耐心等待，先集中完成一个目标，最终两个目标都能实现。投入时间和经费开发新技能和新组装方法，包括与提高质量相关的所有责任人员的新参与方式，是一项必要的先期"成本"。投入之后，质量和成本可能在数月之内同时提高。尽管某些成本的节约（如重复劳动的减少）可能很快显现出来，但全部成本节约的效益，可能需要几年时间才能体现。

许多显见的悖论，如集中控制与局部控制、员工满意度与劳动力成本控制、奖励个人成果和体现集体价值等等，这些都是静态思考的产物。它们看上去是"非此即彼"的刚性选择，但那是因为我们处在固定的时空点考虑问题。在下个月我们可能真要做出非此即彼的选择，但真正的杠杆效益就在于，看清如何逐步使两者都得到改进。[6]

法则 10　把大象切成两半得不到两头小象

生命系统具有完整性，其特性依赖于整体。组织机构也一样。要理解大多数最富有挑战性的管理问题，我们必须看清产生问题的整个系统。

另有一个苏菲故事可以说明这个法则。三个盲人碰到一头大象，开始大声争执起来。第一位揪着一只象耳朵说："这个东西又大又粗糙，像地毯一样宽阔。"第二位抱着象肚子说："我发现了真正的事实，它是一个直的空管道。"第三位抱着大象的一条前腿说："它就像根柱子一样坚实有力。"这几位盲人与许多公司负责生产、营销和研发部门的领导者们，有什么不同吗？他们每个人都把公司的问题看得很清楚，但没有人知道他们的部门政策如何与其他部门相互影响。有趣的是，这个苏菲故事结尾说道："既然这三位的思考方法是如此这般，那么他们绝不可能了解大象。"

看清"整个大象"，不是说每个组织问题都只有通过观察整个组织才能理解。有些问题只能从观察生产、营销和研发等主要功能部门的互动中理解。但也有一些问题，是在某个功能部门之内就可以找到涉及整个系统的关键影响力。还有一些问题，是必须把整个产业的情况都考虑在内才能澄清。有一个重要原则，叫作"系统边界原则"（principle of the system boundary），它告诉我们必须考虑到的互动因素，是对眼下某个具体问题最重要的因素，而不用考虑范围有限的组织边界。

这个原则之所以难以实践，是因为组织的设计方式阻碍着人们去观察重要的互动关系。一种很普遍的设计方式，是严格划分和强化部门界限,如营销、生产和研发的部门界限,这阻碍了跨部门边界的探寻。另一个方法是把问题留给后来人去清理。欧洲许多城市已经消除了很多美国老城区经历的犯罪问题、持续贫困问题以及无助状况,原因是他们强迫自己正视健康的城区所必须保持的平衡问题。他们的方法之一是在城市周围建设大面积的"绿色带",以防止城市郊区的扩张和城外居住城里工作的通勤人口的增加。相反,美国城市一直在鼓励郊区的持续扩张,使富裕居民的居住地点远离城区中心及其问题环境。(今天的贫困城区,如纽约市哈勒姆区和波士顿的罗克斯伯里区,最初都曾是上等人聚居区。)公司也在做同样的事,即不断并购新公司,并不断把他们认为成熟的公司"收买"进来,但从不对其进行投入。

有时人们真会把大象分成两半。但你不会得到两头小象,你得到的是一团混乱。在这里"混乱"是指一个没有杠杆点可用的复杂的问题局面,杠杆效应存在于互动之中,如果你只看到你拥有的一部分,是不可能观察到互动关联的。

法则 11 不去责怪

我们遇到问题时,总是忍不住要责怪别人:责怪竞争对手、媒体、市场的波动和政府部门等等。但系统思考告诉我们,分立的"他人"并不存在,你和那个被责怪者都是同一个系统的组成部分。疾病的疗法,就在于你和你的"敌人"的关系之中。

| 第 5 章 |

心灵的转变

重新看世界

我们都有一种天性，喜欢完成拼图游戏，喜欢看到整个图像显露出来。一幅人物图像，或一朵花，或一首诗，它的美丽在于其整体的显现。有趣的是，英语里"整体"（whole）一词和"健康"（health）一词，来自同一个词根 [古英语 hal，如在"精神矍铄"（hale and hearty）短语里]。由此看来，今天世界的不健康程度，与我们不能把它看成一个整体的程度直接成正比，也就不奇怪了。

系统思考是观察整体的修炼。它是一个思考框架，用它来观察的是相互作用的关联，而不是各个分立的东西；用它来观察的还有变化的模式，而不是静态的"快照图片"。它是一组普遍原则——是从 20 世纪发展起来的现代物理学、社会科学、工程设计学和管理学等多种学科中逐步提炼出来的。系统思考同时还是一组具体的工具和技术，主要来自两个领域：控制论中的"反馈"概念，和起源于 19 世纪的"伺服机制"（Servo-mechanism）工程理论。过去 30 年里，这些工具已经被广泛应用于公司系统、城市系统、地区性系统、经济系统、政治系统、生态系统，甚至生理系统的研究中。[1]另外，系统思考还特指一种敏感度（sensibility），用来体悟和辨别赋予生命系统以独特个性的微妙的相互关联。

今天，系统思考比以往任何时候都更重要，因为我们所面对的复杂局面对我们的压力越来越大。也许是有史以来头一次，人类能制造的信息量，远远超过任何个人所能吸收的；人类培育的相互依赖关系，远远超过任何个人所能掌握的；而且，人类能够实现的变化速度，也远远超过任何个人所能跟得上的。有一点可以肯定，那就是复杂性的规模是前所未有的。我们周围到处是"系统性故障"（systemic breakdowns）的例子：全球变暖、气候变化、国际贩毒、美国的贸易和预算赤字等等，这些问题都没有简单的局部成因。类似的情况是，尽管有出类拔萃的个人和创新产品，组织机构还是在发生故障，因为它们无法把各种功能部门和各类杰出人才，集合成一个富有成效的功能整体。

复杂性局面很容易损害自信心和责任心。我们常听到此类托词："这对我来说太复杂了"，或"这是体制问题，我没办法"。这类无助的感觉，是很多人在进入"相互依存的时代"所经历的，而系统思考就是其对症良药。系统思考是观察复杂局面背后的"结构"的修炼，也是区分高杠杆效益和低杠杆效益变革措施的修炼。也就是说，通过看清整体，我们学会如何培育健康。为此，系统思考提供一种语言，它一开始就帮助我们重构思考方式。

我把系统思考称为第五项修炼，因为它是本书所描述的全部五项修炼理念的基石。全部五项修炼都是关于一种心灵的转变，即从观察局部到观察整体；从把人看成是无助的反应性动物，到把人看成是塑造自己的现实的积极参与者；从对当前的反应，到创造未来。没有系统思考，就没有在实践中整合这些学习修炼的动力和方法。作为第五项修炼，系统思考是学习型组织如何看待世界的基石。

在《第五项修炼》英文第一版中，我对当时需要系统思考的最"令人伤心的例子"进行了分析。这就是美苏军备竞赛——"一场看谁能最快到达没人想去的地方的竞赛"。我曾说过，那场悲剧式的"竞赛"已经"削弱了美国经济，并且压垮了苏联经济"。最后我写道，这种局面只有当对手中的一个决定不再"愿意玩"下去时，才能改变。具有讽刺意味的是，这段话写完不到一年，苏联就解体了，悲剧式的美苏军备竞赛也戛然而止了。然而，今天美国和世界大多数国家，又陷入另一场似乎在抢着到达没人想去的地方的竞赛，即所谓的"反恐战争"。

反恐战争的根源和美苏军备竞赛一样，不在于政治意识形态之争，也不在于具体的军备，而在于双方都共有的一种思考方式。比如，美国的主流社会被如下观念所主导：

恐怖袭击→对美国人的威胁→军事反应的需要

而恐怖分子对自己的处境的看法大体如下：

美国的军事行动→感受美国的侵略性→招募恐怖分子

从美国的角度看，基地组织一类的恐怖组织是侵略者，而美国的军事扩张是应对这种威胁的防御反应。从恐怖分子的角度看，美国在经济和军事上都是侵略者，恐怖分子招募活动的扩大，正是这种看法被广泛接受的证据。[2]

但是，上面的两条直线可以形成一个圆圈。两个对手各自的"线性的"或非系统的观点，相互结合构成一个"系统"，即相互影响、相互作用的一组变量。

反恐战争的系统观揭示出一个相互攻击的恶性循环。美国对从自身角度所看到的"对美国人的威胁"做出了反应，那就是增加军事行动。这又导致"感受美国的侵略性"增加，于是就有更多的"招募恐怖分子"的活动，更多的恐怖活动，和更多的"对美国的威胁"，更多的美军行动，以及更多的"招募恐怖分子"活动，如此等等，循环不止。从双方各自的角度出发，他们都只注重自己的短期目标，都在对感受到的威胁做出反应。但是他们的行为最终对大家都带来逐步升级的危险。这里就和其他许多系统一样，做最显而易见的事，并不会产生显而易见的、希望看到的结果。双方各自费尽精力，却带来对大家都越来越不安全的长期后果。

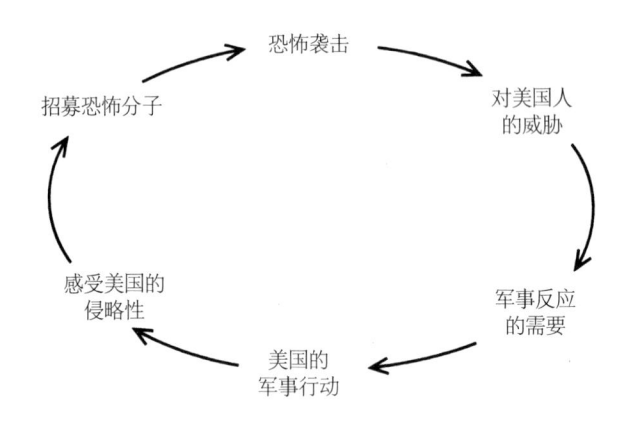

```
          恐怖袭击
     ↗            ↘
招募恐怖分子      对美国人
                  的威胁
   ↑              ↓
感受美国的        军事反应
侵略性           的需要
     ↖            ↙
         美国的
         军事行动
```

有趣的是，尤其是美国，尽管有大量"系统分析师"在研究恐怖分子的各种武器和资源状况，使用了最先进的信息技术，包括复杂的计算机模拟分析技术，但却不能采取真正的系统观点看问题。[3] 那么，为什么这些本来被认为是处理复杂问题的工具，却没能使我们跳出反恐战争的不合逻辑的怪圈呢？

原因与工商界一样：高度发达的尖端预测工具和商务分析工具，以及精确的战略规划，通常都不能给企业带来管理的突破性进展。这些工具都是用来处理那种有着许多变量的复杂性问题，即"细节复杂性"（detail complexity）问题的。但是，还有另一种复杂性，即"动态复杂性"（dynamic complexity）。这种复杂性出现在因果关系很微妙的地方。那里，介入措施所带来的时空效果并不是显而易见的。通常的预测、规划和分析方法，都不足以处理带有动态复杂性的问题。依据一系列复杂的操作规范来组装一台机器，就是带有细节复杂性的任务，而在折扣零售店使用的库存清单也是。但这些都不是带有动态复杂性的情况。

当同样的行动会带来并不相同的短期和长期效果的时候，动态复杂性就显现了。同样，当一个行动在局部产生一种结果，而在系统的另一部分却产生了截然不同的结果，这也有动态复杂性的作用。当显而易见的措施却产生了并非显而易见的结果，那也是动态复杂性的局面。陀螺仪就是一个动态复杂性的装置：如果向下压它的边缘，它却向左运动；而如果从另一端的边缘向左推，它却向前运动。然而，与企业的复杂动态作用相比，简单的陀螺仪是微不足道的。在企业里，生产某种产品需要许多天时间，推进新的市场营销计划需要许多星期的时间，雇用和培训新员工需要许多个月的工作，开发新产品、培养管理才能和建立质量信誉则需要许多年的工夫——而所有这些过程之间又在不断地相互影响着。

在绝大多数管理工作中，真正的杠杆效益在于理解动态复杂性，而不是细节复杂性。市场增长和产能扩张的平衡就是一个动态问题。对价格、产品（或服务）质量、设计和可获得性（availability）进行有益的混合配置，以赢得稳固有利的市场地位，也是一个动态问题。以可持续的方式改进质量、降低总成本并让消费者满意，还是一个动态问题。

不幸的是，大多数系统分析都集中在细节复杂性问题，而不是动态复杂性问题。有数千变量和复杂细节的模拟分析实际上可能会分散我们的注意力，使我们眼花缭乱，无法看清结构模式和主要的相互关联。令人悲哀的是，对多数人来说，所谓的"系统思考"实际上就是"用复杂性对付复杂性"，就是用越来越"复杂的"（其实应该说"细节的"）解决方案去应对越来越"复杂的"问题。而这与真正的系统思考，实际上是相对立的。

反恐战争从最根本的意义上说，就是动态复杂性问题。对问题的起因和可能的解决方法的洞察，要求看清各种相互关联，比如美国为了达到更大的安全感而采取的措施，和对方所看到的侵略者形象之间的关联。这还要求看清在行动措施和结果之间的延迟，比如美国决定军事干预和恐怖分子招募活动增加这两者之间的延迟。而且还要求不仅仅看清静态的"快照图像"，更要看清变化的模式，比如对抗的持续升级。

看清问题背后的主要相互关联，就能找到可能的解决方法。比如反恐战争，与其他恶性竞争的关系模式一样，最明显的问题是："反恐战争能否逆向进行，以逐步建立一种安全的循环？"很明显，全球和中东地缘政治系统中有许多其他因素，在影响着前面所看到的简单的恶性竞争关系。但是，任何真实的进展将一定取决于更深层的洞悉，更深入地理解当地的人民自己（包括恐怖主义的支持者和潜在招募对象）如何看待安全问题，以及如何看待他们自己对发展和进步的真心愿望。简单化地从外部强加一种发展观念，特别是被视为对抗中的侵略者所宣扬的发展观，则无法减少对方所感受到的危险。

系统思考修炼的实质是心灵的转变：

- 看清各种相互关联结构，而不是线性的因果链。
- 看清各种变化的过程模式，而不是静态的"快照图像"。

系统思考的实践演练，要从理解简单的"反馈"概念入手：一些行动可以引起相互增强的效果，或相互抵消（平衡）的效果。这会让你逐步学会，如何识别反复出现的某些类型的"结构模式"。军备竞赛是普遍意义上的恶性竞争模式之一，其本质与街道黑帮之间的势力范围之争，与婚姻的解体，或者与公司之间因争夺市场份额而引起的价格战和广告战，没有什么区别。系统思考会逐步形成一种丰富的语言，来描述各种各样的相互关联和变化模式。它最终会通过帮助我们看清事件和细节背后的深层模式，来简化生活。

学习任何一种新语言，开始都会很困难。但随着你掌握了其基本要点，学习会变得更容易。研究表明，许多年轻的孩子都能相当迅速地学会系统思考。[4]似乎我们都有进行系统思考的潜在技能，只是从未被开发，甚至还被灌输线性思考的正规教育所压抑。希望本书后面的内容能帮助我们重新发现这方面的一些潜在技能，并让存在于我们每个人自身的那个系统思考者"浮出水面"。

观察因果循环[5]

现实存在是由种种循环所组成的，而我们却只看到直线。这就是妨碍我们成为系统思考者的初始障碍和局限。产生这种支离破碎的思考方法的肇因之一，就是我们所使用的语言。语言塑造了认知观念。我们能看到什么，是由我们有什么样的观察准备所决定的。西方语言的结构都是"主语—动词—宾语"模式，它自然偏向线性观念。[6]如果我们想看到整个系统范围的相互关联，就需要一种相互关联的语言，一种由形似圆圈的循环所构成的语言。没有这样的语言，我们习惯的看待世界的方法，就总是产生支离破碎的观点和事与愿违的行动措施——就像反恐战争的决策者们一样。这种语言对于处理动态复杂性问题和战略决策问题，尤其当团队、个人和组织都需要看清事件背后造成变化的影响力时，格外重要。

为了理解这种新语言的基本要点，我们来看一个简单的系统：往杯子里灌水。你也许会说："那太简单了，那不是系统。"但是，再仔细想想看。

从线性思考的观点看，我们说："我在往杯子里灌水。"多数人心里想的，就是下面的图景：

但实际上，我们在灌水时还在留意着水位的上升，在监视实际水位与我们心中的目标水位之间的差距。当水位上升到目标水位附近时，我们就关小水龙头，放慢水流量，最后杯子满了，就完全关闭水龙头。我们灌水时，实际上有一组由五个变量组成的水位监测系统：目标水位、

实际水位、两者之间的差距值、水龙头开关的位置，以及水流量。这些变量组成一个因果关系环路或圆圈，叫作"反馈过程"。这个反馈过程持续运行，直到水位达到目标值。

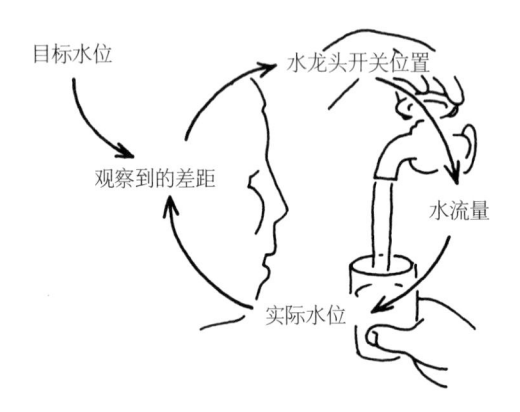

大家容易对反馈概念产生混淆，因为这个词我们经常用在不尽相同的场合，如：针对我们采取的行动措施去收集反馈意见。你可能说："对酿酒厂的决定，你给我一些反馈吧。你觉得我处理得是否得当？"这里，"正面反馈"是指鼓励赞许的评价，而"负面反馈"就是坏消息了。但是在系统思考里，反馈是范围很宽的概念。它指任何相互的影响作用回路。

系统思考的一个公理就是,每一个影响作用都既是因,也是果。没有只存在于一个方向的作用。

如何看系统图

要想系统地看清现实,关键是要把影响力看作一个圆形回路,而不是直线的单向作用。"线性"思考让我们养成了反应式的思维模式。上述方法是打破这种思维模式的第一步。每一个圆都是一个故事。追溯影响力的循环运动,你会发现某些模式是在不断自我重复,一次接着一次,使局面变好或者变坏。

从某个局面中的任意组成部分,你都可以画出箭头,指出它会影响到的另一个组成部分:

水龙头开关位置 —影响→ 水流量

如上图所示,水龙头开关的位置通过箭头指向了水流量。水龙头开关位置的任何改变,都会影响水流量。但是箭头绝不会孤立存在:

我们要把故事看下去,可以从其中任何一个组成部分开始,看着情节按照相应的顺序发展,就像玩具火车沿着铁轨一圈一圈地进行周而复始的旅程。从决策者的行动开始追溯下去是一个不错的选择:

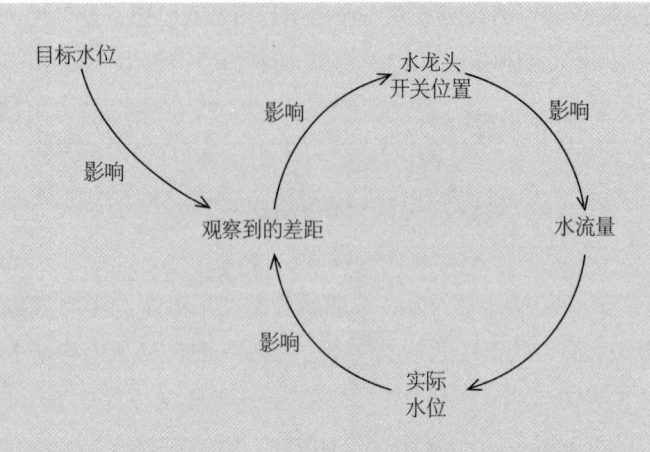

> 目标水位 —影响→ 观察到的差距
>
> 水龙头开关位置 —影响→ 水流量 —影响→ 实际水位 —影响→ 观察到的差距 —影响→ 水龙头开关位置
>
> 我调整了水龙头开关的位置,这改变了流入杯中的水流量,继而改变了水位。当水位改变的时候,感知到的差距(现有水位与期望水位之间的差距)同样改变。随着差距的变化,我再一次调整水龙头的位置,依此类推。
>
> 当解读一个反馈循环图表的时候,最主要的技巧是要能够看明白图表所讲述的故事:图中结构如何创造一种特定的行为模式(或者,在一个复杂结构中,多种行为模式)和此模式可能如何受到影响。在这个例子中,故事是说把水杯灌满,等水逐渐灌满,再慢慢把水龙头关掉。

反馈环路尽管概念简单,但它打破了根深蒂固的观念——比如因果律。在英语的日常用法里,说"我在往杯子里灌水",就意味着不假思索的单向因果律:"我在引起水位上升"。更准确地说,是"我的手在控制水龙头的出水量"。很显然,这个说法只描述了反馈过程的一半:从水龙头开关的位置,到出水量,再到杯子里的水位。

然而,只说反馈过程的另一半,也一样不错:"杯子里的水位控制着我的手。"

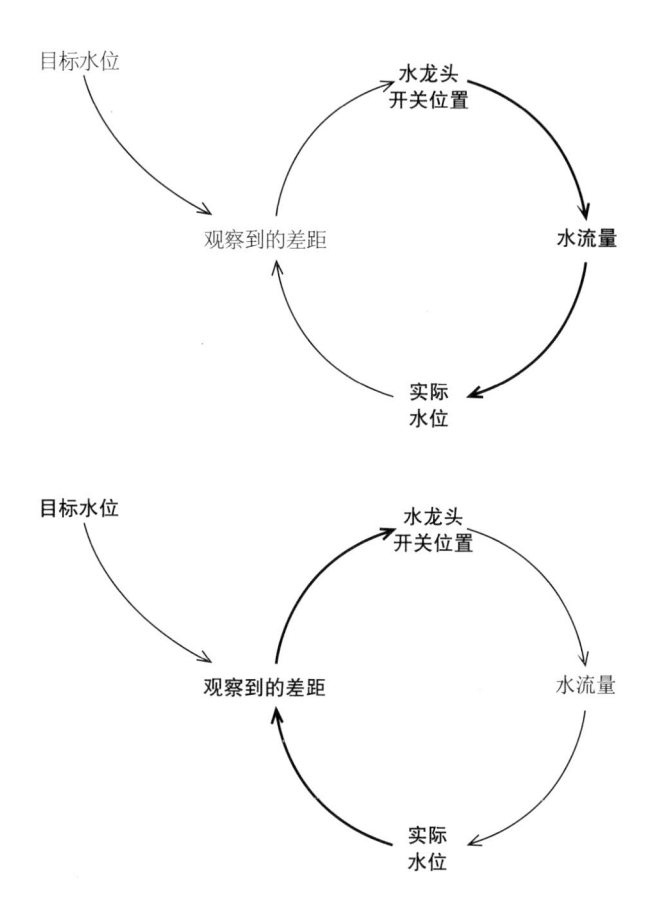

这两个说法都不完整。更完整的因果关系描述是：我想接一杯水的意图，创造了一个系统，它使水在水位低的时候流入杯子里，杯子满了的时候就停止水流。换句话说，有个结构引起了行为，而结构之所以起作用，是由于我的意愿和行动。这个区分很重要，因为只看到个别的行动，而忽略行动背后的结构，结果就会像第3章中的啤酒游戏那样。我们在复杂情况下感到无能为力，这是一个根本原因。

实际上，日常英语里的大多数因果判断，都很值得质疑！大多数判断都基于线性观察方式，最好的情形也仅仅是部分准确；它们基本上只偏向于描述互动过程的某一部分，而不是过程的全部。

反馈观点还打破了另一个观念，即人类中心论（anthropocentrism）——就是把我们自己看成活动的中心。简单的说法，比如"我在往杯子里灌水"，描述的就是以人类为活动中心的世界，那里的人类在操作一个无生命的现实存在。从系统观点看，人类是反馈过程的一部分，不能独立于这个过程之外。这从根本上改变了我们的意识。它让我们看到，在不断影响着自己的现实存在的同时，我们也在不断被现实存在所影响。这种意识的转变，也是生态学家们极力提倡的：我们必须把自己看成是自然的一部分，而不能与自然分离。这种意识的转变，还是世界上许多伟大的哲学传统所认可的。比如在《薄伽梵歌》（*Bhagavad Gita*）中的"惩罚"（chastisement）一段，就有这样的话：

> 一切行动只能从自然的特性中产生。而陷入我执（egoism）迷惑中的自我，却认为："我是行事者。"[7]

另外，反馈的概念还使有关责任的伦理道德问题复杂化。在反恐战争里，谁负有责任？从双方各自的线性观点看，责任很清楚：在对方身上。"是他们的侵略行为迫使我们做出回应。"线性观点总是要找出单一的责任中心。出了问题，要么责怪别人："是他、她或它干的"；要么内疚自责："是我干的"。从深层角度看，责怪别人和内疚自责没有什么区别，因为它们都来自线性思考方式。从线性思考出发，我们总是要找出某人或某件事——要负责任的一定是他、她或它，有时甚至是我们自身的隐蔽代理。我儿子四岁时不想吃青菜，就说："我的肚子不让我吃这个。"我们可能会笑。但这与成年人把责任归于某处，比如"我的神经衰弱症让我不能信任别人"，难道有什么区别吗？

掌握系统思考，我们就会放弃这样的假设，即认为有某个人，或者某个隐蔽代理，要负责任。反馈的观点指出，每个人都要对系统中出现的问题负责。而这并不一定意味着，每个人都能对系统变革产生同样的影响和作用。

但这的确意味着，寻找替罪羊的办法是死路一条——尽管在像美国这样的个人主义文化盛行的国度，这是一种很有诱惑力的消遣游戏。

最后，反馈概念还揭示了我们的语言的局限性。即使是用语言描述很简单的系统，比如往杯子里灌水，也非常笨拙："当我拿杯子接水时，有一个反馈过程，让我调整水龙头的开关位置，进而控制水流量，以及杯子里的水位。这个过程的目的，是让水位达到我想要的高度。"这就是为什么需要一种新的语言来描述系统。描述拿杯子接水这样简单的系统尚且如此笨拙，可以想象，用日常英语描述组织机构中的各式各样的反馈过程，会有多么艰难。

所有这些改变都需要时间来适应。我们都习惯于用线性语言描述经历，都对描述因果关系和责任义务的简单陈述感到很熟悉、很适宜。这并不是说你必须放弃线性语言，就像你不必放弃英语而去学法语一样。在很多情况下，简单的线性描述就足够了，去寻找反馈过程反倒浪费时间。但是，在面对动态复杂性问题时，情况就不一样了。

正负反馈和延迟：系统思考的积木块

有两种不同类型的反馈过程：正反馈和负反馈。[①] 正反馈（或放大反馈）过程是增长的引擎。只要你处在增长的局面，一定就有正反馈作用。正反馈过程也可以产生加速的衰减：很小的衰减被放大成越来越严

---

① 由于"正反馈/负反馈"在汉语里是大家都熟悉的词汇，所以在这里采用。而需要说明的是，原文此处的术语直译过来其实是"增强反馈"和"平衡反馈"。原文"reinforcing feedback"，旧译"增强反馈"，在英文里比学术名词"positive feedback"，即"正反馈"，更容易被一般人理解，也不易引起歧义，但意思一样。原文"balancing feedback"，旧译"调节反馈"，科学术语一般译作"平衡反馈"，意思是"抵消"或"抑制"性的反馈，在英文里比学术名词"negative feedback"，即"负反馈"，更容易被一般人理解，也不易引起歧义，但意思也一样。——译者注

重的衰减，就像金融恐慌时银行财产的衰减情况一样。

负反馈（稳定反馈）起作用时，就有以目标为导向的表现。如果目标是稳定不动，那么负反馈的作用就像车上的刹车装置。如果目标是保持每小时 60 英里的速度，那么负反馈作用就会让车加速到每小时 60 英里，但不会再高。目标可以是明确的，例如公司的市场份额目标；它也可以是隐性的，比如一个坏习惯，尽管我们声称要改掉，但还是坚持不改。

另外，许多反馈过程都有"延迟"，就是影响作用过程中的间歇和中断，它使作用的结果逐渐才能显现出来。

系统思考语言中的所有观念，都是以这三个元素为基础建立的，就好像英语的句子基本上都是由名词和动词组成的。我们一旦掌握这些积木块，就可以构建系统故事，即下一章中的系统基本模式。

正反馈：发现微小变化是如何增长的

你身处正反馈系统中，也许就是看不见，很小的行动如何被放大，带来很大的结果——或好或坏的结果。而看清这个系统，往往就能让你影响其走向。

比如，经理人经常无法理解他们自己的期望值是如何影响下属的业绩的。如果我看到某人潜力很大，就会给予特殊的关注来开发他的这种潜力。当他成熟了，我就感到自己原来的判断很准确，于是就投入更多的精力来帮助他。反过来，那些被认为是潜力很差的人，就会由于被忽视和遗弃，而陷入懈怠和凋零状态，工作失去活力，而这又在我心中印证了我不重视他们的理由。

心理学家罗伯特·默顿（Robert Merton）是第一位命名这一现象的人，他称之为"自证预言"（self-fulfilling prophecy）。[8] 萧伯纳著名的话剧作品 [后来被改编为《窈窕淑女》（*My Fair Lady*）] 还把这叫作"皮格马利翁效应"（Pygmalion effect）。萧伯纳的这一命名来自希腊和罗马神话中一个叫皮格马利翁的人物，这个人十分强烈地相信他的雕塑作品就是美丽少女，以致雕塑最终得以活现，拥有了生命。

皮格马利翁效应在无数场合都有验证。[9]有一个在学校的例子：一位老师对一个学生的看法，影响了那个学生的表现。珍很害羞，在新学校的头一个学期，成绩特别不好（因为父母总吵架）。于是，她的老师就认为她没有学习热情。第二个学期，老师对她关注更少了，她的成绩仍然很糟，而且更害羞了。结果珍陷入了越来越糟的恶性循环：退缩，成绩差，老师的指责和归类，遭到忽视，进一步的退缩。像这样，学生就被无意中"圈进"对自己能力的自我形象定式：被重视的学生对外展示出的自我形象很高大；而成绩差的、陷入恶性循环的学生，对外展示出的自我形象就很差。

在皮格马利翁效应这样的正反馈过程中，有一点变化就能带来不断的自我增强。不管什么动作，一发生就会被放大，就会在同一方向上产生越来越大的动作。小动作得到滚雪球般的放大，同样的动作越滚越大，就像利滚利。其中，有些正反馈（放大反馈）作用是"恶性循环"：坏的开端导致越来越糟的结果。"汽油危机"是个经典案例。一旦汽油紧缺的消息传播出去，到加油站排队加油的浪潮就被触发了。一旦人们看到加油站排队的场景，就对危机的到来深信不疑了，恐慌和囤积行为就被触发了。很快，即使油箱还剩大半箱油，每个人也都要去加满油，以防加油站没油了。一场暴风雪来临以前，同样的情况也会发生在食品和水上面，因为大家预计会出现电力中断和其他正常供给中断的情况。银行挤兑是另一个例子；而某种股票价格下跌的消息传出去以后，引发恐慌抛售浪潮，又是一个例子。这些都是逐步升级的结构模式：在不想看到的方向上发生一个小动作，就会引起不断加剧的恶性循环。

但是，正反馈并非一定都是坏事。还有良性循环，即在想看到的方向上不断增强的过程。比如，体育锻炼就能带来良性循环：你感觉良好，于是更积极地参加锻炼，于是感觉更好，于是锻炼更积极。反恐战争如果能持续地逆向进行，也会是一个良性循环。新产品的市场培育也是正反馈循环过程。例如，许多新产品都从"口口相传"，开始其市场增长的历程。产品口口相传就能产生滚雪球效应（大众汽车的甲壳虫车型和苹果公司的iPod都是如此），满意的顾客告诉别人去购买产品，更多满意的顾客又告诉更多的人。今天的网络设备给分享信息（或歌曲）的行动增加了另一层正反馈机制：一旦有人使用某种网络设备，信息分享就只能通过同类的设备进行。

下面就是口口相传增加销售和满意度的正反馈示意图：

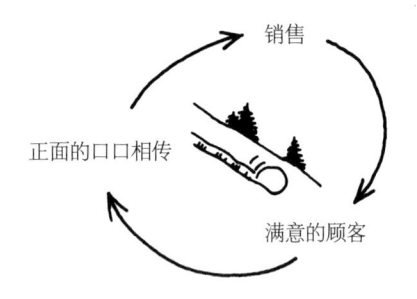

如何看正反馈图

因为消费者谈论你的产品而产生的正反馈销售过程

下图显示了包含滚雪球效应的正反馈过程。同样，你可以随着这个过程，沿着循环走一圈：

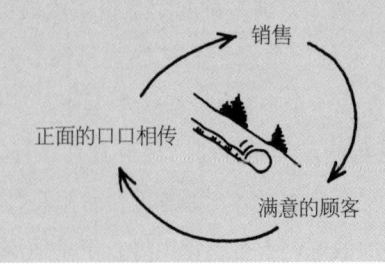

> 如果产品本身是个好产品,那么其销量越多,满意的顾客也越多。这意味着正面的评价也越多,进而会带来更多的销量,而更多的销量又将带来更广泛的好评,以此类推。反过来说,如果产品有缺陷,那么良性循环就变成了恶性循环:在购买了产品的顾客里,满意的人寥寥无几,也没什么正面评价,这将导致该产品的销量越来越少。

正反馈环路的表现不是加速的增长,就是加速的衰减。比如,过去半个世纪的核军备竞赛,带来加速增长的核武器库。而银行挤兑则带来银行存款的加速衰减。

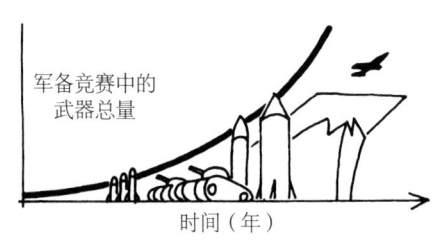

民间智慧对正反馈的描述有:滚雪球效应、流行效应、良性循环;还有特别场合的说法:富人更富、穷人更穷。在商界我们知道,为了建立对新产品的信心,为了发展一个年轻的组织,"锐势就是一切"。我们也看到了正反馈环路作用发生在错误方向的那些情况。"船沉鼠先逃"就是指,一旦有个别人丧失信心,他们的叛离会引起其他人的叛离,会带来腐蚀大家信心的恶性循环。口口相传也很容易逆向进行,产生市场营销灾难(如被污染的柜台销售药品)。

好消息和坏消息的正反馈环路都有如此大的加速度,以至经常令人吃惊。一首法国学生的韵律诗阐释了这个过程。先是在池塘的角落里,仅有一片睡莲。但睡莲叶的数目每天都翻番,仅需 30 天就能把池塘布满。然而,在头 28 天,甚至都没人注意,没人看一眼。第 29 天,突然有一半池塘被睡莲布满。于是村民们开始焦虑起来，心神不安。但没什么办法了，事已至此，为时已晚。第二天，他们最担心的事出现了：睡莲把池塘全部占满。这就是为什么环境危机很叫人担心，特别是那种处于正反馈模式的危机：一旦发现，就可能为时已晚。物种的消失常常先是缓慢地、渐渐地加速，经过很长时间，然后突然濒临灭绝。公司的消亡也同样如此。

但是，单纯的加速增长或衰减，很少能在自然界持续，因为正反馈作用很少孤立出现。逐渐会有限制因素起作用：增长会缓慢下来，会停止，然后转移方向，甚至逆向返回。即使是睡莲，也会在布满池塘后停止扩张。这种限制因素也是一种负反馈——它是继正反馈之后，系统思考的第二个基本要素。

负反馈：发现稳定因素和抵制的来源

负反馈系统是寻求稳定的系统。如果系统的目标是你所认同的，你会很高兴；如果不是，你就会发现你所有的变革努力都遇到了阻碍——直到你改变目标，或者削弱系统的作用。

自然界特别偏爱负反馈的平衡稳定作用。但人类却经常做出与这些平衡机制相悖的决策，并为此付出代价。例如，经理人在预算紧张的时候通常会减少员工数量，以降低成本；但是他们会逐渐发现，剩余的员工工作压力过大，而且成本也没有降低，因为完不成的工作又得雇用外部人员，或者付加班费来完成。成本降下不来的原因是，系统有自身的工作安排。它有自己隐性的目标，一种未经表述却又非常真实的目标——即预期要完成的工作量。

在负反馈（稳定反馈）系统中，有一种自我调节机制，来保持某种目标或指标。拿杯子接水就是一个负反馈过程，其目标是一杯水。雇用新员工也是一个负反馈过程，目标是某个数目的员工队伍，或某个增长率。开车或骑自行车也是负反馈的例子,目标是驶向某个方向。

负反馈过程无处不在,是所有目标导向的行为表现背后的机制。像人体这样复杂的机体,会有数千个负反馈过程来维持体温、保持平衡、愈合伤痛、调节瞳孔采光量,以及进行危机报警。生物学家会说,所有这些机制都是为了让身体达到"内稳态"(homeostasis),即在变化的环境中保持其生存所必需的内部条件。负反馈作用让我们在饥饿时进食,困倦时睡眠,寒冷时添加衣服。

和所有负反馈过程一样,关键要素指标,如体温,会逐渐调节到期望值,如下图所示。

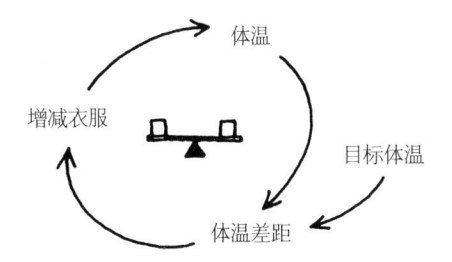

组织机构和社会也像复杂的生物体一样,因为它们也有许多各种各样的负反馈过程。公司里的生产和采购过程,就是根据产品订单的变化来不断调整的;临时的(折扣)和长期的(目录)价格是根据需求变化和竞争对手的价格来调整的;而借贷则要依据现金余额变化和财务需求来调整。

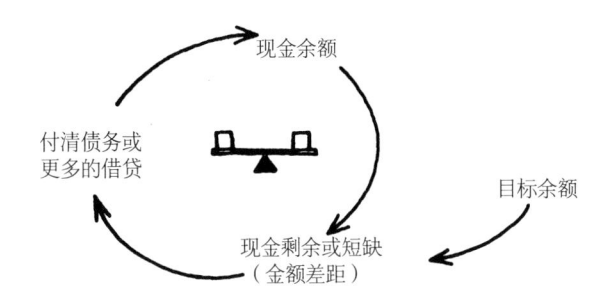

规划工作也能建立起长期负反馈的稳定平衡作用。人力资源规划可以建立长期员工队伍数量增长的目标和技能结构分布，以满足预期的需要。市场调查和研发计划决定新产品开发，以及对人员、技术和重要固定资产的投入，以建立竞争优势。

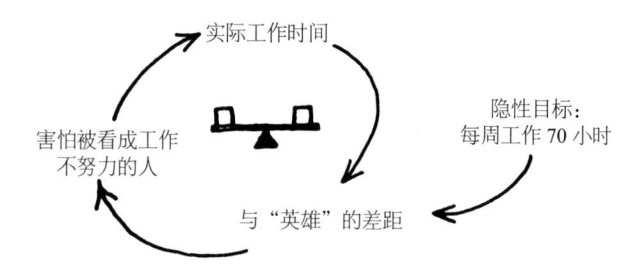

在管理实践中实现负反馈作用的难点在于，目标往往是隐性的，而且根本没有人承认有负反馈作用存在。记得我有位好朋友曾试图在他的快速增长的培训公司里，减轻专业人员的工作疲劳症，结果却徒劳无功。他发放备忘录，缩短工作日，甚至提前关闭办公室，锁上大门，都是为了阻止大家过度工作劳累。但是这些努力都被抵消了：大家不理会备忘录和缩短的工作日，办公室锁门的时候，就把工作带回家做。为什么会这样呢？因为在组织中有一条未成文的标准：真正的英雄，真正关怀事业并在组织中出人头地的人，都是每周工作70小时。

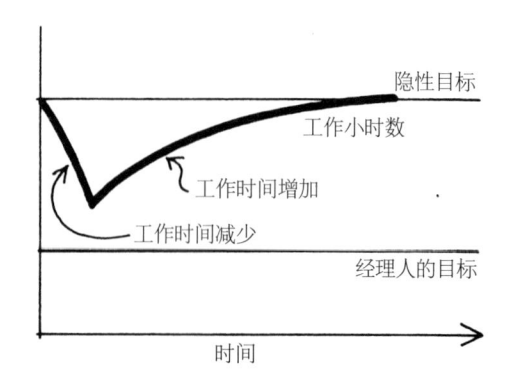

这正是我的朋友自己，以过人的精力和长时间的连续工作建立起来的标准。

要理解生物体的运作，就必须理解其负反馈的平衡过程，包括显性的以及隐性的。我们可能掌握机体的许多部件，包括器官、骨骼、血管等等，但除非我们了解神经肌肉系统是怎样保持平衡的，并了解心血管系统是如何保持血压和含氧量的，否则就仍然无法理解机体的运行功能。[10] 这就是为什么许多试图重新设计社会系统的努力都归于失败的原因。几年前，波士顿两家有出色病房护理传统的医院合并了。新医院很大，有一流的设备，但却失去了老医院各自特有的关爱精神和员工的忠诚。在合并后的医院里，原先存在的检测质量、关注员工需求以及与病人保持友好关系的微妙的负反馈过程，被新的管理结构和程序打破了。

负反馈过程虽然概念简单，但如果不加注意，却能够产生令人惊异、问题严重的表现。

总的来说，负反馈环路比正反馈环路更难于辨认，因为它往往看上去就像什么也没发生一样。没有戏剧性的营销业绩增长和市场工作开支，也没有核武军备或睡莲叶片。即使所有参与方都想要改变，负反馈过程仍旧是维持现状。刘易斯·卡罗尔（Lewis Carroll）书中的红心女王有句话，说出了那种必须"一个劲儿地忙来忙去，事情却原地不动"的感受，而这就意味着，某种负反馈环路作用就在眼下发生着。

如何看负反馈图

调节现金过剩或不足，使之达到平衡的负反馈过程

下面这张图展示了一个负反馈的过程。

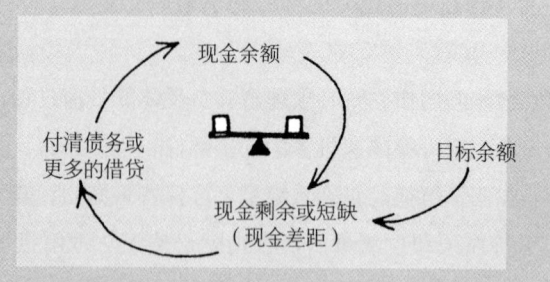

```
        现金余额
   ↗              ↘
付清债务或    [天平图]      目标余额
更多的借贷
   ↖              ↙
      现金剩余或短缺
       （现金差距）
```

要看清这个过程，从差距入手往往是最容易的。差距指的是期待值和现实存在之间的差异：

在这里，我们手中缺少足够的现金，不能满足我们现金流的需要。（换句话说，我们的期待和实际的现金余额之间存在着差距。）

接着来看为了弥补这个差距所采取的措施：

我们借钱，这使我们的现金余额增加，并使差距缩小了。

图中显示了一个平衡过程的运转，它总是以缩小期待值和现实存在之间的差异为目标。此外，目标值，也就是我们所期望的现金余额，会随着业务量的变化而升降。尽管如此，即使是目标正在变化，平衡过程仍会根据需要值来调整实际的现金余额。

试图进行组织变革的领导者，经常发现他们在不知不觉中陷入了负反馈平衡过程。对他们来说，似乎自己的努力突然遇到了无中生有的阻力。实际上，就像我的朋友在试图减少工作疲惫症时所发现的，阻力是系统维持隐性目标的反应。在这种目标得以明确之前，变革的努力是注定要失败的。只要领导者仍旧被当作榜样，他的工作习惯就依然是公

司的标准。他或者改变习惯，或者建立新的、不同的榜样。

什么时候有抵制变革的阻力，什么时候就一定有一种，或多种"隐藏"的负反馈作用。抵制变革的力量并不是变化无常的，也不是神秘的东西。对传统的习惯标准和做事方式的威胁，几乎总是它形成的原因。这些习惯标准往往已经被编织到既有的权力结构关系网之中。这些习惯之所以根深蒂固，是因为控制力和权力的分配已经根深蒂固。与其使劲儿去克服阻力，有领导艺术的领导者，会去分辨阻力的源头，直接聚焦在隐性的习惯标准及其所依赖的权力结构关系上。

延迟：事情会发生的……等时候一到

我们已经看到，系统似乎有自己的主见。这在延迟上反映得最明显。延迟就是在行动和结果之间的间断和空隙。它可以让你行动过火，搞得适得其反；但如果你能够辨认并应对它，它又能给你带来积极的效果。

模拟器件公司前CEO，马萨诸塞州高科技委员会（Massachusetts High Technology Council）创始人斯达塔，在他发表于《斯隆管理评论》（*Sloan Management Review*）杂志上的一篇经典文章中说："系统绩效改善工作最有效的杠杆作用点之一，就是把系统的延迟缩减到最小。"斯达塔这里指的，是20世纪80年代后期美国制造业越来越强烈地意识到，传统的严格控制库房存货的做法，与日本同行减小延迟（使库存过多或过少的现象根本就不发生）的方法相比，根本就是低杠杆效益的方法。这后来发展成"时效竞争"（time based competition）的理念。波士顿咨询公司（BCG）副总裁乔治·斯托克（George Stalk）说："领先企业在生产、新产品研发、销售和配送等领域的时间管理方法，成为新的竞争优势的最有效来源。"对减小延迟的重要性的认识，还进一步变成"柔性制造"和现在的"精益制造"的基础。[11]

在人类社会系统中,行动和结果之间的延迟无处不在。我们现在的投入,是为了在未来得到回报;我们今天雇用一位员工,要等到几个月以后才能使他完全有效地适应工作;我们把资源投入到新项目中,几年以后才能得出期望的结果。但是,延迟常常不被人理解,进而产生不稳定局面。比如啤酒游戏里的决策者,就错误地判断了延迟,他们觉得自己的订单该到货的时候,延迟却总是让订货无法到来。

当某个变量的作用需要经历时间来影响另一个变量的时候,延迟就出现了,它成为系统语言的第三个基本要素。几乎所有反馈过程都有某种延迟,但却不被人注意,也不被人很好地理解。而这往往导致当事人"做过头",即在追求期望的目标时走得太远,做过火了。进食和感觉到吃撑之间的延迟,是对许多用餐者的惩罚。我们本应停止继续吞咽的时候,并不觉得很饱,于是就继续吃下去,结果吃得太多。新开发的建设项目从开始到完工之间的延迟,导致房地产市场过热,最终致使一些开发商被淘汰。在啤酒游戏里,下订单和收到订货之间的延迟经常导致过量订货。

未经辨别的延迟,尤其是拖得很久的那种,还可能导致不稳定和失常的故障。比如调节淋浴水温,10秒钟的延迟就比一两秒的延迟要困难得多。

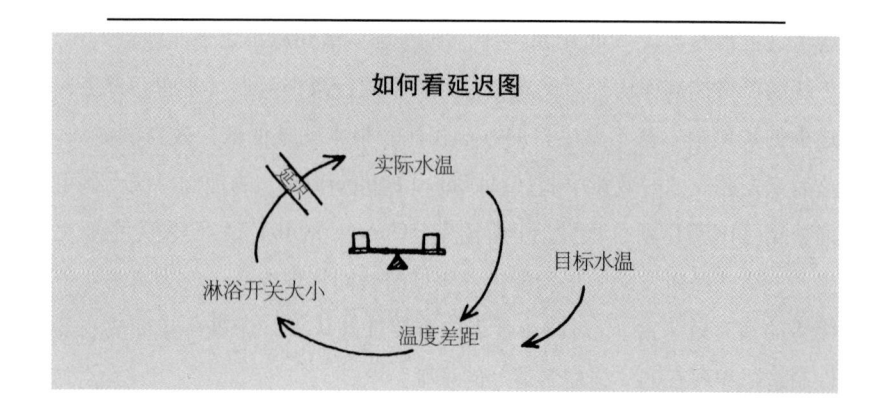

如何看延迟图

> 上图描绘的是伴有延迟的负反馈过程:水温变化迟缓的淋浴。
>
> 这还是我们之前的"杯子-水龙头灌水"反馈图——但是这次,我们用老旧的管道。现在,从你打开水龙头到感觉到水温发生变化,这之间会有很长的延迟,在图中用两条短线的间隙表示。
>
> 短线的间隙不会告诉你延迟有多少秒(或是多少年),你只知道延迟长到足以对结果产生影响。
>
> 如果沿着带有延迟间隙的箭头走,你在脑海中默想这个故事的时候,会加上"终于"二字。"我转动了水龙头,水流终于改变了"或者"我开始了一个新的建筑工程,房子终于建好了"。在讲述整个流程的时候,你甚至想要抢拍子。

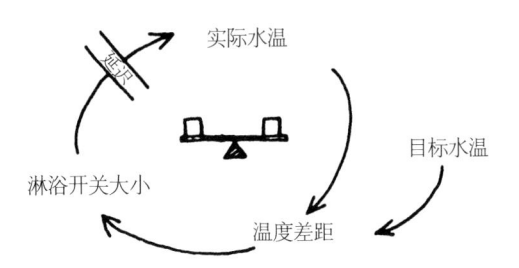

你往加热水方向转动水龙头之后的 10 秒里,水温仍然是凉的。你的行动似乎没有产生任何反应,所以你认为行动无效。于是你继续向加热水的方向转动水龙头。而当热水终于到来时,水温却有 88℃。你被烫得跳起来,赶紧又向加冷水方向转动水龙头。但又发生了延迟,水又变得太凉了。这样一次又一次,反复经过负反馈环路过程。每一次都是对前一轮调整过头的补偿。如下图所示。

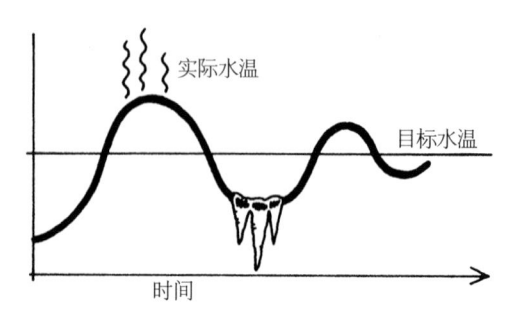

你的动作越是剧烈，即转动水龙头越猛，就需要越长的时间来达到合适的水温。这就是带延迟的负反馈环路的经验和教训：过猛的行动会导致适得其反的结果，它不会帮你迅速实现目标，只会导致不稳定和震荡的情况。

正反馈中的延迟也是同样的问题。比如反恐战争，双方都以为使自己对抗活动扩大、反应行动升级，会给自己带来优势，让自己占据上风。这是由于反应行动结果的延迟。这种延迟可能是几天、几个月，甚至几年，因为聚集力量进行下一轮攻击行动是需要时间的。使这种恶性竞争得以维持下去的原因之一，就是暂时的、自鸣得意的优势地位的感觉。假如双方能够立即对对方的力量聚集活动做出反应，持续聚集活动的动力就消失了。

系统观点总是倾向于长期的视角。这就是为什么延迟和反馈环路会如此重要。短期来看，你往往可以忽视这些东西。它们在眼下似乎微不足道，但长期来看，却会回来找你的麻烦。

正反馈、负反馈和延迟都很简单，作为"系统基本模式"的积木块，它们得以实现自身价值。而系统基本模式，就是我们生活和工作中反复发生的、更复杂的结构模式。

| 第6章 |

把系统观点融入实践：掌握系统基本模式

许多年以前，我在缅因州一次早春出游的途中，目睹了一次悲惨的意外事故。我们一行人划独木舟来到一座小水坝，决定推舟上岸，准备搬着独木舟绕过水坝。这时，又有一组游人也到了，其中一位喝过酒的年轻男子，决定驾着他的橡皮筏冲下水坝。后来，橡皮筏越过水坝后就翻了，男子被抛进冰冷的水中。我们没办法够到他，只能惊恐地看着他拼命在水中扑打，试图游出坝底的回流旋涡。挣扎了几分钟后，他就因体温过低而溺死了。他那瘫软的身体立刻被吸进涡流，几秒钟以后，尸体在十码开外的下游浮出水面，那里已没有坝底的大涡流了。他生前拼命做却没做成的事，在他死后数秒之内由水流帮他完成了。而具有讽刺意味的是，他在坝底试图对水流的抗拒，正是致死的原因。他并不知道，当时唯一能挽救他的办法是"反直觉的"。假如当时他不是试图游出旋涡，而是潜进水里，顺着坝底的回流游到下游，他就能活下来。

这个悲惨的事故，与第3章的啤酒游戏，以及第5章中反恐战争的案例一样，说明了系统观点的精髓。我们是被自己未察觉的结构所困之囚徒。反过来，对自己身处其中的那些结构模式的学习观察过程，能够把我们自己从过去看不见的影响力下解放出来，并最终掌握一种应对和改变这些影响力的能力。

从年轻的系统思考领域提炼出来的最重要、最可能给予我们力量的启示是：某些结构模式是反复发生的。这些"系统基本模式"（systems archetypes）①，或"通用结构"（generic structures），是学习观察我们个人和组织生活中的结构的钥匙。系统基本模式的数量相对较少[1]，这就告诉我们，并非所有的管理问题都是独特的，有经验的经理人凭直觉就能了解这一点。

如果说，正反馈、负反馈和延迟是系统思考的名词和动词，那么系统基本模式就是不断反复出现的基本语句，或简单的故事段落。就像在文学领域，在不同的角色和背景中，会反复出现相同的主题和类似的故事情节，而在大量不同的实际管理情况中，也普遍存在数量相对较少的系统基本模式。

系统基本模式揭示出，在管理问题的复杂性背后，竟有出人意料的简洁和优美。随着我们学会识别更多的基本模式，就可能看清更多应对困难和挑战的杠杆效益作用点，并能向他人解释这样的变革机会。

我们更多地学习和掌握系统基本模式后，就一定能解决一个最令人烦恼的问题，它也是企业经理人和领导者不断努力、试图应对的挑战，即知识的专门化和碎片化（fragmentation）。在很大程度上，系统观点带来的最大希望，就是各个学科领域知识的统一；因为这些基本模式也在生物学、心理学、家庭治疗、经济学、政治学、生态学以及管理学中反复出现。[2]

由于这些基本模式很微妙，所以当它们出现在家庭、生态系统、新闻故事或公司组织的时候，你往往只能感觉到它们，但无法看清它们。有时候它们会使你产生一种直觉，即这个作用模式仿佛以前在哪儿见到

---

① 旧译"系统基模"。——译者注

过,"又是它"。你会自言自语道。尽管有经验的经理人,已经凭直觉知道许多这种反复出现的故事情节,但他们往往无法用语言解释它们。系统基本模式提供了这种语言,可以把许多通常只是简单的"管理判断"(management judgement)的东西,变为明晰的表述。

掌握系统基本模式,可以让组织把系统观点融入实践。仅仅阐述系统思考,比如只是说"我们要从大局和长远观点考虑",是不够的;仅仅理解基本的系统原则也是不够的,比如第五项修炼的法则(第4章),或者啤酒游戏模拟练习的启示(第3章);仅仅(或许在咨询师的帮助下)看到某个特别问题背后的特殊结构,还是远远不够的:这可能会解决问题,但不会改变原本导致问题产生的思想方法。对学习型组织而言,只有当经理人开始在思考中使用系统基本模式,系统思考才能在平日起作用,才能不断揭示出我们如何创造我们的现实。

系统基本模式的作用,是重新塑造我们的感知力,以使我们更有能力看清结构模式的运作,以及其中的杠杆效益作用点。某个系统基本模式一旦被发现,它就会不断告诉我们高杠杆效益和低杠杆效益的变革作用点。到目前为止,研究人员已经发现约12种系统基本模式,本书将对其中9种模式的研究和应用做出介绍(附录2是对本书介绍的基本模式的总结)。所有这些基本模式,都由系统积木组件构成:正、负反馈过程和延迟。下面是经常出现的两种基本模式,它们是理解其他模式和更复杂情况的跳板。

基本模式 1 增长极限

定义

一个正反馈(放大)过程开始启动,产生一个期望的结果。它创造一个成功增长螺旋,但也在无意之中产生副作用(在负反馈过程中显现的），从而使增长逐渐放缓。

管理原则

不要强行推动增长，要消除限制增长的因素。

在哪里发现它

增长极限的结构，适用于理解所有增长遇到限制的情况。比如，组织在一段时间内发展良好，但随即停止了发展。又比如，工作小组有一阵子进展顺利，但后来却毫无进展了。再比如，个人改进在一段时间颇有成效，然后就停滞下来了。

许多愿望良好而匆匆做出的努力，在情况有所改善之后就会遇到增长极限。农民为了增加产量而施用化肥，直到当地的雨水量不足以灌溉长势过快的农作物；减肥者依照一份突击减肥食谱进行减肥，开始时减掉了几斤体重，但随后就让他没了兴致；为了"解决"突然降临的截止日期的压力，我们可能会超时工作，然而，超常的压力和疲惫渐渐影响了我们的工作效率和质量，反而把加班加点努力的成果给抵消掉了。

为了根除某个坏习惯，比如待人过于苛刻，我们也常常遇到增长极限。开始的努力很奏效：我们批评责怪人的次数减少了，周围的人感到了更多的支持，于是他们表现出良好的情绪，我们也因此颇有感触，也就没有那么多的责怪和批评了。这是一个改善行为、增进感情和进一步改善情况的正反馈螺旋。但是，不知不觉中我们的决心削弱了。或许，我们又发现了别人真正给我们带来最大麻烦的行为，有些小事情不追究也就罢了，但这可是另一回事；或许，我们开始自鸣得意，不再注意我们早就习以为常的、条件反射式的指责行为了。不管什么原因，我们很快又走在了老路上。

在我们的一次研讨会上，一位参会者说："嗨，那不就像谈恋爱吗！"我小心地问："为什么？"她回答说："你看，一开始你们见面，两人花些时间在一起，而且感觉很好。于是，你们花更多时间在一起，感觉也更好了。很快，你们把所有业余时间都用来待在一起。于是你渐渐地更了解对方了。你发现，他并不总是为你开门，也不情愿为你放弃和他的好友们玩保龄球，而且是每隔一个晚上玩一次。他发现你爱嫉妒，或者有坏脾气，或者不整洁，不管是什么，你们开始发现对方的缺点。"她还补充道，随着两人发现对方的毛病，戏剧式的感情增长就突然停止了，甚至还可能倒退——这时你可能觉得，两人的感情还不如刚开始的时候。

结构

每个增长极限的案例中都有一个正反馈（放大）过程，在一段时间里它自己就会产生增长或改进作用。然后它会碰到一个负反馈（稳定）环路，后者开始发挥限制增长的作用，改进速度会因此放缓，甚至完全停止。

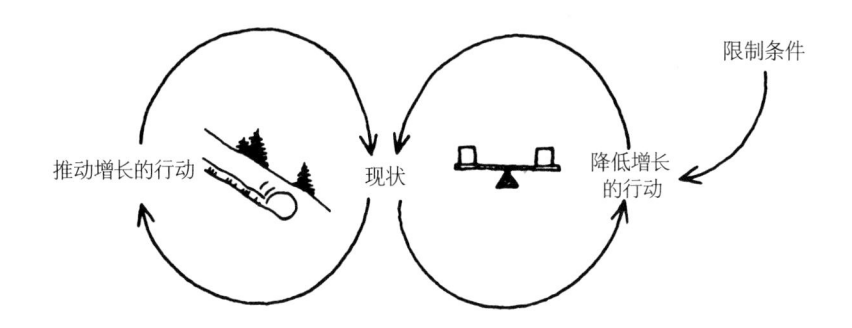

理解和利用结构模式

增长极限的模式在各个层次的组织结构中都发挥着作用。比如高科技公司，它可能由于自身开发新产品的能力而快速成长。随着新产品的增加，收入就会增加，研发经费也会增加，工程技术和研发团队也都在扩大。但后来，这支蓬勃发展的技术团队变得越来越复杂和难以管理。而管理这支团队的负担落到了团队中的高级工程师身上，结果他们就没有那么多时间去做工程技术工作了。这样，由于最有技术经验的工程师的精力被分散到管理工作上了，因此导致产品研发的时间延迟，以及新产品推出的速度下降。[3]

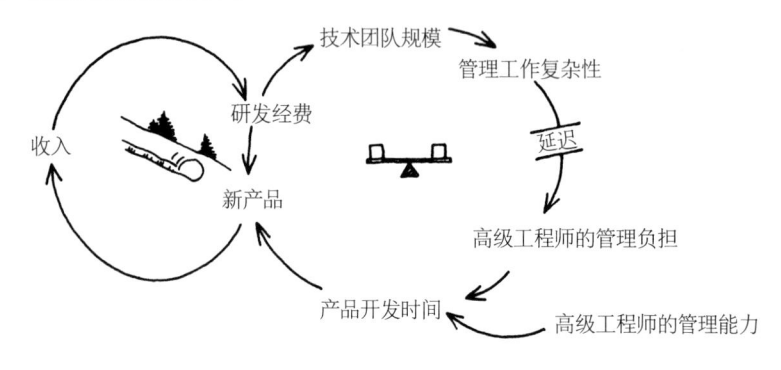

要理解增长极限模式图，首先应当看懂正反馈增长环路，它是最初提供增长势头的结构模式。我们现在就来沿着环路走：记住，增加新产品会产生利润，利润增加会再投入到更多的新产品开发中。然而，到了一定阶段，影响作用会发生变化——比如这里，研发经费增加到一定程度，会逐渐导致研发工作复杂程度太高。结果是，如果不把高级工程师的宝贵时间从产品研发分散到管理上，就无法保证对研发工作实施足够的管理。经过一段时间的延迟（延迟的时间长短依赖于增长率、产品复杂程度和工程师的管理技能），新产品推出的速度就会放缓，从而降低整个企业的增长速度。

另一个增长极限的例子是专业组织，如律师事务所或咨询公司。一开始规模较小的时候它们增长非常快，职业晋升机会也非常多，公司士气高涨，年轻有为的员工激情迸发，并期待在 10 年内成为合伙人。但是随着公司发展壮大，它的增长速度也放缓了。也许它的利基市场已经开始饱和；也许到了一定规模以后，创始合伙人对保持快速增长再也没什么兴趣了。不管出于什么原因，随着增长放缓，职业升迁的机会就会变少，年轻的专业人员之间的竞争就会更加激烈，从而使整体的士气受

到影响。这种增长极限的结构可以用下图表示：[4]

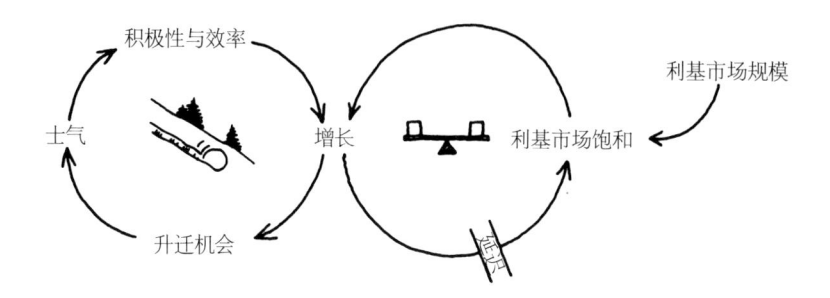

行为模式

在这里的每个结构模式中，限制作用都逐渐变得越来越强大。开始阶段的快速增长，后来却神秘地消失了。高科技公司也许再也不能恢复自己开发突破性新产品的能力，因而也无法再现快速的增长了。

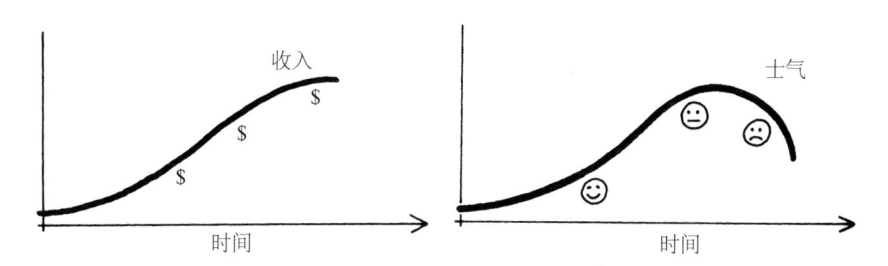

增长率可能逐渐下降到很低的水平，甚至其正反馈环路可能掉头逆转，变成负增长。比如律师事务所或者咨询公司，由于丧失了利基市场的主导地位，公司的士气很快进入实际的下降环路，也就是正反馈作用环路的逆转。

增长极限模式常常让组织变革受阻：开始似乎进展顺利，后来就失去了动力。比如，许多变革措施，尽管开始很成功，但后来却失败了。随着计划好的变革措施的实施，解决问题的成效开始得到提升，对变革的承诺投入也得到加强。但是，变革越是成功，就越可能对有些人产生威胁，于是他们就会开始拆台，去阻止变革的实施。在《第五项修炼·变革篇》实践案例中，[5]我们阐明了几类特别的负反馈作用，它们都会妨碍本来有希望成功的变革行动，比如，控制型经理人，他们感受到新的开放性和坦率心态的威胁。由于测量体系结果的延迟，它首先显示了变革的成本，但需要更长时间才能显示变革带来的收益。两极分化和竞争，发生在主张采用新做事方法的改革派与维护主流文化的保守派之间。另外，部门间分散隔离的管理结构，阻碍着在不同的创新者团队之间建立关系。

负反馈作用的结果之一，就是让希望发生的变革措施的实施在一段时间里很顺利，但随后就进展缓慢，并且往往最终衰落、败北。而变革推动者对结果的失望和反应，又往往让事情变得更糟。他们越是极力试图推进变革，别人越是感到威胁，结果是阻力越来越大。

实施"准时化"（just-in-time）存货管理和其他"精益"或"柔性"生产系统时，也会遇到类似的互动作用，因为这些系统都依赖供货商和制造商之间的信任关系。最初的生产过程的柔性和成本绩效后来无法持续改善了。这些生产系统的供应商，后来往往会要求成为独家货源，以降低突击供货带来的风险。这对于制造商来说就是个威胁，因为他们习惯于向不同的供货商多头订货，或者通过竞标战让供货商之间相互杀价。这时，制造商对新供货系统的承诺和信心，也会随之动摇。供货商也一样。于是，他们都更有可能通过继续使用过去的多头订货和多家供货的方法，来避免风险，也因此而破坏了准时化系统所要求的相互信任的关系。[6]

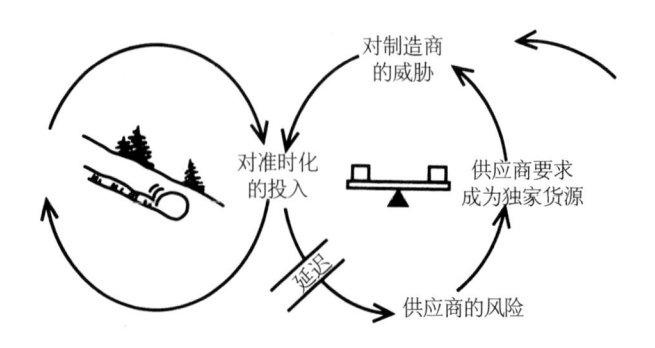

如何找出杠杆作用点

大多数人遇到增长极限情况时，往往试图使劲儿推动增长：假如你无法打破坏习惯，你就倾向于更勤奋地监督自己的行为；假如你的人际关系出现问题，你就会花更多时间或更努力地尝试改善关系；假如是员工不满意，你就不断提拔年轻员工，以便使他们高兴；假如是新产品开发速度降低了，你就启动新的产品开发计划，来弥补那些已经陷入困境的开发计划，或者更使劲儿地推动变革计划。

这种反应是可以理解的。开始阶段，你看到改进，就想继续做下去，因为不管怎样，眼下工作毕竟颇具成效。当改进的速度下降时，你还想再加把劲儿来使之恢复。不幸的是，你越使劲儿推动你所熟悉的杠杆，负反馈作用的阻力就越大，你的努力就越是徒劳无功。有时人们干脆放弃原来的目标，比如，不再试图控制自己责怪别人的倾向，不再追求变革的目标，不再要求精益制造的改进（或者，很可能表面上没有撤销正式计划，但实际上不再继续追求变革计划的成功，因而远远不能把成功变革的潜力挖掘出来）。

但是，处理增长极限的情况还有另一个方法。每个增长极限情况的杠杆作用都在负反馈环路上，而不在正反馈环路。要改变系统的现状，就必须辨别并改变负反馈限制因素的影响。这可能要求你采取自己未曾想到的措施，做出自己未曾考虑过的选择，并完成对奖励和行为规范系统的困难的变革。仅靠减肥食谱也许不可能实现你的减肥目标——你需要加快新陈代谢，这可能要求你做有氧运动。保持爱情与伴侣关系，要求你放弃"完美伴侣"的理想——这种隐性的理想目标妨碍着你们持续改善关系。随着专业服务公司的成熟，继续保持士气和工作效率，就要求一套与以往不同的行为规范和奖励机制：尊重优秀的工作成绩，而不是在等级体制中的地位。这可能还要求平等地分配具有挑战性的工作，而不是偏向"只有合伙人"的资历。企业成长了，要继续保持有效的产品开发，就必须分配好由于越来越复杂的研发组织工作而带来的管理工作负担。为解决这个问题，有些企业采用分散式管理，有些雇用外部专业人员来管理充满创新活力的工程师队伍（不是件容易的事），还有的企业则开发组织内部愿意做管理工作的工程师的管理技能。

如果能成功实现诸如精益制造等领域的变革计划，那么这些计划肯定是属于更大范围的管理变革实践的一部分，而后者一定包括改进员工内部的互动关系，以及与供应商这类的重要外部业务伙伴的关系。成功案例通常特别要求有真正的变革措施，包括重新分配控制权力，以及处理由于放弃单边控制而带来的风险。这往往是改善与关键供应商关系的长期努力的一部分，这也同时能帮助那些供应商提升能力。维持传统单边控制的意图必然带来不信任感，而要克服这种不信任感就必须实施这些变革措施——如果单边控制的意图不改变，即便全世界的精明管理方案加在一起，也不可能克服维持现状的负反馈作用的强大阻力。这就是为什么成功领导了精益制造的老手们总是强调，精益制造是"文化变革"，而不只是技术变革。

增长极限模式还有另一个启示：限制作用总会存在的。一种限制因素被排除或削弱了，增长就又回来了，但新的限制因素还会出现。老练的领导者总是关注着下一组限制因素，努力去理解其性质，思考如何去对付它。对有些情况，比如生物数量的增长，根本的经验教训是：增长自然会逐渐停止。试图排除限制因素以延长增长，实际上可能会适得其反。考虑到正反馈作用可能产生的变化速度（还记得法国睡莲的故事吧），假如想阻止极限的到来，那它到来的时间就可能比我们想象的要快得多。

如何写出你自己的"增长极限"故事

了解某个系统基本模式的最好方法就是结合你自己的情

况将它画出来。越是主动地分析并思索这些基本模式，你就越容易认清它们，并找到杠杆作用点。

大多数人的生活中都有许多增长极限的模式结构，要识别这些结构，最简单的方法就是考察行为模式。事情会不会在一开始越变越好，但之后就神秘地停滞不前？如果遇到这种情况，你可以尝试去分辨构成其正负反馈回路的因素。[7]

首先，辨认出正反馈——什么变得更好了，又是什么行动环节带来了改进？（也许正反馈中还有其他组成因素，但通常这里至少有一种状况在改进，而且肯定有一个行动环节带来了这种改进。）比如，这也许是个组织整体进步的故事：好比就业机会均等的招聘工作。这种招聘工作的次数不断增长，这是行动。这种行动导致状况的改进，即女性与弱势群体在员工中所占的百分比的增加。当管理层中女性所占百分比增长的时候，对这个招聘活动的信心和投入就会增加，这将给管理层中的女性数量带来更进一步的增长。

然而无论怎样，总有一个限制因素存在，它往往是一个隐性目标、一个规范标准，或是一种有限资源。第二步

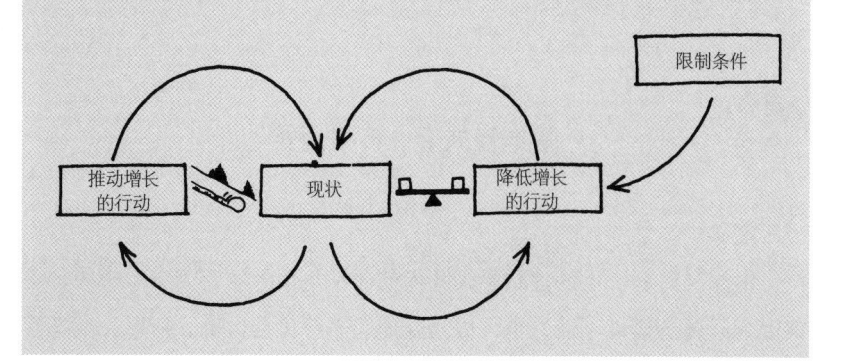

是去认清这个限制性因素和它所带来的负反馈。是哪种"减缓行动"或者阻力开始介入，使情况不再继续改善了呢？在这个例子里，主管中到底有多少女性和弱势群体就算"太多了"？有些经理可能对此有想法，他们心里的那个数字就是限制因素。一旦接近那个门槛，减缓行为，也就是经理们的抵制，就开始了。那些经理不仅会抵制更多机会均等的招聘，他们也很可能会为难那些已经上任的新主管。

一旦你看清了自己的处境，就要开始寻找杠杆作用点。你不能过于用力，因为那样反而会加强阻力。可能更需要的是减弱或者消除限制条件。

为了取得最好的效果，可以在现实生活中测试你的增长极限故事。向其他人说说你的看法。先在现实生活中，实验你有关小规模事件杠杆作用的想法。比如，先找到一个你能够接近的人，你觉得他的头脑中有一个隐性的限额，认为某个数字的女性主管就是"足够多的"。你可以向他发问。（如何有效地发问，见第9章"心智模式"中的反思与探询技能部分。）

基本模式 2　转移负担

定义

由深层问题产生的症状急需我们的关注。但大家感到很难解决，也许因为问题还模糊不清，也许因为处理起来代价会太高，所以，就把问题"转移负担"到其他解决方法上,这些解决方法意图良好、容易上手,看上去也非常高效。不幸的是,容易的"解决方法"只减轻了症状,却没有改变深层问题。还由于它显然帮助消除了症状,反而使大家无法注意到,深层问题正在变得越来越严重,整个系统也丧失了本来可能有的处理深层问题的能力。

管理原则

对待症状缓解方法要格外小心谨慎。仅仅针对问题的症状而不触及根本原因的解决方法,最好的情况也只是能带来短期效益。长期来看,问题会重新出现,而要求应用症状缓解措施的压力也增加了;同时,开发"根本解决方法"(fundamental solutions)的能力也因此而萎缩。

在哪里发现它

转移负担的模式在个人生活和组织集体生活中都很普遍。当问题症状变得很严重,强烈要求得到关注时,就会发生转移负担的现象;用简易的应急措施可以至少暂时缓解症状。

来看看我们的工作负担问题。当负担大到我们的能力无法有效完成工作的时候,紧张压力问题就突出了。我们在工作、家庭、社区之间像抛球杂耍一样,穷于应付,疲于奔命。如果工作负担超出我们的能力(我们都有这种情况发生),唯一的根本解决方法就是降低负担。但这会很难——也许会丢掉升迁的机会,以及随之而来的更多的旅行机会;也许这意味着拒绝参加当地学校委员会的工作。这总要求我们必须考虑优先事项,并做出选择。但人们往往反过来,不想放弃耍更多的"球",然后通过喝酒、吸烟,或较好的"放松压力"方法(如运动或冥想)来释放紧张压力。然而,喝酒当然不能真正解决过度工作的问题,只是通过暂时的压力释放来掩饰问题。问题会再回来,而喝酒的需要,即酒瘾也会再回来。在不受干扰的情况下,转移负担的模式会不知不觉地加强影响力，这在当代社会是如此普遍，我们再熟悉不过了。这些都出于逃避现实的"鸵鸟心态"，结果造成对症状缓解措施的越来越大的依赖，最后就如同染上了毒瘾。

许多看似有效的"解决方案"，背后都隐藏着转移负担的模式。这些方案会使你感到很不安：问题似乎并没有得到真正解决。经理人认为应该把工作分派给下属做，然而一旦发现下属有困难，他们还是过分依靠自己的能力直接介入处理问题，以至下属从没有机会获得做好工作的必要经验。面对外国竞争者而丢失市场份额的企业，可能会陷入对关税壁垒保护的依赖，从而丧失独立竞争的能力。无法限制政府开支的第三世界国家，不能根据税收水平量入而出，结果只有通过印发钞票和通货膨胀，来解决政府的财政赤字问题。通货膨胀逐渐成为国民的生活常态，而政府资助也越来越成为必须，长期的赤字状况也因而被认可，成为不可避免的常态政策。转移负担的模式还包括那些"挽救"农民、让农民不必种田的食品救援计划；另外还包括使用暂时消灭害虫的农药——由于它同时破坏了自然界天敌的控制机制，就给未来的害虫泛滥打开了方便之门。

结构

转移负担的模式结构由两个负反馈（稳定作用）环路组成。两个环路都在调整或修正同一个问题的症状。上面的环路代表症状缓解措施，即应急反应措施。它可以迅速缓解症状，但只是暂时的缓解。下面的环路有一个延迟，它代表对问题的更根本的解决方法，其功效需要更长的时间才能显现出来，但远比应急措施有效，而且可能是唯一长期有效的解决方法。

转移负担的模式经常（但不一定总是）还有一个附加的正反馈（放大作用）过程，它来源于症状缓解方法的"副作用"。这时，这个副作用会让根本解决方法更难发挥作用。比如用药物治疗某种健康问题的副作用，如果问题原来就是不健康的生活方式造成的（吸烟、喝酒、不良饮食习惯、缺乏运动等），那么唯一的根本解决方法就是改变生活方式。药物（症状缓解方法）减轻了症状，也同时缓解了改变生活方式这一艰难任务的压力。而且药物也有副作用，会产生更多的健康问题，使人更难以建立健康的生活方式。

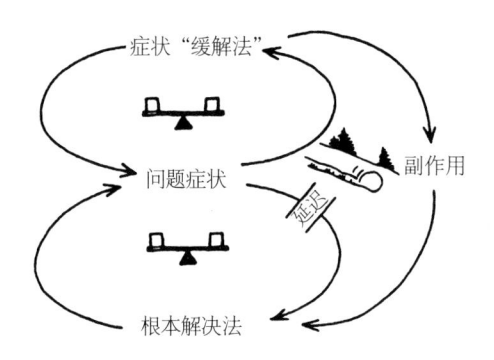

理解和利用结构模式

转移负担的模式揭示了一种流行范围很广的行为表现，即愿望良好的"解决方案"实际上使长期的情况变得更糟。"症状缓解方法"（symptomatic solutions）很有诱惑力：改善会很明显，能缓解处理困难问题的内外压力。但是，问题症状的缓解会削弱大家心目中对寻找更根本的解决方法的需求。没有得到解决的深层问题可能还要严重，而且，症状缓解方法的副作用会使根本解决方法的应用变得更难。人们逐渐越来越多地依赖症状缓解方法，好像它成了唯一可用的方法。没有人做出过明确的决策，但大家已经"转移了负担"，越来越依赖症状缓解措施了。

公司总部管理人员和业务经理之间的交往，就充满这种转移负担的模式。比如，工作繁忙的经理人经常想请进人力资源专家，来处理人事方面的问题。人力资源专家可能会解决问题，但经理人解决其他相关问题的能力就无法得到提升。其他人事问题以后还会出现，那时经理人还会像以前那样依赖人力资源专家。外聘专家曾经成功地解决了这类问题，所以现在就更容易地想到要再聘用专家。"我们又有了一些新困难，所以就又请来这些人事问题专家。他们已经熟悉了我们的人以及我们的情况，所以很有效率。"对人力资源专家的需求越来越大，成本也在上升，而经理人的能力（和威望）却在下降。

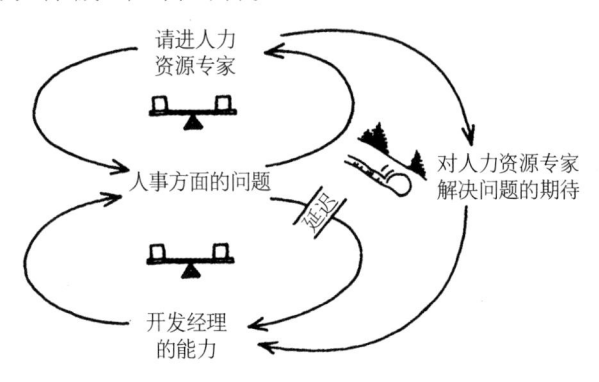

转移负担模式常常伴随着无意识的战略方向的偏移和竞争地位的下降。有一家高科技公司的高管团队曾非常担心由于自己的公司无法推出全新的产品，而慢慢"丧失其优势"。虽然改进现有产品的风险相对较小，但是他们担心这种做法不能鼓励突破创新，反而形成了搞小打小闹的渐进主义文化。由于更安全、更可预测、容易筹划和组织的改进型创新过程已经根深蒂固，于是经理们就开始怀疑，公司是否还有能力进行基础创新。

我在聆听他们的述说时，就想起一家日用消费品生产商的类似的战略方向偏移案例。那个生产商曾越来越依赖广告宣传，而不是新产品开发。他们有许多种产品，每当某种产品销售量下降时，他们就会做新一轮的广告促销活动。公司的广告文化如此根深蒂固，以至最近的三位CEO都是前广告部门的高管，他们还常常亲自撰写广告文案。他们任职期间，公司的主要新产品上市数量就变得少之又少了。

转移负担的一个特例是"目标侵蚀"（eroding goals）；这种情况的案例频繁发生，很令人吃惊。每当我们的目标和现实情况之间存在差距时，总会出现两种压力：改进现实状况和降低目标。而应对这些压力的方式是自我超越修炼的核心，第8章中会阐述这个问题。

社会中目标侵蚀的现象时常发生，并总得到大家的默许。比如美国联邦政府"全面就业"目标（即，使失业率保持在可以接受的水平之下）从20世纪60年代的4%，到80年代初的6%~7%，而80年代初的实际失业率是接近10%。（换句话说，我们愿意容忍失业率出现50%~75%的上升幅度，认为这是"自然的"。）类似的例子还有，60年代初，如果出现3%~4%的通货膨胀率，就会被认为是严重的情况。这的确是80年代初以前反通货膨胀政策的胜利。而到了1992年，克林顿总统接手白宫时所面对的，已经是美国历史上最大的预算赤字。1993年的《综合性预算协调法案》帮助削减了赤字，而且到90年代末美国政府还有2 000亿美元的创纪录的盈余。但到了2005年布什政府宣布"反赤字战争"时，赤字又回升了，达到3 180亿美元。这种目标侵蚀的模式如下图所示：

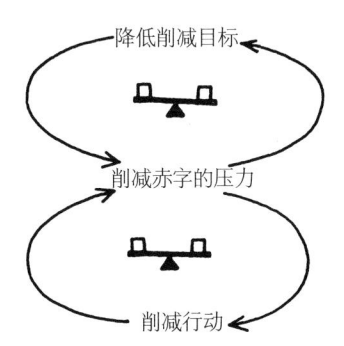

在后面两章我们还会看到，类似的目标侵蚀模式在组织的质量目标、创新目标、员工个人成长目标，以及组织成长目标等方面将发生怎样的作用。

行为模式

不管选择什么样的症状缓解方法，它都会起作用——在某种意义上。比如喝酒能令人感觉缓解压力,至少在一段时间里,它解除了问题的症状,不然就不会有人借酒消愁了。但它也让借酒消愁的人感到,问题似乎已经解决,于是就分散了寻找根本解决方法的精力。然而,根本解决方法是找到控制工作负担的方法,如果不采取坚决的态度,就会导致工作负担逐步加重,因为我们大多数人都不断接到要求我们花时间精力去做的事,根本就超出我们的应付能力。随着工作负担的加重,压力又回来了,借酒消愁的驱动力也回来了。

转移负担模式的隐匿性表现,在于它所促生的正反馈环路,即人们对症状缓解方法的依赖性不断增加。酗酒者逐渐上瘾,形成对酒精的依赖,导致健康状况下降。随着他们的自信心和判断力的下降,他们也越来越无法去解决原来的工作负担问题。为了找出正反馈环路的起因,你可以设想在由两个环路组成的形如阿拉伯数字"8"的闭环上面移动:压力增加,导致酗酒,酗酒会放松压力;压力放松,减少工作的需要也降低了,进而导致更多的工作负担,于是又增加了压力。

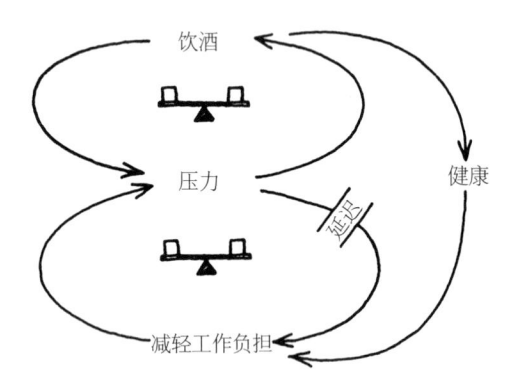

这就是上瘾机制的一般性动态结构模式。实际上,所有的上瘾过程背后都有转移负担的模式,都涉及症状缓解方法,涉及逐步削弱寻找根本解决方法的能力,以及不断增加对症状缓解方法的依赖。这个上瘾的定义,对个人适用,对组织机构和整个社会也同样适用。

转移负担的模式往往伴随着间歇性的危机,即压力症状出现时的危机。而危机往往通过更多的症状缓解措施来得到消除,其症状会暂时消退。但不那么显而易见,往往是一种缓慢、长期的健康状况受到损害的过程:可以是公司财务健康,或者个人身体健康,问题的症状会因此不断加重。不注意健康状况下降,不寻求解决问题的根源,时间拖得越久,就越难以挽回局面。根本解决方法无力回天的时候,症状缓解措施就会愈演愈烈。

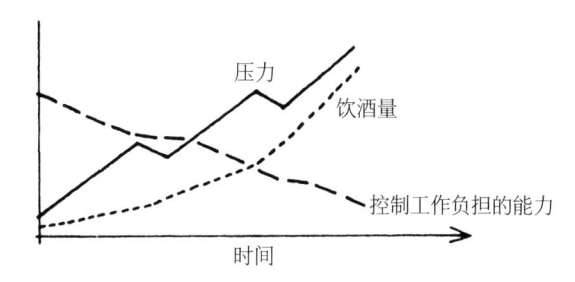

如何找出杠杆效益作用点

要有效应对转移负担的模式,我们必须把强化根本解决方法与弱化症状缓解措施结合起来。组织机构的特点,常常通过其应对转移负担模式的能力(或无能)表现出来。强化根本解决方法要求一种长远观点和共同愿景。如果没有通过新产品创新来实现成功业绩的愿景,压力就会被转移到使用短期的解决方法上,这是无法抗拒的。经理人没有开发"以人为本"技能的愿景,就不会有时间和精力去开发那些技能。政府是靠民众纳税支持的,而一国民众对政府能够并应该发挥什么作用,如果没有共同愿景,就不会有财政收支平衡的长期解决方案。

弱化那些症状缓解措施,就需要当事者情愿说出真相,坦率面对治标方法和"看上去不错"的解决方案。比如经理人可能要承认,大量的广告宣传是可以从竞争对手中暂时夺回一些市场份额,但不会从根本上扩大市场占有率。从政者必须承认,他们提高税收的企图遇到阻力,是由于大家认为政府很腐败。他们如果不用令人信服的方式有效地解决腐败问题，就不可能实现提高税收的愿望，也不可能降低开支。

一些非常成功的戒酒和戒毒方法，可以很好地说明处理转移负担模式的杠杆效益原理。这包括坚持让大家面对上瘾的现实，同时组织互助小组并安排培训，以帮助大家改正和恢复。比如匿名戒酒互助协会（Alcoholics Anonymous，AA），就非常成功地应用有效的同伴互助方法，帮助大家重新激发精神活力，勇敢面对使他们陷入酗酒习惯的那些问题。而不管是什么问题，都要开发一种信心和愿景去解决和克服。他们还强制性地让每个人都承认酗酒这个现实："我染上了酒瘾，并会一辈子这样。"通过这种方法，症状缓解措施就不能再隐蔽进行了。[8]

在商业案例里，越来越依赖人力资源咨询师的经理人，必须更大限度地发展自己的能力，尽管这意味着更大的初期投入。人力资源咨询师必须成为教练和指导，而不是解决问题的人，这样才能帮助经理人发展自己的技能。

症状缓解措施有时也是必需的，比如治疗由酗酒或吸烟引发的疾病。但是，症状缓解措施必须明确界定为缓解症状之法，同时还要与恢复根本解决法的能力和措施相结合，这样才能突破转移负担的作用环路。假如真的把症状缓解措施当作根本解决方法来使用，那么寻找根本解决方法的努力就会终止，继而转移负担的模式就会如约而至。

如何写出你自己的"转移负担"故事

有三个线索可以用来分辨"转移负担"结构有没有出现。第一，从长期看来，问题变得越来越糟糕，虽然它有时也会出现好转的迹象。第二，系统的整体健康状况渐渐变差。第三，会产生逐渐增强的无助感。一开始，人们感到欣喜——我们把问题解决了！但最后却会觉得自己像受害者一样。

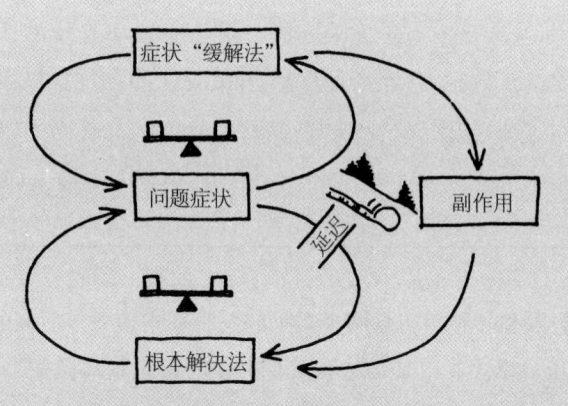

[图示：症状"缓解法" — 问题症状 — 副作用 — 根本解决法，中间标注"症因"]

你尤其要分析那些相互依赖的情况，你会感到其中真正的问题、深层的问题，从未被人有效解决过。和以前一样，一旦遇到了这类情况，你要看看能不能找出正负反馈回路的相关组成部分。

首先要找到"问题的症状"，这就是那个需要添加润滑油的"吱吱叫的轮子"，急需你的关注——比如压力，比如下属没有能力解决紧急问题，或是市场份额的下降。由此，你要找到"根本解决方法"（也许不止一个），即可以带来持久改进的一系列措施。然后，再找到一个或几个也许能临时救急的"症状缓解方法"。

其实，"根本解决法"与"症状缓解法"是相对的，最重要的是辨别出问题可以从哪里入手，包括从最根本的到最表面的解决方法。

接下来要找到症状缓解法可能出现的"副作用"。

转移负担模式分析带来的最主要的认识提升来自以下两个方面：（1）区分不同类型的解决方法；（2）看清在多大程度上依赖症状缓解法会导致依赖的不断加重。杠杆作用不是加强了下面的循环，就是减弱了上面的循环，或者两者

> 同时发生。就像增长极限一样,最好先以小规模的行动来测试你的结论——并给测试留出时间,等它产生结果。特别是当你想要增强一种已经萎缩的能力时,所需的时间会更长。

增长极限和转移负担是两个常见的系统基本模式。后面的章节还会介绍其他几个模式(附录2总结了全书中的系统基本模式)。掌握这些系统基本模式以后,就可以把它们结合起来去描述更复杂的系统关联。这就好比,基本语句成为段落的一部分,而由简单的情节可以编写更复杂的故事——有着各种各样的主题、人物和更曲折的故事情节。

系统基本模式可以启动掌握系统思考的过程。用这些基本模式,我们就能越来越清楚地把握日常生活中各类因果环路。随着时间的推移,我们自然就能更系统地思考和行动了。

为了阐明系统基本模式在实际中的应用,下一章会介绍增长极限和转移负担模式得到有效运用的方法,用来理解某个有巨大潜力的公司不能成功实现其发展潜力的原因。

| 第 7 章 |

是自我局限，还是自我持续地增长

人们很难去和杠杆作用的原理唱反调。但是对于大多数处于系统中的人来说，实际的系统杠杆作用都不是清晰可见的。因此，我们习惯的非系统思考方式，总是让我们注重低杠杆效益的变革。由于我们看不见自己行为背后的结构模式，于是就把注意力放到问题最紧迫和集中的地方，企图去修补或减轻症状。但这类方法最多只能带来短期改善，长期来看，情况往往更糟。前面提到的增长极限和转移负担等系统基本模式的用处，就是帮助大家，特别是在实际业务的压力和矛盾中，看清行为背后的结构模式，找出杠杆作用点。

下面的例子是我们反复看到的真实的故事，实际上这是从好几个特定的案例中提炼出来，把反复出现的同一类经历拼接起来形成的。[1]

当我们制造自己的"市场局限"时

20 世纪 80 年代中期，一家独特的高科技电子产品公司成立了。公司生产一种新型的高端电脑。得益于专业工程技能和独特的技术，这家名为"神奇科技"（WonderTech）的公司实际上控制了这一利基市场。不仅市场对这家公司的产品的需求很大，而且还有足够多的投资者来保证这家公司的资金充足。

然而，这家公司的开门红业绩却成了昙花一现。公司头三年发展得如火如荼，但这种情况并没能持续下去，业绩逐年下滑，最终公司遭遇破产。

神奇科技公司的最终命运，是开始时所有人根本无法想象的，因为最初发展时期它的业务每年都翻番。第二年中期公司的销售势头很旺盛，订单积压越来越多。甚至在公司不断扩大生产能力的情况下（建设更多的工厂，增加倒班工作的班次，添加更先进的技术设备），还是不能满足不断增长的需求。这导致发货时间出现一些延迟。公司开始的承诺是 8 周到货，延迟出现之后，也曾想努力回到这个承诺标准上。但是公司的高管层却以一种高傲的语气告诉投资者："我们的电脑如此优秀，一些顾客愿意等上 14 周。我们知道这个延迟是个问题，也正在设法解决，但不管怎样延迟，他们还是很高兴能收到我们的电脑，而且收到货时还是非常喜欢的。"

高管层也知道必须扩大产能。经过 6 个月的研究，在工厂从一班工作制变为两班倒工作制之后，他们又决定举债建设新厂。为了确保增长势头，他们把收入的大部分都直接投入到市场促销工作之中。由于公司只通过直销团队营销产品，这就意味着要雇用和培训更多的营销人员。公司到了第三年，营销团队人数翻了一番。

然而，尽管有这些努力，到第三年年底，公司的销售量却开始下降。到第四年中期，销售量下降到了危机的水平。至此，公司的营销曲线如下图所示。

这时，公司新建的工厂完工了。负责产品制造的副总裁说："我们雇了这么多人，现在该怎么办？"高管层开始感到恐慌，刚刚花那么多钱建了新厂，不知道该怎么向投资者解释。当时在场的每个人都同时转

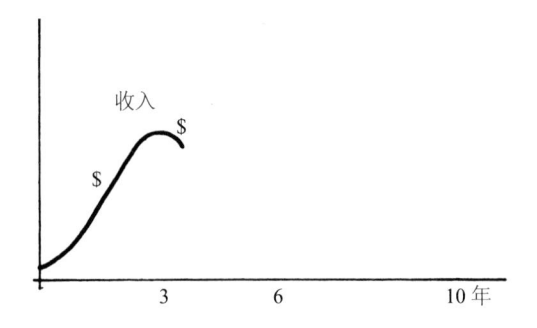

过身来,看着一个人:**市场营销副总裁**。

市场营销副总裁当时已经是公司的明星人物,这也并不令人吃惊——他的营销团队一直以来的业绩如此辉煌,他曾指望得到进一步升迁。而现在销售量下滑,为扭转这个局面,他面临着很大的压力。所以,他采取了最显而易见的措施:召开一系列强势促销会议,目标只有一个:"促销!促销!促销!"他开除了业绩差的营销人员,增加了销售激励措施和额度,发布了特别折扣计划,还制作了新的促销广告,并使用了对公司计算机产品的新的鼓动性描述语言。

而销售量也确实回升了。市场营销副总裁又成为英雄,受到大家欢呼。他成为重生的激励者,在应对危局中担当了重任。神奇科技公司又迎来了喜人的局面,订单迅速回升了。但不久又开始出现订单积压。一年以后,发货时间又开始出现延迟——先是10周,后来又到12周,最后到了16周。于是,增加产能的问题再一次进入公司议事日程。但是,因为有了上一次被动局面的教训,高管层这次就变得很谨慎。不过,建设新厂的动议后来还是得到通过。然而,批准建设新厂的签字墨迹未干,新一轮的销售下滑危机又开始了。这次的下滑十分严重,以致市场营销副总裁被革了职。

以后几年中,一连串的市场营销副总裁轮流上岗,但每次的结果都和以前一样:营销的高增长总是昙花一现,接下来就是低增长或零增长。这个模式正如下图所示。

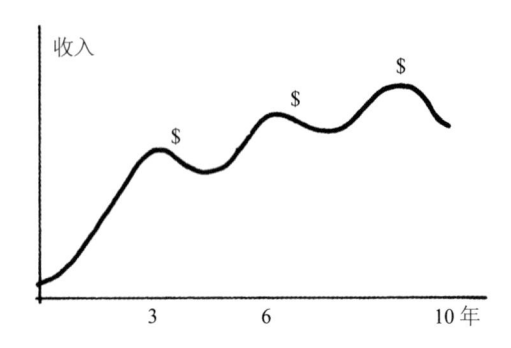

公司虽然进入了缓慢的发展期，但从未能达到其增长潜力。后来，公司高管们开始担心，怕别的公司会开发出竞争产品，于是开始狂热地从事未经深思熟虑的产品改进工作，同时还不断强势促销产品。但公司再也没有达到最初的增长率。原来的"神奇"消失了，公司逐渐走向了消亡。

公司的 CEO 最后一次对他的高管团队说了下面的话："在目前的条件下，我们做得很不错了。但是，市场需求还是不够。很明显，市场很有限——这只是个细分市场，而我们已经有效地满足了它的需求。"

神奇科技公司的故事没什么新奇的。每十家新建公司中平均要有五家会在五年内消失，有四家会存活到第十年，只有三家会坚持到第十五年。[2] 当一家公司倒闭时，人们总会指出具体的事件，把它解释成失败的"原因"：产品问题、经理人无能、关键人物走掉了、始料不及的激烈竞争，或者市场交易量下滑。但是，导致不可持续增长的深层系统性原因，却往往不被人注意。系统基本模式可以帮助我们理解这类原因，而且在许多情况下，可以帮助制定成功的应对策略。具有讽刺意味的是，神奇科技公司的产品及其市场潜力，本可以支持许多年，而不止两三年的强劲增长。

神奇科技公司的经理们看不到公司业绩走下坡路的原因，这倒不是因为他们缺乏信息来源。他们掌握所有的事实，就是你前面读到的这些。但是，他们看不到这些事实背后所隐含的结构模式。

你作为一个系统思考者，要诊断神奇科技公司的问题，就要找出一些能够暗示某种基本模式的迹象。你会从最明显的业绩表现模式入手：开始的增长是跳跃式的，接着是越来越强劲的上升和膨胀，然后增长变缓，后来完全停止。这个模式就是典型的"增长极限"结构所带来的症状。

有许多可能的增强（放大）作用因素，可以带来神奇科技公司一开始的销售业绩的迅速增长。对产品开发的投入、广告宣传的投入、良好的口碑，所有这些都可能把过去的成功变成未来的成功。而神奇科技故事中特别明显的一个增强因素，就是把利润再投入到增加营销力量之中：销售增加就意味着收入增加，那又可以雇用更多人力，来进一步增加销售。

增长极限的结构总会有另一面，那当然就是负反馈[即平衡（稳定）反馈]的作用过程：销售增长莫名其妙地放缓了。而销售放缓通常只有以下几种原因：市场饱和、竞争加剧，或者顾客失望。这里，神奇科技电脑的市场需求仍然强劲，也没有什么竞争对手。只有一个因素让顾客失望：交货期太长。订单积压，生产能力不足，交货期就延长了。交货服务质量差的名声散布出去，逐渐使神奇科技营销团队面临更大的销售障碍。增长极限的结构模式正如下图所示：

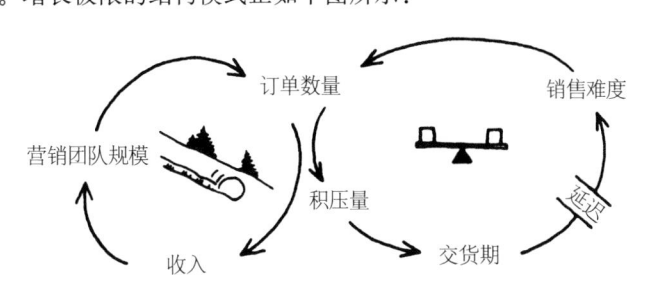

在增长极限的模式中，最糟糕的事就是在正反馈环路上使劲儿推。而这正是神奇科技公司所做的：他们试图通过新的销售激励、市场促销活动和产品的小范围改进，来重新发动"增长引擎"，而这些都没什么杠杆效益可言。在增长极限的模式里，杠杆作用在于负反馈环路。

这个负反馈环路为什么没有人注意到？首先，神奇科技公司的高管层关注的是财务收入，对交货服务并没有真正重视。他们主要跟踪销售情况、利润率、投资回报率和市场占有率。只要这些指标看上去很健康，交货时间问题就不是他们关心的事。而且，交货延迟是在销售增长良好、利润迅速增加的时候发生的，所以大家整体上就没什么可担心的。而当财务状况不好的时候，压力又被转移到增加订单上。然而往往在这时，由于订单减少，交货时间已经缩短了。于是，不管情况好坏，高层对顾客等待电脑到货时间过长的问题，从来就没有给予过关注。

即使他们给予了关注，他们可能也没有认识到交货时间是影响销售的关键因素。在第一次销售危机爆发之前，交货延迟问题已经在一年半多的时间里不断加重，而高管们却产生了更大的错觉，即认为"顾客不在乎交货延迟"。殊不知，这种自满心态很不恰当；顾客的确在乎交货时间，但因为系统自身固有问题造成的延迟，顾客们的忧虑并没有被神奇科技公司管理层清楚地认识到。顾客说："我们希望8周内收到计算机。"营销人员说没问题，结果却到第9周，第10周，甚至第12周还没有到货。再有几个月，负面消息就会不胫而走。由于潜在顾客很多，开始时这种传言的副作用并不大，但后来便会逐渐广为流传。这种在"交货时间延迟"和"营销陷入困难"之间的延迟，可能长达6个月，或更长时间。

神奇科技公司的经理人陷入了一种经典的学习障碍之中：无法辨认在时间上距离很远的因果关系。一般来说，如果你等到需求下降之后，才去关心交货时间，那就太晚了。缓慢的交货状态已经在自我校正了——只是临时性的修正。神奇科技公司的交货速度在第三年变得最慢，而那也是公司快速增长的最后一年。在那之后的交货情况，随着销售量的下降而有所改进，但又随着后来销售量的回升而再一次变糟。

在该公司整个10年的发展历史中，交货时间延迟问题尽管伴随着阶段性的改进，但总体上是在不断加重。随之而来的是系统整体健康状况的逐步恶化，这表现在增长速度的下降以及利润的减少上。公司有几次利润急剧上升，但在每次业绩下滑阶段又出现大规模亏损。开始的增长期的兴奋，后来变成气馁，最后是绝望。由于原来预想的市场潜力从未实现，大家最后觉得自己是受害者。公司CEO私下说，最初的市场预期是个误导。

没有人意识到，神奇科技公司的情况也是经典的转移负担的模式。尽管有间歇的改进，问题的症状（交货速度慢）却日趋严重。企业的整体健康状况也在不断下降，大家的受害感也在不断加重。作为系统思考者，你会首先看出这个关键问题的症状，然后看到症状缓解方法和根本解决方法。在这个案例里，根本解决方法（下图中下方的环路）是扩大产能，以控制交货延迟的情况。要超越神奇科技公司的交货速度标准，就必须增加产能；一旦产能提高了，就会改善交货延迟的状况。但是，

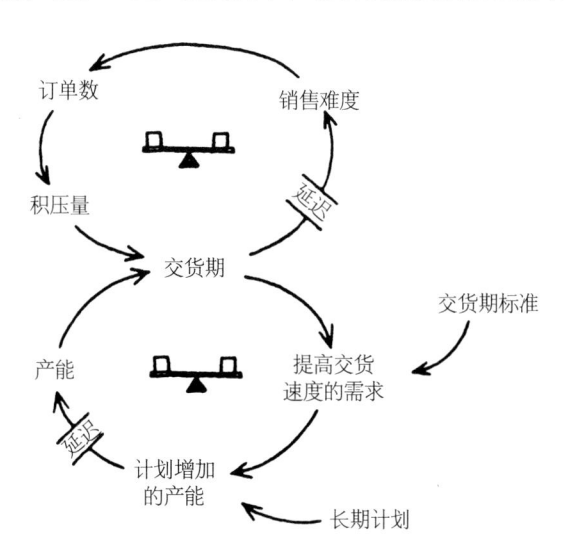

如果这种根本解决方法迟迟得不到应用，负担就会转移到症状缓解方法（图中上方的环路）。由于神奇科技公司的经理们未能通过足够迅速地增加产能来解决交货延迟的问题，潜在顾客不满意，于是就流失掉了，并由此帮助"缓解"了交货延迟的问题。

还有，由于神奇科技公司的高管们基本上忽视了不满意的顾客，症状反应就越来越严重，这就像转移负担的结构模式一样。这一切，都伴随着神奇科技公司交货服务质量差的名声在市场上广泛传播：公司交货延迟越来越严重的每一个时段，流言传播的速度也越来越快。第四年，在产能扩建完成的时候，却由于订单下降而造成闲置，这使神奇科技高管层对增加产能愈加谨慎。这就意味着新增产能的工作需要更长的时间来完成，或者根本就不会完成。公司经理最后同意增加产能的时候，症状引起的反应已经帮助解除了压力，交货延迟情况已经缓解，从而不再有理由增加产能了。于是他们说："扩建就再等等看吧，确定一下是不是真有需求。"

实际上，这两种应对方法之间还在相互做跑马式竞争。症状反应方法逐渐变得迅速高效，而根本解决方法却越来越迟钝。结果是，"不满意顾客"的反应后来逐渐控制了交货速度，越来越多地承担了缓解任务。

神奇科技公司的命运本来是可以改变的。在转移负担的结构模式中有一个杠杆作用点被忽视了，那就是公司原来的8周交货的目标。系统思考者在转移负担的模式中首先要找出的，是根本解决方法受到削弱的原因。在这个案例中，公司有一个交货时间标准，即8周，但是很显然，公司高管层只专注财务收入，从来都没有把这个标准放在心上。

三年以后，公司生产部门实际习惯的标准是10周交货，但在订单增加时又很难保证这个标准。随着交货延迟问题反复发生，标准不断受到侵害，没有人再关心标准了，高管层尤其如此。

实际上，第二任市场营销副总裁曾把顾客对交货服务不满的意见，定期向高管团队做过汇报。负责生产的副总裁承认他们有时赶不上订单积压的速度，但只是在产能不足的时候才会这样。可是公司最高层领导者却说："是的，我们知道那是个问题，但我们不能急于做大量投资去扩大产能，除非我们能确定市场需求会持续下去。"他们没有意识到，在他们投资扩大产能之前，市场需求是不会持续下去的。

假如公司坚持原来的 8 周交货的时间标准，大力投资扩建产能以达到这个要求，我们仍不能完全确定会发生什么。但是，基于前面的结构模式（增长极限和转移负担的结合）所做的销售情况模拟表明，假如交货时间标准得到严格执行，公司不得不大力扩建产能，那么就会带来 10 年的快速增长，尽管仍然会有间歇的平缓时段。交货速度会有波动，但不会有持续地延迟增加，交货时间标准会维持在平均 8 周。这样，神奇科技公司就能实现其增长潜力。到第 10 年，销售额会比实际发生的高许多倍。[3]

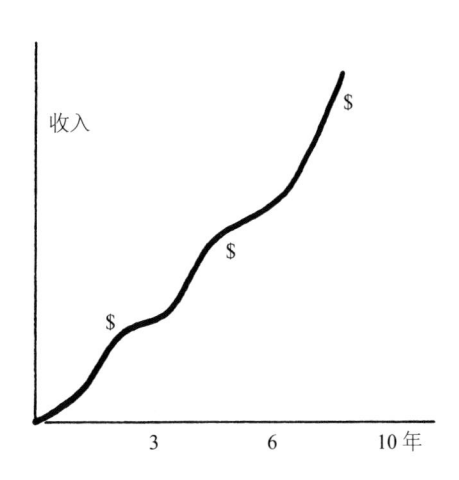

首任市场营销副总裁对这些问题曾有过直觉的把握。他开始时就表明，神奇科技公司对生产能力的评估完全错了。他认为："我们现在只用已有的订单数量，而不是以潜在的订单数量为标准，来衡量产能。我们的产能本应该以按期交货而可能得到的订单数量为标准。"不幸的是，这位副总裁的观点被认为是销售业绩不佳的借口，而没有得到重视。他没有办法用清晰的理念来解释他的观点，这也使情况变得更无助。假如他当时能应用系统基本模式来阐述他的观点，也许会有更多的人理解他的直觉感受。

神奇科技公司的微妙互动情况，实际上也验证了许多有经验的经理人的直觉：严格把住关键的工作标准至关重要，不管是顺境还是逆境；执行这样的标准必须不惜任何代价。最重要的标准，就是顾客最关心的标准，这通常包括产品质量（设计和制造）、交货时间、服务质量和可靠性、服务人员对顾客的关注和友善态度等。神奇科技公司的系统结构模式是这个管理者直觉认知的明确的理论阐释，它揭示了工作标准受到侵蚀和产能扩大速度缓慢，可以损害整个企业的增长。下面的整个结构模式的图解，来自增长极限和转移负担模式的整合：

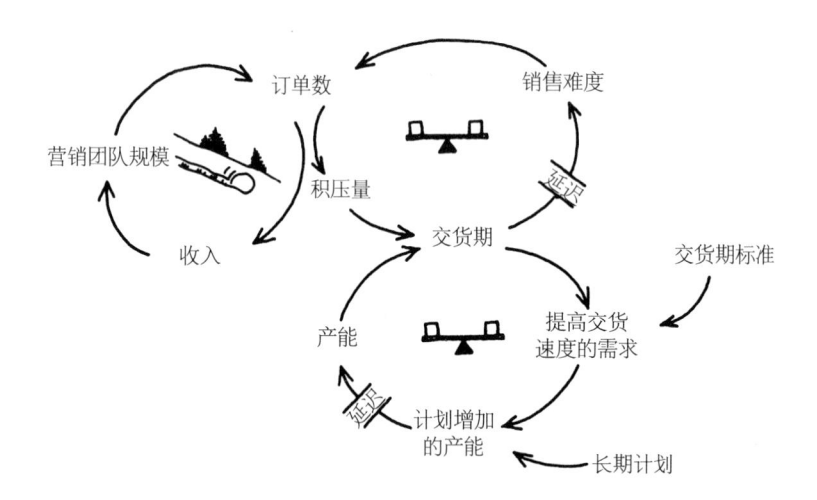

如图中所示，这两个模式交叉重叠在一起，共同分享一个负反馈环路——交货延迟导致顾客不满意和订单数量下降。同样是这个环路还把增加产能的精力分散了（转移负担模式），也导致销售停滞不前（增长极限模式）。顾客不满的环路能否变成主导因素，要看交货延迟增加时公司产能扩大的力度。如果不能保持交货服务标准,那么公司的反应措施就不得力,于是,缩短延迟时间的负担就会转移到不满意的顾客那里,通过他们的订单的减少来缓解。换句话说,公司不知不觉地陷入了自己的增长极限的困局。

既见树木,也见森林

神奇科技公司的系统行为模式结构还解释了许多复杂的情况:公司曾经一度迅速增长,风靡一时,后来却神秘地败落,就像人民快线航空公司,曾一度是美国历史上增长最快的航空公司。这个模式结构实际上是另外一个系统基本模式,叫作"增长与投入不足"(growth and underinvestment),它比前面的两个系统基本模式更复杂一些。一旦有公司由于投资不足而限制了自己的增长,就是这个基本模式在起作用。投入不足就是指能力建设不足,不能满足顾客增长的需求。如果你看到每个人都非常辛苦地工作(公司投入不足的信号),而公司却无法实现其增长潜力,你就碰到了增长与投入不足的作用模式。通常会出现持续的财务危机。这既是投入不足的原因,也是其结果,很有讽刺意味。财务压力使公司很难,或者根本无法进行大力投资,但今天的财务压力又是过去投资不足导致的。仔细检查以后你会发现,质量标准也受到侵蚀,或者明显下降。(这里的质量包括顾客关心的所有方面,如产品质量、服务质量和交货可靠性。)标准受到侵蚀,或者在竞争中无法持续提高,就会导致无法投入能力建设,来满足顾客需求。("投入"或"投资"在这里指增加或改善物资设备能力、工作流程、组织结构或人员培训等等。)于是不满意的顾客就会离你而去。顾客需求下降,虽然减轻了订单压力的症状,却也消除了大家心目中对增加产能进行投入的需求,同时还减少了投资所需要的资金来源。

这些模式影响整个产业时,比如 20 世纪六七十年代的美国钢铁、汽车、机械设备、家用电器等制造业，结果是无法面对有强大投入政策和高质量标准的外国竞争对手。对于这些制造业市场份额的丧失，人们往往寻找外部因素，却不知源头就在自己，至少部分原因是自己的顾客服务标准的下降、投入不足，以及顾客不满意。而整个衰败过程又很缓慢，因此很难看清局势；同时又经常被"转移负担"的治标措施所掩饰，这包括广告宣传、打折促销、"重组"和关税壁垒保护。

这个模式之所以很难看清，主要有两个原因。首先，这个过程很缓慢。如果这些都在一个月内发生，整个组织和行业就会紧急动员起来，阻止情况恶化。但是，目标是逐渐被侵蚀的，增长是缓慢降低的，这些都在不知不觉中发生了。这个模式就是第 2 章讨论学习障碍问题中提到的煮蛙综合征。青蛙对安全水温的标准，随着情况的恶化，被持续地侵蚀，直到它应对水温不断升高危险的能力完全丧失。

其次，处在这种综合征中的经理人，有很多问题需要他们花费精力处理——而他们又没有能力看清更大的模式和格局。系统思考的艺术就在于看清不断（戏剧性）增加的复杂模式和微妙结构，如神奇科技公司的例子，同时还要面对实际管理工作都必须处理的细节、压力和矛盾问题。实际上，把握作为管理修炼的系统思考的实质，就是看到模式结构，而不只是看到各类个别的事件和各种个别的影响力，并对其做出应急反应。然而，很少有人接受过观察细节复杂性和动态复杂性的训练。今天有多少 CEO 能站出来讲 15 分钟，用有说服力的推理来解释某个重要问题的系统起因，以及处理这个问题的高杠杆效益和低杠杆效益策略呢？

我们都知道那个不能"只见树木，不见森林"的寓言。不幸的是，我们大多数人在往后"退一步站"的时候，仍然只看到许多个别的树木。而且，我们还会挑出一两棵我们认为最看好的树，然后就全神贯注在它们身上，为它们而倾注全部的变革努力。

系统思考的艺术实际上还在于看清细节复杂性背后的、能发生变化和产生变革的结构模式。系统思考不是忽视细节复杂性，而是将复杂的细节组织起来，使它变成一种连贯的经历和故事，使它揭示问题的起因和持久解决问题的方法。像神奇科技公司这样的技术型企业，把握实际情况就要从理解以下细节入手：

生产能力	人力资源	竞争因素
设备最大产能	检修队伍	市场规模
倒班安排	生产人员	细分市场
制造	员工满意度	技术发展趋势
生产进度	招聘	声誉
"生产线节拍"	培训	服务质量
生产工艺	人员流动率	竞争对手服务质量
进货渠道与到货时间	士气	价格
能源成本	生产效率	吸引人才、资本、员工干劲儿
竞争者计划	经验	
检修时间	团队管理	
	岗位轮换	
	员工股权	

当今世界不断增加的复杂性让许多经理人感到，他们缺乏自己需要的信息来进行有效的工作。我感觉，经理人面对的根本"信息问题"不是信息太少，而是太多。我们最需要的是用什么办法知道什么重要，什么不重要；要关注什么变量，不关注什么变量——而且要有办法在团队和集体中发展共识。

掌握像增长与投入不足这样的系统基本模式，是开发"既见树木，又见森林"的能力的第一步：从宏观长远与微观细节这两方面，看清信息的结构模式。只有两者都看清，才能有效地应对复杂性变革的挑战。

掌握系统思考的语言最终还要求掌握其他各项学习修炼。每一项修炼都有重要的原则和工具，让个人、团队和组织有更大的能力去转变用线性方法看待世界的习惯，进而用系统的方法去思考和行动，去观察和改变世界。

第三部分 各项核心修炼：
建设学习型组织

The Fifth Discipline
The Art & Practice
of the Learning Organization

| 第 8 章 |

自我超越

学习型组织的精神

只有通过个人学习,组织才能学习。个人学习不能保证组织学习。但是,没有个人学习就不会有组织学习。

一些少数组织的领导人正在认识到,必须从根本上重新思考公司的组织原则,才能实践个人学习的承诺。京都陶瓷公司(Kyocera,精致陶瓷技术和电子产品方面的世界领先企业)创始人、1995 年退休前一直担任公司总裁的稻盛和夫说:

> 无论研发、公司管理,或者任何其他企业活动,活力都来自"人"。而人是有自己的意志、自己的头脑和自己的思维方式的。假如员工们自己没有足够的动机去挑战增长目标和技术开发目标……就根本不会有增长,不会有生产力的提升,也不会有技术进步。[1]

稻盛和夫认为,要挖掘人的潜力,将要求对"潜意识思维""意志力"和"心的行动……以及服务世界的真诚愿望"有全新的理解。他教导京都陶瓷员工在不断努力追求"完美"时，要遵循公司的座右铭——"敬天爱人"，来内观自省。另一方面，他认为自己作为经理人的首要责任，是"为员工提供物质和精神两方面的福利"。

在世界另一端一个完全不同的行业里，有一家长期享受着成功声誉的公司，那里有另一位建设者——汉诺瓦保险公司前总裁奥布赖恩。他立志于：

> ……建立更符合人性的组织模式。我们传统的等级体制的组织设计，不能服务于人的更高级需求，如自尊和自我实现。只有当组织机构开始满足所有员工的这些需求时，管理的动荡纷扰才有解决的希望。

和稻盛和夫一样，奥布赖恩也主张，经理人必须重新定义自己的工作。他们必须放弃"计划、组织和控制的教条"；他们必须意识到，"对那么多人的生活负责，是件近乎神圣的事"。奥布赖恩认为，经理人的根本任务是"提供适宜的环境条件，让人们过上尽可能充实的生活"。

对发展企业来说，为免于使这些观点听上去过于浪漫，我应该说明一下，京都陶瓷公司在45年的时间里，从零开始做到了90亿美元的销售额，而且几乎没有贷过款，它的利润率也常常是连日本公司都羡慕的。汉诺瓦保险公司在杰克·亚当1969年开始重建工作时，还处于地产责任保险业界的最底层。当时，创建工作是围绕一组有关人的核心价值观和信仰开展的。到1990年奥布赖恩退休时，公司利润率排名保持在全行业前1/4，而且它前10年的增长速度比行业整体水平高出50%。[2]

工商精英奇才亨利·福特曾说过：

> 最小的不可再分的现实，对我来说是有灵性的，它们在等待着被人类精神所用——只要我们伸出手召唤它们进来。可我们总是急急忙忙，神经紧张，手忙脚乱，烦恼重重。我们对结果都没有耐

心。我们所需要的……正是这个等待我们使用的无形力量，它是我们灵魂的增强剂……我知道，有精神力量的储藏库存在，但我们人类却愚蠢地切断了与它的联系……我相信，当有一天我们能够掌握足够多的关于力量源泉和精神领域的知识时，那我们就可以自己创造些什么了……

我坚信，在精神领域方面，先人曾比我们更富有智慧。他们曾经亲身体悟到的事，我们今天只能盲目地当作信仰。[3]

我们用"自我超越"（Personal mastery）一词，来描述个人成长和学习的修炼。自我超越水平高的人，能不断为创造自己真心追求的生命成果而扩展自己的能力。学习型组织的精神，出自组织中的个人对不断学习的追求。

超越和精通

自我超越不局限在能力和技巧方面，尽管它要以能力和技巧为基础。它也不局限在精神的拓展或开放，尽管它也需要精神的成长。它旨在把自己的生命当成一件创造性的艺术作品；并不是以被动反应的观点去生活，而是从主动创造的视角去生活。正如我的老同事罗伯特·弗里茨所说：

纵观历史，几乎每种文化中都有艺术、音乐、舞蹈、建筑、诗歌、故事和雕塑。对创造的渴望不为信仰、国籍、宗教、教育背景或时代所局限。这种渴望和冲动我们每个人都有……（它）不局限在艺术界，而是遍布生命的各个角落，从平凡世俗到深奥高雅。[4]

当自我超越成为一项修炼，成为我们生活的组成部分时，它包括了两方面行动。首先，它不断澄清什么对我们是重要的。我们经常花太多时间，应付我们前进道路上的各种问题，以至忘记了，我们原来是为什么来到这条道路上的。结果，关于什么对我们是真正重要的东西，我们却只有一种模糊的，甚至是不准确的认识。

其次，它还包括不断地学习如何更清晰地观察现实。我们都知道，有些人之所以陷在毫无裨益的关系纠葛里不能自拔，是因为他们总装出一切都正常的样子。比如，在我们参加的商务会议上，每个人都说"我们一切都在按计划正常进行"。而认真研究后会发现，情况恰恰相反。在朝着既定目标前进的过程中，了解你现在在哪儿，是件至关重要的事。

把愿景（我们想要的）和清晰的现实图像（我们现在相对于愿景所处的位置）并列在一起，就产生了我们所谓的"创造性张力"，即把两者拉到一起的力量，它是张力寻求释放的自然倾向。自我超越的精义，就是学习如何在我们的生活中，不断生发和保持创造性张力。

在这里，"学习"指的不是获取更多信息，而是拓展实现我们生活中真正渴望的成果的能力。这是终身的生成性学习[①]。而如果没有各级员工在实践中进行这种学习，就不会有学习型组织。

很遗憾的是，"超越"（mastery）一词，带有对人或物进行支配和控制的含义。但其实它也可以表达一种特殊的精通和熟练。比如，一位技术精湛的手艺人，不是控制陶器或编织品。而手艺人的技巧，会让作坊生产出最好的陶器或编织品。类似的是，自我超越是指在生活的每个方面，包括个人和职业等方面，都有一种特殊的精通和熟练。

有高度自我超越修炼水平的人，都具备几个基本特征。他们的愿景和目标背后，都有一种特别的目的和使命感。对他们来说，愿景是一种召唤，而不仅仅是一个好想法。他们把"现实"看成盟友，而不是敌人；他们学会了如何观察和运用变革的力量，而不是抵制这种力量；他

[①] "生成性学习"（generative learning），是指生发内在能力的过程；而"创造性学习"（creative learning），常常会包括创造出某种外在的东西或结果，或者指学习过程本身有独特的地方。两者是有微妙差别的。——译者注

们有深入探究的好奇心，致力于不断改进、不断提高观察现实的准确性。他们感到自己与其他人、与生命本身，都有一种沟通。但与此同时，他们不会抹杀自己的特点。他们感到自己好像是更大的创造过程的一部分。他们可以影响这一过程，但不能单独控制它。

有高度自我超越修炼水平的人，总是生活在不断学习的状态中，修炼永无止境。有时候用语言描述，比如"自我超越"这个词，容易引起误解，好像事情必有确定性，黑白分明。但是，自我超越不是你能够拥有的。它是个过程，是一项终身的修炼。自我超越水平高的人，非常了解自己的无知、无能以及需要改进的地方。同时，他们又有深深的自信。这矛盾吗？只有不能理解"行程本身就是回报"的人，才会觉得矛盾。

在汉诺瓦，奥布赖恩曾说过"高级的成熟"，它是指建立和保持深层价值，承诺对目标而不是对个人的投入，开放思想，锻炼自由意志力，并且，不断努力准确洞察现实的图景。他认为，这类人还能够推迟获取满足感，因此他们能想人之所不能想，树立别人所忽视的目标，甚至考虑"他们的决定对未来数代人的影响"。有趣的是，作为对10年之后"情商"流行的预示，他指出了现代社会对人的发展所做出的承诺有哪些不足：

> 不管出于什么原因，我们没有像追求对体能和智能开发那样，努力地追求情感开发。这是件非常不幸的事。因为，完整的情感开发，对于挖掘我们的全部潜力来说，是最有效的杠杆。[5]

"我们为什么需要它"

奥布赖恩还说道："人的全面发展，是我们企业实现卓越目标的基本要素。"人们曾经认为，商业和市场对道德的要求比其他领域要低，而"我们相信，在生命的更高尚美德与经济成就之间，没有根本的非此即彼、权衡取舍的关系。我们相信，我们能够两者兼而有之。实际上，我们认为从长远看，我们越成功地实践生命的更高尚的美德，就会实现越大的经济成就"。

实际上，奥布赖恩给出的，是组织机构对支持自我超越修炼的各种合理性陈述中最普通的一种——尽管别人也许会用其他词汇，来表达自己对人的发展的承诺。自我超越水平高的人，有更郑重的承诺。他们更具有首创精神。他们对工作有更宽广、更深远的责任感。他们的学习速度更快。正因为如此，许多组织都支持推进员工个人成长的实践，因为他们相信，这将会带来组织的成长。

但是，奥布赖恩还阐释了追求自我超越的另一个原因。我们现在认为，这是一个必要的补充：

> 我们鼓励员工追求它的另一个同等重要的原因是，个人幸福是受全面的个人发展所影响的。只在工作之余追求个人充实和完善，而忽视我们在工作中所投入的那部分重要的生命，就等于限制了我们获得幸福和完善人生的机会。[6]

换句话说，为什么我们需要自我超越呢？我们要完善自己的人生，就必须超越自我。组织发展历程中的一个关键转折点，就是有足够多的人都采纳了上述观点，就是对人的福祉的内在承诺。传统的组织用工具理性来支持人的发展——假如大家发展了，那么组织就会更有效。像奥布赖恩这样的领导者又进了一步："在我们所追求的组织中，人的全面发展与经济的成功同等重要。"

把人的发展看成是实现组织目标的手段，就会很微妙地降低个人与组织之间关系的价值。赫尔曼 - 米勒公司的退休 CEO 马克斯·帝普雷（Max de Pree），用"信约"（covenant），而不是传统的"合同"（"诚实的一日工作换取诚实的一日报酬"），来描述组织和个人之间的关系。在帝普雷看来，"合同只是一种关系中的一小部分。一个完整的关系所需要的是信约……信约关系要基于一种共享的承诺——要实践的理念、要解决的问题、要实现的价值、要完成的目标，以及要经历的管理过程……信约关系反映的是和谐的统一、优雅的善意和泰然的自信。它表达了人际关系的神圣性"。[7]

《基督教科学箴言报》的一位记者在日本参观松下公司时发现，"那里有一种近乎宗教的氛围，好像工作本身被认为是一件神圣的事。"京都陶瓷公司的稻盛和夫说，他对自我超越的承诺，就是来自传统日本公司对终身雇用的承诺。"我们的员工生活在一个社区里，不是相互利用，而是互相帮助，以使我们每个人的生活都更加充实和圆满。"

"你知道系统运作良好，"奥布赖恩补充道，"因为你发现，10年前受雇的人原来没有自信，并用狭隘的目光看待世界和自己的机会，而现在的他或她，是拥有十几个人的部门的负责人，而且能泰然面对责任，能理解复杂的理念，会权衡不同的立场，并且对决策的选择有可靠的推理。其他人会认真听取他或她的意见。他或她也对家庭、公司、产业和社会，怀有更大的抱负。"

当组织真正承诺履行自我超越的责任时，就会有无条件的投入和毫不含糊的勇气。我们需要它，就是因为我们需要它。

抵制的声音

谁会抵制自我超越的好处呢？许多人和组织都会。采取全面发展人的立场，是对传统的雇员和组织机构之间的契约关系的彻底背弃。从某种意义上讲，这是学习型组织对传统企业成规的最激进的背弃。

企业抵制自我超越的追求是有明显理由的。相比之下，自我超越是"软东西"，部分基于诸如直觉和个人愿景这类不可量化的概念。没有人能以小数点后三位数的精度，测量自我超越对生产率和公司底线的贡献。在我们这样的物质主义的文化里，连谈论自我超越的假定都是很困难的。

"为什么会有人要谈这个？"有人会问，"那不是很明显的事吗？我们不是已经知道了吗？"

冷嘲热讽的怀疑态度，是一种让人更加气馁的抵制形式。要克服玩世不恭，就需要了解其缘由。揭开大多数玩世不恭者的面纱，你看到的是受伤的理想主义者——这些人错误地认为，理想的东西就是应该得到的东西。比如，许多对自我超越冷嘲热讽的人都曾经对别人抱有很高的理想和期望。由于别人没有达到他们理想的期望值，他们就失望了，受伤了，并且渐渐变得愤世嫉俗。奥布赖恩曾指出，职业倦怠症不只是工作过度的结果，"有些教师、社会工作者和牧师非常辛苦地工作到了80岁，也从未得过职业倦怠症——那是因为，他们对人性、对我们的潜力和局限性，都有一个准确的看法。他们不会过于浪漫地待人接物，因而也就不会在人们失信的时候，经受那么大的心理压力和痛苦"。

最后，有人担心自我超越会威胁公司已有的良好管理秩序。这种担心是正当的。在思想未统一的组织里放权给员工，可能会适得其反。如果大家没有共同愿景，对企业运营的现实没有共同分享的心智模式，放权只能增加组织的压力、加重组织协调和维持运营方向的管理负担。为什么说，自我超越的修炼仅是学习型组织一系列修炼中的一部分呢？这就是原因。如果组织领导者缺乏建设共同愿景和分享心智模式的能力，不能给下级的局部决策者提供指导，那么，自我超越的组织承诺，就是幼稚和愚蠢的。

自我超越的修炼

要领悟自我超越修炼之道，首先得把它视为必须通过实践产生有用结果的一项修炼，它包括一系列原则和实践方法。像成就艺术大师需要不断练习一样，以下的原则和实践方法，就是不断拓展自我超越修炼的基础工作。

个人愿景

个人愿景出自内心。几年前，一位年轻女子跟我谈起她对地球的愿景，说到了许多关于和平、和谐和以平衡的方式生活在自然之中等美好愿望。虽然这些想法很美好，但她说话时却不带有任何感情色彩，就好像这些是她该要的东西。我问她是否还有别的什么。她停顿一下说："我想在一个绿色的地球上生活。"然后，她就哭了。就我所知，她以前从未说起这些。这些话好像有它们自己的意志一样，脱口而出。尽管如此，这些话所表达的清晰景象，对她还是意味深长的——这或许包括了她之前并不理解的深层含义。

大多数成年人几乎没有什么真正的愿景。我们有目的和目标，但那不是愿景。如果你问一个成年人想要什么，很多人实际说出的是他们不想要什么。他们想要一份更好的工作，也就是说，他们想辞掉现在这份无聊的工作。他们想住在更好的邻里社区，或者不用担心犯罪事件频发，或者不用为孩子完成学业操心。他们想让丈母娘（婆婆）搬回她自己家，或者想使自己的腰疼病好起来。这类"负面愿景"（negative vision）的冗长列举，的确是极为普遍——即使在非常成功的人士当中也是这样。它们是花一辈子时间融入主流、应付社会和解决问题的人生经历的副产品。在我们的研讨班上，有个十几岁的孩子说，"我们不应该叫他们'成人'（grown ups），而应叫他们'弃人'（given ups，放弃了的）"。

缩水的愿景的另一种更微妙的形式，是"注重手段而不注重结果"。比如，许多高管选择"高市场占有率"，作为他们愿景的一部分。但这又为什么呢？"因为我想让我们公司赢利。"而你可能会想，高利润本身不就是一个内在的结果吗，为什么不能成为内在愿景？对有些人来说，这也的确就是内在愿景。但是，还有多得出乎意料的其他领导者，对他们来说，利润只是达到其他更重要的结果的手段。为什么选择高利润率？"因为我想让我们公司保持独立，避免被吞并。"这里提到的每个目标都是合乎情理的，但最后一个，即对我们自己的忠诚，对这些高管来说才最具有内在意义。其余的，都只是实现目标的手段，而手段在特定情况下可能会改变。关注终极内在愿望，而不仅仅注重次要的目标，这种能力是自我超越修炼的一块基石。

真正的愿景，不能离开"志向目标"（purpose）这个概念去孤立地理解。志向目标，指的是个人对为什么活着这个问题的领悟。"人都有志向目标"这个说法，是没有人能证明或证伪的。争论这个问题也不会有什么结果。但作为一个有用的假设（working premise），这个概念很重要。它意味着，幸福感可以最直接地来自与你的志向目标相符的生活。萧伯纳曾生动地表达了这个概念：

> 这是生命中真正的喜悦，你意识到，你在被一个崇高伟大的志向目标所利用……你成为自然之力，而不是头脑发热的、自私的、疾病和怨恨缠身的渺小的呆子，总在那里抱怨这个世界没有全心全意让你幸福。[8]

在有些组织中，同样的原则被描述为"真心的关怀"（genuine caring）。在大家谈论个人志向目标感到不自在的地方，谈论真心的关怀却一点儿没有问题。当人们产生真心的关怀时，自然就有认真投入的承诺和行愿。他们在做自己真正想做的事，于是热情满怀、精力充沛。他们在做自己必须做的事，因此即使面对障碍和挫折，也能坚忍不拔。那是他们自己的工作。

每个人都有过工作顺利流畅的经历，那时你感到工作任务很上手，你使用的方法也简约而得当。比如，有人有了出国的愿景，结果发现自己学习新语言的速度比以前大有提高。因为个人愿景会带来这种效果，所以你会经常注意到你的个人愿景，它是吸引你的那个目标，它使你感到，你所有的努力都是值得的。

但是，愿景和志向目标不同。志向目标类似于一种方向，一个大标题。愿景是特定的目的地，是你渴望的未来图景。志向目标是抽象的、梗概的；愿景则是具体的、明确的。志向目标可以是"提升探索太空的能力"；愿景则是"在20世纪60年代末，让人类踏上月球"。志向目标可以是"尽力做得最好"，是"优秀"；愿景则是"跑一英里用时四分钟"。

真的可以这么说，在愿景建立之前，什么都不会发生。但同样也可以说，愿景背后如果没有对志向目标的领悟，没有召唤，那愿景也只是个美好的想法——一切都只是"喧哗与骚动，没有任何意义"。

反过来，没有愿景的志向和目标，缺乏对适度规模的把握。"你和我都喜欢网球，喜欢谈论击触地球、打反手球、追接超速底线角球的刺激，以及打制胜球。我们可能谈得很开心，但随后却发现，我在准备当地乡村俱乐部的网球赛，而你却在准备参加温布尔登网球公开赛。我们虽然有共同的热情和爱好，但精通的程度完全不同。在我们确认心中的规模范围之前，也许我们认为我们在沟通，但其实我们并没有沟通。"

从本质上说，愿景是内在固有的，不是相互比较的。你渴望它，是由于其内在的价值，而不是因为它把你带到和别人相互比较的某个位置。相互比较的愿景（relative vision）也许在过渡阶段是合适的，但它很少能带你走向卓越。比较和竞争也没有什么错。competition（竞争）一词的原意是"striving together"（共同奋斗，来自拉丁语competrere），它是人类迄今为止发明出来的、让每个人都发挥最佳状态的最好模式结构之一。但是，竞争过后，愿景已经（或未能）实现之后，只有你的志向目标才能让你继续前行，让你开发出一个新的愿景。这是对你真正想要的东西、对你的愿景进行不断聚焦和再聚焦的过程。

愿景包括许多方面。有物质方面的，比如想在哪里住，银行里存多少钱。有个人方面的，比如健康、自由和对自己的诚实。有服务方面的，比如助人为乐，或者对某个领域的知识开发做出贡献。所有这些都是我们真正想要的东西的一部分。现代社会总是把我们的注意力引向物质方面，而同时又给我们的物质欲望加上一种罪恶感。西方社会强调我们的个人愿望，比如在某些圈子里，对于身材匀称的崇拜几近盲目的程度——然而，我们却相对很少注意我们服务的愿望。实际上，表达服务和做贡献的愿望，是很容易让人感到天真或可笑的。事情也许如此，但从与数千人交流的经历中，我可以很清楚地看出，个人愿景包括了所有这些层面，还有更多。还有一点也很清楚，即要保持一个与主流社会不同的愿景，是需要勇气的。

为自己的愿景而坚持自己立场的勇气，正是高水平自我超越的特征。或者，用日本人对大师的说法，"当到达无间隙的境界时，一个人的愿景和行动之间，连头发丝都放不进去"。[9]

从某种意义上讲，澄清愿景是自我超越修炼中一个比较容易的方面。对许多人来说，面对现实是更艰难的挑战。

保持必要的张力

人们通常感到，谈论自己的愿景，哪怕是很清晰的愿景，也会有很大的困难。为什么呢？因为我们非常清楚地意识到，我们的愿景和现实之间存在差距。"我想自己开个公司"，但是，"我没有资金"。或者，"我想从事我真心喜欢的职业"，但"我还得挣钱糊口"。这些差距可能会使愿景看似不切实际，或者纯属想象。它们可能会令我们感到气馁，或没有希望。但是，愿景和现实之间的差距，也是一种能量的源泉。假如没有差距，就没有任何追求愿景的行动的必要。其实，这个差距正是创造性能量的源泉。我们把这个差距叫作创造性张力（creative tension）。[10]

假设在你的愿景与现实之间，有一条橡皮带。如果拉伸橡皮带，它就会产生张力，这代表了愿景与现实间的张力。张力寻求做什么呢？只能是减小或释放。要减小张力，可行的方法只有两种：让现实向愿景靠拢，或是让愿景向现实靠拢。能够实现哪种方法，取决于我们是否坚持自己的愿景。

创造性张力的原理，是自我超越的核心原理，它融合了该项修炼的所有要素。然而，人们往往容易对其产生误解，例如"张力"这个词似

愿景

现实

乎就暗含了焦虑和压力的含义。但是，创造性张力并不会带来任何特殊的感受。它是一种力量，在我们认识到愿景与现实不一致时，这种力量便会发挥作用。

然而，创造性张力往往会导致与焦虑相关的感受或情绪，例如悲伤、沮丧、绝望、担忧等。这种现象时常发生，以至人们很容易将这些情绪与创造性张力相混淆。人们会认为，创造的过程要完全处于焦虑状态。但是，创造性张力存在时产生的这种"负面"情绪，并非创造性张力本身；认识到这一点是至关重要的。上述这些情绪，就是我们所说的情感张力（emotional tension）。

如果我们没能分辨情感张力和创造性张力，那就相当于预先降低了自己的愿景。愿景没有实现时，如果我们感到极度沮丧，我们可能会有强烈的冲动要舒缓这种沮丧情绪。最直接的舒缓方法就是：降低愿景！"哦，高尔夫球嘛，其实打 75 杆也没那么重要，我打到 80 多就很开心了。"

或者你会说："其实我并不在乎能不能参加演出。反正我怎么样都是要当音乐老师来挣钱的，我只关注这个就足够了。"缓解情感张力的过程十分隐匿，因为它能在人们并不知觉的情况下进行。愿景是产生创造性张力的一个端点，也是我们任何时候都能完全掌控的一个端点，只要对它进行调整，情感张力总能得到舒缓的。我们厌恶的情绪消失了，因为它产生的根源，即创造性张力，被减弱了。于是，目标离现实近了一大步。从情感张力中解脱十分容易，我们做出的唯一牺牲，却正是我们真正想要的东西，即我们的愿景。

情感张力的作用机制，与第 7 章神奇科技公司中遭遇的目标侵蚀作用机制十分相似。创造性张力和情感张力的相互作用，会产生转移负担的现象，其过程类似于目标侵蚀的作用过程，可以用下图表示：

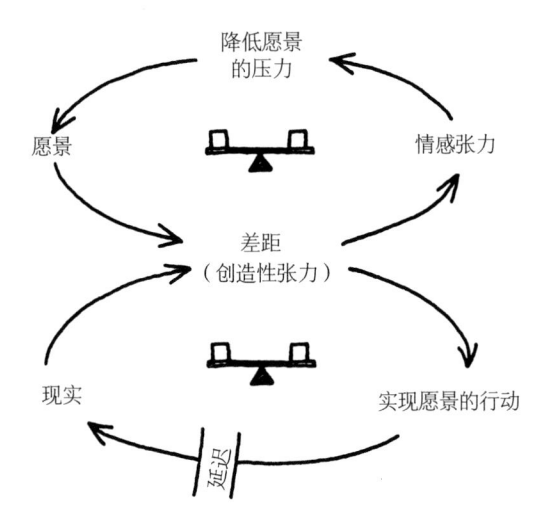

当我们的愿景与现实不一致时，它们之间的差距（创造性张力）可以用两种方法消除。图下方的负反馈过程代表"根本解决法"：努力使现实向愿景靠拢。然而，改变现状是需要时间的。这就产生了图上方的负反馈过程，它包括沮丧和情感张力，属于降低愿景、使其靠近现实的"症状缓解法"。

但是，愿景的一次性降低往往不意味着问题的终结。新的压力迟早会出现，会使现实离（新的、已经降低了的）愿景更远，于是降低愿景的压力又增加了。接着就出现了经典的"转移负担"现象。无法达成目标、产生挫败感、降低愿景、暂时减轻负担、又产生新压力、再降低愿景,这些环节构成了一个微妙的正反馈循环。结果,"负担"就越来越多地被转移到降低愿景上。

在神奇科技公司中,缓解情感张力的方式,是降低那些看似无法达到的关键的送货服务标准。标准的降低极难察觉,因为它是逐渐发生的。每一场危机,都使神奇科技的送货服务标准受到侵蚀,但相对于上一次危机过后的情况,侵蚀还仅又多了一点点。与此类似,个人目标的侵蚀也是在人们不知不觉的情况下发生的。为了能保持我们想要的各种关系,为了能保持我们想要做的工作,为了能生活在我们想要的世界中,我们一点一点地放弃了自己的梦想。

组织对情感张力的承受力不足,就会侵蚀各类目标。每个人都不愿意做坏消息的播报员。于是,最简单的方法就是假装坏消息不存在;或者还能有更好的办法,那就是降低评判标准,重新定义坏消息,使它不再那么糟糕,从而直接宣布胜利。

情感张力的作用机制,在人类活动的各个层面上都广泛存在。它是一种妥协的机制,一种带人走向平庸的机制。正如萨默塞特·毛姆(Somerset Maugham)所说:"只有平庸的人,才总是处于自己的最佳状态。"

当我们无法承受情感张力时,我们就不再坚持目标,而是放任它受到侵蚀。另一方面,当我们理解了创造性张力,并使其通过降低愿景以外的方式起作用时,愿景便成为一股活跃的推动力量。罗伯特·弗里茨(Robert Fritz)说:"愿景是什么并不重要,重要的是愿景能做什么。"真正有创新力的人,能够让理想与现实间的差距发挥作用,从而产生推动变革的能量。

以阿伦·凯(Alan Kay)为例,他是施乐帕罗奥多研究中心(PARC)的主任,这个研究中心从许多方面促成了个人电脑的诞生。事实上,凯的愿景是开发一种与众不同的机器,用他的话说,它叫作"活本"(dynabook),那是一种概念笔记本,能够与使用者进行互动。通过它，孩子们可以测试自己的理解能力，可以玩游戏，还可以将传统书本中静态呈现的内容和思路，按照自己的创意重新排布。但从某种意义上凯可以说是失败了，因为这个"活本"的愿景从未成为现实。然而，这个愿景使电脑行业发生了翻天覆地的改变。施乐帕罗奥多研究中心开发出的机器模型拥有视窗、下拉菜单、鼠标控制、图标显示（使用图像而非文字）等功能。在将近 10 年后，苹果电脑引进了这些功能，并将其商业化。

波士顿凯尔特人篮球队曾创造过 13 年中 11 次获得总冠军的非凡历史，该队当时的传奇中锋比尔·拉塞尔（Bill Russell），有自己给自己评分的习惯。每一场比赛结束之后，他都会给自己在 1 到 100 分之间评分。在他的职业生涯中，他的得分从未超过 65 分。按照现在大多数人受到的教育，如果用他们对目标的看法来评判，拉塞尔是一个悲惨的失败者。这个"可怜的人"打了超过 1 200 场球赛，却从未达到自己定下的标准！然而，正是为达到这个高标准所做出的努力，才使他成为有史以来最优秀的篮球运动员之一。[11]

愿景是什么并不重要，重要的是愿景能做什么。

把握创造性张力，能够改变人们对"失败"的看法。失败其实就是一种不足，它显示了愿景与现实之间的差距。失败是一个学习良机，它能够澄清人们对现实的不当理解，能够揭示某些策略的有效性并不如预期，还能够提升愿景的清晰度。失败，并不意味着我们毫无价值或无能为力。埃德温·兰德（Ed Land）是宝丽来公司的创始人，并在该公司担任了几十年的总裁，他还是"一分钟"照相的发明者。他的墙上有一块字框，上面写着：

> 每一个错误都是重要事件，只是你尚未将它的所有益处变为自己的优势。

把握创造性张力，能够给人们带来毅力和耐心。一次，我们的讨论班上有个日本高管,跟我说起他眼中的日本人和美国人对待时间的态度有何不同。"来日本进行商务谈判的美国商人,往往发现日本人保守慎言、百般推脱,不能马上'坐下来谈正事'。美国商人带着紧张的、精心计划的五日行程来到日本,他们希望能够立刻开始工作。但事与愿违,日本商人用茶道仪式对他们进行了礼貌的、正式的接待,却并不触及谈判的具体细节。随着时间一天天过去,日本人保持这种慢节奏不变,美国人却受不了了,如同热锅上的蚂蚁一般坐立不安。对于美国人来说,"这位日本高管指出,"时间是敌人;而对日本人来说,时间是盟友。"

我们对抗的是现实状况。如果不是因为对现状心存厌恶,我们想要创造的东西就不会对我们产生如此大的吸引力。套用这个逻辑,我们越是害怕和憎恶现状,就越有"动力"去推动变革。"情况必须要变得足够糟糕,否则人们不会有任何根本的改变。"

上述这种认识会给人带来误解,使人认为根本性的变革必须在生存威胁下,才有可能发生。有的人把这种威胁称作"火坛"(burning platform)。这种危机理论居然能广为流传。然而,这也是对问题的过度简化,十分危险。在研习营和讲演中,我常常会问一个问题:"在座的有多少人认为,组织和个人只有在危机产生的时候,才会进行根本性的改变?"每次总有75%~90%的人会举手。接着,我会请大家假想他们已经过上了自己想要的生活:他们所有的渴望都得到了满足,没有任何工作上的问题,没有任何私人的问题,也没有职业上的、人际关系上的和社区层面的问题。然后我会问:"如果你过上了一点儿问题都没有的生活,你想做的第一件事情是什么?""是变革——去创造一些新的东西。"这是绝大多数人的回答。由此可以看出,人性远比我们通常认定的要复杂。我们既害怕变革,又寻求变革。或者,如一位经验丰富的组织变革咨询师所说:"人们从来不抗拒变化,他们抗拒的是被改变。"

把握创造性张力,还能够使我们面对现实的整个立场发生根本性转变。现实不再是我们的敌人,而成为我们的朋友。对现实的准确而深刻的理解，与清晰的愿景同等重要。不幸的是，我们中的大部分人都习惯于带着成见去看待现实，并把偏见强加于自己的现实观。"我们学会了依靠观念，而不是通过观察，来理解现实，"弗里茨写道，"去假定现状与我们观念中预想的相似，比自己亲眼观察现状要来得方便。"[12] "进行自我超越修炼，首先要做的是对自己的愿景做出承诺，第二个关键就是对真相的承诺；这里面不能有半点臆造。"

对产生创造性张力来说，这两方面都同样至关重要。或者如弗里茨指出的，"真正有创造性的人深知，所有创造都是在一定的约束条件下实现的。没有约束条件就没有创造"。

"结构性冲突"：你无能为力的力量

许多人，甚至是那些很成功的人，都有与自我超越修炼相悖的深层观念，只是他们常常意识不到这一点。要理解我的意思，你不妨试一试下面的实验。大声说出下面这句话："我能够一点儿不差地根据我的愿望创造我的生活，包括所有方面——工作、家庭、人际关系、社区，以及更大的世界。"注意一下你心里对这句断言的反应，你大脑里面的"小话筒"在说，"这是在跟谁开玩笑呢？""我才不信呢。""个人和工作方面，还没问题——可'社区'和'更大的世界'，就是瞎扯。""再说了，我为什么要管'更大的世界'呢？"以上这些反应，都是深层观念的证据。

弗里茨曾帮助数万人开发创造能力。他的结论是，几乎所有人都持有一种"占主导地位的观念，即认为我们是不能实现愿望的"。这种观念是从哪里来的呢？弗里茨认为，它是成长过程中几乎不可避免的结果：

> 孩童时期我们就学习什么是我们的限制。正确地教给孩子们限制的存在，对他们的生存是必需的。但遗憾的是，这种学习常常被推而广之地一般化了。不断有人教导我们说，我们不能拥有某些东

西，或不能做某些事，所以，我们可能干脆假设我们就是缺乏实现愿望的能力。[13]

有两种相互矛盾的观念，会限制我们创造真心盼望的东西的能力，而我们大多数人，都持有这两种观念之一。比较普遍的一种，是认为自己无能为力——即缺乏创造我们真心盼望的东西的能力。另一种观念，说的是不配和不相称，即我们不配拥有我们真心盼望的。弗里茨断言，他只遇到很少几个似乎没有这两种深层观念的人。这种断定很难得到严格的证明，因为测量深层观念是件很困难的事。但是，如果我们接受这种有用的假设，它还是能说明，阻碍我们实现真心愿望的，乃是强大的系统影响力。

弗里茨用了一个比喻，来形容相互矛盾的深层观念如何在同一个系统里，阻碍我们实现我们的目标。设想在你接近你的目标时，有一条橡皮带，它象征着创造性张力，拉着你接近你所期望的方向。然后，再设想有第二条橡皮带，绑在无能为力和不配的观念上。在第一条橡皮带把你拉向你的目标时，第二条橡皮带却在把你拉回你不能（或不配）达到你的目标的深层观念。这种拉向目标的张力，和拉回到我们深藏的观念的张力之间，形成一个系统，弗里茨把它叫作"结构性冲突"（structural conflict），因为它是个相互冲突的影响力结构：相对我们的愿望目标，它在把我们拉近的同时，又在拉开。

无能为力或不配的观念　　你的现实　　你的愿景

由此，我们越是接近实现我们的愿景，第二条橡皮带就会越使劲儿地把我们从愿景那里拉回来。我们可能会耗尽我们的能量。我们可能会怀疑，我们是否真想要那个愿景。"完成任务"可能会变得越来越困难。料想不到的障碍出现在我们的道路上。可能别人会令我们失望。尽管我们并不知道那个结构性冲突系统的存在，这些依然都会发生，原因是，它来自我们在很大程度上意识不到的深层观念——实际上，我们的无意识状态反而增加了结构性冲突的影响力。

既然有这种无能为力或不配的观念，结构性冲突就意味着，无论什么时候，只要我们在追求愿景，系统的影响力就会妨碍我们取得成功。但是，有时我们还是会成功；而且，我们中有许多人其实已经很擅长确定和完成目标了，至少在某些生活领域是这样。这说明结构性冲突的影响力是可以克服的。那么，我们怎样克服它呢？

弗里茨发现，应付结构性冲突影响力的一般性策略有三种，它们各有其局限性。[14] 降低愿景是第一种对策。第二种叫"操纵冲突"（conflict manipulation），即通过制造人为的冲突，来操纵我们自己追求愿景的工作，比如，花更大的精力用于回避我们不想要的东西。不停地担心失败的人，比如一些经理人，擅长鼓动言论，他们会宣传公司目标如果不能实现将会带来多么严重的后果；又如一些靠煽动恐惧情绪来动员力量搞社会运动的人，他们都喜欢使用操纵冲突的策略。令人遗憾的是，大多数社会运动的运作，靠的是操纵冲突或"负面愿景"，注重如何摆脱我们不想要的，而不是关注如何创造我们想要的，这包括：缉毒、反核武器、反核电、反吸烟、反堕胎以及反腐败。

而很多人会问："如果能帮助我们实现目标，一点儿忧虑或担心又有什么错呢？"追求自我超越的人会回答说："你真想整天担心失败，惶惶不安地生活吗？"悲剧就是，热衷于操纵冲突的大多数人会认为，他们只有通过始终处于焦虑和恐惧之中，才能有所成就。这些人不会去避免情绪紧张，反而会去美化它。对他们来说，生活是很少有喜悦的。甚至当他们实现了目标时，他们马上就会开始担心，担心有可能得而复失。

弗里茨说的第三种对策，是意志力策略，即简单地用精神兴奋法，去摧毁一切妨碍我们实现目标的障碍。按他的说法，意志力策略背后是一个简单的假设，即通过提高意志力，我们会激发自己的斗志。意志力在非常成功的人士中间表现得十分普遍，以至很多人相信它的特征就是成功本身的特征——狂躁地执着于目标，甘愿付出代价，以及击败任何对手、突破任何障碍的能力。

意志力的问题有很多，但狭隘地关注成功结果的人恐怕很难注意到它们。意志力策略的首要问题，是方法手段缺乏经济性，用系统思考的语言，叫作没有杠杆效益。我们的确达到了目标，但代价巨大。我们可能筋疲力尽，可能会怀疑这样成功是否值得。有讽刺意味的是，执着于意志力的人，可能真会去寻找需要克服的障碍，寻找屠龙之战和需要征服的敌人——以向自己和他人展示自己的高超和神勇。第二个问题，是这种策略常常有严重的、始料不及的后果。尽管工作上很成功，意志力大师也会随之发现自己已有两次失败的婚姻，和自己的孩子关系也很差。不知为什么，在职场很管用的那种顽强的决心和目标导向，在家里并不奏效。

更糟糕的是，和所有应付性策略一样，意志力策略丝毫不会触动深层的结构性冲突的系统问题。特别是深层的无能为力的观念，并没有真正改变。许多成功人士虽然颇有成就，但他们在生活的某些领域，有种难以启齿的深层无能为力感，比如个人和家庭关系，比如进入宁静安详和精神满足境界的能力方面。

在某种程度上，这些应付性策略是不可避免的。它们是深层的、习惯性的东西，不可能一夜之间就得以改变。我们都会有自己喜欢的策略——比如我一直使用意志力策略，这一点我周围的人可以证明。

那么，应对结构性冲突的杠杆作用点，究竟在哪里呢？如果说，结构性冲突来自深层的观念，那么，改变它就只能通过改变那些观念。但是，心理学家们几乎一致认为，像无能为力感、不配感这样的根本观念，是不易改变的。这些观念在我们的成长之初就已经形成。（还记得两岁时就开始听到的那些"不能"和"不许"吗?)对于我们大多数人来说,观念只有通过新经验,即我们进行自我超越修炼的积累过程,才能逐步改变。但是,如果我们因为无能为力的观念而不能完成自我超越修炼,而这些观念又只能在自我超越修炼经验中才能改变,那我们该从何入手,去改变我们生活的深层结构模式呢?

对真相的承诺

我们可以从一个异常简单而又深刻的策略,开始应对结构性冲突——说出真相。

人们常常会觉得,"对真相的承诺"(commitment to the truth)的策略似乎没什么大用处。"我得做什么才能改善我的行为表现呢?""我怎样才能改变我深层的观念呢?"人们经常要求得到某个处方、某种技巧,或某种摸得着的东西,用来解决结构性冲突的问题。但是,对真相的承诺,实际上远比任何技巧都更有效力。

对真相的承诺不是指追求铭刻于世的真理,即那种绝对的最终判决或终极原因。相反,它指的是,心甘情愿地根除那些令我们限制和欺骗自己、不让自己看到真实情况的习惯。它指的是,不断质疑我们对真实情况为什么会如此的理解。它指的是,不断扩大我们的意识范围,就好像优秀运动员在赛场上,用超常的视野把握全场更大的范围。它还指不断加深我们对眼下各种事件背后的结构模式的理解。特别是对自我超越修炼水平高的人来说,他们要更多地觉察到自己行为背后的结构性冲突。

因此,应对结构性冲突的首要任务是识别它们,包括其运作产生影响时所引起的行为表现。当我们的那些应付性策略正在发生作用时,我们极难识别它们,因为伴随它们而来的常常是紧张和压力。建立内部预警信号会有所帮助。比如,我们发现我们在为自己的问题而责怪某人或某件事:"我之所以放弃是由于没人理解我";或者,"我这么担心的原因是,我如果完不成任务,就会被解雇"。

比如，在我的个人经历中，在很多年里，大项目一进行到关键时刻，就会有人很让我失望。这样的事情发生时，我仍会闷着头努力推进，努力克服由于别人的失信或无能所带来的困难和障碍。过了很多年我才看到，这是个反复发生的情况，是我自己的意志力策略的特定模式，它的根源在于，我对改变别人总让我失望的情况深感无能为力。没有例外，最后结果是，我感到"我必须一个人都干了"。

看清这个模式以后，我就开始在它再次出现时改变行动方法。我不再像以前那样经常发火了。相反，我在发现它时，会有一种愧疚感——"哦，我的模式又来了。"我更深入地检查了我自己的行动，看到它如何成为这种结果的一部分：不是因为设立无法完成的任务指标，就是因为损害或不支持别的伙伴。进而，我开始努力学习交流技巧，即如何与当事人讨论这些情况，而又不造成防卫反应。第9章"心智模式"，会阐释这些技巧。

没有心灵的转变，我就永远不可能学会这些技巧，也不可能把它们应用到实践中去。只要我还把问题看成孤立的事件，我就会认定它们是外部造成的——"他们让我失望了。"一旦我看到，问题是由结构性原因产生的，我便会开始考虑自己能够做什么，而不是"他们都干了什么"。

我们意识不到的结构模式让我们成了囚徒。一旦我们意识到并辨认出它们，它们就不再有那么大的禁锢力了。这对组织和个人都是这样。实际上，现在有了一个全新的领域，叫作结构性家庭疗法。它基于这样的假设，即个人的心理难题，只能通过理解家庭和亲密关系的相互依赖性的结构，才能理清和改善。用戴维·坎特（David Kantor）的话说，一旦意识到这些结构，"就可能开始改变结构，从而把人们从以往操控他们行为的神秘力量中解放出来"。[15]

发现运作中的结构模式，是自我超越水平高的人的惯用手段。有时，这些结构模式可能很容易改变；而有时，它们却会像结构性冲突那样，只能逐步改变。因而需要我们创造性地从内部着手处理这些结构，要承认它们的起因，而不要和它们进行对抗。不管怎样，一旦运作中的结构模式被发现，它就成了"现实"的一部分。对真相的承诺力度越大，创造性张力就越大，因为我们对现实有了更真实的观察。在创造性张力的环境下，对真相的承诺，就像愿景一样，变成了创造性和生成性的力量。

这个过程的一个经典案例，出现在狄更斯（Dickens）的《圣诞颂歌》（*A Christmas Carol*）中。一个圣诞夜里，吝啬财主斯克鲁奇通过对三个鬼魂的访问，看到了越来越多他以前拒绝面对的现实。他看到了过去的现实，即他以前的决定如何持续地泯灭了他的同情心，加重了他以自我为中心的心态。他看到了现在的现实，特别是他一直回避的那些，比如小蒂姆的病情。进而，他还看到了他未来可能的现实，即假如他继续他当前的样子，未来将会发生的情况。但他马上惊醒了。他意识到，他并不是这些现实的奴隶。他意识到，他可以选择。他选择了改变。

重要的是，吝啬财主在更清晰地意识到他的现实之前，没有办法选择改变。狄更斯实际上在告诉我们，生活总是给我们看清现实的机会和选择，不管我们可能如何愚昧、如何抱有偏见。而且，如果我们有勇气抓住这种选择的机会，我们就有能力实现自身的根本改变。或者，用经典宗教术语说，我们只有通过修真（truth），才能得至上善（grace）。[①]

真相的力量，越来越接近现实的观察，把感知与观察的镜片擦干净，让人从自我扭曲的现实观中清醒过来——这些，是几乎所有伟大的世界宗教和哲学体系中，一个共同原则的不同表达。佛教徒精进修得"清净观"（pure observation）的境界，以直观实相。印度教徒讲"亲见"

[①] "修真"，"truth"，有"事实"和"真理"的意思；"上善"，这里的"grace"，通常意为"善意、恩泽、优美、魅力"等，也隐含了"慈爱"和"安详"的意思。故用佛教术语或可译为："只有通过实相，才能得到慈悲与安详"；抑或用儒家术语，则可译为："只有通过信义，才能达到仁德"；在耶稣的《新约》传统的译法会是："只有通过真理，才能得到恩典"。——译者注

(witnessing),即以精神无染着的心态,来观察自己和他人的生命。真相的力量在早期基督教思想里,也同样是核心,然而在过去两千年基督教的实践中,却逐渐失去了其核心地位。实际上,耶稣一词在希伯来语中,即 Yeheshua(耶稣),包括 Jehovah(耶和华)一词的字母,又在中间加入了 shin 一词中的字母。Jehovah 的字母,意思是"那个过去、现在和将来都存在的,如如不动者"。中间加入了 shin 一词,把意思变成了"那个过去、现在和将来都存在的解救(delivers)"。也许这就是"真相将使你解脱"这句话的起源。①

运用潜意识,就是说你真不必都想明白

自我超越水平高的人有一个很迷人的特点:他们能够以举重若轻和优美安详的风格,完成非常复杂的任务。我们都对花样滑冰冠军或首席芭蕾舞女演员精彩优美的技艺感到惊奇。我们知道,他们都经历了多年勤奋的训练,才掌握了那种技能。但当他们展示自己的技能时竟看似如此轻松和自在,还是让我们不禁要惊叹。

自我超越修炼所隐含的,是另一个维度的心灵活动,即潜意识(subconsciousness)。我们所有人在面对复杂的问题时,都会运用潜意识。自我超越水平高的人有个特点,就是他们在常态意识(normal awareness)和我们所谓的另一个维度的潜意识之间,发展出一种高度的和谐。[16]对于我们大多数人想当然地偶尔尝试开发的潜意识,他们则是把它当成一种训练,经常在做。

那么,潜意识与组织和管理相关吗?

京都陶瓷的稻盛和夫说:

> 我在集中注意力时……就进入潜意识状态。据说人类都有两

---

② 引自《圣经》,原文为:"The truth shall set you free."《新约》传统常译为:"真理必定让你自由。"而在此亦可译作:"真乃自在。"——译者注

种状态，即常态意识和潜意识状态，而且当我们处在潜意识状态下时，能力要大 10 倍……

我讨论意识状态时，有人可能会说我发疯了。尽管如此，我还是认为，那里可能有对我们的启示，它可能会揭示决定我们未来的秘密玄机。

汉诺瓦公司的奥布赖恩则认为，建设新型组织的一项核心任务，就是开发从前被人忽视的心灵能力：

世界上最大的未开发处女地，就在我们的两个耳朵之间。我坚信，学习型组织将要开发一系列方法，以专注和培育我们本来就有的、今天却称之为"特异能力"的各种能力。

而所谓的特异能力，实际是如此紧密地与我们的日常生活相联系，以至我们几乎没注意到它们。日常生活中充满着各种复杂的任务，我们都非常有效地处理了，而几乎不用有意识的思想参与。我们来做个实验：请你摸一摸头顶。好，你是怎样做到的？我们大多数人的回答会是："嗯，我就是想了一下手和头——或者，想象我的手摸着头顶，就这样啊。"但是，从神经生理学的角度看，把手举到头顶是一个非常复杂的任务，它涉及在大脑和手臂之间，来回几十万次的神经信号放电。而这个活动过程的协调，是没有我们的常态意识参与的。类似的，如果你必须要针对走路过程的每个细节进行思考，那你的麻烦就大了。走路、说话、吃饭、穿鞋和骑自行车，都几乎不用意识状态下的注意力参与就完成了——然而，所有这些，实际上都是非常复杂的任务。

我们之所以能够可靠地完成这些任务，就是因为我们的心灵有一种非常出色的处理复杂事物的能力。从某种意义上讲，不管我们把这种能力叫作什么，都没有关系。"潜意识"一词有提示意义，因为它隐含了在我们常态意识之下或之后的功能。也有人把它叫作"无意识"或"自动意识"。不管叫什么，如果没有这个层面的意识活动，就很难解释人类完成任何复杂任务的技能。至少有一点我们有信心肯定，那就是，这些复杂的任务，不是仅靠我们的常态意识和思考方法完成的。

同样重要的一点是，潜意识是我们如何学习的关键。在你生命里的某个阶段，你曾经不能完成诸如走路、说话和吃饭这类"世俗的"任务。而这些任务你每一项都必须学会。婴幼儿第一次用勺子时还找不到嘴——勺子被送到了左肩膀头，然后又到右肩膀头，然后才到腮帮子。只有通过学习，婴幼儿才能逐渐掌握把勺子正确地送到嘴里这项技能。开始时，任何新任务都要求很多有意识的注意力和努力。随着我们"学会了"完成任务的技能，整个活动就从有意识的注意，转到潜意识的控制。

另外一个例子：你在开始学开车时，需要很多有意识的注意力，特别是如果你学开的是手动挡的车。那时，你实际上觉得很难和坐在旁边的人说话。假如旁边的人让你"减速、换低挡、下一个路口右转弯"，你可能当时就放弃了。然而，几个月以后，你不需要，或很少用有意识的注意力，就能完成这些任务，它们都成了可以被"自动"完成的任务。令人惊异的是，你很快就能在交通繁忙的路上，边开车边跟旁边的人说话，而几乎不需要有意识地注意那些需要留心应对的变量，哪怕它们实际上多达数百个。

一开始学钢琴或其他乐器时，我们要从练习音阶起步。然后我们逐步从演奏简单的曲子到演奏复杂的曲子，而对音阶给予的有意识的注意就越来越少了。即使是音乐会上的演奏家，开始演奏不熟悉的曲子时，也要把速度放慢一倍，以便注意到手和脚的位置，注意到韵律和节拍。而当音乐会开始时，演奏家完全不会有意识地关注演奏曲子的过程方法，他的有意识的注意力，都只集中在演奏的审美效果上。

我们大家都通过有意识的训练，获得了大量的技能。一旦学会了，对这些技能的运用就是理所当然的了，或者说是潜意识层面的了。于是，在应用这些技能时，我们甚至根本注意不到。但是，对我们中间的大多数人来说，我们从未认真思考过我们究竟是如何掌握这些技能的，以及我们如何才能不断开发常态意识和潜意识之间的更深层次的协调。而这些对于自我超越的修炼，却是最为重要的。[17]

比如，这就是为什么许多不断进行自我超越修炼的人，会从事某种形式的入静冥想练习（meditation）。无论是沉思祷告（contemplative prayer），还是其他简单的静心方法，只要是经常地入静作冥想练习，就会非常有助于我们更有效地接触潜意识层面。潜意识似乎没有特定的意志。它既不制定自己的目标，也不决定自己的聚焦点。但它特别依赖于方向指导和条件环境——而我们的注意力在哪里，对潜意识却并没有特别的意义。在我们高度紧张活动的常态意识里，潜意识被相互矛盾的思想和情感所淹没。而在相对安静的意识状态下，当我们把意识集中在某个特别重要的事情，或是我们愿景的某个特别的方面时，潜意识就会从分散混乱中解脱出来。

进而，自我超越水平高的人，还用一些特别的方法来集中注意力。如前所述，他们会把注意力集中在自己渴望的成就本身，而不是自己假设的、实现这个成果所需要的"过程"或方法。

把注意力集中在自己渴望的内在成果上，就是一种技能。对我们大多数人来说，这在开始时并不容易，而是需要时间和耐心去开发的。我们大多数人一想到某种重要的个人目标，就几乎马上想到所有使之难以实现的理由——我们要面对的各种挑战，以及我们要克服的各种障碍。想到这些，当然有助于思考实现目标的替代策略和方法，但想到这些同时也是我们缺乏定力和修炼的表现，因为我们对所渴求的成果的注意力，不断被对愿景实现过程的思虑所排挤。我们必须用心学习如何把我们认为实现目标需要做的事，与我们真正想要实现的目标本身区分开来。

有一项很有用的入门练习，可以帮我们学习如何把注意力更准确地集中在渴望获得的成果上。这就是把某个特定的目标或愿景的某个方面单独拿出来。首先，想象这个目标已经完全实现了。然后问自己一个问题："假如我实现了这个目标，它会给我什么？"人们经常会发现，这个问题的答案会揭示出目标背后的更深层的渴望。比如，某人的目标是，在组织等级体系中升迁到某个职位级别。当她问自己："升为高级副总裁会带给我什么？"她发现答案是，"同事的尊敬"或者"参与到最富有刺激性的活动中"。尽管她可能还会追求那个职位目标，但她现在又看到了她所渴望的更深层的成果——她开始把这个成果融入自己的愿景，而不管她处在组织等级中的什么位置。（再说，假如她不澄清她真正渴望的"成果"，那么，即使她实现了目标，可能还会发现高管职位仍然令人失望。）

以上技能为什么如此重要呢？原因在于潜意识对于清晰而集中的注意力有敏锐反应。我们在阶段性目标和更本质的内在目标间迷惑不清的时候，潜意识就无法进行优先排序和集中注意力。

做出清晰的选择也是很重要的。只有当选择完成之后，潜意识的能力才能得到充分的发挥。实际上，做出明确选择和把注意力集中在对我们最重要的成果上，可能是我们常态意识最能发挥作用的地方，即最高杠杆效益作用点。

为了开发潜意识协调力（subconscious rapport），对真相的承诺也非常重要，这和测谎仪的基本原理一样。测谎仪的工作原理是，大多数人在说谎时都会产生某种程度的内部压力，进而出现一些可测量的生理反应，如血压、心率和呼吸率变化。所以，对现实的欺骗，不仅会妨碍潜意识了解我们相对于愿景的处境，还会给潜意识输入混乱干扰信息，就好比我们对愿景如何难以实现的"喋喋不休"，会成为对我们的干扰一样。创造性张力的原则认为，潜意识在清晰而集中地聚焦在我们的愿景和现实的时候，才能发挥最大效力。

有效运用潜意识的艺术，包括许多技巧。聚焦潜意识的一个有效方法，是通过观想和想象。比如，世界级游泳运动员发现，通过想象自己的手增大两倍，并且脚上长有蹼，他们就能游得更快。复杂技艺表演的"心中彩排"（mental rehearsal），已经成为许多领域的专业表演者的常规心理训练。

但是，所有这些方法的真正效果，还是取决于你对"什么最重要"这个问题的理解。没有对这个问题的理解，潜意识的具体练习方法，就很可能成为机械的技巧，即仅仅是一个新的操控方法，能提高你的效率而已。这并不是一个无聊的担忧。几乎所有精神传统都告诫我们，如果没有不断提升自己的真正志向的精进修为，就不能学练增长心灵功能的技巧。

大师们都有潜意识协调力。而开发这种协调力最重要的环节，是一种对我们渴望的成果的真正关怀，也就是一种对值得追求的"正确"目标的深层感受。潜意识似乎尤其能接受符合我们深层志愿和价值的目标。一些精神传统认为，这是由于深层志愿可以直接接触潜意识，或者成为其组成部分。

吉尔伯特·卡普兰（Gilbert Kaplan）在一家一流投资杂志任出版人兼编辑，非常成功，他的故事是一个绝好的例子，说明了真正重要的追求会给一个人带来什么样的成就。1965年，卡普兰在一次彩排中第一次听到马勒的《第二交响曲》，结果他"无法入睡"。"我又回去听了正式演出，而从音乐厅出来后，我就变了一个人。那是一段漫长的恋爱经历的开始。"尽管没有受过任何正规音乐训练，他却投入了大量时间、精力和个人收入（他雇了一个交响乐团），去学习如何指挥那段交响曲。今天，他指挥的交响乐演出，得到了世界各地评论家的最高赞誉。《纽约时报》把他1988年与伦敦交响乐团合作的交响乐录音，评为当年五佳经典录音之一，而纽约马勒协会（New York Mahler Society）会长，则把它称为"杰出的演出录音"。如果仅仅依靠有意识的学习，哪怕是拥有全世界的意志力，也绝不可能达到如此高的艺术水平。它必须要依赖高水平的潜意识协调力,而卡普兰能把这种协调力全部倾注到他的新"恋爱经历"当中。

从许多方面来看,开发高水平潜意识协调力的关键,又回到个人愿景的开发和修炼上。这就是为什么在创造性艺术领域,愿景的概念一直非常重要。毕加索曾说:

> 如果能把作品的各种异化形态,而不是同一幅作品的不同绘画阶段,用照相的方式记录下来,会非常有意思。我们可能会看到意识发现它梦想的结晶过程。但是,真正重要的是要看到,尽管有表现形式的变化,作品图景基本没有变化,原始的愿景几乎保持原样不变。[18]

自我超越与第五项修炼

随着自我超越修炼的深入,我们自身内部会逐渐发生一些变化。而其中有些变化会很微妙,往往不会引起注意。系统的观点,不但有助于澄清自我超越作为一项修炼有其特定结构和组成部分(比如创造性张力、情感张力和结构性冲突),还能揭示出这项修炼有更微妙的一些方面——特别是理性与直觉的结合、不断深入地看清我们与世界的联系、慈悲心,以及对整体的承诺。

理性与直觉的融合

古代伊斯兰教苏菲派有这么一则故事。在森林里有位迷路的瞎子被绊倒了,他在地上摸来摸去,发现自己压在一个瘸子身上。于是,瞎子和瘸子交谈起来,对各自的命运表达了自怜之情。瞎子说:"我在这个林子里迷路不知道有多久了,还是找不到出去的路。"瘸子说:"我在这地上躺了不知道多久了,还是不能起来走出去。"他们坐在地上交谈着,突然间,瘸子叫起来,"有了!你把我背到肩上,我告诉你往哪里走。我们一起就能找到出路。"这个古代故事里的瞎子,原本象征着理性(rationality),而瘸子则象征着直觉(intuition)。无法学会把两者结合起来,我们就无法找到走出森林的路。

直觉被正统管理学界忽视了几十年之后,近来又得到越来越多的关注和承认。现在,有大量研究表明,经验丰富的经理人和领导者,都非常依赖直觉,而不是完全依赖理性的办法分析复杂问题。他们依靠预感,靠识别模式,并且靠直觉的类推和比较,来处理看上去毫不相关的情况。[19] 有些管理学院甚至还开设有关直觉和创造性解决问题的课程。但是,要在我们的组织和我们的社会里重新融合直觉和理性,还有很长的路要走。

自我超越水平高的人,不去刻意地融合理性和直觉。相反,他们达到的是一种自然的融合。这种融合是他们承诺一切力所能及的资源投入所带来的副产品。他们不可能在理性和直觉,或者大脑和心脏之间做选择,就像他们不能选择只用一条腿走路,或者只用一只眼观察世界一样。

双边互补(bilateralism)是高级生物进化背后的设计原则。大自然好像学会了成双成对的设计方法,它不但把重复和多余容纳在内,而且凭借这种重复,实现了其他方法不能达到的能力。两条腿对快速灵活的行动是关键;两只手臂对攀爬、抓举和操控物体是关键;两只眼对立体视觉是关键;而两只耳朵对有距离层次感的听觉是关键。那么,理性和直觉会不会也是从这一设计原则而来?是不是只要它们协调工作,就可以开发出我们的潜在智能呢?

系统思考可能是融合理性和直觉的一把钥匙。线性思考(linear thinking)只注重在时空上紧密相连的因果关系,因而很难去把握直觉。结果是,我们大多数直觉都不符合常识——也就是说,不能用线性逻辑(linear logic)语言去解释。

有经验的经理人,通常都对复杂系统有很多直觉的把握,但是又不能明确解释。直觉告诉他们,因和果并不在时空上紧密连接,一些显而易见的解决方法，实际是弊大于利，而短期应急方案，将会产生长期弊端和问题。但是，他们无法用简单的线性因果语言来解释这些概念。最后，他们只能说："就照这个法子做，肯定管用。"

例如，在目标或标准受到侵蚀时，许多经理人会感到危险正在降临。但是，他们不能充分说明，为什么这种侵蚀会引发过低投入的倾向，而过低投入反过来又加强了这种侵蚀。这还成就了一个自证预言，即市场增长的潜力是无法实现的。再如，经理人可能感到，他们注重看得见摸得着的、很容易测量的绩效指标，却掩盖了深层问题，甚至还可能在加剧这些问题。但是，对于那些绩效指标为什么不合适，他们却没有给出有说服力的解释；他们也不能说明其他替代指标如何就能改进现状。如果能够了解背后的系统结构，那么，这两种直觉把握就都可以解释清楚。

直觉和线性的非系统思考之间的冲突，已经造成一种成见，即理性本身就是和直觉对立的。这种成见明显有误，因为几乎所有伟大的思想家都有一个共同特点，就是理性和直觉的协同。爱因斯坦曾说："我没有用理性思考完成任何发现。"他还曾经描述自己是如何发现相对论原理的：他想象自己乘一束光线在空中疾行。然而，他还能够将自己杰出的直觉把握，转变为简洁的命题，以便用理性来加以验证。

把系统思考作为一种替代语言来掌握，经过一段熟悉和运用之后，经理人就会发现，他们的许多直觉现在可以得到解释了。我们可能逐渐发现，系统思考的主要贡献之一，就是重新融合理性和直觉。

看清我们与世界的联系

我的儿子伊恩六个星期大的时候，似乎还不知道他的手和脚。我猜想，他虽已经意识到了手和脚的存在，但并不能清楚地理解那是他的手脚，也不知道他能够控制其运动。有一天，他被困在一个很糟糕的正反馈环路里。他的左手抓住了自己的耳朵,看上去表情痛苦,右手捶打越来越使劲儿,很是躁动不安。但他越是躁动,就越使劲儿揪耳朵;越是揪耳朵,就越是躁动不安。如果不是我把他的手从耳朵上拿开,哄他安静下来,这个可怜的小家伙就会这样折磨自己好一阵子。

由于不知道他其实可以自己控制自己的手,于是他把他的疼痛不适看作是外力所致。听上去很耳熟吧?伊恩的处境,其实与第3章啤酒游戏中的角色没什么两样。啤酒游戏的角色对供货不及时的反应,就是把它当成外力所致。再有,第5章里,军备竞赛的参与方对对方增加军备的反应,也是把它看成是由自己无力改变的外力所致。

伊恩的故事让我开始思考个人成长中一个被忽视的方面,即"闭合回路"(closing the loops):学会不断辨别出,看似外在的作用力其实是与我们自己的行为相联系的。伊恩很快就学会了辨认自己的手和脚,并控制其运动。后来他还学会了如何控制自己的身体姿势——如果躺累了,他就会翻过身来,让背部得到休息。再后来,他还学会辨别体内状态,比如体温;并且意识到,通过调整和热源的距离,比如离妈妈或爸爸的身体远近,可以影响体温。逐渐地,他还意识到,他可以影响妈妈和爸爸的行为和情绪。这个过程的每一个阶段,他都会相应地调整自己的内心对现实图景的理解。随着他更多地把自己的反馈行为也理解为生活条件状况的一部分,这种现实的图景也会不断改变。

然而,对我们大多数人来说,这个闭合回路的过程,在早年某个时候就被中断了。随着我们长大,我们发现的速度降低了,我们越来越少地看到自己的行为和外力之间的联系。我们把自己锁在一种看待世界的方法之中,与小伊恩没什么区别。

幼儿的学习过程,为我们所面对的学习挑战提供了很好的比喻:要不断放开和拓展我们的意识,提高我们的理解力;要越来越多地看到,我们的行为和我们的现实之间的相互依赖关系;要越来越多地看到,我们和周围世界的联系。也许,我们永远不能完全了解我们影响自己现实的各种方式，但是，只要对这种可能性保持开放的心态，就足以帮助我们解放思想。

爱因斯坦曾这样解释学习的挑战：

> （人类）对自己、对自己的思想和感觉的体验，好像是与其余的世界相分离的——这其实是我们意识中的一种光学幻象。这种幻象错觉对我们来说就是一种囚禁，它把我们局限在个人的欲望里，并把我们的感情局限在最近的几个人身上。我们的任务就是把自己从这个囚禁中解放出来，而方法就是通过扩展我们的慈悲心的范围，使之包容所有的生命，包容整个大自然，及其内在之美。

爱因斯坦所描述的，增长与他人连通的体验，是自我超越修炼中一个最为微妙的方面，也是最直接地源于系统观点的一个方面。他的"扩展……慈悲心的范围"则是另一个方面。

慈悲心

观察相互关联的修炼，会逐步改变责怪和内疚的旧心态。从这里开始，我们认识到大家都陷入了结构性的局限：这些结构来自我们的思考方法，也来自我们生活中的社会环境和人际关系。这样的认识，会逐步纠正我们下意识地相互指责的倾向，进而使我们更加深入地领悟和理解我们身处其中的各种影响力。

这不是说，我们大家只是系统的受害者，而系统就是支使我们行为的元凶。相反，系统结构常常来源于我们自身的创造。但是，只有看清那些结构，我们才能很好地了解这里面的含义。对我们大多数人来说，我们身处其中的系统结构是不可见的。我们不是受害者，也不是罪犯，我们是受各种影响力左右的人类，只是还没学会如何理解这些影响力。

我们通常把慈悲心（compassion）看成是一种人们之间关怀的情感状态。然而，慈悲心还需要一定的认识水平做基础。从我个人的经历来看，当人们更多地看到身处其中的系统时，当他们更清晰地了解各种相互影响的压力作用时，就会自然产生更大的慈悲心、同情心和恻隐之情（empathy）。

对整体的承诺

奥布赖恩认为："真正的承诺和行愿，总是针对比我们自己更大的东西。"稻盛和夫讲到，当我们被"服务世界的真诚愿望"所引导时，就会有"我们心的行动"。这种行动"有很大的力量，因而是件非常重要的事"。

自我超越水平高的人都有一个特点，即具备慈悲心和连通感（connectedness），这自然地给他们带来宏大的愿景。而倘若没有这样的愿景，一切潜意识的观想即使涵盖世界，也是深度自私的——它只是一个手段，用来获取我们想要的东西。

当愿景超越私利时，其行愿承诺就会使人具备一种能量，它不是追求狭隘目标时所能得到的。组织机构若能激发这种行愿承诺，也一样会具备这种能量。稻盛和夫说："如果有人做出有价值的发现或发明，而他却说没有感受到精神的力量，我是绝不相信的。"对于承诺追求更大志向目标的人，他这样描绘其心愿："一个被震撼和唤醒的灵魂所发出的呼唤。"

在组织中培养自我超越

我们必须记住，进行任何个人成长的修炼都应该是自愿的选择。不能强迫任何人进行自我超越的修炼，强制手段一定会产生事与愿违的后果。组织机构如果过于咄咄逼人，强行推动大家进行自我超越的修炼，就会遇到很大麻烦。

然而，许多组织却试图这样做，他们开设了个人成长培训的必修课程。不管他们的初衷有多么美好，这类课程十有八九会妨害组织中真正的自我超越行愿的传播。所谓的"必修培训课程"，或者那些让人觉得要想得到升迁就不得不上的"选修"课程，直接违反了自由选择的原则。

有无数这样的案例：过分热心的经理人要求雇员参加个人发展培训，但雇员却认为这与他们的宗教信仰相冲突。有好多次，这种状况最终使组织遭到起诉。[20]

那么，想提倡自我超越修炼的领导者能做什么呢？

他们可以义无反顾、孜孜不倦地创造一种氛围，使自我超越修炼的原则能在日常生活中得到实践。这就意味着，建设一种组织氛围，让大家既能创造愿景又感到安全，让大家把对真相的承诺和探寻逐渐当成规范，让大家期待挑战现状——尤其是挑战现状中人们想回避的、模糊不清的那些方面。

这种组织氛围可以在两个方面加强自我超越的修炼。首先，它会不断强化一种观念，即组织真正重视个人成长。其次，它会提供一种"在岗培训"，并成为自我超越修炼的重要生机和源泉，各人根据自己能力的不同，都能有所收获。和其他任何修炼一样，自我超越的修炼也必须是个持续的过程。而对于投身自我成长修炼的人来说，鼓励和支持的氛围比什么都重要。所以，要承诺进行自我超越修炼的组织，就可以提供这样的氛围，不断鼓励个人愿景，提倡对真相的承诺，并真诚面对这两者之间的差距。

有利于自我超越修炼的许多实践方法，如建立更系统的世界观，学习如何反思"隐性的假设"（tacit assumptions），表达自己的个人愿景并聆听别人的愿景，共同探寻不同人对现实的看法等等，都已嵌入学习型组织建设的各项修炼之中。所以，从很多方面看，组织想推进自我超越修炼，最有利的行动就是协同推进开发全部五项修炼。

领导的核心策略很简单：成为榜样，就是自己承诺并实践自我超越修炼。对自我超越修炼的谈论，可以在一定程度上开启人们的心门，但行动总比语言更有力。为了鼓励别人进行自我超越修炼，你本人的认真实践，比任何其他方法都更有力量。正如麻省理工学院斯隆管理学院的埃德加·沙因（Edgard Schein）教授所说，组织本身就是"强制性系统"（coercive systems）。这一点你要不断提醒自己注意。

| 第 9 章 |

心智模式

最好的想法为什么会失败？

经理人都知道一件事：许多想法虽然很好，却从未能付诸实践。杰出的战略和策略从未能变为行动，对系统的洞悉从未能变为运营政策。先导实验（pilot experiment）证明了新方法确实能改进成绩，也得到了大家的认可和满意，但方法的推广却从未发生。

我们越来越觉得，这类功亏一篑，"眼看到手的东西又没了"，既不是出于意愿不强，也不是由于意志不坚，甚至也与非系统性的理解无关，它来源于心智模式。更确切地说，新观点和知识未能得以实践的原因是，它们与人们内心深处有关世界运行模式的图像发生了冲突，而这些图像则把人们局限在自己习以为常的思考方法和行为方式之中。这就是为什么对不同的心智模式的管理和修炼，包括浮现、观察、测试和改善有关世界运行模式的内心图景，有希望成为学习型组织建设的一项重大突破。

没有人头脑里能装得下一个组织、一个家庭或一个社区，我们头脑里装的是图像、假设和故事。哲学家们讨论心智模式已经有许多个世纪了，至少可以追溯到柏拉图的洞穴寓言。《皇帝的新衣》是个经典故事，但不是关于愚笨之人的，它讲的是被心智模式禁锢的人。那些人心里装着皇帝尊严的图像，因而无法看到一丝不挂的皇帝的真实躯体。

霍华德·加德纳（Howard Gardner）在其著作《心灵的新科学》(*The Mind's New Science*)里，对认知科学的成果做了调查综述。他写道，"对我来说，认知科学的主要成果就是清楚地展示了……心理表征（mental representation）的活跃程度"，心理表征在人类行为的诸多方面都有频繁活动。[1] 我们的"心智模式"不仅决定我们如何理解世界，而且决定我们如何采取行动。哈佛大学的阿吉里斯40多年来一直在研究心智模式和组织学习，他认为："尽管人们不（总是）完全遵照自己口头'声称的理论'（他们所说的）去行事，但是他们一定会完全遵照自己实际'实行的理论'（他们的心智模式）去做。"[2]

心智模式可以是简单的一般化概括，比如"人是不值得信赖的"；也可以是复杂的理论，比如我会假设，究竟是什么使我的家庭成员之间有如此这般的关系。但是，要把握心智模式，最重要的是理解其作用的活跃性，即它能决定我们的行动。假如我们认为人是不值得信赖的，我们的行动就会与持相反观点的人大不一样。假如我认为儿子缺乏自信，而女儿又爱挑衅，我就会不断地干预他们之间的交往，总想防止女儿去挫伤儿子的自尊心。

心智模式为什么对我们的行为有如此巨大的影响力呢？部分原因在于它会影响我们的观察。有不同心智模式的两个人去观察同一件事，会给出不同的描述，因为他们看见了不同的细节，并且做了不同的解释。我和你同时走进一个人群拥挤的晚会，我们都得到同样的基本场景感官信息，但是我们会看到不同的面孔。正如心理学家所说，人们的观察是有选择的。一般人是这样，而想象中的"客观的"观察者，比如科学家，其实也没有什么不同。爱因斯坦说过："我们的理论决定我们去测量什么。"物理学家们曾经做过多年实验，结果与经典物理学相矛盾。

然而，没有人"看见"这些实验的结果。而正是这些结果后来逐渐导致了20世纪物理学的革命——量子力学和相对论的诞生。[3]

心智模式塑造我们的感知方法，这一事实对管理学来说也同样重要。有件事我永远不会忘记，那是二十多年前，底特律某汽车企业高管团队第一次访问日本回来后发生的。那时，美国汽车业终于清醒过来，开始认识到日本正在稳步占领这个产业的市场和利润空间——而且并不仅仅由于日本拥有"廉价"劳动力，或者有国内市场的保护，而很有可能是由于日本有独特的管理方法。大家谈话开始不久，底特律的高管们就明显流露出，他们对日本没什么深刻印象。我问他们为什么，其中一位高管说："他们没给我们看真正的工厂。"我又问他是什么意思，他回答说："那些厂里都没有库存。我在工厂工作快三十年了，我可以告诉你，那不是真工厂。很明显，那是他们为了接待我们而导演出来的假工厂。"我们今天都知道，那的确是真工厂，是"准时化"生产方式零库存系统的例子。日本经过许多年的努力，在其整个制造业系统中大幅降低了生产过程的配件库存需求。几年后，还是那些美国公司，又开始拼命追赶日本制造业的创新……但是，先前那次访问中，底特律的高管们就是没有看到任何值得他们警觉的迹象。

我们还可以看看底特律三大汽车巨头曾经信奉几十年（许多人认为他们现在仍然信奉）的顾客信条：美国顾客主要关心汽车的款式风格。管理咨询师伊恩·米特罗夫（Ian Mitroff）认为，关于款式风格的这些信条，来自通用汽车公司有关成功是什么的假设，而这些假设曾长期普遍地流行，并且从未被质疑过：[4]

> 通用汽车公司的工作是为了赢利，而不是为了汽车；
> 轿车主要是社会地位的标志，因此，款式风格比质量更重要；
> 美国的汽车市场与世界其他地方没有联系；
> 工人对生产率或产品质量不能产生重大影响；

系统中的个人对产业所需要的理解不过就是各自独立的狭隘知识。

说这些假设的意思并不是要判定通用汽车，或者整个底特律产业界都是错误的。正如米特罗夫所指出的，底特律的汽车产业曾在很多年间得益于这些信条原则。然而，这个产业把那些信条看成"永恒的成功万灵丹，但其实它只在一系列特定的环境条件下……并在一个有限的时间范围内才起作用"。

心智模式的问题不在于其正确或错误——由其定义可知，一切模式都是简化。问题的出现是在心智模式变为隐性的时候，即当它们存在于我们的意识水平之下的时候。底特律的汽车制造商没有说"我们有一个心智模式，即'人们就关心款式'"，他们只说"人们就关心款式"。由于没有意识到我们的心智模式，所以我们就无法检查它；由于得不到检查，所以这些模式也就无法改变。随着世界的变化，我们的心智模式和现实之间的差距就会逐渐加大，从而导致我们的行动越来越达不到预期的效果。[5]

底特律汽车公司的故事说明，心智模式和现实之间的差距可能成为整个产业的长期问题。从某些方面看，产业链条紧密可能特别容易造成这个问题，因为各个企业都在产业链内部之间相互寻找最佳实践标准。

许多推动系统思考的努力，都因为不能了解心智模式的作用而失败。许多年前，有一个经典的案例研究。美国一家生产工业产品的领先企业（该产业中最大的企业），发现自己的市场份额一直在下降。为了分析这个情况，企业高管找到了麻省理工学院系统动力学专家团队。基于计算机模型分析，专家团队得出了结论：这个企业的问题出自对库存和生产的管理方法。由于产品体积大、价格昂贵、库存费用高，生产部门的经理就尽量压低库存量，而且一旦订单减少，就立即大量减产。结果是尽管他们有充足的生产能力，但交货时间却缓慢又不可靠。实际上，专家团队的模拟计算结果显示，市场业务量下降时的交货速度会比业务量上升时更慢。这个预测与常识相反，但实际情况恰恰就是这样。

那家企业的高层被研究结果折服了，于是他们根据专家团队的建议实行了新的政策。从那天开始，订单下降时他们也保持生产速度，并且努力改进交货工作。在第二年的小规模市场业务下滑期间，由于及时交货，满意的客户又再次购买产品，结果在市场业务量下滑期间，该公司的市场份额反而提高了。这个实验成功了，大家都喜出望外。经理们非常满意，还建立了内部系统研究小组。然而，新政策并没有变成大家的贴心事，也从未能深入人心，公司业绩的改进仅仅成了暂时的现象。在下一个业务量上升期，经理们就不再操心交货服务质量了。四年以后，更严重的经济衰退期来了，这家公司又回到原来的政策上，进行了大幅度减产。

为什么如此成功的实验被中断了？问题出在该公司管理传统中根深蒂固的心智模式。每个生产部门经理都知道，产品如果堆在库房卖不出去，他会被追究责任，那一定会毁掉自己的前程。几代高管都曾宣讲过控制库存的必要性，因而，尽管有那次新实验，老的心智模式仍旧毫发无损。

心智模式根深蒂固的惯性力量，会把最杰出的系统思考智慧淹没。不仅仅是系统思考的提倡者，其他许多提供新管理工具的人也都吃过这类苦头。

但是，如果心智模式会阻碍学习，能够把整个公司乃至整个产业禁锢在过时的习惯做法上，那它为什么不能帮我们加速学习呢？这个简单的问题，逐步推动了心智模式的修炼实践，让心智模式浮出水面，并对它进行检查和挑战，进而改善它。

孵化新的商业世界观

荷兰皇家壳牌公司也许是最先发现心智模式影响力的大公司。尽管这个故事发生在几十年前，在今天却仍然具有指导意义。壳牌公司是一家全球范围内的多元文化企业，它经历了一个渐进的过程来建立内部共识。故事的开始是在石油输出国组织欧佩克成立之初，刚好在世界石油产业开始经历历史性动荡之前。

壳牌从成立伊始就是多元文化组织：1907年，基于荷兰皇家石油公司和伦敦的壳牌运输与贸易公司之间的"君子协议"，壳牌公司成立了。后来，壳牌的经理人发展出一种他们自己称为"建立共识风格"的管理，尊重不同的文化背景、看法和观点。当公司发展到有100多个在世界各地运营的子公司时，子公司的经理人几乎来自100多种不同的文化。于是大家发现，要建立共识就得在理解力和行事风格等方面下功夫，以跨越巨大的鸿沟。

1972年，欧佩克成立前一年，壳牌的情景规划组已经得出结论：壳牌经理们所熟悉的稳定并可预期的世界石油市场将要发生变化，而且这种变化的方式一定会影响公司的战略，乃至全球的地理政治格局。这种影响到今天仍然存在。资深战略规划专家皮埃尔·瓦克（Pierre Wack）领导的壳牌团队，通过分析石油生产和消费的长期趋势，认为欧洲、日本和美国正在不断增加对进口石油的依赖，而这些石油又都来自少数几个石油输出国。这些输出国尽管政治背景和文化背景多样，却有重要的共同点。一方面，伊朗、伊拉克、利比亚和委内瑞拉都越来越担心储油量的下降；另一方面，沙特阿拉伯对石油收入进行有效投资的能力也接近了极限。换句话说，大家作为石油生产大国都在提高经济实力，但又都有进行限产的动机。对壳牌规划团队来说，这些动向意味着石油市场供需平稳增长的历史条件会逐渐消失，取代它的将是长期的供应短缺、需求过剩，以及由石油输出国控制的"卖方市场"。壳牌规划团队虽然没有预测到会出现欧佩克这个卡特尔联合体本身，但他们预见了欧佩克组织后来逐步带来的那些变化。然而，为了应对即将到来的根本性变化，他们试图说服壳牌的高管，不幸的是，这种努力却基本上都失败了。

从原则上讲，壳牌"集团规划部"的成员正处在理想的位置，可以洞悉即将到来的变化，并传播和宣讲这一消息。集团规划部是公司的核心规划部门，负责协调世界各地运营子公司的规划工作。当时，集团规划部正在开发情景规划法，并把它作为总结各种未来替代趋势的实际方法加以应用。当时正在出现的世界市场的不连续性，已经开始被壳牌的规划专家们纳入情景规划。然而，他们的听众，即壳牌集团的高管们，却觉得这些未来情景与他们多年的经验不符：他们的经验是可预期的市场增长。所以，公司高管们对这些未来情景规划并没有给予多少关注。

至此，瓦克和他的同事们意识到，他们对自己任务的理解有根本性谬误。十几年以后，他在《哈佛商业评论》上发表了一篇著名的文章，说从那时起，"我们不再把写出报告、描述对未来的观点和资料，看作是我们的任务……我们真正的目标是决策者自身的'小宇宙'……除非我们能影响关键决策者的心智图像，即他们心中关于现实的图景，否则我们的情景规划就只能像对牛弹琴，一点儿影响都没有"。[6] 如果说以前规划专家们认为，他们的任务就是向决策者传达信息，到后来他们才开始清醒地意识到，他们的任务是帮助经理重新思考自己的世界观。于是，集团规划专家们特别在1973年1月和2月做出了一组新的情景规划。这组情景规划迫使集团的经理们具体地意识到，他们所想象的"没有问题的"未来如果要想成真，究竟需要哪些假设成立。情景规划过程揭示了，那些假设若要成立，就像要把神话变为现实一样。

从那时起，集团规划部有了一组新的情景规划，是专门从公司高管现有的心智模式出发精心设计出来的。然后，他们开始帮助高管建立新的心智模式——通过他们的帮助，高管们开始思考该怎样管理新世界。比如，石油勘探可能不得不扩大到他们以前没有涉及的国家，而炼油厂的建设也可能不得不放缓，因为油价会上涨，需求增长会放缓。还有，市场不稳定性的增加会导致各国的不同反应。有自由市场传统的国家会让油价自由上涨，有市场管制政策的国家会维持低油价。因此，高管必须把更大的控制权交给在各地运营的子公司,以便使它们能适应当地的情况。

尽管许多壳牌高管还是持怀疑态度,但他们却不得不严肃对待这些新的情景规划,因为他们开始看到,他们先前的观点是站不住脚的。这种规划演练开始解除高管们被禁锢的心智模式,并开始孵化新的世界观。

1973年到1974年冬季,欧佩克石油禁运突然降临,壳牌公司做出了与其他石油巨头截然不同的反应。他们放缓了对炼油厂的投资步伐,并且设计了能够适应各种原油的炼油厂。他们对市场需求的预期比其他竞争对手都要低,而且事实后来持续证明了壳牌的预期更准确。此外,他们还迅速加大了对欧佩克地区之外的油田的开发。

当竞争对手们靠集团部门来驾驭管理,加强对子公司的集中控制(应对危机的普遍做法)时,壳牌则恰恰相反,他们给予各地运营公司更大的操作空间。

壳牌公司管理层的不同反应,来自他们对现实的不同解释。他们看到自己正进入一个供应短缺、增长放缓和油价波动的新时代。他们对20世纪70年代会成为动荡的10年(瓦克的情景规划称之为"湍流"10年)有所预见,所以他们的反应是假设动荡会持续下去。壳牌公司发现了管理心智模式所带来的效力。

壳牌公司这些努力的结果是公司财富的显著变化。1970年,人们认为壳牌公司是七大石油公司中最弱的一个,《福布斯》杂志称之为"七姐妹"中的"丑小丫"。到1979年,壳牌可能是他们中的最强者,至少与埃克森公司并驾齐驱。[7]到20世纪80年代初,经理人的心智模式浮出水面,成为壳牌规划工作的重要组成部分。1986年油价突然大跌之前,在协调人阿里·德赫斯(Arie de Geus)的领导下,壳牌集团规划部用哈佛商学院的风格提早半年编写了假想案例研究报告,内容是一家石油公司如何应对世界石油市场突然出现的供应过剩。经理们必须对那家公司的决定作评论,而这样的做法就使他们对另一轮现实的突变有了心理准备。两年之后，类似的练习又围绕苏联解体展开，这恰恰是在苏联真正解体前两年进行的。

BP 公司，即前英国石油公司，在过去 15 年间得以迅速成长为全球石油销售额和业务总量排名第二的企业（仅次于埃克森公司），也是得益于一个关键因素：学习开展心智模式修炼。但 BP 公司的做法与壳牌很不一样。BP 没有像壳牌那样，依靠一个核心规划部门来开展修炼，而是积极投身于决策和权力分散化的变革行动中。

到 20 世纪 90 年代末，BP 公司有 150 个地方赢利中心，但公司业务部门经理的权力却要比地方大得多。首席信息官（CIO）和集团副总裁约翰·列盖特（John Leggate）说：

"我们都熟悉壳牌用情景规划来挑战心智模式的方法，但他们用于规划核心功能的办法似乎不是我们想采用的。约翰·布朗（John Browne，BP1995 年上任的首席执行官）非常热衷建设一种绩效文化，这就意味着有更多的人要承担业绩底线的责任，并且独立完成对问题的思考过程。把业务盈亏的责任放到下面去，这对我们这样高度集成的产业和大公司来说，是件很难的事，但我们逐渐取得了成功。权力很好地分散下去还有另一个风险，就是分立隔离。若真有这样的事情发生，企业要保证其整体都获得学习能力的提升，会变得非常困难。

"我们靠什么避免了这种情况呢？那是我们开发建立的连接各地雇员的各种网络，以及营造能开诚布公地谈论问题、相互挑战思想观点的氛围。于是，不断反思和质疑自己，就成了我们心智模式修炼的基础，尽管我们从未广泛使用'心智模式'这个词。"

在实践中进行心智模式的修炼

壳牌和 BP 的故事说明，有三个方面的要素，可以帮助开发组织机构显露（surface）和检测心智模式的能力：一是提高个人意识水平和反思技能的工具，二是使心智模式修炼制度化的"基础设施"，三是提倡探寻并挑战我们思考方法的文化氛围。很难说这三方面哪个最重要，其实，它们之间的联系才是最重要的。比如，宣示支持诸如"开放型"等文化规范是一回事，而实践这种文化则要求真正的奉献精神和技能技巧，但经理人通常是缺乏这些素质的。而要开发这些素质，又必须有经常实践的机会，这就需要我们在进行管理的基础设施建设时，把反思实践融入工作环境之中。

克服"等级体系的根本弊病"

首席执行官们常常强调组织文化的发展，这并不奇怪。汉诺瓦保险公司首席执行官奥布赖恩说："在传统的权威型组织里，大家的信条是管理、组织和控制。在学习型组织里，新的'信条'将是愿景、价值和心智模式。健康的公司组织将能够开发系统的方法，来把大家凝聚在一起，培育最佳可能的心智模式，以有效应对任何局面。"奥布赖恩认为，文化变革是关于根本的"传统等级体系弊病"及其去病药方的。他曾说："我们开始的任务，就是发现用什么样的组织和修炼方法才能使工作岗位与人性相吻合。我们逐渐发现了一组核心价值，它们其实就是克服等级体系根本弊病的一组原则。"

这组核心价值中有两项即"开放性"（openness）和"公德心"（merit），促成了汉诺瓦公司开发自己的"管理心智模式"的方法。他们把开放性看成是一剂药方，用来治疗"人们面对面交往中流行绕圈把戏的弊病：早上10点工作会议上对问题的说法，和晚上7点在家里或与朋友喝酒时的说法，从来就不一样"。公德心，即以组织的最高利益为基准的决策，汉诺瓦用它来治疗另一个弊病，即："以官僚政治角力为基准的决策方法和游戏规则，靠印象决定能否晋级或者能否保住职位。"[8]开放性和公德心结合起来，就代表一种深层信念，即如果人们开发更大的能力去探察并显露各自看待世界的方法，并对其进行富有成效的探讨，那么，决策过程和游戏规则就可以发生转变。

清晰地阐述这些价值只是第一步。有些人会把价值观声明，误认为就是文化变革。奥布赖恩及其同事们意识到，仅有华丽的辞藻是不够的。他们质问："假如开放性和公德心那么有用，那为什么做到这些会这么难？"

针对这个问题，奥布赖恩后来拜访了阿吉里斯，后者的著作曾得到汉诺瓦公司经理人经验的印证。阿吉里斯的"行动科学"为检查"我们行动背后的原因"提供了理论和方法。[9]阿吉里斯认为，组织和团队常陷入"习惯性防卫"（defensive routines），从而把心智模式与外界隔绝开来，无法进行反省检查。结果，我们发展出一种"老练的无能"——这是个绝妙的矛盾修饰语，它非常准确地描绘了人们"在学习修炼环境中高度干练地保护自己，以免遭受痛苦和难堪的威胁"的情景。但是，如果不进行学习修炼，我们就会停留在无能状态，无法完成我们真正渴望的成绩。更重要的是，阿吉里斯还开发了一组工具，能够有效地在组织机构里运用，而他本人也成为精通这些工具的使用和培训辅导的专家。

那时，我们邀请阿吉里斯来到我们麻省理工学院的六人研究团队，为我们开了一个研修班，从中我亲身了解了他的情况。尽管表面上是阿吉里斯在做他的方法的学术演讲，但研修班很快就成为非常生动有力的示范，实际进行了行动科学实践者所说的"行动中的反思"（reflection in action）。他让我们每个人都讲一讲与客户、同事或家人的一次冲突。我们不但必须回忆起实际说过的话，而且还要记起我们当时想到但没有说出来的话。当他开始讲解这些"案例"时，我们几乎马上就清楚地意识到，我们每个人自己是如何通过自己的思想助长了冲突的局面。比如，我们都对对方作了过分夸张的一般化概括，并以此为出发点来决定我们怎么说和怎么做。不过，我们都没有说出我们心中的这些一般化概括。我也许在想"乔认为我没有能力"，但有关这一点我从不直接问乔。

于是，我在乔面前就不停地努力表现出值得尊重的样子。或许，我在想"比尔（我的领导）很没有耐性，他喜欢看似迅速实则鲁莽的办事方法"。于是，我就故意向他建议简单化的方法，尽管我并不认为这样的方法能够触及困难问题的根本。

我注意到整个研修小组的精神头儿和"当下意识"水平，就在那短短几分钟内提高了十个等级。这主要不是因为阿吉里斯的个人魅力，而是因为他所使用的精湛技能，让我们每个人都亲自体会并观察到，我们如何陷入麻烦，然后又责怪别人。那天下午的研修让我们看到（有的人是平生头一次），我们自己行为背后微妙的推论模式。如此戏剧性地演示我自己的心智模式，我还从未亲身经历过。而更有趣的是，我能够通过恰当的培训更深入地了解自己的心智模式及其运作模式，这一点十分明确，也令我十分兴奋。

通过与阿吉里斯和他的同事李·鲍曼（Lee Bolman）的合作，奥布赖恩意识到"尽管我们有理念，但真正做到能够对我们都关切的问题进行开放、有效的探讨，我们还需要走很长的路。阿吉里斯在有些案例里揭示了我们都默许的、路人皆知的绕圈把戏。对于开放心态、观察我们自己的思想和少说废话，他有令人难以置信的真正高水平的要求。但他也不是单纯提倡'把一切都告诉所有的人'——他展示了切入困难问题的技能，让每个人都有学习收获。很明显，如果真想实践我们的核心价值，即开放性和公德心，那阿吉里斯开辟的这个新领域就是非常重要的"。

汉诺瓦公司在之后的数年间，把阿吉里斯的工具和哲学家约翰·贝克特（John Beckett）开发的"机械思考的局限"研习结合在一起。奥布赖恩说："贝克特揭示了东方文化对基本的道德、伦理和管理问题的看法，如果仔细去想想，是很有道理的。然后，他又展示了西方文化对这些问题的看法，也有道理。但是，这两种文化观点导致了矛盾对立的结论。这就让我们认识到，对复杂问题有不止一种的视角和看法。这个认识，对我们在公司部门之间以及不同思考方法之间消除隔阂，是个极大的帮助。阿吉里斯和贝克特这两种方法的结合，对许多经理人理解心智模式的过程产生了深远的影响。"许多人平生头一次发现，我们所有的看法从来就不是'真理'，都只是一些假设——我们只是通过我们的心智模式看世界，而心智模式总是不全面的，而且，特别在西方文化里，长期以来它就是非系统性的。"

BP 也经历了一个类似的范围很广的培训过程。在三年时间里，有 5 000 多人参加了他们的"第一层领导者"①四天集中培训项目，内容包括自我超越修炼的基本方法和心智模式修炼。列盖特说："我们努力把组织学习的理念和工具变成管理实践的根本方法的一部分。"BP 的"定调培训项目"专为炼油厂经理们扩大联系网络而设计，目的是使他们从中能够分享最佳实践，相互帮助，共同学习。它成为公司"第一个大型跨界网络'容量能力建设'项目，参加的人都理解并能够使用这些工具。而从那以后，类似的入门培训就在整个公司里开展起来了。"

把学习实践制度化

很显然，不管入门培训有多么普及，组织仍必须经常提供后续实践的机会，以便让员工不断提高技能。我见过许多制度化的方法，它们把反思实践和浮现心智模式的工作融入正规的管理工作的"基础设施"中。(第 14 章"战略与策略"详细描述了学习实践的基础设施。)

壳牌公司通过规划过程，把心智模式的修炼制度化。集团规划部协调人德赫斯和他的同事们致力于重新思考战略规划在大公司组织中的作用。他们的结论是，做出完美的战略规划并不重要，更重要的是利用规划过程来让经理们对自己的假设进行反思，从而加速整个学习进程。德

---

① 第一层领导者（First Level Leaders）是指最基层的领导者，如加油站经理和炼油厂班组长。——译者注

赫斯认为，持久的成功依赖于"管理团队的学习过程，即管理团队成员看待本公司、竞争对手和市场的集体心智模式的转变过程。因此，我认为规划就是学习，而公司规划就是组织机构的学习"。

汉诺瓦公司建立了各类"内部董事会"，把高管和地方经理人定期集中在一起，对业务决策过程背后的思考方法进行检查和挑战，进而开阔思路。这样做的目的，就是建立管理实践架构，促进业务部门对重要业务问题的关键假设进行开放性的检查。这种做法同时还可以加强高管之间的交往，使他们就这些问题与各类内部董事会探讨折中方案。

哈雷-戴维森公司也进行了管理构架的变革，但他们的方法是从根本上改变高层管理结构，部分原因就是为了把心智模式的修炼纳入管理工作的实践中。哈雷公司的许多经理通过国际组织学习学会研修班学习了组织学习的基本原理。与此同时，他们还建立了"圆圈组织"，把传统高管的角色和活动重新定义为三个相互重叠的圆圈——"创造需求圈""生产产品圈"以及"服务支持圈"。这些圆圈有意淡化了传统的高层管理等级体系，使许多"老板"变为"圆圈教练"。

哈雷公司前首席执行官里奇·提尔林克（Rich Teerlink）认为："我们的新结构的各项创新中，最令人兴奋的就是'圆圈教练'。"典型的圆圈教练相当于传统的分散功能公司中的副总裁，如负责产品开发和生产的副总裁。他们对圆圈教练人选的理解是"具备敏锐的沟通、聆听和影响力技能，各圆圈成员和公司总裁敬重的人"。提尔林克说："当时我们没有把职位描述写下来，因为我们不想给人留下行话连篇的印象，但我们确实认为，圆圈教练就应该帮助大家把各自的心智模式显露出来。后来，事实证明这一直很有效。"

工具和技能

尽管壳牌、BP、汉诺瓦和哈雷-戴维森公司分别使用了差异很大的方法来建设心智模式修炼的能力，它们的工作却都包含两大类的技能开发，即反思技能和探寻技能的开发。反思技能涉及放松思考的过程，它使我们更能意识到我们的心智模式是如何形成的，以及它如何影响我们的行动；探寻技能涉及我们和别人面对面的交往，还特别涉及复杂和冲突问题。下面几点与开发这些技能的工具和方法一起，构成了心智模式修炼的核心内容：

- 正视我们"声称的理论"（我们所说的）与我们实际"实行的理论"（在我们所做的背后所隐含的理论）之间的区别。
- 识别"跳跃性推断"（leaps of abstraction，注意我们如何从观察跳到一般化概括）。
- 暴露"左手栏"（left-hand column，明确说出我们通常不说的话）。
- 探寻与宣扬的平衡（balancing inquiry and advocacy，有效学习协作的技能）。

心智模式的修炼

反思实践

有效地进行心智模式的修炼，虽然在某种程度上是件高度自我和内在的事，但也是非常实际的，也就是说，它与重要业务问题的关键假设的显露密切相关。这件事很重要，因为组织中最关键的心智模式是核心决策者们共同拥有的。如果这些心智模式没有得到检查，它们就会把组织行动限制在过去熟悉和舒适的范围。另外，开发反思和面对面学习交流的技能，不仅是咨询师或顾问们的事，也是经理人自己的事，只有这样才能对实际决策和行动有所影响。

阿吉里斯在麻省理工学院的老同事唐纳德·舍恩（Donald Schon）

研究了反思实践在医学、建筑学和管理学等领域的重要意义。许多专业人员离开研究生院以后很快就停止了学习,而其他的那些终身学习者就成了他所说的"反思实践者"。舍恩认为,在行动中反思自己思考方法的能力,是真正卓越的专业人员的特点:

> 诸如"行动中的思考""把你的机智用在你自己身上"以及"做中学"等术语,说明我们不仅能够思考自己的行动,而且能够在行动中思考行动……当优秀爵士乐演奏家们一起现场即兴演奏时……他们就在通过交织在一起的参与和贡献,来感觉乐曲的生成和行进方向,他们即时理解乐曲的演进,并根据即时的新理解来调整自己的演奏。[10]

反思实践是心智模式修炼的精髓。对于经理人来说,这既要求业务技能,还要求反思和人际交往的技能。因为经理人本来是很实际的,所以对他们进行"心智模式模拟"或"探寻与宣扬的平衡"等培训时,假如不与当务之急相关联的话,培训通常会受到抵制。或者,它只会教给大家一些"学术性"技巧,却没有实际用处。而另一方面,如果没有反思和在人际交往中学习的技能,学习实践就一定是反应式的,而不是生成性的。在我的经历中,生成性的学习实践要求各个层面的人在外部因素强迫他们改变之前,就能够显露并挑战自己的心智模式。

声称的理论和实行的理论

学习总要逐步围绕实际行动进行。一项基本的反思技能是,通过比照我们说的与我们做的两者之间的差距来提高意识水平。比如,我可能声称某种观点(声称的理论):人基本上是值得信任的。但我从未借钱给别人,而且护财如命,妒忌他人。显然,我实行的理论、深层的心智模式,与我声称的理论不一致。

声称的理论和实行的理论之间的差距,可能会引起沮丧、失望,甚至玩世不恭的心态，但这种情况其实是可以避免的。差距常常是愿景带来的结果，而不是伪善所致。例如，"相信人"可能真是我愿景的一部分。于是，这方面的愿景与我的行为之间的差距就成为创造性变革的潜力。问题不在于差距本身，而在于像第8章"自我超越"中所描述的那样，面对差距却不能说出真相。如果没有觉察和承认我们声称的理论和现实的行为之间的差距，就没有学习收获可言。

因此，面对声称的理论和实行的理论之间的差距，我们要问的第一个问题就是："我真正重视声称的理论的价值吗？""那真是我的愿景的一部分吗？"假如我们实际上对声称的理论并不忠诚，那么这个差距就并不是现实和愿景之间的张力，而只是现实和我（或许是因为顾及别人怎么看）表白的观点之间的差距。

由于实行的理论非常难以辨认，你可能需要另一个人——一个有着"冷酷的慈悲心"的伙伴来帮助你。在开发反思技能的过程中，你们就是对方最大的财富。如古语所说，智如目者，不能自见其睫。

跳跃性推断。心念的速度就像闪电那么快。而具有讽刺意味的是，这恰恰降低了我们学习的速度，因为我们立即"跳跃"到了一般化的概括，这个速度之快，让我们无法进行充分的考虑和检验。俗语"天空之城"（castles in the sky），或空中楼阁，其实常常是我们思想状况的恰当描述，只是我们没有意识到。

常态意识不能处理大量具体细节。假如有一百个人的照片摆在面前，大多数人很难记住每张面孔，但却能记住类型——比如高个男人、穿红衣服的女人、亚裔，或者老年人。心理学家乔治·米勒（George Miller）的名言"神秘数字，七加减二"，指的是我们倾向于一次集中注意少数几个分立的变量。[11]我们的理性思维非常善于从具体细节中形成"抽象"的概念——把许多细节换成简单概念，然后再用这些概念来推理。然而，当我们不能意识到从细节到一般概念的跳跃过程时，抽象概念推理的能力就恰恰限制了我们的学习能力。

比如，你是否听到过类似这样的话："劳拉对人漠不关心。"你是否怀疑过这话的真实性？设想劳拉是个领导或者同事，大家都注意到她有些特别的习惯。她很少说厚道话，很少赞扬别人。别人和她说话时她经常愣神，然后问："你说什么来着？"有时她还打断别人说话。她从不参加单位的晚会。而且在工作检查的时候，她总是含糊其辞地只说两三句话，就把人打发走了。从这些细节中，劳拉的同事们得出结论：她对人漠不关心。这成了大家都知道的事——当然，劳拉除外，她感到自己非常关心别人。

发生在劳拉身上的事，就是她的同事们做了跳跃性推断。他们把许多具体行为换成了一般化的抽象概念——"不关心人"。更要紧的是，他们开始把这个一般概念当成事实。再没有人质疑劳拉究竟是不是关心他人，那已经是既定事实。

当我们从直接观察（具体"数据"），不经过检验就到达一般化概念，就出现了跳跃性推断。跳跃性推断阻碍学习，因为它成了不需要证明的东西，它把假设当成了事实。一旦劳拉的同事们接受她"对人漠不关心"这个事实，就没人会质疑她"不关心人"的行为，而她再做关心人的事，也没人注意到了。她"不关心人"这个一般化的观念，导致大家对她更加漠不关心，这又让她失去了表现自己关心别人的机会。结果，劳拉和她的同事"冻结"在这样一种关系状态中，然而，并没有人真的想要这样一个结局。而且，未经检验的一般化抽象还很容易导致更进一步的一般化抽象："也许劳拉就是那次办公室密谋背后的元凶吧？既然她对人漠不关心，那她就是那种能干出那种事的人……"

劳拉的同事就像我们大多数人一样，没有经过训练，不能区分直接的观察和从观察做出的一般化推断。"事实"，也就是对劳拉的可观察到的数据，是切实存在的，比如在工作检查时花的时间少，或者说话时看别的地方。但是，"劳拉听不进去多少话"却是个一般化抽象，不是事实，"劳拉对人漠不关心"也一样。两者可能基于事实，但还是推断。

因为我们不能区分直接的观察和从观察做出的一般化推断,所以从来想不到要去检查这种推断。结果没有人去问过劳拉,她是否关心什么。如果有人去问,他可能就会发现,劳拉心里还是很关心人的。还可能发现劳拉听力有问题,却没有跟任何人说过,而且主要是由于听力问题,她觉得和人交谈很艰难,由此变得畏缩。

跳跃性推断在业务问题上也同样普遍存在。有许多高管坚信"顾客购买产品只看价格,而根本不看服务质量"。这也不奇怪,顾客的确是不断要求更多折扣,而竞争对手也在不断通过降价促销吸引顾客。新来的市场营销人员建议领导增加改善服务质量的投入,却遭到友善而坚决的回绝。高管领导从未认真检验这项建议,因为他们的跳跃性推断已经成为"事实"——"顾客不在乎服务质量,只在乎价格",所以他们对服务质量坐视不理。而他们的主要竞争对手,则一步步达到了顾客从未经历过的新的服务质量水平,从而增加了市场占有率。顾客以前没有提出新的服务质量要求,那是因为他们当时不知道,也还没有经历过。

如何辨别跳跃性推断呢?首先,你要问问自己,关于世界的运作方式你有什么信条——商务工作的性质,对人的一般性看法,以及对某些人的看法,要问问自己:"这种一般化观念是基于什么样的'数据'的?"然后再问自己:"我愿不愿意考虑一种可能性,即这种一般化观念可能是不准确的或误导性的?"要有意识地问自己最后这个重要问题,如果你的回答是否定的,那就没有必要继续了。

而如果你愿意考虑质疑自己的一般性观念,那就要把它和它背后依据的"数据"明确区分开。比如你可能说:"贝利连锁鞋店的采购员保罗·史密斯和其他好几个顾客都跟我说过,如果我们不降价10%,他们就不买我们的产品。于是我得出结论:我们的顾客不关心服务质量。"这样说完,就意味着你已经把自己的想法都亮出来、把思路理清了,接下来,你和其他人就更有机会考虑其他可能的解释方案,乃至其他替代方案。

只要有可能，就应该直接检验一般性观念。这样做经常能让我们探寻大家相互交往的行为方式背后的原因。这种探寻要求一些技能，后面会讨论到。比如，要是直接面对劳拉，问她"你不关心别人吗？"很可能刺激她的防卫反应。所以，这种交流还是要讲求方法策略的。要承认我们对他人的假设，并引用导致这种假设的数据，这样才能降低防卫反应的可能性。

但是，在意识到跳跃性推断之前，我们还意识不到这种探寻的必要。这就是为什么把反思作为一项修炼实践是十分重要的。而从行动科学里发展出来的第二项技术——"左手栏"，对这项工作的开始和深入，都特别有用。

左手栏。这项技术能非常有效地让我们"看到"，我们的心智模式是如何在特定情况下运行的。它能揭示我们如何通过操控环境来避免面对自己的真实感受和想法，从而进一步阻碍我们改进事与愿违的状况。

左手栏练习可以帮助经理人了解，他们的确存在心智模式，而且这些心智模式很活跃，有时还在管理实践中起到不受欢迎的作用。经理人经过这个练习后，不仅能意识到他们心智模式的作用，而且会看到，更坦率地面对自己的假设有多么重要。

左手栏来自阿吉里斯及其同事们所使用的案例分析方法。开始时，要选择一个你与某个人或某几个人交往的具体情形，而且你感到那个交往方式没有成效——具体地说，交往没有产生明显的相互理解和学习的结果，或者交往已经陷入僵局。你要写出一段对话，按脚本的形式写在纸张的右侧。而在纸张的左侧，你要写出当时对话的同时你心里想的但没有说出来的话。

例如，假设在我的搭档比尔向领导做了重要项目汇报之后，我跟他进行了一段对话。汇报我没有参加，但听说效果不好。

我：汇报怎么样？

比尔：嗯，我不知道。现在说还太早。而且，我们正在实现一项新的突破。
我：那你觉得我们应该做什么？我觉得你提的问题很重要。
比尔：我拿不准。我们还是再等等，看下一步会发生什么。
我：也许你是对的。但我认为我们得做些什么，而不能只是等待。

下面显示的是我的"左手栏"在对话中的情况。

我所想的	我所说的
大家都说汇报很糟糕。 他真不知道糟糕的反应吗？还是他不愿意面对现实？ 他真的害怕看到真相。如果他更有信心，他也许能从这次的情况中学到东西。我无法想象这次汇报对我们推进工作带来的灾难性影响。 我得想个法子，在他屁股下面点把火，让他动起来。	我：汇报怎么样？ 比尔：嗯，我不知道。现在说还太早。而且，我们正在实现一项新的突破。 我：那你觉得我们应该做什么？我觉得你提的问题很重要。 比尔：我拿不准。我们还是等等，看下一步会发生什么。 我：也许你是对的。但我认为我们得做些什么，而不能只是等待。

左手栏练习总是能够让隐藏的假设成功地浮出水面，并且显示它如何影响行为。在上面的例子中，我对比尔有两个关键性假设：一是他缺乏自信，特别是在面对他的糟糕表现时；二是他缺乏主动精神。两个假设实际上也许都不对，然而两者都出现在我心里的对话中，而且影响了我处理这个情况的方法。我听说他汇报得很糟糕，而我却绕开了这个事实，所以我对他缺乏自信的看法就由此显现出来。我担心，假如我直说了，他可能会丧失他仅有的一点儿自信，也许他会无法面对这个事实。于是，我从侧面问起汇报的事。我对比尔缺乏主动精神的看法，从我们关于下一步做什么的对话中显现出来。不管我如何追问，他都没有回答

出具体的行动方案。我认为这是他懒惰或缺乏首创精神的证据,他在有必要行动的时候,却满足于无所作为。由此我认定,必须制造出压力迫使他行动起来,不然我就要自己单独行事了。

我们的"左手栏"的最重要的意义,是了解我们如何妨害了在冲突中学习的机会。我和比尔没有直截了当地谈论问题,而是绕着问题说话。我们没有达成任何解决问题的方案,谈话结果对下一步的行动毫无推动——实际上,对行动所针对的问题也没有得出明确的说法。

为什么我没有直接告诉他,我认为我们的做法有问题?为什么我没说,我们必须看清把项目工作推向正轨的行动步骤?也许因为我没有把握能对这些"敏感的"问题进行有效的探讨。就像劳拉的同事们一样,我主观地认定,要是提出这些问题就会引起防卫反应,谈话会起反作用。我担心情况可能会比现在更糟糕。也许我回避问题是出于礼貌的考虑,或者是因为不想挑剔和批评人。不管出于什么原因,谈话结果令人很不满意,而我决定要找出"操纵"比尔的办法,让他被迫做出反应。

类似我和比尔的对话情况的确很困难,也没有唯一"正确的"方法来处理这种情况。但是,看到自己的推理和行动如何让情况变得更糟糕,是有巨大意义的。我一旦更清楚地看到我自己的假设,看到我怎样隐藏了这些假设,我就可能有几个方法来改善交流。这些方法都涉及分享我自己的观点,以及其背后依据的"数据"。比尔可能不接受我的观点和数据,而且这两者可能都是错误的,我们对此也要持开放的态度。(我得到的有关汇报情况的信息毕竟可能有误。)实际上,我的任务就是要改变现状,让我们两人都能从中有学习的收获。这就要求我既得说明自己的观点,又得了解比尔的观点——即阿吉里斯所说的"探寻与宣扬的平衡"的过程。

探寻与宣扬的平衡。大多数经理人都接受了宣扬和鼓吹的训练。实际上,在许多公司里,担任公司经理就意味着要有解决问题的能力——要搞明白需要做什么，然后争取各种可能的支持来把事情做成。个人的成功离不开有说服力的辩论能力和影响他人的能力，探寻的能力因而被漠视，得不到重视和推崇。但是，当经理人被提升到高级岗位时，就要面对更复杂和多样化的局面，超越他们以往的经历。他们突然间需要激发别人的智慧，他们需要学习。这时候，经理人的宣扬鼓吹技能就会起到反效果：它会把人封闭起来，无法相互学习。现在需要的是把宣扬和探寻结合起来，促进学习协作。

如果是两个宣扬型经理人在一起，哪怕他们的观点交流有多么开放和直率，他们通常也很少有学习的收获。也许他们都打心眼里对对方的观点感兴趣，但纯粹的宣扬把对话交流套在另一种构架里：

> 我感谢你的诚实，但我的经验和判断让我得出多少有些不同的结论。我来解释为什么你的建议不成立……

随着双方理性、冷静而又更加有力地宣扬自己的观点，各自的立场就会变得越来越僵硬。没有探寻的宣扬会引发更多的宣扬。实际上，接下来要发生的事可以用一个系统基本模式来描述，叫作"恶性竞争"（escalation），与军备竞赛的结构相同。

A辩论得越是起劲儿，B感受到的威胁就越大。于是，B也更激烈地辩论起来。然后，A反过来更激烈地辩论下去。如此反复。经理们常常发现这种恶性竞争简直让人筋疲力尽，于是他们干脆避免公开陈述不同观点，因为"那真是太痛苦了"。

不断加强的宣扬，效果就像滚雪球一样，但还是可以通过几个问题把雪球停下来。简单的问题，比如"是什么导致你采取这个立场？"以及"你能解释你的观点吗？"（你能提供"数据"或者经验来支持你的观点吗？）这些都能给对话增加探寻和融合的元素。

我们参与辅导的进行学习技能开发的管理团队，在开会时经常要录音。团队有问题的一个标志，是在好几个小时的会议上很少有人提问，或者根本没有人问问题。这听上去好像不可思议，但我就曾看到一个三小时的会议上没有一个人问问题！你不必成为"行为学"专家就能看出，这种会议上没有多少探寻发生。

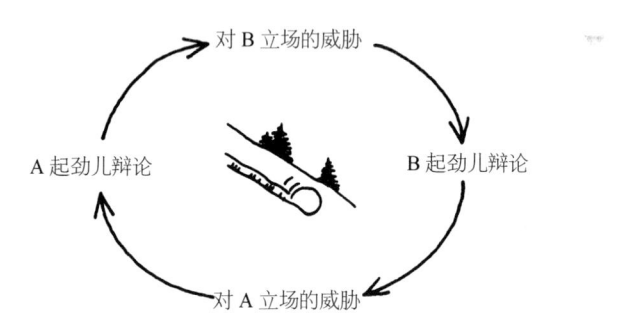

对 B 立场的威胁

A 起劲儿辩论　　　　　　　　B 起劲儿辩论

对 A 立场的威胁

但是，单纯的探寻也是有限的。问问题是打破宣扬螺旋升级的关键，但是，如果团队或者个人没有学会把探寻和宣扬相结合，那学习的能力就是很有限的。单纯的探寻为什么是有限的呢？原因之一是，我们几乎总是有自己的观点，这与我们是否相信自己的观点是唯一正确的无关。因此，仅仅是问许多问题的做法，就可能成为一种回避学习的方式——把我们自己的观点隐藏在不间断的问题高墙的背后。

当经理人把宣扬和探寻的技能结合起来时，通常会最有效地带来学习收获。换句话说，这是一种"相互的探寻"。这个意思就是说，每个人都把观点亮出来，供大家来检查。这会创造一种真正的有脆弱感的氛围。没有人能把自己观点背后的推理隐藏起来——没有人既能鼓吹自己的观点又不受开放的、仔细的审查。例如，当探寻和宣扬达到平衡时，我不仅能探寻别人的观点背后的原因，同时还能把我自己的观点表达出来，揭示我的假设和推理，并邀请别人来探寻。我可能会说："这就是我的观点，这是我持这种观点的理由。你觉得如何？"

用纯粹宣扬的方式，要达到的目标就是赢得辩论。而宣扬和探寻结合的方式，目标就不再是"赢得辩论"，而是找出最佳的论点。我们如何使用数据，如何揭示抽象观念背后的推理，都能表明这一点。比如，当我们处于单纯的宣扬状态时，我们倾向于有选择地使用数据，只拿出支持我们立场的数据。在解释我们的立场背后的推理时，我们只暴露足够的推理，以便"证明"自己，而回避那些看上去论据很弱的地方。相反，当宣扬和探寻两者都高度活跃时，我们对揭露不连贯的数据和确认数据两者都持开放心态，因为我们愿意发现自己观点中的毛病。就像我们会暴露自己观点背后的推理，并且寻找其缺陷，同时努力去理解别人的推理。

达到探寻和宣扬相结合的理想境界是富于挑战性的。假如你在有高度政治角力的组织里工作，那里并不接受开放的探寻，那你就会遇到特别大的困难。作为一个资深宣扬者，我可以说，要找到使两者更平衡的方法，就需要耐心和坚韧不拔。进展是逐步的。对我来说，第一步是在意见不合时，学习如何探寻别人的观点。我对不同意见的习惯性反应，就是更起劲儿地宣扬我的观点。我这么做通常并不带有怨恨情绪，只是真的认为我已经想得很透彻了，我的观点一定有确实的根据。不幸的是，这种做法的后果经常是催生两极分化的立场，或者是使讨论被迫终止，而我真正希望的伙伴关系的感觉也消失了。现在，对于不同的观点，我经常会请对方多讲讲其观点，或者多解释一下观点是如何形成的。

尽管我们要花毕生精力才能熟练掌握如何平衡探寻和宣扬的技能，在这条道路上获得的回报却是很让人满足的。如今，我很少试图说服别人以证明我的观点，坦白地说，我真的感到生活轻松多了，也更有趣了。每次，通常是在很大的压力下，当我发现我又变回了一个偏执一方的宣扬者，我就会提醒自己注意。经验还反复明确地告诉我，在探寻和宣扬两者兼有的时候，产生创造性成果的可能性会大增。从某种意义上讲，如果双方都是纯粹的宣扬者，结果已经预先确定了。或者 A 胜出，或者 B 胜出，或者，可能性更大的是，双方都坚持自己的观点不变。当探寻和宣扬兼有时，这些局限就消失了。A 和 B 都对探寻自己的观点持开放心态,就会使发现全新的观点成为可能。

在学习掌握如何平衡探寻与宣扬时,以下指南会对你有所帮助:[12]

宣扬自己的观点时:

• 要让你自己的推理明确暴露出来。(例如,说出你是如何得出你的观点的,你所依据的实际"数据"是什么。)

• 鼓励对方提出不同的观点。(即问:"你有相反的事实或数据,或者不同的结论吗?")

• 主动探寻对方与自己不同的观点。(即"你的观点有哪些?""你是如何得出这种观点的?""你考虑的数据是否和我考虑的有所不同?")

探寻对方观点时:

• 如果你对对方的观点做出一些假设,就要清楚地加以说明,并承认那些是假设。

• 把你的假设所依据的事实或"数据"亮出来。

• 如果你并不真正地对对方的回答感兴趣(即如果你只是想表现出礼貌,或者想揭露对方),就不要问问题。

当你陷入僵局(对方不再对探寻其观点持开放心态)时:

• 询问是什么事实数据或逻辑改变了他们的看法。

• 询问是否有共同设计实验(或其他探寻方法)的可能,以便得到新信息。

当你或对方对表达观点或实验不同的替代想法感到犹豫时:

• 鼓励对方(或你自己)想出是什么导致这种困难和犹豫。(即"在这个情况中,或者你我身上,有什么东西使开放的交流变难了？"）

- 如果双方都想克服障碍，就要一起设计出方法来实现。

这里不是让大家循规蹈矩地照指南去做，这只是用来提醒我们保持探寻和宣扬平衡的精神。指南和任何学习修炼开始时一样，只是你第一辆小自行车上的辅助"训练轮"。它可以帮你开始，感觉一下骑自行车是怎么回事，感受一下探寻和宣扬结合的实践是怎么回事。熟练了以后，你就可以，也应该把它扔掉。但是在你遇到困难的时候，定期回头温习一下也是很好的。

然而，如果你并不是真正好奇和情愿改变你对某件事的心智模式，这个指南就没什么用处了。记住这一点很重要。换句话说，探寻和宣扬的实践意味着情愿暴露你自身思想的局限——情愿证明自己是错误的。你达不到这一点而又要让对方这么做，就既不稳妥，也不安全。

和各种修炼一样，心智模式修炼的进展也需要时间，而且进展的迹象会很微妙，很不明显。记得我曾问哈雷－戴维森公司的总裁杰夫·布鲁斯坦（Jeff Bluestein），在组织学习许多方面的工作投入了好几年以后，"你注意到有什么不同了吗？"他的回答很简单："我越来越多地听大家讲'这是我对事情的看法'，而不是'这就是事情的实际情况'。这听上去没什么大不了的，但前者带动了不同质量的交流。"

协调一致重要吗？

心智模式修炼实践的目的不一定是要寻求观点的协调一致或融合聚焦，了解这一点很重要。许多不同的心智模式可以同时存在，有些还可能不协调、不一致。

所有的心智模式都需要在实际情况中经受推敲和检验。这要求组织从自我超越修炼中得到"对真相的承诺"。它还要求我们理解，我们可能永远没办法知道全部的真相。奥布赖恩说，即使所有的心智模式都经受过推敲，"我们可能还站在不同的立场上，目的是针对一个具体问题，为恰巧直接面对那个问题的人找出了最好的心智模式。其他人只集中精力帮助那个人（或那些人）建立尽可能好的心智模式，从而做出尽可能好的决策"。

尽管目标不是让观点达成一致，但如果这个过程进行得恰当，还是会卓有成效的。如奥布赖恩所说："假如会议结果是发现大家的立场相差很远，这没什么。假如大家都把立场观点亮出来了，即使你不同意，你也会看到各自的优点，因为大家的观点都经过了仔细的推敲。你可能会说，'我不同意你的观点，那是从另外的角度考虑的'。与强迫统一意见相比，这样的做法能使大家更好地团结和凝聚在一起。这真让人有点儿惊喜。"通常来说，当大家都觉得自己最聪明，却没有机会展示才智的时候，会产生积怨和愤恨的情绪，而我们这里的做法会消除这种情绪。结果是大家可以和睦相处，因为自己的观点已经亮出来了，虽然实际执行的是另一种方案，但只要学习过程始终是开放的，每个人都以诚实的态度工作，就不会有问题。

奥布赖恩说："我们没有什么尊贵的、得到加冕的心智模式，我们只是遵循心智模式修炼的原则。假如我们向下面宣布，'这就是处理23C型摩托车问题的法定心智模式'，我们就会陷入麻烦。"同样，把你喜欢的心智模式强加于人，就如同把你的愿景强加于人，通常会适得其反。嗓门高的人，或者职位高的人，都可能受到自己的诱惑，认为别人都会在一分钟之内接受自己的全部心智模式。即使你的心智模式比别人的好，你的角色也不是给别人灌输你的模式，你应当把自己的模式当靶子举起来请别人考虑。"

不强调意见统一和立场协调一致，这让许多人觉得有点惊奇。但我经常听到出色团队的成员讲述类似奥布赖恩的观点。"我们就是都说出来，然后就知道该怎么做了。"这个简单的信念成了大家团结协作的基石，而协作能力的培育和发展，则要靠"深度汇谈"——它是团队学习修炼的核心。

心智模式与第五项修炼

我认为，如果系统思考没有心智模式修炼作为基础，就好像 DC-3 型飞机只有星型气冷发动机却没有机翼襟翼。正如波音 247 型飞机由于没有机翼襟翼而必须缩小其发动机的尺寸一样，如果系统思考缺乏心智模式的修炼，其效力就会大打折扣。这两项修炼可以很自然地结合，一项暴露隐藏的假设，另一项通过重新安排假设的结构来揭示主要问题的起因。

本章开始时讲过，被禁锢的心智模式会阻碍系统思考能够带来的变革方案。经理人必须学会反思自己现在的心智模式——在占主导地位的假设暴露出来之前，不能指望心智模式会改变，也不能指望系统思考会有什么意义。如果经理人"坚信"自己的世界观就是事实，而不是一系列假设，他们就不愿意挑战自己的世界观。如果他们没有能力探寻自己和别人的思考方法，在实验新思考方法的协作中他们就会受到局限。进一步说，组织中如果没有对心智模式的成形的理解和实践原则，大家就会错误地理解系统思考的意义——把它看成画出详尽的世界"模型"的工具，而不是改进我们心智模式的方法。

系统思考对有效地进行心智模式的修炼也同样重要。现代研究表明，我们大多数心智模式都经常有系统的缺陷。它们忽略关键的反馈关系，错误地判定时间延迟，又常常只注重有形有象或突出明显，但不一定有高杠杆效益的变量。麻省理工学院的约翰·史德门（John Sterman）通过实验证明，啤酒游戏的参与者总是误判已经下过的订单的延迟时间。大多数游戏参与者在决策时要么看不见关键的正反馈关系，要么不考虑它，而这种正反馈恰恰在他们的恐慌状态中不断强化（下更大的啤酒订单，结果清空了供货商的库存，导致送货进一步延迟，于是又引起了更大的恐慌）。史德门还在其他各类实验中发现了类似的心智模式缺陷。[13]

理解这些缺陷会帮助我们看清主流心智模式在哪里最薄弱，看清哪里不仅仅需要"浮现"经理人的心智模式，而且需要进一步的修炼工作才能让他们做出有效的决策。

为了加快把心智模式变为管理实践的修炼，我们可以逐步建立供整个组织使用的"通用结构"数据库。这种"通用结构"就是基于第 6 章描述的系统基本模式建立的，但它适用于特定组织内部的具体情况，包括其产品、市场和技术。比如，石油公司的"转移负担"和"增长极限"的具体结构，与保险公司的就会有所不同，但它们相关的系统的基本模式却是一样的。这种结构数据库应该是组织内部系统思考实践的副产品。

整合系统思考和心智模式修炼所带来的最终回报，不仅是改善我们的心智模式（我们思考什么），还能改变我们的思考方法：从以事件为主导的心智模式，到新的心智模式——它能让我们看清长期变化规律，及其产生和发展背后的结构性原因。比如壳牌公司的情景规划，它不仅让经理们看到了即将来临的变化，还帮他们看清了变化的规律，迈出了摆脱纷繁复杂的事件的第一步。

就像"线性思考"主导着今天关键决策过程的大部分心智模式，未来学习型组织的关键决策过程，将基于大家对相互关联和变化规律的共同理解。

| 第 10 章 |

共同愿景

共同的关怀

也许你还记得电影《斯巴达克斯》(*Spartacus*)，它讲述的是公元前 71 年古罗马奴隶角斗士领导的奴隶起义军的故事。[1] 起义军曾两次击败罗马军团，但后来被克拉斯将军长期包围攻击，最终还是被征服了。电影中，克拉斯对数千名斯巴达克斯起义军幸存者说："你们曾经一直是奴隶，你们还要再次成为奴隶。但是，罗马军团会大发慈悲，免去你们原本应当受到的刑罚。而你们只需要做一件事，就是把奴隶斯巴达克斯交给我，因为我们不认识他。"

停了很长一段时间，斯巴达克斯 [柯克·道格拉斯（Kirk Douglas）饰演] 站起来说："我就是斯巴达克斯。"他身边的另一个奴隶随即也站起来说："不，我是斯巴达克斯。"不到一分钟，所有奴隶起义军战士都站了起来。

不管这个故事是真是假，它揭示了一个深层道理。当每个奴隶站起身来时，就意味着他选择了死亡。然而，他们对斯巴达克斯军队的忠诚,并不是针对斯巴达克斯个人的。这种忠诚是针对斯巴达克斯所激发的共同愿景——即他们可以成为自由人这一理想。这个愿景是如此具有吸引力,以至于没有一个人能忍心放弃它,而重新沦为奴隶。

共同愿景不是理念,甚至不是重要的理念。相反,它是人们内心的愿力,一种由深刻难忘的影响力所产生的愿力。它的起始,的确可能受到理念的激发,但是,一旦它得到进一步发展,比如形成足够的吸引力,征得两人以上的支持,那它就不再是抽象的东西了。这时它成了明确而可触知的东西。大家开始看到它似乎真的存在了。人间几乎再没有什么比共同愿景更有力量的了。

在最简单的层面,共同愿景是对下面问题的回答——"我们想要创造什么?"个人愿景是人们在自己头脑里的图景和画面,而共同愿景则是整个组织中的人们内心的图景。这样的图景让组织有一种共同性,它贯穿整个组织,从而在其各式各样的活动中保持一种连贯性和一致性。

当我和你心中有一幅相似的图景,并且各自都承诺一起将之保持,而不只是个人自己持有,这个图景就成为真正共同的愿景了。当大家拥有真正的共同愿景时,彼此之间就相互沟通了,并且被一种共同的热望和抱负凝聚在一起。个人愿景的力量来自自身对愿景的深度关切,共同愿景的力量则来自一种共同的关切。实际上,我们认为,人们想寻找共同愿景的原因之一,就是期望在重要的事业上找到沟通和共鸣。

对学习型组织而言,共同愿景是至关重要的,因为它是学习实践的焦点,也是其动力来源。适应性学习没有愿景也可以进行,但是,生成性学习则只有在大家为真正关切的事业而努力时,才能发生。实际上,在大家对真正想成就的愿景唤起兴奋和激情之前,生成性学习以及有关扩展创造性能力的所有说辞,就只是个抽象的概念而已,没有什么实际价值。

在今天的企业领导中,"愿景"是个大家都很熟悉的概念。但是,如果认真追究起来,大多数"愿景"是某个人(或某个团体)强加在组织之上的愿景。这种愿景最多只能带来强制性顺从，绝对不能激发奉献和承诺。共同愿景是大家真正承诺投身的愿景，原因是它代表了大家个人的愿景。

共同愿景为什么关系重大？

很难设想没有共同愿景，能够建成美国电话电报公司、福特公司或苹果电脑公司这样的企业。西奥多·韦尔（Theodore Vail）的愿景是普及电话服务，历经50年后这个愿景才变为现实；亨利·福特的愿景是让平民大众，而不只是富人，拥有自己的汽车；史蒂夫·乔布斯（Steve Jobs）和史蒂夫·沃兹尼亚克（Steve Wozniak），以及苹果公司的其他创始人，看到了电脑对提高人的能力和权益方面所具有的潜力。同样，我们也很难想象，日本小松公司[Komatsu，在不到20年的时间里，从原来只有美国卡特彼勒（Caterpillar）叉车公司三分之一的规模，成长到与之并驾齐驱]、佳能公司[同样在20年左右的时间里，从名不见经传到与美国施乐公司争霸全球复印业市场]，或者本田公司，在没有实现全球成就愿景的指引下，就能如此迅速地发展起来。[2] 其中最重要的是，这些个人的愿景变成了公司各级员工真正的共同愿景——由此凝聚了数千人的能量，并且在背景极其多样的员工中创造了共同的认同感。

许多共同愿景都是外在的，即关注于相对于外部，比如竞争对手，而实现成功的业绩。然而，目标局限在击败对手，总会是暂时的。一旦愿景目标实现了，就会很容易滑向防卫心态——"保住已有的，不要失去我们第一把交椅的位置。"这类防卫性目标，很难激发创造力和创新激情。一个武术大师不会仅仅注重于"击败所有对手"，而是专注于自己"卓越"境界的内在标准。这不是说，愿景不是内在的，就是外在的。两者可以共存。但是，只依赖外在愿景，以击败对手为唯一目的，就会妨碍组织的长期发展。

京都陶瓷的稻盛和夫恳求员工"内省"，以发现自己内心的标准。他认为，公司在追求业内领袖地位时，目标可以是比别人"更好"，也可以是业界"最好"。但是，他的愿景是让京都陶瓷达到"完美"，而不仅仅是"最好"。(请注意，稻盛和夫运用创造性张力原则的方式——"愿景是什么并不重要，重要的是愿景能做什么……")[3]

共同愿景，特别是有内在深度的愿景，能够激发人们的热望和抱负。由此，工作就成为追求有更大价值的志向目标的过程，而公司组织的产品和服务则具体体现了这种志向目标——帮助提高学习能力的个人电脑，帮助世界各地沟通的通用电话服务，或者提高自由出行交通便利的私家车。这种更大价值的志向目标，还可以在公司组织的精神氛围和文化风格上得到具体体现。赫尔曼-米勒家具公司的前CEO帝普雷说，他对公司的愿景是"献给人类精神的礼物"——这不仅限于公司的产品，还包括公司的雇员、组织氛围，以及公司对高效而又有美感的工作环境的更大承诺。[4]

愿景能够振奋精神，焕发生气，扩张激情，从而能够提升组织，使之超越平庸。一位经理说："不管竞争问题或内部问题有多大，我一走进大楼，就总会感到精神重新振作起来——因为我知道，我们所做的事真正关系重大。"

在公司组织里，共同愿景会改变大家与公司的关系。公司不再是"他们的公司"，而变成"我们的公司"。通过共同愿景，原来互相不信任的人可以走向第一步合作。共同愿景会带来共同的认同感。实际上，公司组织所共享的志向目标、愿景，及其实践的价值观念，构成最基本的组织共同特征。心理学家亚伯拉罕·马斯洛（Abraham Maslow）晚年曾经研究过高效团队，发现其最突出的特征是共同愿景和志向目标。马斯洛曾这样描述他所观察的出色团队：

> 其工作任务不再与个人的自我相分离……相反，团队成员与其

工作任务深度认同，以至其个人自我的界定必须把其工作任务包含在内。[5]

共同愿景很自然地给大家带来勇气，而大家甚至并未意识到这种勇气的分量。勇气就是在追求愿景的过程中敢于承担任何必要的任务。1961年，肯尼迪把美国航天计划领导者多年形成的愿景清晰地表述出来：在20世纪60年代末之前实现人类登月。[6]而这一清晰的表述导致无数勇敢而无畏的行动。60年代中期，一个现代版的斯巴达克斯的故事在麻省理工学院德雷伯实验室（Draper Laboratory）上演。在航天员搭乘阿波罗号登月的惯性导航和制导系统研制方面，德雷伯实验室是美国宇航局的总承包。项目进行好几年以后，实验室领导者们发现他们最初的设计指标是错误的。这足以成为一件很难堪的事，因为他们已经花掉了几百万美元的经费。但是，他们没有用偷工减料的方法尝试应急方案，而是建议宇航局撤销项目，重新开始。他们这样做风险很大，不仅可能丢掉项目，还可能失去名声。但已经别无选择。他们存在的全部意义都体现在那个简单的愿景中——在60年代末之前实现人类登月。为了实现愿景，他们敢于承担任何必须做的事。

20世纪80年代，整个小型计算机产业都追逐在IBM的个人电脑路线，而苹果电脑公司则坚持了自己的愿景，即电脑要让人能直观地理解，要让人有独立思考的自由。在这个过程中，苹果公司拒绝了"肯定能成"的机会，即成为"克隆"个人电脑的领先制造商。尽管没有达到各家克隆制造商的销售量，苹果MAC电脑不仅适用简易，还使个人电脑的"直观性"和"趣味性"成为优先选项，后来逐步成为所有操作系统在界面显示和使用感觉方面的产业标准。

没有共同愿景就没有学习型组织。没有真心渴望的目标，大家没有奔头，维持现状心态的影响力就会压倒一切。愿景能够帮助建立支配一切的总目标。这种目标的崇高和庄严，会带动新的思考方法和行为方式。共同愿景还像方向舵，当学习实践过程产生偏离、问题和压力时，它会纠正航向。学习实践很艰难，甚至十分痛苦。而我们有了共同愿景，就更有可能敞开心怀，暴露自己的思想方法，放弃深层成见，认识个人和组织的缺点。所有这些磨难，与我们所追求和创造的重要目标和未来相比，就显得微不足道了。如罗伯特·弗里茨所说："在伟大面前，渺小消失了。"而伟大梦想的缺失，将导致小人之道盛行。

共同愿景能够激励大家勇于承担风险，勇于探索和实验。当大家专注于愿景时，常常不知道从何处入手。于是就开始尝试实验、反复探索，一切都是实验，但目标绝无含糊不清。大家都十分清楚为什么作这些实验。没有人要求"得保证这样做能成"。大家都知道没有把握，但还是义无反顾地投入。

共同愿景最终能够拨开管理实践中的一层主要迷雾，它总是阻碍实现系统思考的努力："如何才能培育长期的承诺、奉献和行愿？"

多年来，系统思考专家力图说服经理人：如果不专注于长期目标，就会陷入麻烦。我们就曾极力劝导经理人，许多干预措施会有"先好后糟"的结果，"转移负担"的动机倾向会导致应急性的表面症状处理，如此等等。然而，我们发现很少有人能完成持久的转变，去针对长期目标有持续的承诺和行动。我个人觉得，我们的失败不在于我们说服力不够，或者证据不充分。试图用理性的方法去说服人类采取长远观点，也许根本就行不通。人类要采取长远观点一定是出于其志愿，即人们想这样做，而不是被要求必须这样做。

在人类活动中，每一个有长远观点指导实践的例子，背后都有一个长期愿景在起作用。中世纪大教堂的建造者们花一辈子时间劳作，而劳作成果则要等到未来100年以后才能显现。日本人认为，建设一个伟大的组织就像一棵树的成长，需要25~50年的时间。家长们努力教育孩子，在人生价值和处世态度方面打好基础，为的是孩子成年以后20年的未来。所有这些例子中都有一个愿景，它只能在很长时间以后才能实现。

企业战略规划本应是进行长期思考的堡垒，然而却经常被短期和反应式思考所主导。伦敦商学院的加里·哈默尔（Gary Hamel）和密歇根大学的 C. K. 普拉哈拉德（C. K. Prahalad）是当代战略规划评论家，他们的声音最清晰有力：

> 战略规划工作花了钱，原本是要找到更加有未来导向的方法。然而，如果追问起来，大多数经理人会承认，他们的战略规划更多的是关于今天的问题，而不是明天的机遇。[7]

典型的战略规划只注重对市场机会、公司资源状况、竞争对手的优缺点等做出详尽分析，而忽略了一个关键问题，即如何形成更长期的行动计划——用哈默尔和普拉哈拉德的话说，就是建立"一个值得投入和奉献的目标"。

尽管企业组织学习对愿景方面的工作给予很多关注，愿景还是常常被看成一种神秘的、不可控的力量。有愿景的领导者是让人狂热崇拜的英雄。"如何找到愿景"这个问题的确没有现成的公式和方法，但还是存在建设共同愿景的原则和指南。建立个人愿景正在成为一种修炼，而建设共同愿景的修炼也有了一些实际工具。这项修炼从自我超越修炼的原则和领悟中延伸出来，进入集体志愿和共同的承诺与奉献的世界。

建立共同愿景的修炼

激励个人愿景

共同愿景是从个人愿景中结晶浮现出来的。只有这样，共同愿景才能产生出力量，培育出奉献精神和承诺投入的行愿。汉诺瓦保险公司的奥布赖恩说："你的愿景不是关于什么对我很重要。能够激励你的唯一愿景，就是你自己的愿景。"这并不是说，大家都只关心自己的个人利益——实际上正相反，个人愿景通常包括家庭方面、组织方面、社区方面，甚至整个世界。那么，奥布赖恩强调的是什么呢？是个人的关怀。它植根于个人的价值、个人关心的事，以及个人的愿望和志向。这就是为什么说，对共同愿景的真正关切来自个人愿景。但很多领导者忘记了这一简单事实，而去要求他们的组织机构，在明早之前拿出一个共同愿景！

要建立共同愿景的组织，就应该不断激励组织成员去开发个人愿景。如果大家没有自己的个人愿景，就只能"报名加入"别人的愿景。结果只有顺从，而不会有奉献和行愿。相反，大家都因为很强的个人志向而走到一起，产生有力的协同效益，以成就"我，或者我们，真心愿望的"未来。

因此，自我超越修炼就是共同愿景开发的基础。这就不仅包括个人愿景，还包括对真相的承诺，以及创造性张力等这些自我超越修炼的特征内容。共同愿景会增加创造性张力，可能大大超出个人舒适习惯的水平。能够"支撑住"这种张力的人，就会对实现崇高愿景有较大的贡献：保持清晰的愿景，同时不断探寻现实。由于亲身经历着这种力量，这些人便能深信自己创造未来的能力。

在激励个人愿景的时候，组织务必小心，不可侵犯个人自由。第8章"自我超越"曾讨论过，没有人能够赠予别人"他的愿景"，也不能强迫别人开发愿景。但是，可以采取正面措施来创造一种氛围，以利于激发个人愿景。最直接的方法，就是有愿景的领导者以这样一种方式和员工沟通和分享，即在分享自身愿景的同时鼓励大家分享各自的愿景。这就是有远见和想象力的领导艺术——也是如何从个人愿景出发建设共同愿景的艺术。

从个人愿景到共同愿景

个人愿景如何整合成共同愿景呢？这里，全息摄影（hologram），即用不同的相干光源相互干涉而形成三维立体图像，是个有用的比喻。

如果把普通照片切成两半，每一半都只有整个图像的一部分。但是把全息相片切开，每一半还都显示整个图像。你不断去切分全息照片，不管切到多小，每一片都仍然显示整体。一组人分享对组织的愿景时也类似，每个人都看到自己心中对组织的最佳图像。每个人分担着对整体的责任，而不只对自己的那部分负责。但是，全息照片被切碎的各个组成"部分"并不完全一样。每一片都从不同的角度展现整体图像，就好像从遮光窗户开出的不同小孔里观察，每一个孔都会从不同的视角看到整体。个人对整体的愿景也与此类似：每个人都从自己的角度，用自己的方法，看更大的共同愿景。

如果再把全息照片的各个切碎部分放到一起，整体的图像不会有根本变化；因为它原本就在每一个碎片里。它只不过变得更加清晰逼真。大家在一起分享共同愿景时，愿景也没有发生根本改变。但它会更有活力、更真实，因为这个心中的未来现实，现在大家真正感到能够实现了。大家有合作伙伴了，有"共同创造者"了，愿景不再由自己单独承担了。以前，在培育个人愿景时，大家可能说这是"我的愿景"。而现在有了共同愿景，它既是"我的愿景"，同时也是"我们的愿景"。

建设共同愿景修炼的第一步就是放弃传统观念，即认为愿景总是从"高层"宣示的，或者从组织的正规计划工作中来的。

在传统等级体制的组织中，没有人会质疑，愿景是从上面发布的。情况往往是，指导公司方向的大局观甚至从不被分享——大家需要知道的就是"出发命令"，执行任务，以实现大局目标。

这种传统的从上至下的愿景，与近年来流行的程序没有多大区别。高管层关起门来写出的愿景宣言（vision statement），还经常有咨询师协助。这种做法可能有助于解决士气低落，或者缺乏战略方向的问题。这个过程有时是以反思为主，有时包括对公司竞争对手、市场情况以及组织优缺点的详尽分析。不管怎样，结果经常都令人失望，原因包括几点。

首先，这种愿景是一次性愿景，是公司战略的一锤子买卖：一次性提出具有指导性的总方向和总体意图。愿景宣言一经完稿印刷，管理层就假设自己现在已经履行了愿景工作的职责。我在创新伙伴公司的一位同事，最近向两位经理人解释我们的团队如何建设愿景。没等他说几句，两位经理人中的一位就打断说："我们已经做过这个了，我们已经写出了愿景宣言。""很有意思，"我的同事问，"那么，你们写了什么？"那位经理人转身问另一位："乔，愿景宣言在哪儿来着？"写出愿景宣言可以成为共同愿景建设的第一步，但是，只有宣言还很难让愿景在组织中产生生机活力。

其次，高管层关起门来写出的愿景宣言，并没有植根于大家的个人愿景。在寻找战略愿景时，个人愿景常常被完全遗忘。或者，这种官方愿景只反映一两个人的个人愿景。各级员工没有机会参与探寻和测试，大家没能理解，也不能"认领"和拥有这种愿景，把它变成自己的东西。结果，这种新的官方愿景也不能激发热情活力和奉献精神——它根本无法鼓舞人心。实际上，有时甚至在写完愿景宣言的高管团队内部，也很少产生激情。

最后，愿景不是解决问题的方案。假如把它看成是解决问题的方案，如士气低落或战略方向不明，那么，"问题"解决以后，愿景的能量也就消失了。愿景建设必须成为领导者日常工作的核心内容，不断进行，永无止境。它实际是全部领导活动的一部分：设计并培育企业所从事事业的"主导理念"（governing ideas）——不仅包括愿景自身，还包括志向目标和核心价值。

有时候，经理人希望，共同愿景能够从公司战略规划过程中来。但是，正如大多数从上至下的愿景过程都会失败一样，大多数战略规划也不能培育真正的愿景。哈默尔和普拉哈拉德认为：

> 创造性的战略思考很少来自年度规划程序。下个年度战略起点，几乎总是今年的战略。改进是逐步累积式的。公司离不开自己

熟悉的领域和范围，即使真正的机遇可能就在别处。佳能公司进入个人复印机业务的推动力，来自海外销售子公司——而不是来自日本本部的规划专家们。[8]

这并不是说，愿景就不能来自高层，愿景恰恰经常来自高层。但是，有时会来自另一些人的个人愿景，而他们并不在权位上。有时候，愿景还会从许多不同层面的人的相互交往中"冒出来"。愿景的源头其实并不重要，它得到分享的过程才是关键。在与整个组织员工的个人愿景相联系和沟通之前，愿景还不是真正的"共同愿景"。

处于领导地位的人必须记住，自己的愿景仅仅只是个人愿景。这一点很重要。仅仅出于领导地位，并不意味着你的个人愿景就能自动成为"组织的愿景"。有时我听见领导们讲"我们的愿景"，就知道他们讲的其实是"我的愿景"。由此，我会想起马克·吐温的话：官方正式场合的"我们"，应该留给"国王以及带寄生虫的人"专用。

想建设共同愿景的领导者，最终还必须不断分享自己的个人愿景，而且还要准备问一个问题，即"你愿意跟随我吗？"这可能是件难事，因为领导已经在全部职业生涯中养成习惯——制定目标然后简单地宣布执行。所以，去寻求支持就会显得很脆弱。

约翰·克里斯特（John Kryster）是一家领先家用产品公司旗下一个大型分公司的总裁，他的愿景是让子公司成为行业优秀企业。这个愿景要求不仅生产出优秀的产品，而且还要以比别人都更有效的方式向"客户"（零售商）供货。他设想了一个独特的世界范围的分销系统，只用以往一半的时间就可以把产品送到客户手上，而成本却只是通常的损耗与重复运货成本的一小部分。他开始和其他经理、生产部门、分销部门和零售商客户谈这件事。大家好像都很热情，但是同时指出，他的许多想法将无法实现，因为与母公司的许多传统政策相矛盾。

克里斯特还特别需要产品分销经理哈丽·苏利文（Harriet Sullivan）

的支持,她在公司的矩阵型组织结构(matrix organization)中虽然与克里斯特平级,但资历多15年。克里斯特准备了详细的演示材料,要向她证明新分销概念的价值。然而,克里斯特的每一个数据支持,都遭到苏利文的反驳。演示结束后,克里斯特也觉得怀疑者可能是对的。

然后,克里斯特设计了只在一个局部地域市场测试新分销系统的方法。这样做风险要小,他会得到当地零售连锁店的支持,他们特别热情地接受了这一新概念。但怎么和苏利文说呢?他直觉认为不应该告诉她。不管怎样,他有权自己进行实验,用他自己的分销人员就行了。不过,他又很重视苏利文的经验和判断。

仔细考虑一星期以后,克里斯特又去找了苏利文,争取她的支持。不过,这次他没带演示材料。他就对她说,为什么他认为这个新想法能行,如何借此和客户形成新的合作关系,以及怎样用低风险的方法测试这个想法。令他吃惊的是,那位强硬的分销经理,竟开始帮助他设计实验。"你上周来是要说服我,"哈丽说,"这次,你愿意测试你的想法。我仍然认为你的这个想法是错误的。但我看到你真心在做。所以,谁知道呢,没准儿我们能学到什么。"

那是很多年前的事。今天,克里斯特的创新分销系统,得到母公司大多数部门在全球范围的应用。这个系统显著降低了成本,还成为母公司与零售连锁商更大战略联盟的一部分。

愿景发起于组织的中层,较之发起于上层,其分享和聆听的过程情况基本相同,但可能要花更长时间,特别是如果愿景蕴涵着与整个组织的关联和影响作用。

组织咨询师查理·基佛(Charlie Kiefer)说:"尽管愿景能激发热情,但建立共同愿景的过程并不迷人。熟悉共同愿景建设的经理人,都用普通的词汇描述这个过程。'谈论我们的愿景'只不过变成了日常生活的一部分。大多数艺术家也对艺术创作的过程,没有多大的兴奋。他们只对结果感到兴奋。"用奥布赖恩的话说,"一名有想象力和远见卓识的领导者，不是只作演讲，激励部属。我一天中做的事和其他高管没什么不同。一名有想象力和远见卓识的领导者，就是在保持心中愿景的同时，解决日常的问题"。

真正被分享的愿景，是需要时间才能浮现出来，它是大家个人愿景交流沟通过程中成长出来的副产品。经验表明，真正被分享的愿景，需要不断的沟通，大家不仅要自由表达梦想，还要学会如何聆听对方的梦想。从这种聆听中，新的洞见、新的可能性，才能逐渐浮现出来。

聆听常常比说话表达更难，对意志力超强、凡事都有明确想法的经理人而言，尤其如此。聆听要求有非同寻常的开放心胸，愿意理解各种各样的想法。这不是说必须牺牲我们对"更大事业"的愿景。相反，我们必须允许多种愿景共存，聆听所有个人愿景，以找到超越和整合各种愿景的最佳行动路线。正如一位非常成功的 CEO 所说："我的工作，从根本上说，就是聆听组织想说什么，然后确保把它明确有力地表达出来。"

愿景的推广：加入、顺从和投入[9]

对当代经理人来说，没有什么话题比奉献和承诺投入更要紧的了。研究表明，多数美国人承认，美国公司员工的奉献和承诺投入水平很低。而另一方面，传说中的外国竞争对手则有很强的奉献精神和承诺投入的员工。这样就刺激美国经理人转向"承诺投入的管理""高奉献工作系统"以及其他各种方法。然而，在今天的组织机构里，真正的奉献和投入，还是极其罕见的。根据我们的经验，90% 以上被认为是奉献投入的，其实只是顺从。

今天，我们常常听经理人说，要让员工"相信"愿景。我担心，多数情况下这就是一个兜售：我卖，你买。但是"兜售"和"报名加入"有天壤之别。"兜售"一般是指哄骗别人做事，是如果人家掌握全部事实信息，就不会去做的事。相反，"报名加入"，直接意思是"把名字登记在花名册上"，它是个自主选择的过程。而"被兜售"就常常不是自主的选择。

用基佛的话说，"报名加入是通过选择加入某事的过程"。当你不仅报名加入了，并且感到对实现愿景负有全责，那你就"承诺投入"了。我可能彻底被你的愿景吸引，报名加入了，而且，真心希望你的愿景变为现实。然而，那还是你的愿景。如果需要时，我会采取行动，但是，我不会没事就思考下一步要做什么。

例如，人们常常出于真心的愿望，报名加入一项社会事业，比如，纠正一种特定的社会不公。他们每年捐款一次，帮助筹集资金。但是当他们"承诺投入"时，那项"事业"就可以依靠他们了。他们就会为实现愿景去做任何需要做的事。愿景吸纳他们去行动了。有人用"成为资源"来形容承诺投入的人所带来的创造愿景的特殊能量。

当代大多数组织中，很少有报名加入愿景的——承诺投入就更少了。大多数人处在"顺从"的状态。"顺从"，追随，跟着愿景走，让做什么就去做什么。在一定程度上，他们支持愿景。但不会真正报名加入，或承诺投入。

顺从常常会与报名加入和承诺投入相混淆。部分原因是，顺从在如此长的时间里一直是大多数组织中流行的状态。我们已经不知道如何辨认什么是真正的承诺投入了。还有一个原因，即顺从有好几个层次，有些会导致一些行为，与报名加入和承诺投入的情况很像。

对愿景的几种态度

承诺投入（Commitment）：想要、志愿实现愿景；创建任何必要的"法则"（构架）。

报名加入（Enrollment）：想要、志愿在"法则的内在精神"范围内做力所能及的事。

真心顺从（Genuine compliance）：看清了愿景的好处，会做任何分派做的事，而且会多做；遵守"法则的严格字义"，是"好兵"。

形式顺从（Formal compliance）：大体看清了愿景的好处，会做分派做的事，但不会多做；是"还不错的兵"。

勉强顺从（Grudging compliance）：看不清愿景的好处，不过还不想为它丢掉饭碗；分配做的事，不得不做，做得差不多就行了；并且还明确表示：他并不是真心合作。

不顺从（Noncompliance）：看不清愿景的好处，不愿做分派的事；"我不做这个，你不能强迫我做"。

冷漠（Apathy）：既不反对，也不赞成愿景；没兴趣，没干劲儿；"到下班时间了吧？"

现在美国大多数州的高速公路限速，都是每小时55英里或65英里。真心顺从的人从不超速驾车。形式顺从的人会超速5~7英里，因为大多数州不会在这个超速范围开罚单。勉强顺从的人，也会在这个超速范围内开车，但会不停地抱怨。不顺从的人，会把油门踩到底，并想尽办法躲避交警。而真正承诺投入限速的人，即使没有法定限速，他也会在规定的速度之内开车，不会超速。

在大多数组织里，大多数人对组织目标和基本规章，都处在形式顺从或真心顺从的状态。大家跟着"项目"走，诚心实意做出贡献。而处于不顺从或勉强顺从状态的人，通常很明显。他们反对组织目标或规章，其明确的表态方式，要么是通过无所作为，要么（如果是勉强顺从）是通过"恶意服从"："我会做的，但只为证明这行不通。"他们可能不会公开宣称反对公司的目标，但他们的观点大家还是都知道的（他们内心真正的态度，常常会留在厕所或酒吧里表达）。

这几种不同的顺从状态之间，有很微妙的差异。问题最大的是真心顺从状态，因为它常常与承诺投入或报名加入状态相混淆。典型的"好兵"，真心顺从，情愿做任何分派的事——"我相信开发愿景的人，我会尽一切力量做需要我做的事，以及其他更多的事。"处在真心顺从状态的人，自己也认为是处于承诺投入的状态。实际上他也是承诺投入了，但只是成为"团队的一分子"。

实际上，从工作表现上看，真心顺从的人和报名加入或承诺投入的人，常常是很难区分的。由真心顺从的人组成的组织，在效率和成本绩效方面，会比大多数组织强上万倍。要让大家做的事，不需要重复两遍去吩咐，就完成了。大家反应积极，态度乐观向上，行为举止得当，可能有时有点儿像出苦力的，但也不一定如此。假如高效员工是指主动积极做事，那他们也会有一样的表现。简言之，真心顺从的人会尽一切可能照规则办事，包括正式规章和潜在规则。

然而，顺从和承诺投入还是有巨大差别的。承诺投入的人会带来激情、能量和兴奋，而只有顺从，甚至是真心顺从的态度，是做不到这些的。承诺投入的人，不会循规蹈矩，他会对规矩本身负责。如果规矩妨碍愿景的实现，他会设法改变规矩。一群对共同愿景有真正承诺和投入的人，会产生一股令人敬畏的力量。

普利策奖得主，《新机器的灵魂》（*The Soul of a New Machine*）一书的作者特雷西·基德尔（Tracy Kidder），讲述了数据通用公司（Data General）产品研发团队的故事。一位天资出众的领导者组织了研发团队，要雄心勃勃地开发出一种新型计算机。当时商业环境情况危急，近于危机状态，而研发团队还是在惊人的短时间里拿出了突破性的计算机样品。几年后，我曾访问过书中的团队领导者汤姆·韦斯特（Tom West）及其团队成员，了解到他们的成绩是多么非凡优异。他们告诉我说，在项目的某一个阶段上，曾经有某种关键软件开发的进度滞后好几个月。于是，三名负责工程师一天晚上进了办公室，第二天早上才离开。那天晚上他们所完成的，从任何角度看，都值两三个月的工作量——没有人能解释他们是怎么做到的，但肯定不是顺从心态的结果。

那真心顺从与报名加入和承诺投入之间究竟有什么不同呢？答案很简单，也很有迷惑性。真正加入或投入的人，真心想要一个愿景。而真心顺从的人，只接受一个愿景；也许他们想要，但却是为了别的什么目的——比如，保住工作，或者让领导开心，或者得到晋级。他们不是真想要那个愿景本身，那不是他们自己的愿景（或许，至少他们不知道，那就是他们自己的愿景）。

对愿景的深度分享和高度渴望的投入，也许是个难以实现的目标。一家日常用品公司的执行副总裁，高度渴望把那个很保守的组织变为世界一流的竞争者，方法就是开发对一个新业务愿景的共同承诺投入。然而，经过一年多的努力，大家还是继续听从命令，领导盼咐干什么就干什么。

到此，他开始看到问题的深度。这个组织的员工在整个职业生涯里，从来没有被要求去承诺和投入任何事情。他们职业生涯所经历的，都是要求顺从。结果是，他们只会那样做，那是他们唯一的心智模式。不管他去说什么开发真正的愿景，或者真心投入，都没有关系，因为这些人只能以顺从心态的模式去听。

一开始意识到这一点，这位副总裁马上改变了策略。他问自己："大家可能承诺投入什么呢？"于是，他发起一个"福祉计划"，觉得如果有什么事大家可能承诺投入的话，那一定是他们自己的健康。过了一段时间，有些人这样做了。他们开始意识到，在职场也是有可能真正投入的。于是，大家对愿景的近距离"听力"通道就敞开了。

传统的组织不关心报名加入和承诺投入。命令和控制的等级体系只要求顺从。今天，许多经理人对承诺投入所产生的能量是否可控和可引导，仍然很担心，也很有理由担心。因此，我们会愿意安于顺从，而如果能把状态推向高水平的顺从境界，我们就会心满意足了。

加入和投入指南

招募和报名加入，是个很自然的过程。它既来自你对一个愿景的真正热情，还来自你愿意让其他人有自己的选择。

- **自己先加入**。你自己还没有加入，就没有必要招募别人加入。不然就变成"兜售"，而不是招募报名了。那样的结果可能最好的情况也就是一种肤浅的协议，以及顺从，而更坏的后果是种下日后仇恨的种子。

- **直截了当**。不要夸大利益，或者隐藏问题。愿景描述要尽量简明扼要、直截了当。

- **让对方选择**。你不必去"说服"对方，说愿景有多大利益。你试图说服对方的努力，实际上让人看到操控，反而阻碍对方加入。你越是愿意让对方自由选择，对方越感到自由。对下属这会很难，他们会条件反射般地认为必须跟从。但你还是可以帮助他们留出足够的时间和安全氛围，让他们自己开发对愿景的感受。

有很多时候，经理人需要顺从。经理人可能想要得到报名加入或承诺投入，但不能接受比形式顺从更糟的情况。如果是这样，我建议你坦白地说明："我知道你们可能不全部同意新方针，但这是管理层目前承诺投入的方向。我需要你们的支持。"公开你对顺从的要求，可以消除虚伪，也会让人更容易做出自己的选择，这可能逐渐包括报名加入。

许多经理人最难于接受的经验教训是，要想让别人加入或投入，你最终没什么可做的。加入和投入必须自由选择。上面的指南，就只是简单列出容易促成报名加入的条件，但不是一定会带来报名加入。承诺投入也是非常个人的事，努力强求的话，最好的情况也只是能得到顺从。

把愿景植根于指导性理念之中

建立共同愿景其实只是更大任务中的一部分。这种更大的任务包括：开发企业的主导理念，企业愿景、志向目标或使命，以及核心价值。与大家日常生活价值观相悖的愿景，不仅不能激发真正的热情，还会引起彻底的玩世不恭。

这些主导理念，要回答三个关键问题："是什么""为什么"和"怎样做"。

- 愿景回答"是什么"——我们追求创造的未来图景。
- 志向目标（或使命）回答"为什么"是组织对以下问题的回答："我们存在是为什么？"伟大的组织有更大的志向目标，超越以往仅仅满足股东和员工的需求。这样的组织会追求把自己变为一个独特的价值源泉，并用一种独特的方法为世界做出贡献。
- 核心价值（core values）回答如下问题："我们怎样做才能符合我们的使命，并从现实一路实现我们的愿景？"公司的价值可能包括：廉正道德、心胸开放、诚实可信、自由、机会平等、精益简洁、公德心、忠贞不渝，等等。这些价值描述公司在追求愿景的过程中，如何进行日常生活和行为。

这三个主导理念作为一个整体，回答"我们相信什么"这一问题。日本松下公司员工朗诵公司信条时，描述了公司的志向目标："认清我们个人的责任，培育进步，促进社会普遍福祉，投身世界文化的进步发展。"当他们齐唱公司的社歌时，他们宣示了公司的愿景："把我们的产品送往世界各地，永无休止，连续不断，就像泉水涌动常流。"而当他们参加内训项目，研讨"公正""和谐与协作""为进步而斗争""礼貌和谦让"以及"感恩"，员工们则在学习公司精心构建的价值观。（实际上松下把这些叫作公司的"精神价值"。）[10]

我深信，人类有真心的需要，成为一个崇高使命的一部分。但是，仅仅用语言描述使命或志向目标是不够的。许多使命宣言读起来好像"做苹果派与为母之道"，既十全十美，又万无一失。人们需要愿景来把志向目标变为具体的、看得见摸得着的东西。我们必须学会给我们将要建设的组织"描绘图画"。志向目标是抽象的,愿景可能是长期的。人们需要"导航之星",来为日常决策提供指引。但是,核心价值只有变为具体行为时才有意义。比如,开放性是个核心价值,它要求在相互信任和相互支持的总体环境氛围中,开发反思和探寻的技能。

正面愿景和负面愿景

"我们想要什么"与"我们想要避免什么"是不同的问题。这看似明白,但实际上负面愿景可能比正面愿景(positive vision)要更普遍。许多组织只有在遇到生存危机时,才能真正凝聚起来。它们把几乎全部精力都放在避免不想要的东西——被吞并、破产、失业、丢掉市场份额、收入下滑,或者"让竞争对手抢先推出下一个新产品"。在公共管理和领导领域,负面愿景甚至更普遍,当代社会不断受到"反毒品""反吸烟""反战"或"反核能"等诸如此类的负面愿景的冲击。

负面愿景的局限性有三点。第一,创新的能量被分散转移,去"防范"我们不想要的东西。第二,负面愿景带来一种微妙但又明确的无能为力的信息:我们大家其实并不真正关心。这种愿景只有在有足够的危险降临时,才能凝聚大家。第三,负面愿景不可避免的是短期的。组织激励只有在危机持续时才有效,一旦危机解除,组织的愿景和精力也就消失了。

激励组织的根本能量来源有两个:恐惧和愿望。恐惧的力量驱使负面愿景。愿望的力量驱动正面愿景。恐惧可以在短期内实现非凡的变革,而愿望则可以持续不断地成为学习和成长的源动力。

创造性张力与对真相的承诺

第 8 章中讲到,释放创新过程能量的关键,不在个人愿景本身,关键在"创造性张力",即愿景与现实两者之间的张力。最有战斗力的人,能够在"保持"其愿景的同时,持续投入对现实的清醒观察。

这个原则对组织也同样适用。学习型组织的标志不是飘浮于空中的可爱的愿景，而是不折不扣地情愿检查"现实状况"，又有愿景作对照。

比如，20 世纪 60 年代初 IBM 为追求一个大胆的愿景，进行了一系列非同寻常的实验：一个家族系列的计算机，可以把以前所有的计算机全部废掉。《财富》杂志一位专题作者写到，IBM 把"自己的财富、荣誉以及在计算机领域的领导地位"，都压到一个激进的新概念上：用一系列兼容的计算机，来满足最广泛的可能的应用需求，从最复杂的科学应用，到相对简单的商业需要。[11] 福雷斯特曾说，一个伟大的组织的标志，是"坏消息向上传播的速度有多快"。IBM 认识到错误，并从错误中学习的能力，对那个时期是至关重要的。最令人沮丧的错误之一，是早期高端计算机的一个尝试，即 1960 年推出的名为"扩展"（Stretch）的巨型机。1961 年 5 月，在这款机型销售没有几台之后，IBM 的 CEO 汤姆·沃森（Tom Watson）实际上就撤销了这个项目。（沃森把"扩展"的价格从 1 350 万美元几乎拦腰砍下，从而使这一产品的生产变得没有任何经济效益。）对他来说，没有别的选择了：巨型机没有满足客户的需要，它所达到的技术指标从未超过原来承诺的 70%。几天以后，沃森向一个业界小组坦言："我们在'扩展'巨型机上最大的错误，是我们登上了本垒，指向中外野看台，挥手击球，却发现不是全垒打，而是强劲平飞球，打到了界外。今后我们对承诺的事，必须要格外小心。"

他们的确格外小心了。很多人从"扩展"巨型机的经历中学到很多东西。在这些人的领导下，IBM 在三年后推出了大型主机 System/360，成为日后十年公司卓越成长的基础平台。

共同愿景与第五项修炼

愿景为何夭亡

许多愿景，尽管具有内在价值，却从未得到生根和推广。有好几个增长极限的模式会起作用，去阻碍新愿景得到发展势头。理解这些模式对持续开发愿景的过程会很有帮助。愿景的传播是因为不断增加的清晰度、热情、沟通和承诺投入，它们会相互加强，成为一种正反馈过程。随着大家交流沟通，愿景变得更清晰。而随着愿景清晰度的增加，大家对愿景带来的利益的热情也会提高。

很快，愿景的传播开始进入一个沟通和兴奋的正反馈。追求愿景的早期成功，提高了大家的热情（这是另一个潜在的正反馈过程，下图没有显示）。

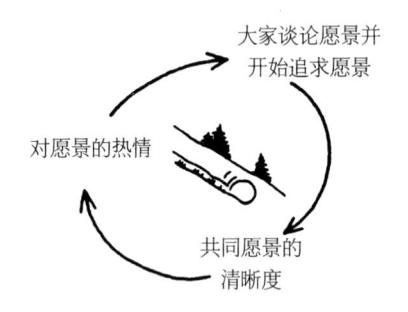

如果正反馈过程能够不受束缚地进行，它能使愿景传播给越来越多的人，并不断提高它的清晰度，增加大家共同的承诺投入。但也存在各种各样的限制因素，其中任何一种都有可能起作用，来减缓这种良性循环的正反馈过程。

随着愿景涉及的人越来越多，不同的观点可能会分散大家的集中关注，并引发无法控制的矛盾。如果发生这种情况，愿景就会夭亡。人们看到的理想的未来各不相同。对于逐渐浮现的共同愿景，不想立刻赞同的人是否必须改变自己的看法？他们是否必须认为，这个共同愿景业已成形，板上钉钉，不再有接受进一步的影响和改变的可能了？他们是否感到，自己的个人愿景根本无关紧要？如果以上这些问题有任何一个的回答为"是"，就会产生一系列愈演愈烈的意见分歧，报名加入的过程也会逐渐停止。

第 10 章 共同愿景

人们对愿景的热情不断提高的正反馈过程，遇到了不断增加的多样化、分歧和限制愿景传播的负反馈过程，形成两者相互作用，这是增长极限模式的经典结构。

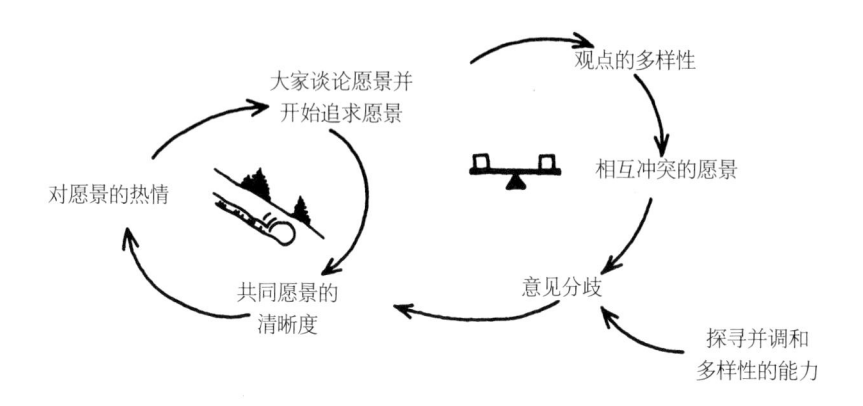

阅读这个负反馈环路图，请从最上端开始，依顺时针顺序：随着热情的高涨，越来越多的人在谈论愿景，结果意见分歧越来越大，最终，人们表述的不同愿景间已存在潜在的矛盾。如果有人不能容许他人表达不同的看法，就会加剧意见的分歧，降低共同愿景的清晰度，限制热情的增长。

在增长极限模式的各种结构中，要发现杠杆作用点，往往要通过理解限制因素、理解引发负反馈作用的隐性目标或规则。在上述例子中，探寻各种不同的愿景并发掘深层次共同愿景的能力（或这种能力的匮乏），就是我们所说的限制因素。愿景的多样性会不断发展，直到它超出组织机构的容量能力，无法"调和"这种多样性了。

要避开这个极限，最重要的是第 9 章"心智模式"中阐释的反思和探寻的技能。形成愿景的过程实际上是一种特殊的探寻过程，它探寻的是大家真正想创造的未来。如果开发愿景的过程变成了彻头彻尾的鼓吹宣扬，那它最多也只能带来顺从，而非承诺投入。

231

将愿景的形成看作探寻过程,并不意味着人们要舍弃自己的观点。恰恰相反,愿景的开发需要强有力的宣扬。正是那些在宣扬的同时能够探寻他人愿景的人,才使愿景的演进成为可能,并使愿景扩展和超越个人层面成为可能。这正是全息照相的原理。

实现愿景的过程会遇到明显的困难和障碍,大家可能因此失去信心,也可能导致愿景的夭亡。随着愿景的性质越来越清晰,它与现实的差距也越来越明显。大家可能感到气馁和沮丧,产生疑虑和悲观情绪,甚至讥笑挖苦,导致普遍的热情减退。"组织的沮丧情绪"(organizational discouragement)造成的增长极限模式如下图所示。

在这种模式中,限制因素是组织"保持住"创造性张力的能力。这是自我超越的核心原则。所以我们认为,自我超越是发展共同愿景的基石——组织如果不鼓励自我超越,就很难培育对高远愿景的持续的承诺投入。

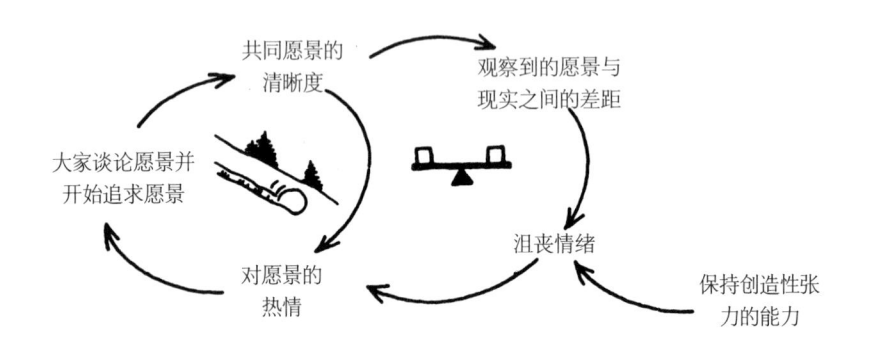

如果人们无法驾驭现实需求,失去对愿景的关注,也会使正在形成的愿景夭亡。在此情况下,限制因素是人们用于关注愿景的时间和精力。

在上述情境中,杠杆作用点必然在于减少用于应付危机和掌控现状的时间和精力,或者将探寻新愿景的人与应对现状的人分开。这很像是一种"臭鼬工厂"战略,即组织中的小团体私下探寻组织内部非主流的新想法。尽管这种做法经常是必要的，但它往往容易形成两个阵营，而且它们最终会两极分化，无法相互支持。

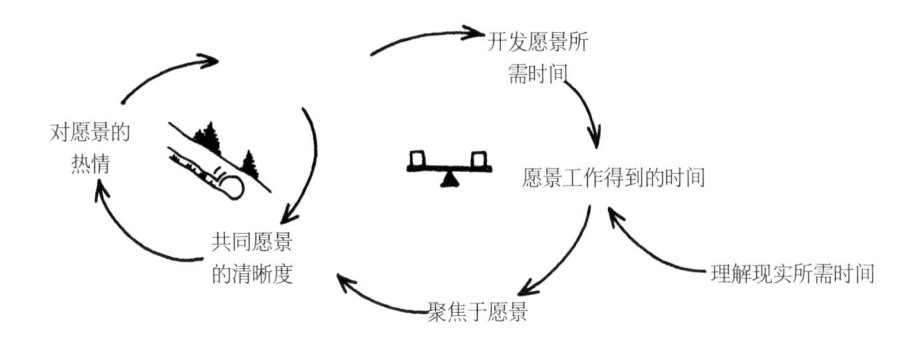

最后，当人们忘掉彼此间的连通性时，愿景也会夭亡。将发展愿景看作众人合力的探寻过程之所以那么重要，这也是原因之一。一旦人们不再询问"我们究竟想创造什么"，一旦大家开始宣扬官方的愿景宣言，组织中正在进行的交流以及从中培养的人际关系都会受到侵蚀。人们渴望建立连通关系，包括与更大的志向目标的联系及与他人的关联，这种渴望是共同愿景最深层的基础之一。连通性十分脆弱，我们一旦不尊重他人，不尊重彼此的观点，就会对它造成损害。于是，我们分化成了内部的人和外部的人，也就是愿景的"真信者"（或"忠实的信徒"）和"非真信者"。如果发生这种情况，为开发愿景而进行的交流，就再也不能激发对愿景的真挚热情了。

导致人们鼓吹劝诱而失去彼此间的连通感的，可能是时间或技能这两个限制因素。如果"登记加入"（sign up）新愿景非常紧急，人们可能根本想不到他们有时间彼此倾听交流。而如果人们没有足够的技能进行这种交流，在分享愿景时无法有效避免鼓吹劝诱、同时又勉励对方反思自己的愿景，那这种情况就尤其容易发生。

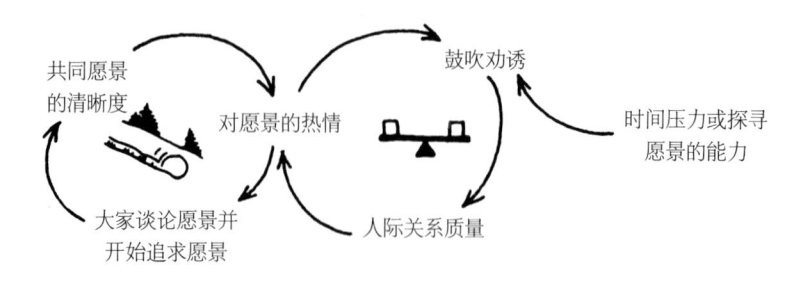

共同愿景的清晰度 → 对愿景的热情 → 鼓吹劝诱 ← 时间压力或探寻愿景的能力

大家谈论愿景并开始追求愿景 → 人际关系质量

遗漏的协同效益：共同愿景与系统思考

我认为，如果没有系统思考，建设共同愿景的修炼就会缺乏一个关键基础。愿景画出我们想要创造的未来图景。系统思考则揭示我们如何创造了我们的现状。

近年来，许多领导者都赶乘愿景时尚这班车。他们开发了公司愿景和使命宣言，他们努力让大家都报名加入愿景。然而，期望中的绩效和竞争力的提高却往往没有发生，这就让许多人对愿景和建立愿景的修炼产生了不满情绪。糟糕的阶段已经过去了，而新生儿却就要和洗澡水一起被泼出去。

问题不在于共同愿景本身，只要它是精心开发的愿景。问题在于我们对现实的反应倾向。只有在大家深信自己能够塑造未来时，愿景才能成为一种生机勃勃的力量。简单的事实是，大多数经理人没有亲身经历帮助创造现实的过程，因而他们无法看清自己如何能够帮助改变现实。他们认为，问题是由"外部的"或者"系统的"因素制造出来的。

这种态度很难被确实证明，因为在许多组织里，认为"我们不能创造未来"是个危险的看法，所以从未被承认过。有一个很是根深蒂固的观点，即好的经理人和领导者就应该积极主动，掌控自己的未来。如果有人公开质疑组织能否实现它想做的事，那他很快会被贴上"不合作"的标签，成为一个麻烦。

然而，这种"能做"的乐观信念，其实是一种反应式根本观念的外表虚饰。因为主导大多数组织的是线性思考，不是系统思考。事件主导的心态告诉人们，游戏的规则是对变化做出反应，而不是生发变革。事件主导的倾向会逐渐消灭真正的愿景，留下的只是空洞的"愿景宣言"，即那些不能深入人心的美好概念。

但是，随着组织成员开始学会观察现行的政策和行为是如何塑造了大家的现实，就会产生一种新的、更肥沃的愿景生长的土壤。一种新的信心来源出现了，它植根于对塑造现实的各种影响力的深度了解，从那里可以找到影响这些影响力的杠杆。我一直记得我们的研究项目中一家公司的经理，在参加"微世界"计算机模拟强化课程之后的反应。当被问起学习心得时，他回答说："我发现，我们目前的现实，只是好几个可能的现实中的一个。"

| 第 11 章 |

团队学习

协同校正的智慧潜力

篮球运动员比尔·拉塞尔在谈到他在波士顿凯尔特人队的经历时说:"(我们)是专业球队,和其他领域的专业团队一样,我们的业绩表现既要靠个人的优秀,也要靠我们合作的水平。我们的专长必须是互补的,这个道理没有人需要吃尽苦头才能理解,因为它是个简单明了的事实。我们都在努力寻找更有效的联手方法……在球场外,我们多数人按社会标准说都是古怪的——我们都不是那种与别人混在一起,改变个性去迎合别人胃口的人。"[1]

拉塞尔小心翼翼地解释说,它是一种不同的团队关系,而不是朋友关系,使他的团队表现出众。这种团队关系的经历是他运动生涯中最伟大的时光,超过任何个人的成功:"很多时候,凯尔特人队的比赛之热烈,超过身体上,甚至心智上的比赛,它如魔幻般不可思议,很难用语言表达。我可以肯定,在打球时我从未讲过这件事。这种经历出现时,我感到我打球的水平跃升到了新的高度……这种感觉不仅我有,不仅其他凯尔特人队员有，对方的球员也有，甚至裁判也有……在那个时候，各种奇怪的事情都发生了。比赛激烈地进行着，达到白热化，然而我一点儿也感觉不到任何竞争，这本身就是个奇迹……比赛进行得如此迅速，每个假动作、每个穿插和过人都出人意料，然而，这些都不能让我感到惊异。我们那时仿佛处于比赛影片的慢动作放映中。在那段魔力时刻，我几乎可以感觉到下一轮比赛会怎么打，下一次投篮会在什么位置……对我来说，关键是两支球队都必须处于巅峰竞技状态，处于竞争和求胜愿望之中……"

拉塞尔所在的凯尔特人队（13年中11次成为NBA总冠军）展示的现象，我们称之为"协同校正"（alignment），这是指在一组人群中出现一个整体功能的现象。大多数团队中，个人的能量有不同的目标取向，相互交叉甚至矛盾。如果要画出这样的团队，各个成员凑在一起，各有不同程度的"个人影响力"（完成意向成果的能力），向不同的生活目标和方向使劲儿，就会如下图中所示的情况：[2]

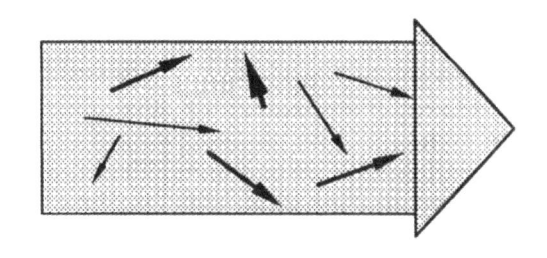

相对缺乏协同校正的团队，其基本特点之一就是浪费精力。团队中的个人可能都非常努力工作，但他们的努力不能有效地转化为团队的绩效成果。相反，如果团队做好了协同校正，就会出现在大家方向上的共同一致，大家的精力和能量也会得到融合与协同，减少了损耗。一种共鸣或协同实际开始出现时，就像激光的"相干"光，而不是灯泡的不相干的散光。在志向目标、共同愿景以及对如何互助互补的理解等方面，都出现协同一致。团队中的个人，并没有为了团队的更大愿景而牺牲个人利益，相反，共同愿景成了他们的个人愿景的延伸和扩展。其实，要在授予个人权力的同时提高整个团队的能力，必要条件就是协同校正。在协同校正水平较低的时候，授予个人权力的做法会加剧混乱局面，使团队的管理更加困难：

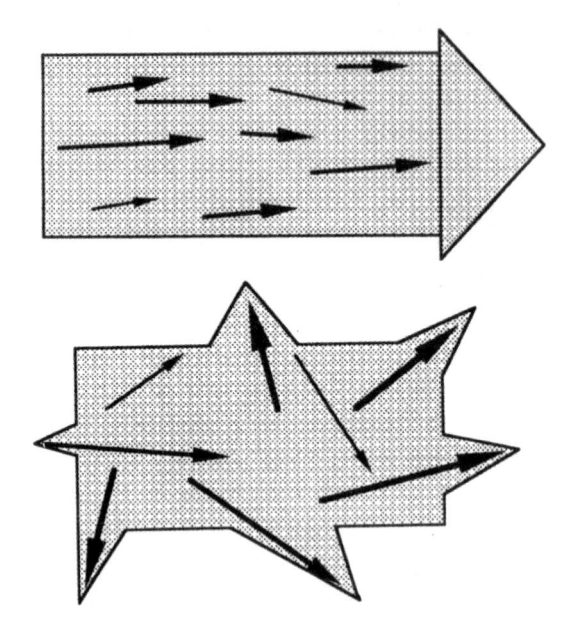

爵士乐演奏家们理解协同校正。他们有一个说法，叫"最精彩的状态"（being in the groove），是演奏小组处于"演奏如一人"的状态。这类经历很难用语言表达——爵士乐演奏家们用近乎音乐的语言来描述："音乐从你那里流过，而不是从你那里流出。"虽然难以用语言描述，但一点儿也不会影响这些经历的明确性和实在性。我曾和许多经理人交谈，他们参与过的团队曾有过类似这种水平的高超表现。他们会回忆，历时数小时的会议就好像"飞过"似的，记不起"谁说了什么，但知道我们真正达成了共识"，而且"没有投票表决的必要——就是达到了一种境界，我们都知道需要做什么了"。

团队学习是协同校正的过程，是开发团队能力的过程，这种能力会创造团队成员真正想要的成果。团队学习要在开发共同愿景的基础上完成,此外,它还要依赖自我超越的修炼,因为有才能的团队要由有才能的个人组成。但是,仅仅有共同愿景和才能还是不够的。世界上有很多团队,它们都有才华出众的成员,也在一段时间里分享同一个愿景,却在学习实践中落败了。伟大的爵士乐队有天才,还有共同愿景(尽管他们不一定谈论它),但真正的关键是,成员们知道如何一起演奏。

学会团队学习,对当今组织机构来说有着前所未有的重要性。不管是管理团队,还是产品开发团队,还是跨界的特别功能小组,团队——或者用德赫斯的话说,是"为了行动而相互需要的人们"——正在成为组织机构中的关键学习单元。这个原因很简单:几乎所有重要决策,现在都由团队来完成。有时是由团队直接做决策,有时是需要团队把个人决策变成行动。从某种程度上说,个人学习与组织学习是不相干的。个人学习无时不在,但是组织学习却不一定发生。如果团队能够学习,就会成为整个组织中学习实践的微系统。团队学有所得,付诸实践,开发技能,并将其传播到其他个人和团队(虽然并没有人保证一定能传播出去)。团队的成果可以成为样板,为整个组织一起学习建立标准,定下调子。

在组织内部,团队学习有三个关键方面。第一,对复杂问题要有深入的思考和明晰的理解。这里,团队必须学会如何挖掘个人的思想潜力,以超越个人的心智。这说来容易,但组织中有很多强大的影响力会使团队的智能低于个人智能,而不是高于它。这类影响力中,有许多都在团队成员的直接掌控之下。

第二,需要有创新的、协调的行动。体育冠军团队和伟大的爵士乐队是一种比喻,它揭示了自发而协调的行动的特征。出色的团队也会开发出同样的人际关系——一种"操作信任"(operational trust)关系。每个团队成员都保持对其他成员的清晰意识,行动中相互依赖,互助互补。

第三，团队成员对其他团队起作用。例如，高层团队的大多数行动，实际上由其他团队完成。所以，"学习型团队"（learning team）要不断通过广泛传授团队学习的技能和实践方法，来培育其他团队的学习实践。

团队学习是一项集体修炼，尽管它包含个人技能和理解力。因此，如果说作为个人的"我"掌握了团队学习的修炼方法，是毫无意义的，就像说"我掌握了伟大爵士乐队的演奏技能"一样。

团队学习修炼，包括深度汇谈和商讨的（discussion）实践艺术，这是团队交流的两种独特的方法。在深度汇谈中，对复杂和微妙的问题，要有自由的、创造性的探讨，要悬挂或临时忘记自己的观点，相互深度"聆听"。相比之下，在商讨中，不同的观点都摆出来，得到阐述和辩护，同时寻找最佳观点，支撑眼下必须做出的决策。深度汇谈和商讨可以互补，但大多数团队无法区分它们，无法在两者之间进行有意识的转换。

妨害团队进行有效深度汇谈和商讨的强势影响力是存在的，团队学习修炼必须学会如何创造性地面对这些反对力量。这些反对力量的主要表现之一，是阿吉里斯所说的"习惯性防卫"，即保护我们自己和他人不受窘迫威胁的习惯做法。但这些做法同时也妨碍着我们学习。例如，团队成员在面对冲突时经常是"平息"纠纷，或是用毫无遮拦、"成王败寇"和高声混战的方法来"大胆说出"意见——我的同事比尔·艾萨克（Bill Isaacs）把这称作"抽象战争"（abstraction war）。然而，阻碍学习的习惯性防卫同时也蕴涵着很大的促进学习的潜力，前提是要学会如何把它释放出来。第9章所讲的探寻和反思技能，可以用于释放这种潜力，以给深度汇谈和商讨聚焦能量。

系统思考尤其容易引起习惯性防卫，因为其核心思想就是自己的行动创造现实。从系统的角度来看，问题来自我们自己的政策和策略，即来自"我们自己"，而不是来自我们无法控制的外力。因此，团队不一定愿意从更系统的观点看待重要问题。我曾遇到不少这种情况，团队认为"我们已经做了系统思考"，宣示了一套系统观点，但并不付诸实践，或是固执地认为"我们没有什么办法，只能去应付这些问题"。这样一来，他们就能成功地回避责任，不用认真探查自己的行动如何引发了自己正在努力应付的问题。与其他分析方法相比，系统思考更要求成熟的团队去开发能力，以深入探寻复杂的、冲突性的问题。

最后，团队学习如同其他所有修炼，需要实习和演练的过程。这正是现代组织团队缺乏的。没有彩排，如何能成就一场伟大的交响乐？没有彩排，如何能成就一场杰出的戏剧表演？不经训练，如何能成就一支体育冠军团队？团队学习的过程，实际上就是从实习演练到实战实践的不断反复的持续过程：演练，实战，再演练，再实战。我们才刚刚开始学习如何创造模拟机会，让管理团队去实习演练。后面是这种做法的一些具体例子。

尽管团队学习很重要，我们对它却还是所知甚微。在我们能够更好地阐释团队学习之前，它一直都会是个神秘的现象。我们无法区分"集体智能"（group intelligence）和"趋同思维"（groupthink），除非我们能发展出某种理论，解释团队在学习时（不是团队中的个人在学习时）所发生的事。相对于"集体智能"，"趋同思维"只是个人在群体压力下的屈服和顺从。在团队共同学习的可靠方法开发出来之前，团队学习都只是偶然发生的事件。这就是为什么说，掌握团队学习的修炼方法是建设学习型组织的关键一步。

团队学习的修炼：让团队智商超过个人智商

深度汇谈与商讨[3]

维尔纳·海森堡[①]的《物理学及其发展》（*Physics and Beyond*）是

---

① 维尔纳·海森堡（Werner Heisenberg），德国物理学家，量子力学的奠基人之一，他发现了现代物理学著名的"测不准（不定性）原理"（Uncertainty Principle）。——编者注

本非凡的著作。书中论述道:"科学植根于交谈,不同人的合作可能最终达成最重要的科学成果。"海森堡回忆了与泡利、爱因斯坦、波尔及其他物理学家的延续了一辈子的交谈。这些伟大人物在 20 世纪上半叶颠覆并重塑了传统的物理学。海森堡说,这些交谈对"我的思想产生了持久的影响",促生了许多理论,使这些人后来能名扬世界。海森堡的交谈回忆生动具体,富于情感,揭示了"协作学习"(collaborative learning)的巨大潜力——我们在集体中时,比个人单独思考时具有更大的智慧、悟性和洞察力。潜在的团队智商可能比个人智商高出很多。

已故的当代物理学家戴维·波姆(David Bohm)曾为刚刚兴起的团队学习修炼做出重要贡献——从海森堡的反思来看,这个现象一点儿都不奇怪。波姆是一位出色的量子理论家,他开发了一套"深度汇谈"的理论和方法,让一组人"对更大的智能流动达到开放状态"。原来,深度汇谈是个非常古老的概念,古代希腊人尊崇它,包括印第安人在内的许多"土著"社会也都熟悉它的实践方法。然而,现代世界已经完全遗忘了它。我们都有过某种深度汇谈的经历——那些特殊的交谈,开始"有了自己的生命",并把我们带到了事先从未想象或计划过的方向和领域。但这类经历很少发生,它只是情境条件的巧合产物,还不是系统的修炼和实践的结果。

波姆晚期有关深度汇谈理论和实践的著作,独到地融合了两个主要思想流派——这些思想是前文讨论的各项修炼的基础:系统的、整体的自然观,以及我们思想和内心的模式与我们感知和行动之间的互动关联。波姆说:"量子理论蕴涵着这样的看法,即宇宙虽然在大尺度上可以近似地描述为可分的、独立存在的组成部分,但它本质上是不可分的整体。这尤其意味着,在量子理论的精度上,观察仪器和观察对象会以不可还原的方式相互作用、相互参与。因而,在这个层次上,感知和行动是不可分的。"

这让我们想到系统思考的某些关键特征,我们会特别注意到,现实的发生经常是我们自己认知指导下的行动所造成的结果。类似的问题也在相对论中出现。波姆于1965年出版的《狭义相对论》(The Special Theory of Relativity)[4]开始把系统观点和心智模式更明确地联系在一起。他特别指出,科学的目的不是"知识的积累"(因为所有理论最终都会被证伪),而是创造"心智图谱"(mental maps),指导我们形成感知和行动,让我们不断"在自然和意识之间交互参与"。

然而,波姆最突出的贡献,还在于他认为思想"主要是集体现象",这给团队学习提供了独到的洞见。波姆早期就注意到了一个类比现象,即粒子的集体特性(如"电子海"的系统范围运动),与我们思考方法的特征很相似。后来,他认为这个类比很重要,可以帮我们揭示普遍的"反效果思考"(counterproductiveness of thought)——几乎在人生的每个阶段,我们都能看到它。波姆认为:"我们的思考是不连贯的,结果事与愿违,产生了反效果,这是世界上许多问题的根本所在。"但是他认为,由于思考在很大程度上是集体的,我们就不能仅用个人的方法来改进我们的思考:"和电子一样,思考也应该被看成是系统的现象,它来自我们交往和交流的互动方式。"

交谈的类型主要有两种:深度汇谈和商讨。对有能力不断进行生成性学习的团队来说,两者都很重要,但其效力来自两者的协同整合。如果对两者的区别没有清晰的了解,就不可能对它们进行协同整合。

波姆指出,"商讨"(discussion)一词的词根与"撞击"(percussion)和"震荡"(concussion)相同。它就像"打乒乓球一样,我们把球打来打去"。在这样的游戏里,大家共同感兴趣的主题,可能会基于各参与方的多种视角而被分析解剖。这显然很有用。游戏的目的通常是"取胜",而在这里要取胜,就是要让大家接受你的观点。你可能有时也接受别人的部分观点,但目的只是为了增加自己的观点的说服力。从根本上说,你还是想让你的观点获胜。这样持续把注意力放在赢得胜利上,并不符合协调性和真相优先的原则。波姆认为,我们需要一种不同的沟通模式，即"深度汇谈"模式，来改变这种优先选项。

与商讨一词相对照，"深度汇谈"（dialogue）一词来自希腊语dialogos：dia 意为"通过"，logos 意为"词语"，更广义的时候指"意义"。波姆认为，这个词的原意是"意义的通过或流过……是意义在人与人之间的自由流动，从某种意义上说，好比河水在两岸之间的流动"。[5] 在深度汇谈中，一组人可以接触到更大的"意义共享池"（pool of common meaning），而这个共享池单靠个人是接触不到的。它意味着"由整体来组织各个部分"，而不是试图把各个部分拉到整体中。

深度汇谈的目的是超越每个个人的理解力。"在深度汇谈中，我们不是要赢得一方的胜利，相反，如果做的得当，我们大家都赢得了胜利。"个人在深度汇谈中所获得的洞悉，根本不能单靠个人自己达到。"通过发展共同分享的意义，新的心智开始出现……大家不再处于对立面，也不能说是在相互影响。大家在参与这个意义共享池，它能够自身不断地发展和变化。"

在深度汇谈中，一组人从许多不同的角度来探索复杂、困难的问题。大家都"悬挂"或暂时忘记自己的假设，又可以自由沟通这些假设。这引发了自由的探索，使大家的深层经历和思想都浮出水面，同时又能超越个人的观点。

波姆认为，"深度汇谈的目的，是揭示我们思想的不连贯性"。不连贯性有三种。一是"思想否认自己的参与特性"。二是思想"只在自己运转，就像程序在运行"，而不探索现实。三是思想建立自己的参照标准来解决问题，而这些问题本来是思想自身参与引发的。

以偏见为例来说明。一旦我们开始接受对某个特定人群的成见，这个"思想"就变成代理，会积极主动地"参与"决定我们如何与那个特定人群打交道。而我们打交道的态度又反过来影响了对方的行为。心存偏见的我们，却没看见自己的偏见在决定着我们的"所见"所为。从某种意义上说，假如我们能看见，我们就不会再有偏见了。偏见要起作用，偏见之"想"就必须隐藏在它主人的视野之外。

"思想（在我们面前）表现着（present）（我们）自己，还假装它什么都没有代表（represent）。"我们就像演员，却忘了我们在扮演着角色。我们陷在自己思想的剧院里。[①] 这就是波姆所说的，思想开始变得"不连贯"了。我们开始在剧院里运作，界定问题，采取行动，"解决问题"，而与剧院外面更宏大的现实相脱节了。

深度汇谈的方法，帮我们"看清思想的代表特征和参与特性，（而且）……更敏锐地察觉我们思想的不连贯性，并建立一种安全感，让我们敢于承认自己思想的不连贯性"。在深度汇谈中，我们成为自己思想的观察者。

我们观察到了什么？我们能观察到自己思想的活跃性和积极参与性。比如，在深度汇谈时如果发生冲突，大家很可能意识到紧张气氛，但是，紧张气氛就是从我们的思想中来的。大家会说："是我们的思想，我们执着自己思想的方式，在发生冲突，并不是我们本身。"一旦大家看清自己思想的参与特性，就会开始把自己和自己的思想区分开来，还会开始对自己的思想采取更有创造性的姿态，从而减少反应式的立场。

在深度汇谈中，大家还会开始看到思想的集体特性。波姆说，"大多数思想有集体性根源，每个人会自己有所加工"，但主要来源是集体性的。"比如语言，就全部是集体性的。"波姆说道，"而没有语言，我们所知道的思想就不存在了。"我们所持的假设大多数来自我们文化所接受的假设之库，我们很少有人学会真正地"自己独立思考"。即使真有人这样做，他也一定会像爱因斯坦所说的那样，"要被误解"。

大家还会开始观察，与自己的"思想"不同的、正在进行中的"思考"过程，以及这种思考的过程与结果的差别。波姆认为，这对纠正我

---

① "剧院"（theater）一词，和"理论"（theory）一词有同样的词根，theoria，意思是"看"。

们思想的不连贯性是非常重要的。

假如集体思考是正在流动的溪水,"思想"就是漂在水面上的树叶,被冲到了岸边。我们聚集在树叶里,给我们的感觉是处在一些"思想"中。我们误认为这些思想是我们自己的,因为我们没有看到,它们原本来自集体思考之溪流。

而在深度汇谈中,大家开始看到溪水在两岸之间流动。大家开始"参与这个意义共享池,它能够自身不断地发展和变化"。波姆坚信,我们通常的思想过程就好像一张"粗眼网",只能打捞到溪流里最粗大的物体。在深度汇谈中,"敏感度"得到了开发,超越了我们熟知的东西,包括我们通常所说的思考本身。这种"敏感度"是一张"细眼网",它能打捞到思考的溪流中的精微含义。波姆认为,这种敏感度是真正的智能之源。

所以,波姆认为,集体学习实践不仅是可能实现的,而且对挖掘人类智能潜力至关重要。"通过深度汇谈,大家能够相互帮助,认识各自思想的不连贯之处,并由此使集体思想(collective thought)[①]越来越连贯一致。我们很难给连贯性下一个简单定义,只能说它是一种秩序感、协调性、美感,或者和谐状态。

这里主要不是要去追求某种抽象的连贯一致的理想。相反,这里说的是,要让所有参与者一起,对不连贯性的各种可能的形式开发出一种敏感度。不连贯性可能表现为矛盾和混淆,但它更根本的表现是我们的思想在制造着我们并不真正愿意看到的结果。

波姆认为,深度汇谈有三个必要的基本条件:

(1)所有参与者都必须"悬挂"自己的假设,就好比把假设"悬挂在我们面前"。

(2)所有参与者都必须把其他人看成同事,平等相待。

---

① 这个词来自拉丁语 cohaerere,意思是"黏挂在一起"。

（3）必须有一位"辅导员"（facilitator）来为深度汇谈"护持场境"（holds the context）。

这些基本条件能够减少沟通交流的阻力，帮助"意义的自由流动"（free flow of meaning）贯通对话小组。电路中的电阻会让电流产生热量（耗散的能量），类似地，一组人群通常的操作运行也耗散能量。在深度汇谈中，有一种"冷能量，就像超导一样"。"热点话题"通常难以驾驭，会引起情绪化的争执和躁动的局面，但经过深度汇谈，就变成了可探讨的议题，甚至变成通往深层智慧的途径。

悬挂假设（suspending assumptions）。把自己的假设"悬挂"起来，就是"托住"假设，"就像'挂在你面前'，对质疑和观察评论保持开放和欢迎姿态"。这不是说放弃和压制自己的假设，不去表达它。不是说持有自己的意见就是"坏事"，也不是说我们应该取缔主观性（subjectivism）。相反，这里的要求就是意识到自己的假设，并把它拿出来接受检查。如果我们总想为自己的观点辩护，就做不到这一点。如果我们意识不到自己的假设，或者意识不到自己的观点只是基于自己的假设而非无可辩驳的事实，那就同样做不到这一点。

波姆认为，一旦有一个人"坚持立场"，摆出决不妥协、"就是得这样"的姿态，就破坏了深度汇谈的流动性。波姆打个比方说，这就如同在"利刃"之上的平衡游戏，如临深渊，因此"我们总想脱离悬挂假设的危险状态……而采取不可谈判的僵硬观点，这样心里才觉得踏实，还会加强为自己的观点辩护的冲动"。

例如，一家很成功的高科技公司的高管团队最近做了一次深度汇谈（详情见后）。大家认为，由于研发部门在公司中的地位较高，公司研发部门与其他部门之间存在一条"鸿沟"。公司30年的创新史，是这条鸿沟的根源：好几项重大创新产品，真都是在他们那里开创的，后来也都成为产业标准。产品创新是公司市场声誉的基石。所以，尽管那条鸿沟造成了许多问题，但还是没有人谈论它。大家觉得谈论这个问题，也许会挑战公司长期重视的科技领导力的价值，也会质疑那些富有创新精神的工程师追求自己产品研发愿景的价值。而且，负责研发的二把手也在场。

在讨论悬挂所有假设的条件时，市场营销主管问道："是所有假设吗？"听到肯定的回答后，他看上去一脸疑惑。随着对话深入，他后来承认他有一个假设，即研发部门认为自己是公司的"火炬守护者"，这使他们不愿意看到市场信息对产品开发的可能影响。研发部门经理回应说，他也曾假设其他人都这么看他。而且让大家都吃惊的是，他觉得这种假设限制了研发部门的工作效率和工作能力。他们两个人都分享了各自作为假设的假设，而不是把假设作为确凿事实。后来的深度汇谈开启了一场激动人心的观点勘察，其开诚布公的水平和战略含义的深度，都是前所未有的。

悬挂假设很像基本的反思和探寻技能，包括观察"跳跃性推断"和"探寻抽象推断背后的理由"，如第9章"心智模式"中讲述的那样。但在深度汇谈中，悬挂假设必须在集体中进行。托住悬挂的假设，是一项团队修炼。假设可以托起，并与别人的假设进行相互对照，所以它能使团队成员看清自己的假设。波姆指出，悬挂假设是件很难的事，因为"思想本身的特点不断诱惑我们采取'就得是这样'的幻觉观点"。悬挂假设的修炼是这种幻觉观点的对症药。

相互看成同事。只有当一组人能将彼此相互看成平等的同事，共同携手探索深层智慧，澄清思想，才会有深度汇谈。相互看成同事为什么重要呢？因为思想是参与性的。在思考中有意识地把对方看成同事，就会以帮助同事的方式来交流沟通。这听上去可能很简单，但会产生重大深远的影响。

相互看成同事，对建立正面的心态及弥补深度汇谈带来的心理脆弱都非常关键。在深度汇谈中，大家其实会觉得好像在建设什么东西，好像在开发一种深沉的理解力。相互看成同事和朋友,听上去很简单,实际上却非常重要。我们和朋友的交谈,就与和不是朋友的人的交谈不同。有趣的是,随着深度汇谈的深入,团队成员之间,甚至在没有多少共同点的成员之间,会开始发展一种友情。相互看成同事的意愿就是这个过程的必要因素。另外,悬挂假设会产生心理脆弱感。相互看成同事会让大家承认并正视相互的风险,在面对风险时就有了安全感。

同事关系,并不是说你需要同意和分享一样的观点。相互看成同事的真正作用,其实在观点不一致时才能显现出来。如果大家观点都一致,做同事就很容易了。而当观点很不一致时,做同事就难了,但这么做所获得的回报也就大了。选择把对手看成"有不同观点的同事",能获得的利益是最大的。

波姆曾经怀疑,在组织机构中实践深度汇谈不一定可能,原因就是建立同事关系的条件:"等级体系是与深度汇谈对立的,而在组织机构中是很难摆脱等级结构的。"他质疑说:"那些身处权位的人真能与下属'坦诚相待'吗?"对组织团队而言,这种质疑有几个方面的含义。第一,每个参与者必须真心想要获得深度汇谈的利益,并把它看得比保持自己的地位和特权更重要。假如有谁已经习惯于因为自己地位最高,所以要让自己的观点获胜,那他在深度汇谈中必须放弃这种特权。假如有谁已经习惯于因为自己地位最低,所以要隐藏自己的观点,那他也必须放弃这种隐蔽观点的安全感。必须消除恐惧,避免武断指责。深度汇谈是很有趣的,它就要求你愿意摆弄、推敲和测试新想法。而一旦大家过于计较"谁说了什么",或者"可不要说蠢话",那就不好玩了。

这些必要条件不可轻视。我们见过许多组织团队,如果每个成员事先都清楚对自己的要求,他们就会始终愿意迎接这些要求带来的挑战。我们内心深处都有对深度汇谈的渴望,当深度汇谈聚焦于我们最重视的问题时,这种渴望尤为深切。但这并不意味着我们总可以在组织机构中进行深度汇谈。假如遵循悬挂假设和同事关系的条件没有被所有人接受,深度汇谈就不可能进行。

为深度汇谈"护持场境"的辅导员。没有熟练的辅导员，我们的思想习惯就会不断地把我们从深度汇谈模式拉到商讨模式上。这种情况在团队进行深度汇谈修炼的初始阶段尤其容易发生。我们会认为"我们的思想所表现的就是实实在在的现实，而不是其再现和代表；我们确信自己的观点，并且要让它获胜；我们对公开悬挂自己的假设感到很担忧；我们甚至不能肯定，悬挂'所有假设'是否会产生心理安全问题"——"不管怎样，有一些假设我必须要坚持，否则就会失去我的身份感和归宿感，不是吗？"

与好的"过程顾问"（process facilitator）一样，深度汇谈过程的辅导员有一些基本的责任，包括帮助大家对过程和结果都始终保持拥有者的态度，即大家对过程中所发生的一切负责任。假如有人开始心怀不满情绪，觉得"某某人"不让我们探讨那件事，那就构成了未悬挂的假设。辅导员还必须继续推进深度汇谈。假如有人开始把对话拉向商讨模式，而商讨实际并不是当下的要求，这就必须辨别清楚，公开指出来，质问对话小组是否还具备继续深度汇谈的条件。辅导员总要非常小心地行事，一方面在对话过程中要提供知识和帮助，另一方面又不能有"专家"或"医生"的心态，因为那样就会把大家的注意力从团队成员自己身上转移开，从而忽视大家的想法和责任。[6]

然而，在深度汇谈中，辅导员要做的还不止这些。他对深度汇谈的理解，会让他仅仅通过参与就能影响对话的进程。比如，有人做了评论时，辅导员可能会说："但是，反面的情形也可能成立。"除了对对话条件的类似的提醒，辅导员的参与本身就是对深度汇谈的展示。深度汇谈的艺术在于经历意义的流动，在于看到当下需要说出的那一件事。基督教教友派贵格会（Quakers）鼓励其成员，不要简单地说出脑袋里闪出的任何念头，而要只说出自己感到有冲动的想法 [说话的冲动和需要，会使自己感到"贵格"（quake），即震动和颤抖]。类似的，辅导员也只说出当下需要说的，不多，不少。这样就会使大家加深对深度汇谈的理解，而且比任何抽象的解释都管用得多。

随着团队对于深度汇谈经验和技能的积累，辅导员的角色就不那么重要了，他可能逐渐变为一个普通的参与者。一旦团队成员开发了自己的技能和理解力，深度汇谈就会从一个"无首"团队中自动呈现出来。在一直实践着深度汇谈修炼的社会文化里，深度汇谈通常是没有指定辅导员的。例如，美洲印第安人部落，曾在很高的水平上实践了深度汇谈，却没有正式的辅导员。萨满（Shamans）和其他智者起到了一定的特殊作用，但团队小组自己就能进入深度汇谈。

深度汇谈和商讨的平衡。在团队学习中，商讨是与深度汇谈互为补充的必要实践。在商讨过程中，不同的观点得到阐释和辩护，这能给整个情况提供有用的分析，就像前文提到的那样。在深度汇谈中，不同的观点也得到阐述，但阐述的目的是发现新观点。一方面，人们在商讨中作决策，在深度汇谈中则要探索复杂问题。团队必须达成协议、做出决策时，需要一定的商讨，基于大家都同意的分析检验，权衡各种替代观点，发现首选观点（这也可能就是原来的观点，也可能是商讨中出现的新观点）。有效的商讨会凝聚意见，形成结论或行动路线。另一方面，深度汇谈是发散性的，它的目的不是寻求意见一致，而是开发对复杂问题的丰富感悟。深度汇谈和商讨都有可能形成新的行动路线图，不同之处在于新的行动往往是商讨的关注重点，但却只是深度汇谈中可能出现的副产品。

学习型团队能够掌握深度汇谈和商讨之间的转换。两者的基本原则不同，目标也不一样。如果不能区分它们，团队往往就会既做不到深度汇谈，也无法进行有效的商讨。

经常定期实践深度汇谈的团队成员，会发展出一种特殊的关系。他们建立了深度的互信，自然渗透到他们的商讨中。他们对各自观点的独到之处都有丰富的了解。而且他们亲身体验到，"柔和地"保持自己的观点能开发他们更深广的理解力。他们掌握了持有某个立场的艺术，而不是"被自己的立场所持有"。为某种观点作辩护是得当的时候，他们会表现出更多的优雅风度，更少的僵硬固执——"取胜"已经不再是他们的优先选项。

此外，深度汇谈的技能在很大程度上与有效商讨的技能完全一致。这些技能就是第9章"心智模式"中讨论过的探寻和反思。深度汇谈之所以如此重要，原因之一就是它能建立安全的环境，让这些技能得以精研提升，让团队深度学习实践的探索和发现得以开展。

反思、探寻与深度汇谈。在波姆的思想中，我们看到了与第9章中"行动科学"方法的深层共鸣，包括公开自己的观点、接受他人影响的重要性，以及把自己的心智模式与现实本身相混淆的危害性。波姆的观点的独到之处，在于他揭示了在一组人群中可能发生的"新"景象：团队成员能超越行动科学专家指出的无能状态。此外，波姆的深度汇谈是一项团队修炼，不可能仅靠个人完成。

深度汇谈的愿景，包括"更大的意义共享池"这一假设。共享池只能由集体接触到。这个观点乍看上去很激进，但对一些经理人却很有吸引力，他们经过长期的摸索实践，对集体探寻和建立共识过程的微妙之处已是颇有感悟了。

这些经理人在初期阶段就学会了区分两种类型的共识："向下聚焦"型共识，即从很多个人观点中找出共性，或公分母；和"向上开启"型共识，即寻求超越每个个人观点的更大图景。第一类共识，要从个人观点的"内容"中建立起来——要发现我的观点中哪些内容也能被你和其他人接受。这是我们的"共同点"，我们根据它可以达成一致。

第二类共识，要基于以下的思考：我们每个人都有一个"观点"，它是一种观察现实的方法和视角；每个人的观点都给观察更大范围的现实提供独特的视角；如果我通过你的视角"看出去"，你也通过我的视角"看出去"，那我们就会看到自己一个人无法看见的景象。

如果深度汇谈意味着一个独特的团队学习的愿景，反思和探寻的技能就是实现这一愿景的必要元素。个人愿景会给建立共同愿景打下基础，反思和探寻的技能也会给深度汇谈和商讨打好基础。有了反思和探寻技能的根基，深度汇谈的出现就更有保障，不需要依赖像团队成员之间的感情这样的特定环境因素。

面对"现实"：冲突与习惯性防卫

伟大的团队并不是没有冲突的，这与流行的故事和传说不符。就我所知，不断学习实践的团队最可靠的特征，就是看得见的思想观念冲突。在伟大的团队中，冲突能变成富有成效的创新力。对愿景的关注可能产生冲突，也一定会产生冲突。实际上，"形成愿景"过程的核心，就在于共同愿景从不同的个人愿景中逐渐浮现出来。即使大家分享一个共同愿景，也会对如何实现愿景有许多不同的看法。愿景越是高尚，我们对如何实现愿景就越是不确定。相互冲突的观点能够自由流动，对创造性思考是至关重要的，它对发现新的解决方案也至关重要，因为单凭个人努力无法完成这样的方案。冲突会成为持续的深度汇谈过程的一部分。

与此相对的平庸团队，会有一两种不同的关于冲突的情况，要么是表面上没有冲突，要么就是僵硬的两极分化。在"表面光滑"的团队里，成员们认为，为了维护团队团结，他们必须压制冲突观点——假如每个人都各抒己见，不可调和的差别就会把团队肢解拆散。而在两极分化的团队里，领导"高声讲话"，大家也都清楚各自的立场，但相互冲突的观点根深蒂固，彼此不会妥协和松动。

40多年来，克里斯·阿吉里斯[①]和他的同事们研究了这样一个困境：

[①] 克里斯·阿吉里斯（Chris Argyris），美国心理学家，组织心理学与行为科学的先驱，当代管理理论大师，组织学习理论的主要代表之一。——编者注

为什么聪明能干的经理人往往无法在管理团队中进行有效学习？他们发现，伟大团队与平庸团队的区别，在于它们如何面对冲突，如何处理冲突带来的不可避免的习惯性防卫。阿吉里斯说："我们天生的程序化倾向就是启动习惯性防卫，然后用更多的习惯性防卫去掩饰……这种程序化倾向在人生早些年就出现了。"[7]

第9章"心智模式"中讲过，习惯性防卫是人们根深蒂固的防卫习惯，在自己思想暴露时用来保护自己，防范随之而来的窘迫和危险。习惯性防卫是保护我们深层假设的外壳，它在防御痛苦的袭击的同时，也妨碍我们去了解痛苦的起因。根据阿吉里斯的研究，习惯性防卫的根源不在于对自己观点的信仰，也不在于对维持社会人际关系的渴望，这与我们一般认为的情况有所不同。阿吉里斯发现，习惯性防卫的根源，在于人们害怕暴露自己观点背后的考虑。阿吉里斯说："习惯性防卫的推理……妨碍我们了解自己推理的有效性。"[8]对我们大多数人来说，暴露自己的推理过程是危险的，因为我们担心别人会发现其中的谬误。这种想象中的对暴露思想的危险的担心是从小时候就有的，大多数人先后在学校中和职场上不断强化了这种担心——还记得被叫起来以后，没有给出"正确答案"的心理创伤吧？

习惯性防卫种类繁多，随处可见，却通常被人们忽视。我们说"那个想法很有意思"，但其实并不想探讨它。我们有意与对方对峙，压制某个想法，不愿接受或考虑那个想法。我们也可能以帮助某人为由而包庇他，为他抵挡外界的批评，但同时也妨碍了我们深入困难的问题中去。困难的问题一出现，我们就转换话题——表面上假装礼貌、尊敬和"举止"得当。

最近，有一位强势 CEO 向我抱怨说，他的组织里没有"真正的领导人才"。他觉得他的公司里都是些俯首帖耳的顺从之人，没有承诺投入的远见卓识之士。他觉得自己有娴熟的沟通能力，又善于承担风险，所以感到特别失落和烦恼。其实，他畅谈他的愿景时，是如此明晰有力、才气逼人，周围的人都有畏惧三分的胁迫感，所以他的观点很少受到公开的挑战。他可能不认为这种强势是一种防卫策略，但如果认真检讨，他就会看到其效果恰恰如此。

最有效的习惯性防卫，就像这位强势 CEO 那样，是我们看不见的。那位 CEO 表面上希望激励别人表达自己的思想，但他那盛气凌人的作风，一定会阻止别人这样做，从而保护他不被别人挑战。如果用有意识的策略语言来表达，这种防卫心态是显而易见的："通过威逼恫吓，让对方采取防范措施，使他们无法直接面对我的想法。"假如那位 CEO 看到这个对他的策略的赤裸裸的解释，他肯定会矢口否认。只有当事人浑然不知，保持无意识的隐匿状态，才能使这种策略有效运转。

在有些组织中，人们会把认识不完善或不正确看作是一种弱点，甚至是无能。在这类组织中，习惯性防卫会带来更严重的问题。许多组织的经理人都有一种根深蒂固的心智模式，认为经理人必须掌握各种实际情况。如果经理人不知道某个问题的原因，是根本不能原谅的。升到高管层的经理人都深谙此道，总显出"一切皆在我掌握之中"的样子。而那些想向高管位置上爬的人，很早就学会了一副自信无所不知的姿态。

把这种心智模式内化成自然习惯的经理人，会陷入两种困境。有一些人真把这种自信的姿态内化于心，他们简单地相信他们有解决大多数重要问题的方案。而要保护自己的自信，就必须拒绝接触不同的观点，免受外来影响。他们的困境是，要想保持自信就必须维持僵硬的立场。另一种人觉得，人家都认为他应该知道是什么造成了那些严重的问题，但是内心深处的他还知道，解决这些问题会涉及很多不确定因素。他们的困境在于，要保持自信的外表，就必须隐藏自己的无知。不管处于哪种困境，认为自己必须知道答案的经理人都是自挑重负。于是，重压之下会精于习惯性防卫，避免暴露他们决策背后的思考，进而保住高明决策者的光环。

这种防卫心态成为大家接受的组织文化的一部分。阿吉里斯说：

"不管我什么时候问起下面的问题……是什么使得大家在组织中做政治角力游戏？他们都会回答说，那是人性使然，也是组织的特性……我们从事习惯性防卫活动，组织就是个舞台，就是东道主。一旦组织染上这种习惯，它们也会成为习惯性防卫的参与者。"[9]

团队是组织的微系统，习惯性防卫成为组织的特征模式，根植于团队，这一点儿都不奇怪。它会阻碍团队的能量流动，而这种流动本来是可以激发共同愿景的。陷入习惯性防卫活动的团队成员，会感到四面都是陷阱和高墙——它们妨害和阻隔集体学习的实践。

团队习惯性防卫活动可能很微妙难测。要理解这一点，可以考虑ATP产品部的案例。那是一家创新能力很强、权力高度分散的公司最近成立的部门。（公司及其职员在此用假名。）吉姆·泰伯，33岁的部门主管，对自由和地方自治的公司价值观有深层认同。ATP产品开发是基于某项印刷电路板的新技术。泰伯对产品很有信心，他的个性非常热情奔放，天生是大家的啦啦队队长。同时，他的管理团队成员也分享他的热情，每天工作时间很长，对未来充满希望。

他们的努力有很高的回报，订单连续几年快速增长（年增长率为30%~50%），1994年达到了5 000万美元的年销售额。但是在1995年，订单却突然下降，带来了灾难性的后果。[10]两家主要微型机生产商曾对ATP的技术深信不疑，以致把ATP线路板纳入它们新的硬件产品设计中。但是，1995年的微型机产业下滑一出现，这些生产商就停止了新产品线，这导致ATP当年的订单有50%落空。1996年，情况并未好转。泰伯后来被撤了职，留在公司做了一名工程师。

ATP什么地方出了错？他们的热情自信，使管理团队陷入了内部不协调的战略思考。管理团队有激进的增长目标，部分原因是要取悦公司上层，但也是由于他们对产品深信不疑。为了达到目标，营销团队受到很大压力，他们的对策是与几家主要客户建立大量业务关系，对它们产生了严重的依赖。而当其中的一些大客户的业务出现问题时，ATP就遭殃了。

ATP管理层为什么认可这一营销策略，使自己陷入脆弱的境地？为什么公司总部上层不干预新部门的年轻经理人，让他们扩大客户群的多样性呢？问题的核心是：一系列习惯性防卫活动都深藏于"转移负担"的结构模式中。

如阿吉里斯所述，习惯性防卫是对某种问题的反应。这里，问题是需要学习。这种需要来源于已知与未知而又须知之间的差距。根本"解决方案"就是探寻，以便带来新知识和新行为习惯——这就是学习实践。然而，对学习的需要也是一种危险。个人和团队在面对这种危险的时候，就会有防卫反应。这导致了"症状缓解法"，即习惯性防卫——通过降低对学习的想象的需要，来消除学习差距。

ATP的所有主要角色，都陷入了自己特别的习惯性防卫活动中。好几位ATP经理人都曾表示，他们对过于依赖狭窄的客户群感到担忧。管理团队会议提出这个问题时，大家都认为这是个问题。但没有人针对它做过任何事，因为每个人都太忙了。为了完成挑战性很大的增长目标，ATP经理们快速扩大了产能，对接受新订单工作产生了巨大压力。于是，他们就管不了订单是从哪里来的了。

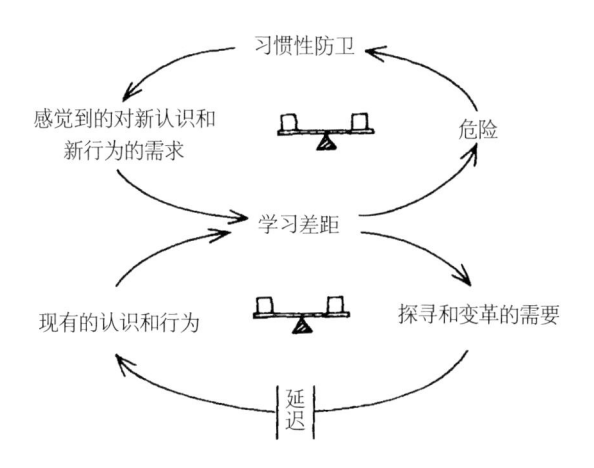

泰伯的上司，公司总部的经理们，也陷入了类似的困境。他们也对过于狭窄的客户群表示了担忧。有些高管私下还对泰伯建立长期增长业绩的能力表示过质疑。但他们也深信公司的价值观理念，不破坏部门主管管理自己业务的权威。他们拿不定主意，不知道究竟该怎样表示自己的担忧才不至于破坏泰伯的领导权威，于是他们只间接地作了评论，或者干脆保持沉默。

另一方面，泰伯自己也有疑问，但又不愿意在会上向领导提出来。他从未当过部门主管，此时正急于证明自己的能力。他深信自己业务的潜力，对ATP的经理人同事们也作了真心承诺，不想让他们失望，也不想让上司失望。所以，他从不谈论自己对ATP设定的激进增长目标的怀疑和不安。

ATP管理团队、公司总部和泰伯的矛盾冲突，都在习惯性防卫的外表掩盖下进入了无声无息状态，从未得到解决。而在团队内部，对基本业务战略的不安情绪也屈服于战略目标的压力，消失不见了。泰伯的公司总部的上司们曾想帮助他，但又怕破坏他的领导力。泰伯需要帮助，又不想表现出无能。工作中流于表面的相互支持、同志友情和"我为人人，人人为我"的姿态，掩盖了他们处理冲突矛盾的实际方式，最终导致了每个人都不想看到的结果。

习惯性防卫越是有效，就把深层问题掩盖得越彻底，大家就越无法面对这些问题，问题也就越来越严重。在ATP，学习的真正需要并没有消失。因为回避了真正的问题（即如何建立更广泛的客户群），管理团队放任这些问题不断恶化。与所有转移负担的模式结构一样，团队越是使用习惯性防卫手段，就越是依赖它。阿吉里斯写道："这里的悖论是，习惯性防卫在成功防范了眼下的痛苦的同时，也阻止了我们向如何消除引发痛苦局面的肇事者学习。"[11]

如阿吉里斯进一步指出的，习惯性防卫是"自我封闭的"，它能够隐匿自己的存在。这在很大程度上是由整个社会的习惯规范造成的。这个规范认为：我们应该是开放的，防卫的心态很不好。这使得人们不愿承认习惯性防卫，即使他们知道自己处于防卫心态中。假如泰伯的公司总部上司明确讲出他们的策略，那就会是如下的说法："我们在极力避免质疑泰伯的能力，避免面对随之而来的冲突，这样就能维持表面上支持他的姿态。"假如真的宣布这个说法，他们肯定会矢口否认。而如果泰伯说"我极力避免表达我对我们管理方法的质疑，因为我担心这会使我显得软弱无能"，那么他的防卫策略就会失效。但是，没有人讲出这些感受，因为大家都有同样的担心，而这个担心正是促使大家进行习惯性防卫的始作俑者。

如果你无法轻易讲明你的习惯性防卫，那么在哪儿会找到缓解它的杠杆作用呢？在大多数转移负担的模式结构里，都有两个可能的杠杆作用点：(1) 削弱症状缓解法的效果；(2) 强化根本解决法的作用。削弱症状缓解法效果的方法之一，是消除情绪上的危机感，因为那是习惯性防卫反应的始作俑者。假如泰伯在上司们面前承认他有疑问，而对此并没有感到不适，或者假如他的上司们能痛快地提出问题，那么，各方就都不会那么容易就回避 ATP 策略的根本问题。[12] 学会在习惯性防卫出现的时候处理好它，也能削弱症状缓解法的效果。习惯性防卫要想保持其效果，就必须维持不可讨论的状态。只有大家都假装没有任何习惯性防卫，一切都正常，"什么话"都能讲，才能使团队陷于不可自拔的习惯性防卫之中。

但是，如何才能让习惯性防卫可以被讨论呢？这确实是个挑战。试图"纠正"别人的习惯性防卫，结果肯定是适得其反。如果问某人为什么他一直在以防卫心态行事，他的第一反应一定是抗议："我？我没有什么防卫心态！"只把目光聚焦在别人身上，"对峙者"自己就没有对眼下的局面负起任何责任。就像跳舞总要有两个（或更多）人参与，假如我们看到有习惯性防卫现象出现了，我们自己很可能就是其中的一部分。熟练的经理人能学会如何面对习惯性防卫，同时又不至于引发更多的习惯性防卫。

通过暴露自己，探寻自己的防卫心态的起因，就可以做到这一点。可以尝试说出以下的话："我注意到，这份新建议让我感受到威胁，也许你也一样。你能否帮我检查一下，这种不安到底从何而来？"或"我说的话有道理吗？我想，我说话的方法会让人觉得我对此事既封闭又顽固。但我想听听你的意见，这样我就能有更客观的理解。"（显然，重要的是说话的态度和诚意，不是具体细节。）这两段话都承认，说话人有不安的经历，并邀请对方加入一同探寻其起因。

缓解习惯性防卫的技能，基本上就是那些强化"根本解决法"的技能，这在转移负担模式中已经有所体现，即反思和相互探寻的技能。探寻的方法是暴露你自己的假设和推理，公开接受他人影响，同时鼓励别人也这样做，这就是有效探寻眼下问题起因的方法。以此方法探寻，习惯性防卫就不大可能发生作用。[13]

习惯性防卫的确可能对团队非常有害。但另一方面，如果大家真正承诺投入学习实践的话，团队也可以借此开发能力，转化防卫心态。要求很简单，也并不出人意料：我们要有真正想要的愿景，这个愿景既要包含业务成就方面，例如如何一起工作的方法，也要包含对现实的彻底的承诺。从这个意义上说，团队学习修炼和建设共同愿景的修炼，就是一种"姊妹"的关系。它们能自然地成就团队中的创造性张力。

有了真正的共同愿景，习惯性防卫就仅仅是现实的一个方面了。就像"自我超越"章节中讨论的结构性冲突一样，习惯性防卫的效力也来自无意识状态。团队对真相的承诺，给浮现和承认他们自己的防卫心态提供了特殊的动力。习惯性防卫其实可以成为能量的源泉，而不是一种惰性习惯。

习惯性防卫是一个信号，它告诉我们学习实践处于停滞状态。由此，习惯性防卫还令人惊异地变成了建设学习型团队的盟友。大多数人在产生防卫心态时都会意识到它，哪怕他们不能分清这种心态的来源和模式。仔细想想就会发现,学习型团队最有用的技能之一,就是发现大家不是在反思自己的假设,不是在探寻各自的思想,不是在暴露自己的思想,从而鼓励大家深入探寻。我们感觉到自己的防卫心态时,感觉到要回避某个问题、保护某个人或保护我们自己时,这些都是明确的信号,可以帮助我们重新建立学习的氛围。但我们必须学会辨认这些信号,学会如何承认防卫心态,同时又不激发更多的防卫心态。

习惯性防卫可能是那些特别困难和特别重要的问题的信号。通常,防卫心态越重,大家辩护自己的观点时所围绕的问题就越重要。如果能够有效地亮出这些观点,它们就有希望成为大家相互深入了解思想的窗口。当习惯性防卫遇到自我暴露,遇到平衡与提倡的探究时,团队成员就能看到各自更深层的思想。

最后,随着团队成员学会如何面对习惯性防卫,而不是简单地抵制它,他们就开始建立了自信:"我们能超越我们的防卫心态。"习惯性防卫能拖住团队成员的后腿,消耗他们的精力,损害他们的精神。而当团队意识到自己已经超越了阻挡学习实践的障碍——许多人认为那些是必然发生的障碍(像阿吉里斯说的,那是"组织的特征")——的时候,他们就获得了实在的经历。这让他们意识到,对于现实中的许多东西,他们可能都有能力去改变。

中世纪的炼金术,象征着把最普通的东西(铅),转变为最珍贵的东西(金)的这一过程。学习型团队也在实践一种特殊的炼金术,即把原本可能分裂团队的冲突和防卫心态,转化为学习实践。他们的方法就是通过愿景和技能的培育。通过深度汇谈,团队成员得到了实际的经验,直接地感悟了更大智能的影响和作用。这种经验会加强团队成员的愿景,让他们看到团队运作方面的未来潜力。但是,如果团队不能开发看清现实的方法和技能,如果现实还处在隐匿状态,他们的学习能力就还是不可靠的。没有反思和探寻的技能,当习惯性防卫出现时,他们就会走入歧途——他们的学习实践只能依赖环境条件的偶然因素。

学习型团队的特征，不是防卫心态的消失，而是面对防卫心态的不同方法。承诺学习实践的团队，必须既要忠实地承诺说出他们业务的实际情况，又要忠实地承诺叙述团队自身的实际情况，即他们对叙述"外部的"现实和"内部的"现实都有郑重承诺。要更准确地看清现实，还要求我们同时看清我们隐藏现实的策略和计谋。

这种情况发生时，会有相当大的力量和智慧涌现出来。习惯性防卫实际上成了"封存"我们能量的保险柜。经过开封导引，就可以把能量用于集体学习的实践。随着"防卫心态"的开封，智慧和能量得到开启，团队共同的理解力就能得到建设，团队就会朝着大家真心希望创造的未来阔步前进。

缺失的环节：实习演练

团队学习是一种团队技能，这一点尤其需要强调。一组能力很强的人在一起，不一定能组成一支学习型团队，这就像一群才华出众的运动员，不一定能组成一支伟大的运动队一样。

开发团队技能比开发个人技能更加具有挑战性。这就是为什么学习型团队需要"演练场"（practice fields），即一起演练实习的方法，让他们能够开发集体学习的技能。大多数管理团队几乎完全没有实际的实习演练或彩排，这也许就是阻碍它们成为有效学习单元的主要原因。

"实习演练"究竟是什么？唐纳德·舍恩（Donald Schon）在《反思型实践者》（*The Reflective Practitioner*）一书中指出，实习演练的基本原则是在"虚拟世界"里进行实验。虚拟世界是"真实世界的人工再现"，它可能像建筑设计师的画板那样简单：

> 这里，他们能够勾画并用空间效应的语言，探讨他们的设计动议，并留下描绘轮廓，代表场地上建筑的形态。由于草图揭示了以前没有想象到的特性和关系，设计动议就成为实验……（发现了）

建筑形状不适合地面坡度，而且……教室的尺度太小了。[14]

虚拟世界的实质是允许进行自由的实验。在这里，行动的速度可以加快也可以减缓；非常急速发生的现象可以拉长，在很长的时间段里供我们仔细研究；很长期的现象也可以压缩、加速，以便让我们看清特定行为的后果。没有什么变动是不可逆的。在实际工作条件下不可逆转、不可收回、不可重复的行动，在这里可以无数次重复。对环境的改变可以完全恢复原样，或者部分恢复原样。复杂性得到简化，在实际现实中交错叠加的变量，可以拆开处理。

舍恩描述的建筑师和其他行业专业人员在虚拟世界中的操作，与篮球队或交响乐队的演练完全一样。他们改变动作的速度，就像放慢音乐的节奏和慢动作运球。他们提炼出孤立的部分，以简化复杂性，就像分乐段或乐器组演奏和不设对手运球。他们做反向动作，演练在正式场合无法做的事，如反复演奏一个乐段或一个乐器组，再如反复打同一场练习赛。

有趣的是，在商界仅有的几个能够长期连贯学习的团队案例，似乎就是在能够有效运行虚拟世界的地方发生的。例如，现代广告业的实践就是基于创造性团队的理念，以财会主管、艺术总监和广告撰稿人一起组成团队，紧密合作，这一过程常常持续数年。这些广告团队的成员关系非常紧密，他们经常绑在一起集体跳槽，不拆分团队。广告团队的独特之处，就在于他们一起演练，就像篮球队练习一样连贯和激烈。他们对各种想法进行头脑风暴，然后做实验，在故事板或者实物模型上进行测试；最后才做演示——先给代理商高层演示，然后才到客户那里。

团队学习需要这种经常性的演练。然而，管理团队进行演练的机会却基本上都被剥夺了。诚然，他们进行了关于理念的抽象智力辩论，而且许多团队成员也学会了如何掌握各自的理性观念，常常还学得精准过头。但是他们没有像故事脚本或彩排这样的东西。团队工作的主要成果，是针对具体问题做出的决策，这些决策和辩论往往是在很大的时间压力下进行的，每个决定一经做出，就是最后的决定。决策是没有机会实验的。更糟糕的是，人们还没有机会对不同决策方案的智慧水平高低进行有效的评估，也没有机会退一步考虑并以团队的方式反思如何才能让大家一起努力，以得到更好的决策。

学会如何"演练"：深度汇谈

今天，我相信，团队学习的修炼正在酝酿一场突破，其原因是我们已经逐步学会了如何"演练"。开始时，我们要创造特别的"演练场"，发展团队的联合技能（joint skill），让团队智商超过个人智商。我们还可以建立"学习实验室"（learning laboratories）和"微世界"模型，利用电脑支撑的环境，让团队学着面对复杂商业现实中的动态关联。（关于演练场和学习基础设施，在第14章和第15章有更多讨论。）

深度汇谈会议，能让团队聚集在一起"演练"深度汇谈，开发它所需要的技能。这类会议的基本条件包括：

（1）整个"团队"（为了行动而相互需要的人）一起参加。

（2）解释深度汇谈的基本规则。

（3）实施这些基本规则。如果任何人感觉未能"悬挂"自己的假设，那么团队就要承认它现在做的不是"深度汇谈"，而是"商讨"。

（4）创造氛围，鼓励大家围绕团队的中心工作，提出最困难、最微妙和矛盾冲突的问题。

我们认为，深度汇谈会议应当看作"演练"，因为它的目的就是培养团队技能。同时，这种会议也确实可能带来重要的实际成果。

数据驱动公司（DataQuest Drives）是一家磁盘驱动器和电脑辅助设备的领先制造商，他们最近举行了一次深度汇谈会议。[15] 数据驱动公司的技术创新的市场形象十分成熟。但公司内部除了由研发部门主导外，领导公司成长30多年的魅力非凡的创始人，最近又刚刚退休。一年来，新的高管层虽然有些个别的成功业绩，但却面临着重重障碍。公司的新总裁约翰·麦卡锡（John MacCarthy）面临的挑战令人畏惧：继承一位传奇人物的职位，面对前任未曾担忧过的更困难的商业环境（整个市场过度饱和），面对一个由强势人物组成的团队，以及从未形成整体的工作。

在一场喧闹的重组之后不久，麦卡锡的管理团队就受邀聚在一起进行了为期两天的封闭会议，总裁给他们的邀请信如下：

备忘致：_____
发信人：约翰·麦卡锡
主题：特别会议

我想你们都知道，我们公司正在加速变革。在最后敲定我们的战略策略和实施计划之前，我需要你们提供意见。我深信我们有机会增进理解，改善实施变革的方法。

这次会议是一系列深度汇谈的首场，目的是帮助我们理清我们实施的关键战略的假设、计划和责任。我们认为，只有通过更大范围的意见反馈，才能实现连贯一致和毫不含糊的执行力，完成我们的变革和计划目标。这两天的会议就是通过思考我们眼下的主要问题，来达成对各自观点的沟通理解。

这次会议与其说是想要做出决策，还不如说是建立一种氛围，来检查我们决策背后的方向思路和假设。

我们还有第二个目的，就是作为平等的同事聚在一起，把所有的角色和职位留在门外。深度汇谈中我们应当是平等的，独立拥有对我们所考虑的问题的扎实理解。

我们把这次会议看作是建立实质性深度汇谈的第一步，以后，这种做法还应持续下去。经验告诉我们，要进入深度汇谈，就必须有实习演练。这次会议中，我们就要开始学习如何进行演练。有几项基本规则能够帮助我们。我们邀请你参与，并请你尽量遵守这些规则。

基本规则建议：

（1）悬挂假设。人们往往采取某个立场，并极力为其辩护，执着其中，其他人则采取相反的立场。这样的结果是两极分化。这次会议里，我们想检查在我们的目标和战略背后的一些假设，而不是去为其辩护。

（2）以同事的态度交往。我们要求每个人都把自己的职位留在门外。这次会议没有任何特别的等级结构，只不过有辅导员来帮助我们保持不跑题。

（3）探寻精神。我们希望大家开始探索自己观点背后的思考，探索自己可能持有的深层假设，以及导致自己观点的依据。因此，问别人问题是适当的，比如"是什么导致你的这种说法或看法？"或者"是什么使你问起这个问题？"

两天时间里，许多以前不公开的话题都公开了，沟通的障碍消除了，裂痕也得到愈合。对这个组织来说，没有什么能比愈合研发部门和市场营销部门之间的裂痕更重要的了。

研发部门主管乔·格劳维勒（Joe Grauweiler），与市场营销经理查理·史麦斯（Charlie Smyth），10多年间一直保持着敬而远之的友好关系。两人都对公司的成就感到骄傲，都坚信公司对"参与式管理"、相关的人本理念和组织理想的承诺投入。然而，两人陷入了矛盾冲突，集中代表了阻碍公司不断成长的各种影响力。研发被认为是搞艺术、搞设计以及搞创作。市场营销被自己，也被别人看成是"平民百姓"，他们在卑劣的经销商（对数据驱动公司没什么特别的忠诚可言）的肮脏世界里讨价还价、打折兜售，还得面对怒气冲天的顾客。

研发和营销这"两种文化"，在公司的许多冲突里都有所反映。例如，格劳维勒和史麦斯两人都有自己的产品预算。格劳维勒的预算是针对开发新产品的，史麦斯的预算是针对并购小公司的。由史麦斯来认定，哪家小公司的产品能使数据驱动公司的产品线更丰满，更具市场竞争力。联合两个部门的产品整合计划，尚不存在。营销部门觉得自己被迫进行"外侧迂回进攻"，因为他们觉得研发部对顾客的整体需求反应迟钝。而后来他们发现，研发部觉得自己被排除在许多重要的产品决策之外。随着深度汇谈的展开，格劳维勒表达了深层的担心，令许多人感到惊讶，因为大家一直以为研发部特别看重自己的独立性：

格劳维勒： 让我来就产品策略问题谈谈看法，今天提出来，作为一种辩论练习，就像掰手腕游戏那样。我们实际上逐渐形成了一种分叉式的产品策略，只是还没有将其公开明确。我的依据是，我们还没有把公司的全部能力真正整合，还没有理解公司的实际产品生产和购买的决策过程。我们有一个部门，花钱开发某些产品，有一定程度的自信；而另一个部门也同时在花钱开发产品，却采用了不同的观点。"两者不能相会"，对我来说就是很荒唐的。我们应该有单一的总体产品战略，同时支持研发部门和营销部门。在这个战略下面，我们可以做出各种不同的制造和购买决策。

麦卡锡：我觉得这一点我们都基本同意。

格劳维勒：但我觉得，我们表现出来的却是相反的印象。

其他人：没错。

格劳维勒：这比做得不够好还要严重。我们给人的印象是反其道而行之。

史麦斯：我一直在准备回应，我在考虑我们的产品生产和购买为什么是不同的、分立的决策，它的缘由是什么。目前，看上去两者是分立的……依我看，一个是研发驱动的，专注于解决问题。数据驱动的品牌标签……另一方面，公司还没有投入研发的其他产品，我们就通过"购买"获得。我们得到这些产品，没有通过数据驱动的研发……因为那只是对市场需求的反应，不以根本解决问题为驱动力。但是，可以这样说，我们不想亵渎公司研发部门要做的事，玷污它的纯洁性。

菲利普斯（公司的人力资源副总裁）：我觉得，这引起了大家的冲突。

格劳维勒：一点儿没错！问题就在这里。那是一种凭想象的判断，我不能忍受。让你的人来参与研发决策怎么样？不用你来保护我的"纯洁"。

史麦斯：嗯……我对我们的做法的理由，并没感到不合适。可能有更好的方法来做这件事，但我确实觉得，我们曾经做过决策，决定停止对垂直记录磁盘的投入……那只不过就是常规的烂货，是市场上有人要买，但不是创新，没意思……而我们是要把有限的资源和人才投入数据驱动公司的形象建设上，那就是研发、创新、产品导向……所以，我们才去购买那些更平庸陈腐的东西。

菲利普斯：如果我们今天就做些幻想推测，我也可以说说一直让我迷惑不解的事，研发和营销两边都有份。"研发主导的生产企业"是我们一直对公司的描述。这种说法似乎意味着，没有数据驱动投资进行创新研发的其他产品，都不在公司的范围内。不知为什么，我们自己这样安排，结果产生竞争……

麦卡锡： 那是研发主导的一种定义。你知道另一种定义吗？另一种定义说，假如不是针对新产品，公司其他人都不能从事研发工作。

格劳维勒： 这个我也不喜欢。

菲利普斯： 你说中了第二点，因为我还在对自己说……如果就把现在的总体方向的说法拿出来讨论，不管你决定生产还是购买，都必须基于研发的导向，必须是创新的东西……

麦卡锡： 我觉得我们说到要害了。公司过去一直有些自我封闭，对变化不敏感。让我们骄傲的只有出色的产品研发，这造成了巨大的压力。我建议购买一些小公司，以便让我们起步……我认为你（格劳维勒）帮我们看到的矛盾是……一方面，我们应该向顾客提供他们需要的基本产品，不管这些产品是什么；而另一方面，"如果是我们公司研发的产品，就必须有数据驱动的标签"。你说，不必如此。那个（贴什么标签的）问题应当属于营销决策范围，要根据你的市场定位的策略来决定。这很有帮助……因为我们大多数人一直觉得，如果产品不贴数据驱动的标签，我们压根儿就不用去开发它。

哈德利（公司的生产制造副总裁）： 但是，这又等于说，整个公司都是研究型主导，而不仅限于研发部。包括产品创新在内的一些创新想法，可以来自公司其他部分，不必都走研发部门。

格劳维勒： 我同意。但我不知道为什么必须讲明这个。我绝对不是想挑战你的说法，但我觉得这里有个很让人困惑的推理。我感觉自己被迫担负重任，代表公司过去在研发方面的遗产，其实我自己也不认同它。而且我觉得很有讽刺意味的是，我越是拼命推动公司走进新的现实，你越是确信我们应该回归以往的状态！我觉得这是个很奇怪的进退两难的局面。

哈德利：而反过来，我觉得，对方的感觉也和你一样。

全体：对。

哈德利：我们试图推进公司的成长……似乎遇到阻碍，因为，除非由研发部门主导一切，不然我们不能成为一家研发主导的创新型企业。

格劳维勒：我什么都没说过！……诸位，我是否可以换个角度？我认为，研发主导的生产企业，这个说法是正确的。我坚信，公司的成功一定会部分地……取决于我们产品研发的卓越能力。任何损害这个主导方向的迹象都使我非常害怕，我们必须有过硬的好东西……好服务、好产品。我并没有说用什么方法达到这个目标，也没有说只有唯一一种方法能开发好产品……我们目前没有很一致或很协调的过程方法来达到这个目标，但我认为我们必须要有。

麦卡锡：那么，另一方面可能会是这种情况——我认为查理（史麦斯）在市场营销（建立数据驱动独家代理商新网络）方面的一些工作和研发部门的工作一样，都是"研发努力"的一部分。

格劳维勒：我完全同意。

麦卡锡：但我们还是会遭遇困境，如果某项投资不能立刻带来回报，对公司的强烈指责就会出现。

格劳维勒：欢迎光临研发部。

史麦斯：从这里，我想说两点。在我看来，你的工作可以是研发产品，然后交给外面的生产商生产……对我来说，我们已经浪费了不少产品研发的成果，本来我们甚至可以授权给其他公司生产的……我一直觉得，要让研发部开发出产品，就必须给产品贴上数据驱动的标签，这很不切实际。

格劳维勒：那一直是对我们项目的限制要求……

史麦斯：还有另一个问题，市场和研发部门之间一直没有深入沟通的渠道，两者越来越分离……如果我们要面对顾客的全部需求……就必须找到一个方法，让公司各个不同的部门都能看清和理解这些需求。

哈德利：你开始时问，为什么在研发和市场部门之间有矛盾。在生产和财务部门之间也有矛盾……对我来说，就两个词——"授权"或"控制"。总体上讲，我们公司非常倾向于"控制"……他们控制那里，不让我进去，我就得到这里自己搞，因为我根本影响不到那里。我认为这是问题的一些根源——这些问题不一定必然发生，但这确实遍及整个公司层面。

这次深度汇谈的结果，对于数据驱动公司来说真是非同寻常。首先，30多年来公司的市场和研发部门之间的矛盾开始化解。其次，市场部门补充产品线的"外侧迂回进攻"方法可以停用了。研发部门愿意主动参与并购方案的研究，同时还愿意作为协同开发产品的整体计划的一分子，参与产品的开发，将部分产品贴上其他公司的标签销售。神圣不可侵犯的数据驱动标签，不再限于公司自己研发的产品了，而是可以根据"市场的考虑"来使用。研发主管明确宣布，不再沿袭老套的旧研发观念，不再认为只有研发部门肩负创新的责任。在他看来，其他功能部门都是创新的平等伙伴，包括过程创新、对顾客需求的新理解以及企业管理创新。此外，研发主管还表达了心中的"愤懑"，他从没想过自己竟然被强加了一个老套古板的形象。

团队学习与第五项修炼

系统思考的观点和工具都是团队学习实践的中心内容。

波姆对深度汇谈的全部研究都采用了系统的观点。实际上，贯穿波姆整个科学生涯的主线，就是在物理学中不断推进"整体性"（wholeness）观点。当代思想是集体思考溪流中的"污染物"，波姆对它的主要批判，就是其"碎片化""支离破碎""拆解部件的思想倾向"。

与此相似，学习型团队应对习惯性防卫的方法，本质上也是系统性的。不把习惯性防卫看成别人的行为，而把它看成大家共同造成的行为，从中发现我们自己在其产生和持续运作中的作用，就帮我们找到了解决问题的杠杆。假如我们只看到"外部的"习惯性防卫，而看不到它其实也隐藏在"内部"，那我们越是努力解决问题就越会加剧习惯性防卫。

系统思考的工具也很重要，因为管理团队的绝大多数主要问题，如战略开发、建立愿景、设计政策和组织构架等，都要面对巨大的复杂性。而且，这种复杂性不是"静止不动"的，每种情况都处于不断变化的状态之中。

管理团队的最大责任，可能就是应对这些复杂多变的现实局面，但使用的又必须是描述简单、静态问题的语言。管理咨询师基佛是这样描述的："现实是由复杂多样的、同时发生的、相互依存的'因—果—因'链条关系组成的。通常的语言描述，就是从现实中抽取的、简单的、线性的'因—果'链条。这在很大程度上解释了为什么经理人总去寻找低杠杆效益的介入措施。"假如问题是产品开发周期太长，我们就招聘更多的工程师，以缩短周期；假如问题是利润率太低，我们就削减成本；而假如问题是市场占有率下降，那我们就降价促销。

我们观察和思考世界的方法简单而直白，所以我们相信简单而直白的解决方案。对简单"修补"方法的狂热追逐由此而生——这个任务占去许多经理人的主要时间和精力。福特公司"阿尔法项目"（Project Alpha）主管约翰·马诺吉安（John Manoogian）说："'寻找—修补'的心态带来了没完没了的短期修补措施，问题乍一看似乎不见了，但它会不停地重复出现。于是我们又去找，又去补——'找—补'专家们可以永不停息地干下去。"

这个问题在背景多样的跨功能团队里，比如管理团队里，会变得更严重。每个团队成员都有自己的心智模式，主要是线性思维模式。每个人的模式关注系统的不同部分，强调不同的因果链条。于是在常规交流中，整个系统的共享图像几乎不可能出现。这样的交流所产生的战略和策略，通常是在模糊不清的假设之上进一步打了折扣的妥协方案——到处自相矛盾，让组织中的其他人根本无法理解，更别谈实施了。这一点都不奇怪吧？团队成员真是很像寓言中摸象的盲人：每个人都从自己的感知里了解了大象的一部分，都认为整体一定会与他所掌握的那部分一样，都觉得自己的理解是正确的。

只有团队发展出描述复杂事物的新语言，才能改进这种情况。今天，唯一通用的商业语言就是财会。但是，财会解决的是细节的复杂性，不是动态复杂性。它提供的是企业财务情况的"快照图片"，而不能描述这种情况的产生过程。今天，有好几个作为商业语言的工具和框架成了传统财会的替代方法，这包括竞争分析、"全面质量"和使用范围小很多的情景规划法——如壳牌公司开发的那种。[16] 但是，它们都不能有效处理动态复杂性，或者可以说，它们根本就无法处理动态复杂性的问题。

系统基本模式有潜力成为一种商业语言的坚实基础，可以用于管理团队有效处理复杂性问题。像 ATP 那样的团队，随着他们掌握基本系统模式，他们的对话交流自然会越来越多地围绕事件背后的结构模式和杠杆作用点，逐渐减少对危机和短期"修补"方案的关注。

如果 ATP 管理团队熟悉系统基本模式的语言，对每月和每季度销售指标的狭窄关注力会产生的后果，就会明确地暴露出来。他们可能尤其会意识到，当他们施加压力推动销售指标的完成时，营销团队就收到了一个明确信号："到了紧要关头，最好选择风险低的方法，多卖些产品给现有的顾客，不要冒高风险去争取新客户。"这种"转移负担"的做法，不是去做扩大顾客群的工作，而是去扩大对现有客户的销售，进一步使他们增加对少数几个关键客户的依赖。

假如总公司经理们也能看到并探讨这个结构模式，他们就可能更有效地表达对泰伯管理方法的担忧。与其对如何提出自己担忧的问题犹豫不决，担心对泰伯的管理能力表现出挑剔和不支持态度，倒不如把两个反馈过程交代清楚，并探寻如何才能使他们中的每个人都能更放心地确认：扩大客户群的根本解决方法正在得到足够的关注。

当系统基本模式用于讨论复杂和有潜在冲突性的管理问题时，讨论交流一定会"客观化"。对话变成围绕"结构"与系统性运作的影响力展开，而不是围绕个人特点和领导风格。困难的问题可以用新方法提出来，不会带有对管理层无能的讥讽，也不会暗含批评的语气。相反，大家会问，"负担是被转移到对现有客户的销售，还是相反，去扩大客户群？""我们怎么知道有这种转移存在？"当然，这正是描述复杂性的语言的好处——它使探讨复杂问题更容易，方法更客观，不带情绪色彩。

如果没有共享的语言来处理复杂问题，团队学习实践就要受到局限。如果团队中只有一个人比其他人能用更系统的观点看问题，这个人的洞见一定会被漠视——因为即使没有别的因素，他也会面临日常语言对线性观念的固有偏见。另一方面，团队如果熟练掌握了系统基本模式的语言，会带来极大的好处，而且掌握这种语言的难度，在团队中其实有所降低。如波姆所说，语言是集体性的。学习一种语言，按定义，就是学习用这种语言与别人交流。所以，使用语言是学习语言的最有效方法。这正是团队学习使用系统思考的语言时会产生的效果。

第四部分　实践中的反思

The Fifth Discipline
The Art & Practice
of the Learning Organization

| 导　读 |

　　本部分的内容，是对20次访谈中观点的综合整理，受访者都是我非常钦佩的"学习型组织的艺术与实践"的杰出倡导者。他们背景多样，或来自工商业、政府和非政府组织、初等和中等教育领域，或来自社区组织，是我所接触和了解的众多组织学习实践者的代表。多年来，我一直受到他们的激励。

　　在英文第一版《第五项修炼》本部分的导读里，我用了"原型"（prototypes）这个词来比喻创建学习型组织的历程和阶段。1903年，莱特兄弟在基蒂霍克的飞行试验，标志着飞机的"发明"。从那时起，到1935年DC-3型飞机成为第一架在商业上获得成功的飞机，这30年间曾经出现过无数个"原型"飞机。（又经过20年，专门技术和基础设施的积累才成熟到一个相当的阶段，使得商业航空完成了关键性跨越，变为一个主要产业。）在那篇导读里，我提出了一点看法是，从技术的发明到其实用性"创新"的成功，是寻求不同的技术开发成果的整合过程。只有通过这种整合集中，才能使创新获得成功。到那时，做个交叉比喻，原型就成功"起飞"了。因此，我当时写道，五项修炼可能成为管理创新领域协同整合的基础。

从1990年本书的第一版写成至今，虽然有许多事情发生了，但原型这一基本比喻，似乎仍旧适用。除了实验之外，学习实践还是别无他法，没有已知的既定答案，也没有万能的灵丹妙药。仅有对标杆管理和"最佳实践案例"研究，还是不能满足要求——原因是，原型开发过程不只是按照已有的方法进行渐进改良，而是需要彻底的新观念和新实践，以及它们共同创造的新管理方法。幸运的是，现在情况与当时不一样了，现在已经有许多成功的原型，在许多不同的产业和文化背景中脱颖而出了。

工程上的物质原型，通常要在实验室进行测试。而组织原型却必须马上就面对严峻的现实。当今的时代处于在更深的层面相互矛盾的影响力之中，其特征是，在"情况好转"的同时又"变糟"——这使现实更难于驾驭。一方面，15年前第一版中阐述的基本观点，现在已经获得广泛认可；而另一方面，对大多数实践者来说，组织的环境氛围却更加艰难了。

福特公司战略主管兼首席信息官马弗·亚当斯（Marv Adams）说："毫无疑问，学习实践和不断的知识创造，已经得到主流管理学的重视。但这不等于说，无论经营状况好坏，大多数公司都始终如一地广泛传播并实际应用它。"英特尔公司全球制造部门原主要负责人戴维·马辛（David Marsing）认为："尽管许多公司提高了对文化本身，及其业绩方面的功效和作用的理解，而且还特意设计了考虑文化因素的工作程序，但他们的技能水平和娴熟程度还很低。"私营企业界之外的挑战情况，也没有什么不同。牛津乐施会（Oxfam）英国总裁、英国国家医疗保健系统（British National Health Service）原区域主管芭芭拉·斯托金（Barbara Stocking）说，她一直是个"偏重人的发展的经理人"，"帮助别人发展组织是我的意愿所在。但是这些年来我看到，普遍的变革模式是自上而下的目标驱动，而且，在高管层，很少有人关心人或者组织的成长和发展"。

尽管如此,后面的故事告诉我们,在这些复杂的变流交错和碰撞之中,创新者还是找到了引领变革的空间。他们虽然来自截然不同的组织背景,却受到同一个理念的激发,即一定有更人性化、更有效力、最终也更有创造性的共同工作的方式。作为经理人和组织机构,他们尽管还是少数,却代表着一群人数不断增加的、经验丰富的领导骨干,而在世界范围内,他们正在开始改变流行的管理体系。对根深蒂固的假设和习惯的变革事业,还有其他的方式拔锚启航吗?

| 第 12 章 |

反思型文化的基础

在我们为本书增订版做的访谈中,有一点让我印象最为深刻:1990年本书中的核心理念,许多在当时都显得很激进,而现在已经以各种方式融入人们观察世界的方法中,融入人们的管理实践中。这些理念,如后面章节中描述的,现在似乎已经被认真从事组织学习的实践者所普遍接受,它们成为未来工作发展的新的基础。

每位访谈对象,都用这样或那样的方式,寻求建立更富有反思氛围的工作环境,以使深度汇谈成为可能,并使观察自己的理所当然的心智模式成为可能。通过人的成长来推进组织的发展,是贯穿每个故事的核心理念。许多人还谈到一种心态的转变,即从"修补部件",到把组织看作活的生命系统,它本来就具备巨大的、往往未被开发的潜力,去学习、去进化、去治愈自己的疾病并恢复健康。

建立深度交流的反思型文化

通过交流的变革

BP 公司执行副总裁维维安·考克斯(Vivienne Cox)说:"BP 公司

常常让人感觉像是一台业绩导向的机器,而我就是被这个机器训练出来的。15 年前刚开始负责一个业务部门的工作时,我很想尝试一些新想法。我和我的同事约翰和吉恩(我们分别负责紧密相关的两个部门以及这两个部门的联合业务)有一个简单的想法:培育更多的跨越组织边界的合作,分享信息和知识,以便做出更好的决策。

"我们也不确定,怎样才能使这种新型组织模式成功运行。但我们后来决定,最好的办法就是让大家一起交流。如果每个人都能更好地了解别人在做什么,我们就能开始看到各种可能性,进而从中呈现出正确的模式构架和设计方案。我们组织了一系列研习营,大多数集中针对我们当时面对的各类问题,以及解决问题的选择方案。这些交流逐渐形成了新观点,考虑了不同的业务组织方法。我非常惊讶地发现,研习营中出现的观点,并不是我开始时想到的观点,而实际上,我自己的观点是错误的。就像这样,简单地把人聚到一起进行交流,就创造出一系列新的可能性,并带来了业务的改进。"

研习营形成的新观点相当复杂,也很难实施,但后来却成为一个大得多的组织构架的源头——如今,考克斯正在领导着这个机构。

"那些对话交流中出现的主题,后来证明都是根本性的,意义深远,而且给 BP 带来了可观的竞争优势。那项工作也给我的职业生涯带来最大的乐趣。我和约翰、吉恩一起,互相激发了勇气,做出了一些不可能各自单独完成的事。我们学到,文化如何才能被改变,而这个是不可能从上层驱动的文化大变革计划中学到的。

"后来在公司的工作中我曾有过不同类型的老板,包括强势的命令控制型老板。这让我得以反思自己在他们那里的经历的差异。我意识到,为业绩目标导向的领导者工作是怎样的感受:那种在交流中才能经历到的真正的生命体验,那种可能性,在这种环境下被剥夺了。换到新岗位,有了更大的自由,我就继续实验,看如何才能让大家一起相互交流。"

考克斯今天是 BP 公司职位最高的女性。她阐述的观点很简单，但仍然不被主流管理界理解。尽管大家几乎都提倡增进交流，但领导实际项目所要求的那种开放精神，如考克斯那样，却是很少见的，这也部分由于我们对它还所知甚少。

反思型开放

第一版《第五项修炼》的第四部分，讨论了"参与式开放"（participative openness）和"反思型开放"（reflective openness）的区别。参与式开放也可以叫作"表现式开放"（expressive openness），它是指公开谈论自己的观点。这当然是创造更富有学习氛围的工作环境所需要的重要元素。但是，它很不完整，因而很有危险性。作为"参与式管理"（participative management）理念的延伸，参与式开放在 20 世纪 80 年代开始流行。有些组织甚至试图建立正式的组织程序，以便进行开放的沟通。但是，这些努力很多都渐渐消失了，原因是这些方法以及它们的组织支持者根本就没有什么效力。[1]1994 年，阿吉里斯在《哈佛商业评论》上发表了一篇经典文章，批评了"阻碍学习的优良沟通"。他认为，正规的沟通技巧和方法，如"焦点小组"（focus groups）和"组织调查"（organizational surveys），实际上就是让员工表达自己的想法，又对矛盾问题以及自己在其处理中的角色和作用，不承担任何责任。这些方法失败的原因，是"无法让人反思自己的工作和自己的行为。不鼓励个人的负责态度，也不能暴露深层的、可能带有威胁性或令人窘迫的信息，而只有这些信息，才能激发学习动机，产生真正的变革"。但是，正如阿吉里斯的话所隐含的，要超越参与式开放，可能会很困难，而对寻求保持控制的经理人，尤其如此。

在许多年间，罗杰·萨朗特（Roger Saillant）曾在福特公司应用组织学习方法，成为公司业绩最好的经理人之一。在 20 世纪八九十年代的大多数时间里，他被调动于不同的生产基地之间，从北爱尔兰、东欧、中国,到墨西哥。他成功地把其中一些,从原来福特公司最差的工厂,转变为最好的生产基地。在另一些地方,他建设了新工厂,成为制造业历史上无可比拟的最优秀的工厂。其中许多直到今天,即他离开10年之后,仍然是福特的顶级生产系统。

那么多年里最让萨朗特惊讶的,不是他的成绩,而是他在福特公司的领导们对他所做的事的反应。萨朗特回忆说:"我一直以为,只要我遵守公司的核心价值观和业务目标,就可以按照我的个性和风格行事。当然,我的老板们后来也知道,我激励员工的方法与众不同,所以才做出了那些成绩。但他们从不问我,是怎么做出那些成绩的——我是说,从来没有一个人问过。我一直觉得很困惑,因为我觉得,他们应该对这些感兴趣,以便在别的地方重复这些成功的方法。但他们只是对我说,'你去这里干(新地点),因为我们需要你去做这个',或者,'如果你去,就会不一样'。假如有人开始问,'你究竟怎么做的?'那他们就会回避和我交流。

"我觉得,他们那种表现的原因是,他们大概也知道我是怎么做的,但又不想深究。在一定程度上,对于要面对那种脆弱,他们还没有准备。也许他们感到有点害怕,那样向自己挑战,那样暴露自己,那样人性化,都意味着什么呀。也不知道什么原因,我就能理解,如果能够与自己的内心沟通,就可以毫无畏惧地公开暴露自己。对于领导者,这可能会很令人恐惧。"

参与式开放是不够的,因为它不能激发承诺投入,不能建立共识,而这些又都是产生真正变革所必须的。正如一位满脸不悦的高管所说的:"好像这里隐含的假设就是,所有问题的解决方法都是:大家一起分享观点。"问题的核心是,共同学习始于真正的相互聆听,而不只是对谈。而聆听却并不是件容易的事。反思型开放是向内反省,让我们向内和自己交流,以便更多地意识到我们思想中的偏见和局限,以及我们的思想和行为是如何帮助制造了问题和矛盾的。

反思型开放是心智模式修炼的基石。没有人能把一家公司、一个家庭或者一个国家都装到脑袋里。我们的生活经历塑造了丰富的内心假设和情感，而关于这些系统我们就有了（在最好的情况下也仅仅是）一些成形的观点和假说。培育反思型开放，可以让我们自愿地、不断地测试这些观点。反思型开放的特点，是真正的思想解放，那是深层聆听和真正交流的第一步。这说起来简单，做起来不容易——因为，如考克斯和萨朗特这样优秀的实践者所知道的那样，建设反思的环境，要从我们情愿开放自己入手——如萨朗特所说，自己要变成脆弱的、"暴露的"状态。组织环境如果没有深层的承诺投入来帮助人的成长，没有因此而必须创造的诚信和相互依赖的精神氛围，就不可能做到这一点。

人的成长

现在想一想，我觉得五项修炼中最根本的修炼，就是自我超越——创造组织环境，让人获得真正的成长。今天，大多数公司都支持某种人本的哲理，"员工是我们最重要的财富"，他们花不少钱做人力资源开发，主要通过培训。但是，真正投入帮助人的成长，所需要的绝不止这些。许多年来，我一直听考克斯和萨朗特这样的人讲述他们的经历，而他们的故事中的情感内核，始终是一个。虽然来自广泛的生活经历背景，他们却都发展出一种不可动摇的信念，即坚信人的精神的解放和共鸣会产生内在力量。他们都走在一个终生的旅程上：去发现这究竟意味着什么，以及究竟如何去做。

2005 年，马萨诸塞州伍斯特市的一些商界领袖，启动了首场"纪念奥布赖恩系列讲座"。系列讲座的目的，是通过每年一次的商界领袖演讲，来继承和发扬奥布赖恩的遗产。演讲人要代表奥布赖恩的信念，即"增加金融资本的最好方法，是增长人力资本"。首场演讲的企业家是哈雷 - 戴维森公司前 CEO，国际组织学习学会网络的创始人之一里奇·提尔林克（Rich Teerlink）。他指出："真正承诺投入到人的成长，要靠一种信念的力量。你必须相信自己心里的直觉，即人们需要追求一种有意义的愿景，想要做出贡献，想要对结果承担责任；而且，愿意检查自己行为的缺点，并尽力改正错误，纠正问题。这种信念，控制型经理人是不容易接受的。这也就是为什么关于人的成长，'说的'和'做的'之间会有那么大的差距的原因。"

值得承诺投入的目标

沃尔沃瑞典公司前总裁、宜家北美公司前总裁（以及国际组织学习学会首任常务董事）约兰·卡斯泰德（Goran Carstedt）认为，创造有利于人的成长的环境，要从"值得人们承诺投入的志向目标"开始。卡斯泰德指出，"企业领导者常常要求员工承诺投入组织的目标中。但是，真正的问题是：组织的承诺投入是什么，那值得我花时间吗？"尽管有许多有关组织目标的阐述，有无处不在的愿景声明和价值宣言，但是，如萨朗特指出的，员工对公司的真正承诺还是"有很多尖酸的说法和怀疑态度"。还有很多迷惑和混乱——首先是对公司的目的——按照定义，公司的概念是追求投资回报最大化。许多年前，彼得·德鲁克曾说过："赚钱对公司来说，就像人吸进氧气。如果你吸进得不够，你就得离开这个世界。"换句话说，利润是所有公司企业的业绩要求。但是，那不是个目标。把德鲁克的比喻再延伸一步说，如果公司把利润作为目标，就好比人把呼吸当作生活的目的，那他们真就缺点儿什么了。

具有讽刺意味的是，把企业的目标等同于经济收入底线，这同时还会让企业的财务收入状况走向平庸，交上命中注定的厄运。有无数研究企业长期业绩的案例可以证明这一点。[2] 在今天的世界里，越来越多的人有越来越多的自由，来选择自己的工作单位和工作方式，这样一来，组织主张什么、拥护什么、承诺什么就很有关系了。公司如果没有值得承诺投入的目标，就不能培养承诺投入的精神。它会强迫人们生活在支离破碎的世界里，无法激发热情、想象力、承担风险的勇气、耐心、坚忍不拔的毅力，以及对生命意义和价值的追求，而这些又都是达到长期财务成功的基础。

联合利华公司的布里吉特·坦塔维－蒙索（Brigitte Tantawy-Monsou）说："我就是想让我的个人生活和工作生活，成为同一个生活。"2002 年，经历了供应链管理、产品研发和业务卓越管理职业生涯以后，坦塔维－蒙索说，她接触组织学习、自我超越和心智模式修炼，"对我理解我过去的经历很有帮助，因为我总想用科学的方法，总要分析问题。而在这里，我看到了一个新层面，一种'软的'层面。它帮我认识到，可以从社会系统的视角来理解组织和团队，可以用更加全面整合的方法来处理问题"。她发现，系统观点也可以用在她个人身上。"我特别对个人和公司的目标和价值之间的协同校正感兴趣，我个人渴望协同校正，所以，这个新的管理理念，使我引起了共鸣。"

后来，坦塔维－蒙索参加了值得她承诺投入的一些项目，应用组织学习的工具，处理联合利华在可持续发展方面的事务。她甚至还逐渐重新界定了自己的工作岗位，使自己能用全部的时间来做可持续发展方面的工作。"我想在公司内部和外部，都多做点事，多做点真正事关紧要的事，而组织学习的方法，帮助我发展了能力，以产生更多的影响力。这正好和我的职业生涯以及我整个生活的下一阶段巧合。"而如果不是联合利华公司的最高层在好几年之前就开始意识到，环境状况的历史性变化已经威胁着公司的未来，那也不可能发生这些事。作为世界上最大的渔业产品（鱼制食品）的营销商，公司在 20 世纪 90 年代就认识到，"如果不进行根本的变革，以实现可持续的渔业，那我们就没有值得投入的渔业产业可言了"，一位公司高管如是说。[3] 今天，除了在联合利华公司内部从事商业可持续发展项目的工作，坦塔维－蒙索还在协调国际组织学习学会欧洲"可持续发展协作组"（SoL Sustainability Consortium），作为总部在美国的学会的可持续发展协作组的延伸。她说:"我一直都喜欢工作。但是,这第一次让我感到,我现在在做对我自己个人来说,真正重要的事。"

有转化力的人际关系

坦塔维－蒙索的故事告诉我们,人的成长要从承诺投入真正重要的东西开始。而它的展开,如波士顿社区组织罗卡(西班牙语 Roca,意为"石头")的人所说,要在"有转化力的人际关系"(transformative relationships)网络中进行。

罗卡的目标是为年轻人建设安全而健康的社区。罗卡所在的马萨诸塞州切尔西镇,距离波士顿金融街不到两英里,但文化上的距离,使它们之间好像隔着一个世界。那里的居民主要是来自拉丁美洲、东南亚以及非洲的移民。罗卡街道工作者团队原主管西罗姆·冯格(Saroeum Phoung)说:"当一个移民,就意味着你没有朋友,没有工作,没有标准,也没有在自己社区中的地位。家庭的功能被破坏了——这些移民家庭中的父亲往往不会说英语,所以找不到工作。因为他不能养家,随之而来的多重压力反而容易让他成为施虐者。而第二代移民通常甚至面临更多的困难,因为在他们成长的过程中没有稳定的家庭环境。由于没有改进和进步的希望,他们就没有努力的动力。因此,他们就像我原来那样,参加了黑帮。"

罗卡吸收的对象,就是原来的少年黑帮成员、年轻的父母,还有社区成员。他们到街区里帮助别人,重建社区生活。因此,罗卡成为警察、法庭、学校和许多社会服务机构的中间人。罗卡成立 18 年以来,切尔西镇的犯罪率和暴力事件发生率大幅下降,学生毕业率大幅上升。许多年轻人如果不是因为罗卡,可能就活不到今天,而他们现在都上了社区学院或者四年制大学,找到了工作,生活充实,积极向上。马萨诸塞州政府社会服务部(DSS)主任哈利·斯彭斯(Harry Spence)说:"罗卡的成就是令人惊异的。假如我们有 6 个像罗卡这样的组织,我们全州在这方面的工作就会大不一样。"

我花很多时间和罗卡的年轻领导者交往,我在不断地向他们学习,了解他们对如何帮助人成长的深层体悟。我在对一组街道工作者访谈时,图恩·克劳奇图得告诉我:"创造有转化力的人际关系,是我们工作的基础。""我们接触的年轻人,需要一种人际关系,以帮助他们活下去,"罗卡创始人莫莉·鲍德温(Molly Baldwin)说,"我们的第一任务,就是与他们见面。他们中有许多人从来没有过自己的依靠,以及能始终如一地给予自己全面支持的关系,我们就把他们当作有自己天然个性的人来交往。而我们这样做的时间久了,他们之间也开始相互这样交往了。"

发展这种"面对面相互支持",罗卡有核心方法和不断进行训练的场所,他们把它叫作"维和圆圈小组"(peacekeeping circles),那是基于美洲印第安人的学习和医疗传统中一种集体反思的方法。奥玛·奥蒂兹说:"在圆圈小组里,我们学会了真正的相互倾听。"

玛丽娜·罗德里格兹讲了一个有代表性的故事:"最近,有一位年轻的女孩怀孕了,她不知道该怎么和妈妈说。她很害怕。这样的情况,往往会造成女孩出走,或者由家里的亲友出来帮忙。但是我们认为,帮助她的最好方法,就是为她建立一个圆圈小组。有位街道工作者和她关系很好,于是就组织了几个人——那女孩和她妈妈都信任的几个人,组成了圆圈小组,我们一起处理了这个问题。相比将问题留给女孩和妈妈自己处理,让她们互相叫喊指责,这样做的结果大不一样。关键是形成交流对话,让妈妈听女孩讲,并能够相互接受对方。这个做法主要是扩大她的圈子,建立她所需要的支撑环境。"

"这又变成了'合作学习'(cooperative learning),"苏珊·尤尔里奇补充说,"圆圈交流对话就是大家围坐在一起,了解正在发生的事,以及如何应对。你会看到,问题不是哪一个人的问题,而是(每个人的)问题。在圆圈中,大家是平等的,我们都有问题,我们通过互相帮助来学习。"

"我们从纳瓦霍印第安人保留区部落法庭的首席法官那里学会一句

话，"鲍德温插话道，"他说，'你不能用一个不好的方法达到好的目的。'圆圈小组始终让我们保持相互的连通，每天都帮助我们创造社区氛围，帮助我们一起面对我们必须面对的问题。"[4]

从我做起

对个人成长的承诺投入很重要——这对于身处领导岗位的人，就是最重要的事。鲍德温说："我总是必须做自我反省的工作。如果我们与警察的意见不一致，我就必须看看，我自己都做了什么，才造成争执不休——许多时候，我真就想到外面去，冲着谁喊，而不愿意保持冷静，去反省自己在当前的矛盾局面中的作用。"

"这些都必须从自我超越开始，"萨朗特说，"从我自己情愿看到自己的缺点和毛病开始，这些缺点和毛病对周围的人来说是如此明显。我绝不可以要求组织中的其他人比我更开放，更愿意学习和改进。"

把组织看成生命系统

现代科学中发展出来的系统观点，背后有两个不同的思想传统。系统的工程理论，提供了实际的工具，如系统基本模式和计算机模拟模型，它们能帮助我们理解复杂的、相互依存的问题。而对生命系统的理解，则会帮助我们感悟团队、组织，以及更大系统的学习与进化的能力。我在写作1990年第一版书时，强调的是前一种思想传统，因为，如福特公司的马弗·亚当斯所说："世界上有如此之多的关键问题，都由于领导者不能很好地作系统思考，而得不到解决。"我现在觉得，这两种思想传统结合在一起，才能为推进工作提供所需要的两种东西：工具和领导原则。我这样看是因为这种生命系统的观点，微妙而潜移默化地影响和渗透着几乎所有成功的组织学习实践者的思考。[5]

机器时代的思考方法

德赫斯的著作《长寿公司》(*The Living Company*) 促进了我的思考，加快了我把企业作为生命系统来理解的进程。简单地说，把企业看作是生命系统，就是把它看作是人类社区。这个理念，德赫斯已经通过这样的问题明确提出："我们怎样看待企业——是作为人类社区，还是赚钱的机器？"[6] 虽然每个人都会谴责后者，但我们当代的语言和管理实践，却说明着另一种情况。

实际上，机器的形象语言充斥着管理行话。我们的经理人"运行"(run) 一家公司，这与运行一台机器没什么两样。我们有公司的"拥有者"(owners)，这个词对机器而言十分恰当，但用在人类社区，就有点问题。当然，还有领导者"驾驭变革"(drive change)。对这些形象图景，我常常纳闷，人们是否压根儿就没想过，使用这类语言究竟在说明什么。如果人们想过这个问题，他们也许会住嘴，质疑自己，即使是短暂的一会儿工夫。不管怎样，我们多数人会"驾驭"一辆车，但我们还知道，如果我们试图"驾驭"我们的配偶，或正处在青春期的子女，会发生什么——结果通常事与愿违！有趣的是，我们如此轻易地就倾向于使用这种语言，来描述组织变革的需要。这当然就是德赫斯所指出的：我们都很容易把组织看成是机器，而不是生命系统。

德赫斯理解这两者，即把组织看成机器与看成人类社区之间的区别，这得益于他对一个实际问题的追踪，即"长寿公司都有什么特点？"壳牌公司对公司寿命的著名研究项目（见第 2 章），就是由德赫斯主持的。研究发现，财富 500 强企业的平均寿命小于 40 年；同时，世界范围内约有 20 家公司，寿命达到 200 年以上。研究结果表明，超越历史、国家、文化、产业背景和技术等方面的差别，长寿公司有一些共同特点，即公司更倾向于把自己看成是人类社区，而不是金融财务机构。壳牌公司原始研究报告说，这些公司"对自己是谁，有一种认同感，超越了它们所做的事"，这使它们有能力去进化，去适应，去学习；

而它们的竞争对手就做不到这一点。

生命系统的观点，对于今天全球相互依存和复杂多变的世界，比以往更有相关性——就像世界最大的公司的"秘密"故事所揭示的。尽管收入大约比沃尔玛大10倍，市值比通用电气至少大一倍以上，国际信用卡巨头维萨公司，是商业世界中保守秘密最好的公司之一。当然，不是说这家公司的产品没人知道，也不是说它领导的是一个令人迷惑不解的产业。去年，没有几家公司的顾客能达到世界六分之一的人口！然而，过去10年间，《商业周刊》、《财富》和《福布斯》等杂志上，发表了超过1 000篇关于微软公司的文章，350多篇关于通用电气公司的文章，但是，只有35篇关于维萨的文章。为什么呢？因为维萨看上去根本就不像个典型的跨国企业。它的股票还没有公开买卖①，因为它的股权拥有者是数量超过两万的会员组织。它也没有大型公司总部，因为它只是一个网络，由成员组织管理，有一个组织章程，界定其目标和运营原则，规定其决策权力归属于选举产生的各个董事会。它没有一个典型的、受人关注的CEO，来决定公司行动策略（并收取天价工资），因为它的策略，实际上是分散的：自治的各个企业所组成的网络，有为数众多的各种不同的策略。

维萨看上去不像其他大公司，运作方式也不一样，原因是，创建它的灵感不是来自机械的形象，这与其他公司不同。在信用卡产业初期，发生了大规模的发行过热和财务崩溃。那时，维萨的创始CEO狄伊·哈克（Dee Hock）悟到一件事。他清楚地看出，全球金融交易网络当时已经开始出现强劲的发展势头，必须有一种力量来协调整个网络。但是，"设计一家公司去做这件事，超出了理性的力量"。[7]但他也知道，大自然经常可以做到的，就是这种协调。他想知道，为什么"人类组织机构就不能像热带雨林那样运行？"为什么人类组织不能遵循生物机体的理

---

① 2008年3月19日，维萨股票在纽约证交所上市，而在本书出版时，它尚未上市。——编者注

念和方法模式运行？"假如我们放弃争执，不管究竟应该把新机构设计成什么结构，而以某种遗传密码的模式重新考虑这件事，那又如何？"简言之，维萨的灵感，是要放弃我们"旧的观念与机械论的现实模型"，而去拥抱生命系统的原理，并把它作为组织的基础。后来，哈克甚至为他设想的这种组织形态造了一个新词："浑序"（chaordic）。因为，自然界中"秩序不断地从看似混沌的状态里呈现出来，然而在管理实践中，我们却总是试图强加秩序，原因就是我们害怕被混沌主导"。

生物学家葛雷格里·贝特森（Gregory Bateson）曾说："我们今天所有的问题，都来源于我们的思想方式和自然运行方式之间的差距。"[8] 比如，我们的主要组织机构的遗传物质 DNA（脱氧核糖核酸），是基于机器的思考，"所以系统都必须有人控制"。而我们知道，对于健康的生命系统，如人体或湿地，控制是分散的。但我们非常习惯于"必须有人控制"的心态，哈克称之为我们体内的"牛顿式壁橱"，以至无法想象替代方法。不过，只要我们学会观察，这些替代方法就在我们身边，随处可见。

工作是怎么完成的？

喷墨供货组织（ISO）曾是惠普公司最大、利润最高的部门，这种情况持续了 10 年以上。这个部门的信息技术与战略主管安·玛莉·阿兰（Anne Murray Allen）说：

"我们就是想理解工作是怎么完成的。我记不得我是什么时候开始用系统观点看问题的，反正是很久以前了——多少有点天性如此。《第五项修炼》一问世，我就把它吃透了。那时，我已经是深度汇谈的实践者，告诉客户聆听的力量，以及要怎么做才能一起完成出色的成绩，那甚至是在我来惠普之前的事。到了惠普，我开始做战略，特别是 IT 在战略中的作用。后来那自然成为知识管理，那时已经成为一个主要关注点。但是，所有那些'学到的经验教训'的数据库，诸如此类的东西，对我来说都没有什么高杠杆效益。而有另一种看法，认为知识就在我们身边漂游，我们需要做的只是捕捉它，给它编码、整理，这个看法我也不看好。现在，它已经没有多大市场了，因为许多公司花了很多钱，搞'知识管理系统'，结果拿不出什么像样的成绩。

"问题的根源在于，不理解知识是什么，它是怎么产生的，怎么在实际条件下运行——因为，知识是社会性的，是指我们知道怎么做，而我们做的时候是相互关联的。工作是怎么完成的？就是这么完成的。知识管理的另一面，就是协作。不能只谈论一面，而不讲另一面。所以，搞知识管理，你就必须面对协作，有各种工具方法来帮助人们协作。今天，我们的工作有许多是关于知识网络的，我们也叫协作网络：大家怎样一起创造价值，并且开辟新的价值来源。这是个相当有机的过程，但还是有理解它的方法，有帮助它成长的方法，而不是阻碍它。"

几年前，阿兰开始和俄勒冈大学的社会网络研究者丹尼斯·萨多（Dennis Sandow），一起合作进行一系列研究。"我们很快学到了两件事：基于其不同的关键技术能力，来辨认不同的社会网络，这是可能的；大家都愿意参与这项研究。丹尼斯的方法的美妙之处，与大多数学者（的方法）不同。他不是去替别人分析，而是教会工程师们，怎样自己来分析自己的网络。"

萨多说："我真正的目标，是帮助大家反思，看他们自己是怎么做的。对理解自己的工作过程，对向别人解释这些过程，大家自然很感兴趣，特别是要向经理们解释，因为他们总爱搞重组，重新分派大家的工作，而又对这样做的后果没有真正的理解。今天，那些工程师有了一种全新的语言，可以用来和经理们沟通。"[9]

阿兰和萨多的工作，架起了一座新颖的桥梁，它连接着反思的实践，人际关系的重要性，以及把组织机构看作生命系统的领悟。阿兰指出："我们逐渐从学习中体悟到，通过反思，知识网络就会得到扩展和加强。当我们考虑与谁合作，然后一起反思我们合作的过程，我们就互相接受了对方，相互给予了合法性。"例如，ISO曾面临一些重要问题，要求对物质化学有新的理解。ISO当时和两家竞争力很强的售货商合作，开发惠普售货系统的社会网络图。这张网络图不仅澄清了谁了解什么，还帮助建立了信任感和相互依存感："大家觉得受到重视了，他们的忧虑和他们的贡献，都向所有人、以同等清晰的方式展现出来了。几个星期的协作，在早期建立了这种信任和开放心态，使这个网络能够把新喷墨盒的开发时间缩短16周。今天，我们有许多这类的案例，而培育对我们各类知识网络的反思能力，其实用价值也逐步得到了认可。"

回顾合作的历程，阿兰和萨多得出如下结论："正如物质科学的哲学理念主导了工业时代，生物科学的哲学理念正在开始主导知识时代。新的理念把知识、人类以及组织机构看作生命系统……（这代表一种转变，从）（1）注重局部到注重整体；（2）注重分类到注重整合；（3）注重个体到注重相互作用和关联；（4）注重观察者外部的系统，到注重包括观察者在内的系统。"[10]

阿兰和萨多对社会系统的观点，受到智利生物学家哈姆伯图·马图拉纳（Humberto Maturana）的影响。马图拉纳是生命系统认知研究的著名先驱者。他认为，智能行动在社会系统中产生，那里，网络的所有成员都互相接受，成为网络的合法参与者。2000年，ISO管理层邀请马图拉纳做了第一次研讨会。那次的经历令人难忘，有100多位工程师倾听他的讲话，其内容主线是：仁爱就是承认和接受别人为合法的参与者——而且，"情感也能扩展智能"。他的演讲让我想起，我在为德赫斯的书撰写序言时所学到的英语"company"（公司）一词，来自法语compaigne，意思是分享面包，并与"companion"（同伴）一词同根。有趣的是，在瑞典语最古老的语汇里公司一词，"narings liv"，意思是"滋养生命"。而中国古老的词语"生意"，意思是"生活的意义"，或"生命的愿意"。也许，当我们重新发现作为生命系统的组织机构，我们还会重新发现：作为人在一起工作，有一个真正重要的志向目标，其真正的意义会是什么。

| 第 13 章 |

学习型文化的推动力

建设学习型文化（learning-oriented cultures）在任何条件下都是一项艰难的工作。需要花许多时间来做——其实，它是个永无止境的征途。它充满风险：要么无法实现真正的文化变革；要么成功实现了变革，但却因此变成想要保持现状的人的一种威胁。建设学习型文化的要求很高，因为学习实践要让我们个人承受很大的压力，而待在舒服的地方总是要容易得多。过去15年间，没有任何迹象能让我改变对这些困难挑战的理解。既然这样，什么才能激励人们开始这个征程呢？

似乎有三种相互关联交叉，又互不相同的动机，激励着人们去开启建设学习型组织的艰难工作。有些人想寻找更好的模式来管理和推动变革。有的人则想建立组织整体不断适应变化的能力。所有人似乎又都认为，一定有更好的管理和组织职场工作的方法，既更加实用，也更加人性化。它可以显著改善绩效，并且创造一种工作环境，让我们大家都真正愿意去那里工作。

不同的变革方式

国际金融公司（IFC）是世界银行的一部分，负责对发展中国家的私营企业部门进行投资。IFC的人力资源副总裁多萝西·滨地-贝利（Dorothy Hamachi-Berry）说："来到世界银行以前，我在一些组织工作时，曾经历过戏剧性的，但你可能说是机械式的变化。往往是新领导一上任，就出现一个'火坛'，也就是说出现一些强制性原因，让你不得不打烂烧毁所有的东西，然后重新开始。这种方法在我经历过的地方，似乎从来都不管用。1996年我刚到世行，有一位新领导来了，我们就把几百位高级经理人送到大学进修高级管理开发培训项目。他们都学了同样的变革理论模型，但是，你瞧，什么变化也没发生。那时我就想，有没有不同的模式？我开始意识到，不同的模式必须要从愿望开始，包括我们的客户的愿望。"

那时，世行正在试图解决长期阻碍效率提升的组织问题。比如，原来住在华盛顿的"国家经理人"，被派驻到当地国了。想法是让这些经理人身处第一线，以便了解客户的需求、愿望和目标。同时，世行还建立了专业网络，以便加深全球的基础知识背景，此外，还有一个新的矩阵式组织也被建立起来了。

1989年，世行的墨西哥团队与人力资源开发团队中负责卫生健康和教育的成员，一起开始了一个学习实践项目（当时滨地-贝利还是世行总部的人力资源副总裁）。她回忆说："我们有一个出色的国家团队，但他们遇到困境，不知道矩阵组织的新业务模式。"两天的基础研习营过后，这个团队花了好几个月的时间，学习深度汇谈、系统思考、自我超越等修炼工具，总体目标是帮助客户理清自己的开发愿望。世行有个老问题，不能跨越内部部门界限，把投资资金送到地方的创新项目手中。"在墨西哥，我们有客户，有国家团队，以及网络，大家以一种新的协作方式一起工作，这在以前很少发生过。大家一起作为团队来开发解决问题的方法，而不是由世行给出一个处方。这样做的结果是开发出一些令人兴奋的项目，比如，用新方法给偏远山区的儿童提供教育和医疗服务。那是个出色的项目样板，它告诉我们，一旦世行员工与客户联合工作，并让客户有能力自己推动项目开发的进程，而不是相反，那将会出现什么结果。很快，我们就收到更多的项目请求。"

大约就在那时，滨地－贝利从世行调到了 IFC，原因是在最高管理层有了一个类似的创新机会。她在墨西哥经验的基础上向前推进。"我们从没有使用像'学习型组织'这样的术语，也没有谈论《第五项修炼》。因为，那样就会听上去太学术了，那些理念就会失去效力。而我们探讨的是建立和明确愿望，包括我们自己的愿望和我们客户的愿望，还有建设深度汇谈和探寻的能力。"

刚开始时，投资官员们对学习工具没有什么需求。他们就是不用那种方式工作。"我们的投资官员是做交易的。深度汇谈和探寻可不是他们的风格——那就像是给他们拔牙。但 IFC 的 CEO 彼得·沃伊克（Peter Woicke）认识到了这类方法的价值，所以我们就集中与他的管理团队合作。彼得很有耐心，我们花了两年时间，但你逐渐就可以看到效果，从人们如何交往，人们一起能做出什么事，就可以看出来。人们学会了开诚布公，能够公开提出不同意见，能够有意识地浮现冲突，而不是绕圈子。"第一个转折点是沃伊克的好几个直接下属，要求在他们自己的团队进行类似的开发过程。"逐渐地，许多基本的学习演练方法开始在大家的工作过程中出现了。IFC 是世行唯一需要关注经济底线的部门：商业成功与开发效果都同样重要。由于可以跟踪商业影响，这些努力的价值就更容易显现出来。现在，这项工作完全是由需求主导的。我们接到很多请求，是业务线经理们自己提出的容量能力建设的要求。"

沃伊克一年前退休的时候，滨地－贝利和她的同事们又有一次机会，来测试他们的文化变革努力的长期效力。"支持这一方法的 CEO 走了之后会发生什么？我们知道，许多像这样的非常成功的创新，都遭到了取缔，或者虽然成功，但无法推广。但是，这项工作已经影响了政策，引起了战略转变，而我们的业务也在过去六年间翻了一番。[1]实际上，我们连续三年实现了破纪录的增长率和利润率——在我们的历史上从未这么好过。我认为，我们的成功很大程度上要归功于这么多的业务线经理人，他们体现了愿景的精神，他们吸纳了更多人，建设了学习环境。组织里一旦有一些这样的人，你就会看到一种势头，其他的事就容易多了。

"我们一起共同工作的能力，与客户一起工作的能力，都导致了更好的投资决策，进而导致更成功的业绩，进而更多地影响到可持续发展。这种在商业成功和开发效果之间的协调一致，是我们一贯的目标。回顾起来，很明显，它需要真正的耐心，一种在变革努力中经常缺乏的耐心；它需要情愿以身作则地引领变革，而不是仅仅把大家'送到项目中去'。彼得在世行以外的广泛管理经验，似乎让他确信，探寻能力和真正的愿望至关重要，而他和他的团队又愿意花时间，来开发这样的能力素质。这又与耐心结合在一起，然后大家才能看见实际效果的证据，进而会要求建设他们自己的能力。"

建设适应性组织

它的未来

许多人被吸引到学习型组织工作中来，不仅是要找到一种引领变革的方法，而且还要寻求一种方法来建设组织能力，以便更好地应对不断出现的变化。福特公司的亚当斯就是其中之一。他把后者称为"适应性组织"（adaptive organizations）。

"作为一个首席信息官，你会用一种独特的视角来看企业，即把它看成一个整体，"亚当斯说，"今天，有两个显著的时代特征：我们的组织机构之间有非常高的相互关联度；同时，我们的运营环境既相互依存，又高度不稳定。福特现在有30多万IT使用者，分别在20个基本业务领域，他们通过2 400个应用软件相互交往，而这些软件是由10个不同的IT开发团队的6 000名IT专业人员开发的，而他们又在与200个不同的IT销售商合作。所有这些又在急速膨胀，包括各类便携式和嵌入式计算装置的爆炸式增长：现在全世界在使用大约350亿个单片机、7.5亿个智能传感器、15亿部移动IT装置，而且数量还在呈指数式增长。这种高度便捷的通信联系，带来了更大的波动性和非线性效应：变化会突然出现，而不像过去那样可以预料。2000年以后的四年间，世界范围由于有意的恶性程序造成的财产损失增长了10倍，达到2 000亿美元以上。

"这样的关联度和波动性意味着，我们必须用与以往截然不同的方式从事管理工作。跟上变化的速度是成功的关键。而用传统的自上而下的控制心态已经不行了，但是也不能没有任何管理组织，变成完全混乱无序的状态。发展适应性生存能力的关键，是不断保持管理组织工作过多和过少之间的适当的平衡。"

亚当斯认为，增加组织机构的适应能力，是组织中IT工作的未来。"由于IT专业人员的工作直接涉及把企业连接在一起的基础设施，所以他们能够直接影响组织机构整体性运作模式的成败。"虽然这些专业人员的传统工作责任会继续下去，但同时又会出现全新的方法让他们做出贡献，用亚当斯的话说，这就是"帮助大家看清模式，并处理复杂性问题。大家都被各种各样的信息淹没了。光给IT系统升级是解决不了问题的。这里需要的是，在无处不在的计算机信息处理的背景下，在实时的系统中，完成系统思考和协作工作"。

亚当斯现在正在培养新一代的IT工作团队，他们综合了系统思考和复杂科学，形成了新理念，并应用这些理念与业务部门的经理们共同研究一系列战略、运营和文化变革问题。他们不仅应用系统思考的工具来帮助大家看清系统模式，而且用复杂科学理论中的部分理念来设计战略变革选择框架，比如降低波动性、改变测量方法，及建立新的"互动模式"（interaction patterns）。[2]

例如，福特公司近来面对一项转变传统财务控制系统的艰巨工作，目的是为了遵守美国《萨班斯法案》（Sarbanes-Oxley mandates）的最新规定。"《萨班斯法案》规定了公司必须执行的一系列财会监控制度。如果公司不遵守这些新规定，就得不到认证，就会使公司声誉受到影响，增加投资者心中的风险担忧，"亚当斯说，"公司的高级职员也要负个人责任，即对缺乏监控带来的问题负责，所以这是件大事。我们开始以为不可能在一年内拿到认证，因为我们不仅有四十多年历史的各种不同的福特公司监控系统，而且还有来自兼并进来的其他公司的系统，包括捷豹、沃尔沃和路虎汽车。"

亚当斯从不同的业务部门抽调人员组成了工作小组，他们研究了审计数据，结果发现了"脆弱性漏洞模式"（patterns of vulnerabilities）。这些模式又通过系统图表和深度汇谈方法得到进一步澄清。他们用这些方法还特别发现了，IT系统在产生脆弱性漏洞中的作用。比如，研究小组意识到问题的来源之一，就是财务报告政策有太多的变化和不一致性。所以，他们就设计了一个政策基线，以取代几十年间积累起来的混乱的政策大杂烩。有关如何界定公司财产也有太多的差异，为此研究小组设计了一个新的更简单的分类系统，以及一个新的更简单、聚焦得更好的测评系统。然后，他们培训了"经过认证的专家"，派他们到世界各地检查财产分类的一致性，并分享最佳案例，从而建立了前所未有的互动关系。很快，"我们就有 11 000 名在世界各地的专业人员，都用一种语言辨认和处理所有监控问题，而且在两周之内就把这些问题中的绝大多数界定完毕。大家认清了自己被困其中的系统，并建立了促进系统变革的适当规模的管理结构。看到由此而使整个组织的能量得以释放，真是件令人吃惊的事。"

亚当斯继续说道："我们对一系列问题都使用了类似的方法。我们在学习如何进行容量能力建设，以使组织在自己的生态系统中的地位能够得到维护，还希望能得到改善。把这种能力建设融入组织文化是需要时日的，但自然已经给我们指出了有效的基本方法，比如：感知或认清模式、概念重组，以及'变异法'（mutation），即实验和反馈法。系统模型的建立、协作与深度汇谈、寻找过分变化和不一致性的案例，这些都是组织系统中的模拟（analogs）演练。如果能把这些有效地结合起来，就会促进创新。"

一支适应型警队

在过去的数十年中，我欣喜地看到全世界有少数公共部门的机构，也采纳了各种学习工具和理念，以满足自己对持续学习力和适应力的类似需求。其中最坚韧不拔地从事这项工作的，是新加坡警察部队（Singapore Police Force, SPF）。"我们生活在一个快节奏的世界里，越来越被复杂的、充满不确定性的问题搞得应接不暇，"警察总监邱文晖（Khoo Boon Hui）[3]说，"我们最近发现，有很多社区受到大量涌入的新式毒品、非法移民、新型犯罪方式和恐怖主义的威胁，但它们却没有做好应对的准备。我们必须建设看清发展趋势、应对潜在问题的能力，并在它们伤害到我们服务的社区之前，解决这些问题。我坚信，只有组织文化鼓励学习实践，我们才能通过对知识进行管理来建立起这种能力。"

十几年前，新加坡发起了建设"学习型国家"的运动，邱文晖带领的新加坡警队，以及许多其他组织，都加入了这个运动之中。

"当我接管新加坡警察部队时，我察觉到一些令人担忧的趋势。大家往往认为，警察的工作平淡无奇、不够体面，而且缺乏挑战性，不适合新一代的知识工作者。我们无法招到需要的人才。当时，新加坡警察部队是一个命令与控制型组织。要应对快速衍变的违法乱纪行为，就得当机立断，几乎没有时间请示上级，但警官却必须严格遵守标准的工作规程，这也就意味着他们无法应对这些问题。然而，给大家'授权'说起来容易，做起来却很难。于是在1997年，我们启动了一项革新计划，不但通过对业务模式的根本改革，实现了警官工作性质的转变，还通过对组织发展的投入，开始培育互信、开放的组织文化。我们知道，这项革新要耗费大量时间，而且困难重重，所以我们访问了从事这方面工作的一些组织，包括国际组织学习学会在美国的企业会员。"

文化不是凭空产生的，而是慢慢发展起来的——它不断保存和改进有用的东西，舍弃没用的东西。"从20世纪80年代初期开始，我们就成功地制定出了社区治安机制，社区民众也渐渐熟悉了我们的警官，他们不再害怕，而是开始信任我们了。尽管如此，警官们仍然不具备足够的知识和技能，难以发现并解决威胁社区安全的潜在问题。因此，我们扩大了他们的业务范围，让他们发动社区成员来帮助发现并解决当地的安全和治安问题。在警官们的协助下，社区成员在解决自己小区的安全和治安问题时，有了更多的主人翁意识。"

"随着警官工作的知识强度越来越高，他们就开始进行学习型组织要求的技能训练，以便能更好地在社区中开展'生成性汇谈'（generative dialogue）①，并通过系统思考解决问题。为了解决各种长期问题，他们还需要建立起利益相关者网络。"邱文晖解释说，这与在治安机制运行中进行团队合作相吻合，而且二者都是新的概念，都"发挥着集体思考的杠杆作用"。最后，他们还注重各个层面上的领导能力建设，并向警官们反复强调核心价值："由此，警官们被赋予自行斟酌处理问题的权利，相信他们能够做出与共同愿景协调一致的决定与行动。"

随着警官业务范围的扩大，他们还需要在整个组织中有更强的连通感。"他们需要从新加坡警察部队广博的知识储备中进行学习，包括同事和其他警官的个人经历。我们通过叙述和讲故事的形式，从学习个

---

① 即生成性深度汇谈，是集体交流沟通的高级境界。它在集体深度聆听和探寻的基础上，生成团队的心灵共鸣和集体创意流动，生发并整合集体能量和智慧，以及团队整体与周围环境的协同力。——译者注

人经历中的隐性知识（tacit knowledge）着手，让参与过重大事件的警官和大家分享自己的经历。"为了鼓励知识的传播，他们还为一线警官建立了特别的经验分享环节，帮助他们学习如何处理困难的情况，如何应对不合作的个人或群体，以及如何进行"行动后反思"（After Action Review, AAR）。这个做法加强了各地方部门的反思实践，同时提高了整个系统的意识水平。这些努力还带来另外一项成果，就是一个电子留言板，警官们可以登录并分享他们对每件事情的看法。"你在这里看到的是警官们真实的感受和想法，没有经过克制和保留，很多人对此感到惊讶。这个留言板最难能可贵的一点，是发帖人的热情。他们在这里找到了安全感，如果有足够的担忧和关切，他们就会将自己的看法、知识和经历坦率地表达出来。"最后，邱文晖和他的团队改变了强调严格的标准作业程序（SOP）的传统。他们"改写了这些标准作业程序，不再强调条例规范，而是重视基本原则，从而帮助大家根据最佳案例的做法，来行使自行斟酌处理问题的权力"。

在应对像国际恐怖主义这样的新挑战中，新加坡警察部队的这些变革尤其重要。"我们自己没有这方面的经验，所以必须和能够增加我们知识储备的组织和个人建立联系，这样的联系越多越好。"现在，新加坡警察部队在与全世界的许多同行合作，学习他们的经验。同时，新加坡警察部队还加入了一个包含学者、宗教方面的专家和社区领导者的网络，这使他们能够从许多不同的视角分析问题。"与处理其他核心问题一样，我们的兴趣点不在被动反应，而在于与社区伙伴密切合作，以诊断出问题的根源。"

"最终真正推动组织变革的是人。我们成功的核心经验，就是建立信任，并关注组织中的人际连通关系。如果连通关系的质量得到提升，思考的质量也就得到了提升。随着团队成员从更多的方面考虑问题，并彼此分享更多的观点，他们行动的质量就得到了提升，最终使我们取得更大的成绩。"事实上，他们的成绩确实振奋人心。新加坡现在的年犯罪率是每 10 万人 800 起，这还不到 20 世纪 90 年代中期的三分之二，只有日本的三分之一。在新加坡警察部队的努力下，案件侦破率也有了大幅提高，从 10 年前的 32% 增加到了现在的 60%，而日本在这项指标上的水平是 25%。更重要的是，"我们成功地增进了与社区的感情和联系，这靠的是获取他们的信任、合作以及——尊重。"邱文晖指出。现在，新加坡警察部队能招到的受过高等教育的应聘者，已经高于我们通常期待的比例了。

业绩与幸福感是动力来源

邱文晖所列举的事例说明，营造更有意义、更有满足感和成就感的工作氛围，会带来极大的业绩提升，这并非偶然。回顾让团队成员相互沟通、重新思考复杂组织结构问题的过程，考克斯给出的评价是："这成了我职业生涯中最有乐趣的工作经历。"虽然他们用了不同的表述方式，但我认为几乎所有有经验的组织学习实践者，心中都有类似的追求。比如滨地－贝利也认为："连通关系的质量在此得到了很大的提升。"

福特公司的亚当斯说："以前，人们觉得改变系统是不可能的。现在，当发生同样的情况时，人们能感受到更多的创造力和对成就的满足感。"

惠普公司的阿兰说："'工作效率'（productivity）是所有事情的关键，它既指个人效率，也指组织效率。我用这个词，并不是说人们必须每天工作 12 小时而非 8 小时。我的意思是，人们的工作更有意义了，对业务成果的影响力也大大提高了。"

阿兰的话，让我想起了早期 SoL 网络中一个很有说服力的故事。在 20 世纪 90 年代初期，戴夫·马辛（Dave Marsing）负责建设 9 号芯片厂（Fab 9），那是英特尔公司生产"486"微型处理器的最先进的工厂。

这项工作极具挑战性，而且压力非常大，在工作期间，马辛的心脏病发作了。幸运的是，他被及时送到了急诊室，心脏也没有受到永久性伤害。但是，当他几周之后重回工作岗位时，他向同事们传递了一个清晰的讯息。

"我希望他们知道，我再也不会像以前那样，像疯子一般无休无止地加班，我会按时下班，回去与家人一起吃饭。我告诉他们周末需要时可以怎样找到我，但只有在紧急情况下才能这么做。我还告诉他们，在按时完成工作的同时，我们会用更多的时间来交流和反思。刚开始的时候，我感觉他们都不相信我是认真的，但渐渐地，他们发现我的确是认真的。

"这次转变有着深远的影响。几年之后当我们设计和开发新的11号芯片厂（Fab 11）时，这次转变中创造的文化，深深地影响了我们价值观念和核心理念的形成过程。最后，我们在建设11号芯片厂时打破了英特尔公司的所有纪录，我们达到全负荷生产状态的时间，比最乐观的预测快了9到12个月。我们不但为公司节省下了数以亿计的成本，而且生产出新型芯片，并向客户提供了使用这种芯片的新产品，这些工作都比预计的要提早许多完成，为公司带来了巨大的市场利益。11号芯片厂至今还是世界上最大的、业绩最好的工厂。

"我清楚地看到，我们不再辛苦地工作，而是更聪明地工作。过去，我们当中时不时就有人被救护车接走，而且大家都已习以为常。当我做出承诺，决定不再这样超负荷工作之后，就给别人创造了做出同样选择的空间。最终结果是，我们都开始采用不同的工作方式，获得的成绩也超过了以往那样长时间、超负荷工作的成果。"

像马辛这样的人所追求的幸福感，显然并非是生活毫无困难，没有任何挑战。实际上，人们越是参与和投入自己的工作中，越是对其有承诺感，就越愿意应对工作中的困难。他们甘愿为了工作冒风险，即便要牺牲掉自己的舒适感也在所不辞。他们宁肯在追求对自己真正重要的目标时遭到失败，也不愿为了避免失败而束缚自己，不愿像罗斯福说的"那些冷漠又懦弱的人，他们既不懂成功，也不懂失败"。

奥布赖恩曾经将幸福感定义为："总体上觉得你的生活在向正确的方向行进，而且有机会为社会带来一些改变。"我一直认为这属于那种不寻常的追求，我们认可并珍惜这种追求，但无法通过直接的努力去获得成功。你见过依靠工作而得到幸福的人吗？在我的经历里，这样的人有一个共同特点，那就是他们其实并不幸福。另一方面，如果我们能与珍视的朋友一起追求大家最看重的事，就能找到我们想要的所有幸福。从这个意义上说，幸福感其实就是充实生活的副产品。这就是组织学习实践者的动力来源。

| 第 14 章 |

战略思考与 8 种应用策略

建设学习型组织从来就没有灵丹妙药，这一点是很清楚的。没有处方，没有固定的所谓三部曲，也没有什么七步法。但是，我们还是积累了许多经验，并不断尝试通过新的实践建立新的工作环境，来激励创造性的成果，并且使人享受工作的乐趣。本次增订版中的访谈工作是一次向实践大师们学习的好机会，学习他们最新的实践艺术，学习他们为这种实践而制定的核心战略和策略。本章在一开始综述了战略思考的含义——它的基本目标是什么？应该聚焦在何处？在此之后，我们将描述应用于不同情况的八种战略。

用战略眼光思考和行动

建设学习型组织的战略思考和行动意味着什么？在《第五项修炼·实践篇》中，我和我的同事们建立了一种简单的框架图，它可以帮助大家理解，在建设学习型组织的各个阶段的战略领导力问题。首先，我们的目标是什么？界定学习型文化，并使之牢固生根的根本增长点和创新领域在哪里？如果它出现了，我们怎么辨别？其次，为了创造这样的学习型文化，领导者的注意力应该放在哪里？劲儿往哪里使？怎么做？第一个方面，我们称之为"深层学习环路"（deep learning cycle）。第二方面，我们叫作"战略结构"（strategic architecture）。今天，这个圆环三角图提供了一个总体视角，来理解背景各异的领导者所使用的不同战略。[1]

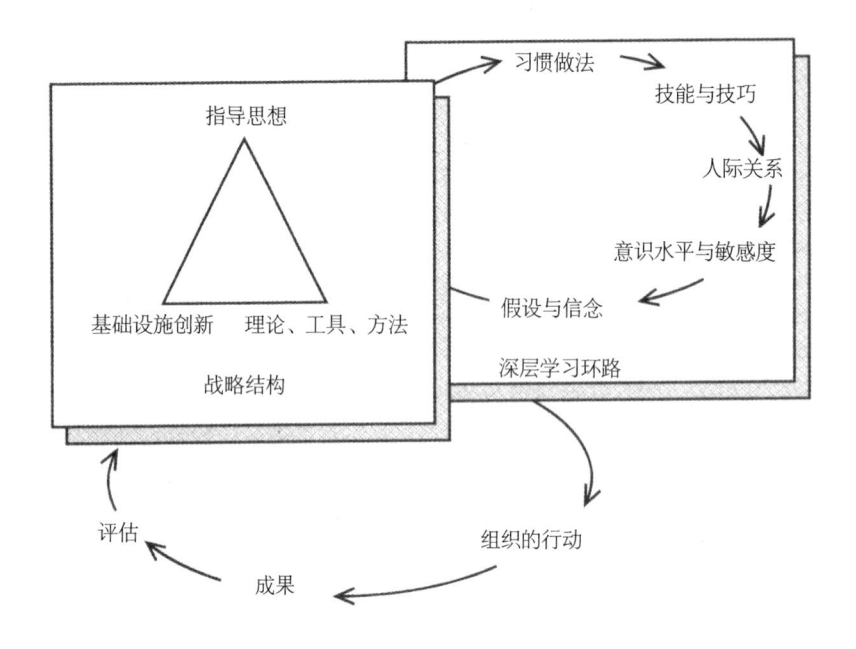

这个框架有好几个组成部分，其主要的划分依据来自我们对学习实践的基本感悟。学习总是有两个层面。第一层面是说，所有学习实践都必须根据实践者做事的能力来评价，即他能做出什么成果，如图中下面的环路所示。但是，如果我只成功地骑了一次自行车，还不能说我已经学会了骑车。在更深的层面上，学习实践是开发一种能力，它让我们能够可靠地反复取得某种成果。就是说不只是骑过一次自行车，而是真正学会骑车，变成"骑车族"——这种能力是从深层学习环路中产生的。

战略结构的重点就是建立支撑这种深层学习所需要的学习环境。[2]

深层学习环路包括五个环节：假设与信念、习惯做法、技巧与能力、关系网络，以及意识水平与敏感度。在建立健康的学习型文化过程中，成熟的领导者要注意这些环节中的每一个。这些环节总是相互影响的。先来看假设和信念（也可以从任何一个环节入手）。[3]虽然这些理所当然的世界观往往不被当事人察觉，它们却能塑造组织行为习惯，引导大家待人接物，并且还在组织行为习惯的基础上进一步决定大家发展什么样的技能。[4]例如，如果大家相信真正的聆听非常重要，就会建立像每天工作前"开场破冰"（check-ins）之类的习惯，以鼓励大家对自己聆听方式的反思实践。[5]而大家的习惯做法和技能提升又会影响到人际关系网络和意识水平的发展。比如深度汇谈实践技能的开发，会让大家更深入地理解相互依存关系，即自己依靠谁、谁又依靠自己，于是就会加强社会关系网络。或者，如果大家熟练掌握系统基本模式等系统语言，就会开始看清原来看不见的相互依存模式。反过来，"眼见为实"——经历又会对我们的信念和假设起到最直接的强化作用。

人们普遍把组织文化简单看成"事情本来就如此"。但没有哪种文化是静止不变的。我们日常待人接物的方法会不断强化某种文化。上面的框架把这些不同的环节连接成一个深层学习环路，同时表达这样一种重要的假设，即所有这些环节可以并且一定会演变（尽管很慢），而且一旦有变化，就会同时在各个环节发生。深层学习环路既可以强化现有文化，又可能加强新生文化。当我们用不同的方式相互交往时，我们也就同时开启了变革所有环节的可能性。

大家自然想知道，从哪里介入才能影响深层学习环路呢？可能有许多种方式，但有连贯性的策略一般包括三个要素：（1）指导思想；（2）理论、工具、方法；（3）基础设施创新。指导思想就是主导性的理念和原则，它界定组织存在的目的、大家追求什么成就，以及组织要如何运行，即志向目标、愿景，以及价值体系。理论、工具和方法是关于具体而明确的工作方式（比如采购程序的系统流程图，或者解释新产品发布为什么像"救火"行动的模拟模型），包括应用这些理论的实际措施，以解决问题、调解分歧和检测进度。工具对于深层学习过程是至关重要的。富勒曾说，"你不能改变人的思考方式"，但可以提供工具，"通过使用工具来导致思考方式的改变"。与其对应的物质结构设施一样，正式的职位角色和管理层级结构等组织基础设施，决定着精神能量和各种资源的流动方式。本章所述的许多重要创新经历，都基于某种新型的学习实践基础设施，基于与这种基础设施相一致的明晰的指导思想和适宜的工具和方法。

这个框架背后的总体概念在社会学里被称为"结构行动理论"（structuration），也叫作"行动化系统"（enacted system）理论。第3章介绍了系统思考的核心原则，即结构影响行为，而学会观察事件和行为背后的深层结构，则会逐步提高变革工作的杠杆效益。这种结构是由信念和假设、既成习惯、技能、人际关系网络，以及意识水平和敏感度组成的，而这些就是深层学习环路的各个环节。系统观点的第二个关键要素是，决定着社会系统状态的结构模式来自系统中各成员行动的总和效应。用丘吉尔的话说，我们塑造了结构，结构又塑造了我们。

这种系统结构怎样改变呢？是我们过去的行动塑造了今天的主流结构，假如我们能看清这种结构并开始以不同的方式行动，就会改变它。这个陈述很大，它的可信度在于事实证据，比如本书前面和后面的故事和案例中所描述的事实。但在某种意义上，这也是很直觉的体悟。

城市的街道是一种物质结构，它决定行人和行车的方式。没有街道的地方很难行车。在波士顿最老的城区里，街道布局走向根本就没有任何规则，有玩笑说这都是17世纪奶牛的错。20世纪的街道铺设在过去200年间形成的马路上，而后者又是再早100年间，由马车夫顺着奶牛习惯的路线赶车轧出来的。我们假设，奶牛无法看到它们的行动路线图，估计它们也没有兴趣看它。然而，人类本可以看清这个路线图的结构,并下结论说:应该有更好的路线方案。但波士顿人的怀旧情结显然阻止了这种做法。

波士顿奶牛和街道的故事挪到组织机构里,就会出现两个问题。需要什么条件才能看清我们所促成的结构模式?我们的行为更像奶牛,还是更像人?像奶牛,就是我们之所以在做我们正在做的,是因为我们一直就在这么做,一直因循守旧,墨守成规。而像人,就是退后一步站,看清深层结构模式,然后选择不同的做法。很显然,这类概念框架都很抽象,在实际中究竟要怎么操作,这只有在具体经验中才能真正理解,任何书本知识都不能代替。尽管如此,以下的八条策略以及案例,还是能帮助我们了解目前这方面的具体情况和实际技能。

策略 1　学习与工作的结合

组织学习计划受阻的最主要原因,恐怕就是学习活动的支离破碎,即把学习任务安排成"附加"的活动,分立于大家的日常工作之外。在许多年里,许多人把"创建学习型组织"的迫切需要,变成新的培训计划,给大家教授心智模式或系统思考的课程。不幸的是,大家的日常工作中却往往很少有机会应用这些工具。即使经理人有这方面的训练,工作环境中也很少有什么因素能激励反思实践,促进深层地思考问题,以及推进建设共同愿景。如果是 CEO 发表讲话,提倡创建学习型组织,从而促成各种学习计划的启动,那么结果甚至更糟糕。大家都有一种固定的心态,认为重大文化变革必须由最上层驱动,因此,直到过了许多年,大家才终于意识到这类讲话一般不会起到很好的作用。大家逐渐意识到,这就像举起一杆大旗,上面写着"流行时尚","那个又来了";或者用 SoL 企业会员哈雷－戴维森公司的经理们经过仔细考虑的话说,"又是一个精品计划"(another fine program AFP,这是在比较客气的公司里的说法)。

反思与行动

这方面的主要缺陷，是缺少能帮助大家把学习和工作有效结合起来的基础设施。要做好这一点，就必须首先了解大家工作的实际情况，辨别在哪里、用什么方法，才能让特定的学习工具，如提升反思能力的工具，产生实际的作用和效果。这种基础设施还能帮助身处以下角色的人：他们给业务部门的管理团队，提供持续的质量保证支持。

新墨西哥州英特尔公司组织发展部高级经理艾琳·加洛韦（Ilean Galloway）说："反思之所以在商业界备受责难，是因为我们缺少把反思和行动结合起来的修炼方法。大家说没时间在那儿坐着闲聊，这也对。但是，我们也经常没有时间思考。我生活在高度网络化、相互之间高度关联的工作环境里。在全球性组织中，大家真的就是连轴转，半夜发邮件给地球的另一端的同事，处理各种问题。但我认为，从生理上看，技术发展已经超越了我们人类的能力极限。我不能肯定，通过使用电子邮件、寻呼机和手机，我们能获得多少真正的理解力。这些设备对常规工作问题，的确能带来很方便的沟通，并帮助采取行动。但是，如果面对很复杂的挑战和问题，这些设备反而可能诱惑我们，使我们误以为了解了实际情况。在现实中，复杂的挑战要求使用不同的方法：它必须使我们能够探寻深层的，而且往往是隐蔽的意义，使背后的假设浮出水面，并把整个系统的各个部分联系起来。只有这样，我们才能理解实际情况，才能达成共识，进而采取行动。"

为了阻止批判性思考能力的下降，加洛韦定期把所辖各个团队集中在一起，这经常要花一天或更长的时间。尽管她有时得"强制性地安排大家花时间聚在一块儿，但事后大家总是对这样的机会深表感激"。

她发现，为使这些聚会有价值，就"要在里面安排修炼内容"。"有一位咨询师说，'彼得·圣吉全都搞错了，大家没工夫坐着闲聊。'我并不同意这个说法。我们没工夫做的，是漫无目的地为反思而反思。反思不与行动联系，就使大家觉得这是浪费时间。我的部分工作，就是帮助这些团队开发一种修炼，以看清我们进展到了哪里，并确保大家都能跟上。这样大家就都有充足的精神头来进行反思了。我有一个团队，曾三次到一家家庭式旅店，开整周的会。那个地方有一节列车尾部的餐车，到了关键关口，我们的会就挪到那里开。对他们来说，在那里开会具有象征意义。后来，他们会打电话对我说，'我们得再去餐车里开会了'——他们知道，到了必须做出一些重要思考的时候了。"

加洛韦在英特尔的同事们还了解到，反思并不意味着大家在每件事上都一致。她说："我们的目标是，对我们所说的行动计划，建立起真正的共识和共同的承诺投入。反思意味着我们能听到各种声音，而不是必须满足每个人的需要。这是英特尔公司文化的重要组成部分——我们称之为'不同意，但又承诺投入'。在另一家公司时，我能够承诺投入，但不能告诉团队我不同意那个让团队去实施的行动决策。在英特尔，如果你代表团队参与决策会议，你可以回到团队里说：'瞧，我们团队内部谈过这事，大家知道我有不同的看法。他们听到了我个人的声音，但既然大家已经同意这么做，就必须承诺投入实施这项决策，只不过我们要设立一个检查时间点，看我们的行动到时候是否能够达到预计的效果，如果不能，决策和行动就得重新接受审视。'"

持久学习

行动和反思相结合的文化，能够帮助做出更好的决策，让大家真心承诺投入，也让大家有更多的精神准备。后者意味着，对你所关心的问题，大家可以有一系列更丰富的视角——在今天动荡不安的组织环境里，这就是一个至关重要的能力。但是，意料之外的形势发展所具有的潜在价值，却很少得到挖掘。相反，当形势进展与我们的预想不符时，我们就会马上进入要解决问题的反应式心态，或者，也许会简单地加大力度——而不是放慢脚步，花时间来看清楚，这与预想不一致的事态，是否揭示着有关我们的假设的重要信息。

"正是这种更好的精神准备,才带来了许多长期的回报,"加洛韦说,"不同意但又承诺投入,这种实际修炼的部分原因,就是要建立跟踪决策效果的监察程序。"这包括建立一个明确的时间表,时候一到,加洛韦的团队成员就要回顾关键问题和争论点,并做出评估,看"事情是否像我们预想的那样。或许,我们学到了我们始料未及的东西。不管怎样,原来不同意的人,知道他们提供了有用的视角,来帮助大家进行持续的学习"。

"例如,1999年,我们有一个厂的管理团队做了情景规划。我们看了各种可能的未来情景,它们与大家通常的预期相差甚远,包括像技术市场出现重大崩溃,还包括出现颠覆性技术而带来的冲击。我们强迫自己考虑如何应对这些局面。那时正是牛市高峰期,我们的产能扩大总跟不上速度。然而,还没等我们把所有情景写下来给每个人看,技术市场就突然开始出现萧条。"由于他们已经想到了这种可能性,英特尔的管理团队就有了很大的优势,如加洛韦所说,他们"能够迅速修正行动方案,这包括一些很难的做法,比如,重新调配资源到更需要的地方去,还有,改变我们的制造战略。我们做出了快速反应,并且对我们的新方向有了一个清晰的图景。这都是由于我们对潜在的各种行动方案早已做过反思的结果"。

"我们对这种反思工作非常重视",她补充说,"如果你不去花时间、不去投入资源把它做好,那就干脆不如不做。有时要花一年多的时间,才能使大家看到一些深度汇谈的价值。"

加洛韦学会了很好地保留会议记录,她用了"图形引导"(graphic facilitation)以及更传统的记录方法——"什么方法都行,只要能帮助大家看到,自己的声音得到了倾听。有人曾在两年后问我:'可以看那些会议记录吗?'因为争论的问题又出现了,大家又记起曾经出现过的重要观点。这些都是为了在大家真正需要帮助的时候,给大家提供帮助。你必须要有耐心。"

而且，你还必须把反思变成实际工作方法的一部分。在 SoL 网络中广泛使用的一个简单的方法，就是美国陆军开发的"行动后反思"学习机制。行动后反思，可以用于两天时间的大规模模拟军事演习之后，也可以用于一小时的会议之后。行动后反思的最简单的做法，就是问三个问题：

- 实际发生的情况是什么？
- 我们曾期望发生的是什么？
- 从这两者的差距中我们能学到什么？

像行动后反思这样的简单学习机制，可以用来把行动和反思联系起来，这是关系重大的举措，而管理层的支持氛围，则是必不可少的基本要素。在美国陆军，行动后反思是经过长期的征途磨难以后，才得以生根的。如一位将军所说，陆军经历了"从报告型文化到反思型文化的转变。我们本来都善于给上级打报告，但不一定知道如何从我们的经历中学习"。在工商界，对此也需要同样的管理层承诺和投入。

行动后反思

2003 年 8 月 14 日，底特律能源公司 [DTE Energy，底特律爱迪生公司（Detroit Edison）的母公司] 里灯光突然熄灭。几分钟内，每一个人都意识到，有不同寻常的事情发生了。这次大停电在短时间内覆盖了美国东北部和加拿大南部地区，大约有 5 000 万人受到影响。但对 DTE 而言，这次大停电不仅是一次突发事件，还是一次需要紧急应对、能够提高公司应急响应能力的极端事件。实际上，正是对突发事件的应急响应，界定了公司职责的本质。在大停电发生后的 24 小时内，

DTE 执行了一系列行动后反思（AAR: After Action Review）[6] 措施，来评价公司在此次事件中的表现，包括使用过剩发电容量重启电力、调派人员、与公众沟通，并满足基础设施的基本需求。行动后反思已经成为 DET 在应急响应中的标准操作——尽管已经以最快的速度恢复供电，大家仍然在思考采取的应对措施，思考怎样才能在以后做得更好。即使是在危急之中，首席执行官托尼·厄雷（Tony Earley）说："我看见至少有 5 个人，也可能是 10 个，手里都拿着写有'行动后反思记录'的便签本。在应对危机的过程中，没有任何提示，大家都顺理成章地想到之后会有行动后反思。看到这样的情形真是太棒了。"

DTE 花了几年时间才把行动后反思整合到企业文化中，以下四项具体策略指导了整个过程：

(1) 通过要求和示范进行领导。针对一次性事件以及应急措施的重要性，帮助各级经理认识深度学习和持续修炼，帮助他们进行学习实践，并使学习实践既能够反映他们自己优先考虑的事情，又能够反映他们所面临的挑战。

(2) 把事件看作学习的良机。在组织的上、中、下层，全面发展整个组织的能力，使其认识到日常事件及重大危机都是学习的机会。同时帮助学习小组把过去的事件和现在的事件联系起来，以使过去的经验教训能够帮助改善现在的结果。

(3) 让基层职员体验行动后反思。向各类团队介绍行动后反思的工具，演示如何提供一个适宜的环境，以便在该环境中了解自身优先考虑的事情和面临的挑战。但不要强行命令，也不要力求完美。

(4) 培训作为骨干的辅导员。要培养一批专家，他们既清楚怎么样开展行动后反思，还清楚如何指导团队找到"高收益"的实际应用（即投入的切实回报）。

这四个策略的目的，在于让基层自主推进关键的学习过程。大多数部门和团队都知道需要在哪些方面进行改进。"如果在一个领域中改善你们的表现，能够给整个企业带来显著进步，这个领域是什么？"只需要问这一个简单的问题，就能够指引他们找到最适合自己的学习实践方法。行动后反思的潜力在于让工作团队成为他们自己的学习过程的客户，而且是最先的，也是最好的客户。它与知识管理（knowledge-management）的方法中最著名的"捕获并散播"（capture-and-disseminate）模型形成了鲜明对比。

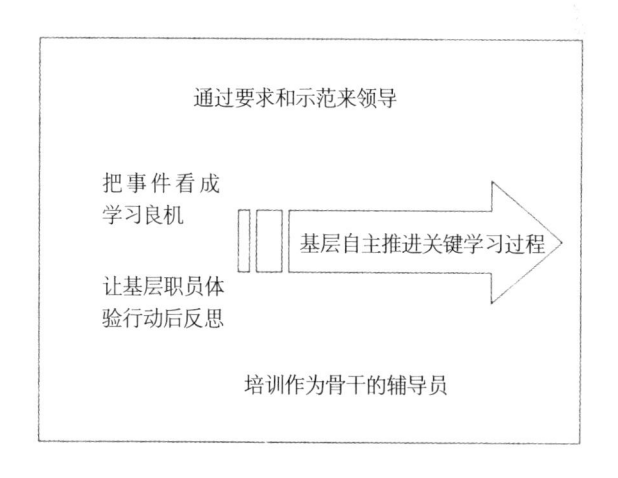

```
                通过要求和示范来领导

  把事件看成
  学习良机           ┌──────────────────┐
                    │ 基层自主推进关键学习过程 ├──▶
  让基层职员体       └──────────────────┘
  验行动后反思

                培训作为骨干的辅导员
```

策略 2 从现有条件和人力出发

总之,建设学习型组织的第一核心策略,就是把学习与工作相结合,而活动安排支离破碎的倾向正是这里的主要障碍。当大家认为,没有最高层的支持就什么都无法进行的时候,就会出现与支离破碎的倾向密切相关的问题。人们很容易认为,深层学习的战略构架只和最高管理层有关。但实际上,战略思考对所有各级的领导而言,都是必须的。

"我常常听人说,'没有高层驱动,我们不能启动变革。'"英特尔的加洛韦说,"如果要等高层去驱动每一个需要的变革,我们就得等很长时间。我得承认,那是我的敏感话题之一。这部分是由于我个人的背景。1986年我进研究生院时,觉得像是回家一样。我当时就觉得,这种组织学习和变革的工作,就是对我的召唤。但我又听到所有的教授都不断强调'组织变革必须从高层开始。'那个时候,作为非洲裔美国女性,我知道我无法获得任何组织的领导职位。所以我就花了很长时间冥思苦想,我是否真的相信自己有机会起到某种作用、做出某种贡献。从那以后,有两件事帮了我。一是我开始研究美国的社会变革,如民权运动和女权运动都曾经重新塑造了美国的生活。但这些都不是民选的政府领导启动的,而是草根运动。第二,我碰巧读到美国黑人音乐杂志《黑檀》(*Ebony*)已故出版人约翰·约翰逊(John H. Johnson)的一篇文章。20世纪50年代他试图创办杂志时,白人主流社会说他找不到任何人物去描写:没有非洲裔中产阶级或上层人物,也没有黑人明星。他当时找不到人出资办杂志,但是他说:'社会有一个紧迫的需求,而追求满足这一需求的卓越行动,将是不可阻挡的。'他最终证明了那些主流社会的话是错误的。我把他的话贴到我的墙上,变成了我的战略格言。"

那些"不可能的事"

加洛韦把这条格言变成许多最优秀的学习计划领导者的指导原则:

聚焦在大家都认为不可能解决的问题上。

"我努力寻找大家的迫切需要，寻找公司组织已经不抱任何希望去解决、大家都学会无可奈何地忍受的问题。我把它们叫作'不可能的事'。我每年至少处理一件不可能的事，一件会把我吓死的，甚至无法想象怎么入手的事。关键是要开始做，因为一旦开始，大家就会说：'啊，这很容易嘛。'"

"我知道这类项目不会得到很多支持。但正因为得不到支持，才说明项目选对了。我相信爱因斯坦的话：制造了问题的观念和意识，是不能解决问题的。我开始接触问题时就会问：'这个问题在提醒我们什么呢？关于这个问题我还能看到什么不同的情况吗？一旦能够做出回答，我就开始吸收别人加入。我开始和一些人交谈，他们会说：'啊，我有一小时时间，我愿意为你做这件事。'最好我的老板会说：'如果你想做那件事，可以呀，需要我做什么，就告诉我。'于是事情从这里开始聚集能量。"

"例如，有关处理技术性强的问题，我们去年开始着手降低其平均耗时。许多公司领导都认为不可能显著降低耗时，但我们有位组织发展高级咨询师却看到了'做不可能的事'的机会。她联合一位高级工程师，向限制快速解决问题的思考方式和结构性原因发出了挑战。他们用快速学习圈（learning circle）小组来测试和反思新方法的应用情况，最后消除了那种认为快速结果就等于质量差的结果的看法。他们取得了非常出色的成果。以前要花数月解决的问题，现在四个星期就够了。

"具有讽刺意味的是，如果我们的努力只停留在组织的上层，有些问题我们根本就不能发现，解决更是无从谈起。但如果你建立起一个团队，大家都相信变革可以从系统中的任何地方开始，那么重大的变革就可能从甚至很微小的种子开始生根、发芽、结果。"

为民所有，为民所选

只有当你能够激发大家的才能和深层愿望时，才可能应对那些"不可能的事"。不可能的事总是可能的，即使在最困难的条件下也不例外——学习实践大师们对此都那样地深信不疑，这永远令我惊叹。

1986年，福特在墨西哥的奇瓦瓦市新建了首个当时最先进的汽车电子配件厂。萨朗特被任命为首任总经理。公司许多其他同事都不想去那个地方。商业作家安·格雷厄姆（Ann Graham）说："（福特）总部没什么人相信，在一个发展中国家建厂，能够执行严格的竣工投产时间表，并保持生产质量。"[7]

但是，萨朗特很快发现，当地的人"非常关心自己的社区，却从没有机会去承担这类生产运营的管理责任"。他还发现，传统的权力运作方式使得这个任务变得非常困难。在他到任一年，离投产日期只剩下两个月的时候，一些高级技术人员要把他们自己的人安插到一个关键岗位上。而萨朗特一直在试图通过合作的方式建立一个开放的升迁体系，这就产生了直接的价值观冲突。一位墨西哥经理来跟他汇报这件事的时候，萨朗特"就知道，他并不真指望我采取任何措施。许多年以来，福特的经理们一直被告知，如果自己想和当地的政界领袖们保持融洽的关系，就必须接受这种事情"。

萨朗特却反其道而行之。当那些高级技术人员承认这件事的时候，他要求他们全体辞职。"我不会忘记当时的场景，我站在外面看着他们离去，许多员工也在看着，可能都在想，下面会发生什么事。说真话，我也不知道会发生什么。"他当时还意识到，"这会立刻招来我的老板们的一大堆责难。但是，假如让那些老熟人关系网继续下去，那我们的新的人事政策就会变成一堆废纸，没有任何意义"。

"大约两个月之后，当我们筹备接待迪尔伯恩（Dearborn，福特公司的总部所在地）的人来参加新工厂开张仪式的时候，我就知道，情况已经发生了转变。天气预报说，在安排参观的前一天晚上会有暴风雨。我躺在床上，凌晨两点时听到下雨的声音，雨下得很大。我当时想的，就是那尚未完工的厂房顶棚。最后，我起床到工厂里。进了厂房，里面很黑,但能听到雨水渗入落地的声音,这可不是小漏啊。我开始四处寻找漏雨的位置,发现竟有人在厂里面走动。我到死也不会忘记那一幕,是阿尔菲戈·托雷斯(Alfego Torres)在用为开张典礼准备的大叶植物花盆,对准漏水的地方,接住渗水。我差点儿哭出声来。他原来是小时工,在旧体制下绝没有可能得到提拔,但在我们的新人事系统里,他得到了提拔。我当时就意识到,这个厂里的人和社区,已经发生了转机,出现了新局面。这个厂现在是他们的了。"

第二天,天气放晴,厂里迎接重要来访,一切运行良好,但福特的高管们在刚看到竣工的工厂时还是很吃惊。厂房漆成了墨西哥人喜欢的蓝色和粉色,这是由团队决定的;另外还有许多其他有当地特点的建筑和装饰。(许多东西是类似的工厂里从未有过的,例如,室外家庭活动中心,当地的学校,以及家庭卫生设施。)"这可不是福特的工厂。"一位高管对萨朗特抱怨说,"不对,这是奇瓦瓦的福特工厂。"那位高管补充道。

萨朗特继续说道:"在他们参观的过程中,一位装配线小时工走到我认识多年的公司副总裁身边,要求他熄灭香烟。查理是个烟鬼,他一刻不停地抽烟,我怀疑还从来没人跟他说过,他不能在自己的工厂里抽烟。而这位矮小的墨西哥妇女,面对身高一米九的福特公司高管,请他停止吸烟,不然就得出去。他能怎么办呢?为保持厂区的清洁和健康的工作环境,大家都同意承诺遵守禁止吸烟这一基本规章,而她只是在要求查理做一件我们大家都同意做的事。从那以后,老板们很少再找我麻烦了,其中的原因特别包括:我们提前 6 星期开了工,后来还坐上了世界上同类工厂中的第一把交椅。"1994 年,墨西哥总统向该工厂颁发了最优秀企业奖。[8]

策略 3　学会双向交流的文化能力

像萨朗特和加洛韦那样有连续创新成就的人,似乎有一种心态和技能方面的微妙的特征，这使得他们从来不隔断与更大的组织环境的联系——我们把这叫作"学会双向交流文化能力"。这也许听上去很容易，但许多开始很成功后来却失败的学习计划，实际上都是因为不能很好地考虑更大的环境。SoL网络头10年中间最痛苦的经验教训就是发现，成功案例不一定能带来进一步的成功。我们有过许多局部成功的案例，学习工具在小范围应用时非常有效，却无法在公司更大范围里推广。结果，这些成功往往使创新者陷入麻烦。

奥特可公司下属艾普西龙团队（AutoCo's Epsilon team）的新产品开发项目，是最详尽地记载了这种情况的案例之一。这是个年度新款车型的开发团队，它把五年开发周期缩短了一年，还返还给公司已经拨出的项目开发延期费用5 000万美元，许多观察家把这个成绩称为"公司历史上最顺利的新车型发布"。[9]然而，项目最后几个月里，公司进行了大改组，该团队的高级领导者没有得到他们想要的理想职位，都提前退休了。当时我们都感到有些意外和震惊，但这个经历也是一次重要的觉醒。

我们后来发现，历史上有很多这类的成功创新，都没能得到推广。比如，阿特·克莱纳（Art Kleiner）在其《异端邪说的时代》（*The Age of Heretics*）一书中，记载了20世纪60年代中期，最早采用团队式和"过程取向"的制造程序的那批人，最后都被迫离开了公司。他们的工作比这种制造业程序被广泛采用的时间，提早了20年。[10]克莱纳把那些人叫作"公司异类"，他们在创新进程的大构架模式中扮演了关键角色，却经常遭受个人的损失。那种"做更好的捕鼠套"的创新理论认为："如果我们成功地实现创新，整个世界就会争先恐后地踩出一条通向我们家门口的路"，这无疑是对大型组织的复杂政治关系，及其对创新的反应模式的非常糟糕的误导观念。

但是，这也不是不可避免的宿命。随着我们不断加深对这一问题的理解，我们发现，问题的根源之一，恰恰是创新者自己的激情和热心。[11]

没有这种激情，创新者不会冒着风险去尝试全新的东西，也不会有成功创新所需要的耐心和韧性，更不会吸引其他志同道合的人来分享这种激情。但是，激情同样会给他们带来麻烦。激情会使他们盲目，无视圈子外面的人究竟如何看他们，还使他们无视自己给他人带来的影响。

产生重大业绩飞跃的基础创新，对习惯常规惯例运作的团队和个人，都是一种威胁。尤其当这种创新成就是靠非同寻常的方法实现、别人对这些方法又所知甚少时，它所带来的威胁就更大。而如果提倡这些方法的人，使用神秘的专业术语来描述它，别人就会给他们贴上"狂热崇拜"（cult）的标签。奥特可公司产品开发副总裁说："我一到他们（艾普西龙团队领导者）那里，他们就跟我说什么'推断之梯'（ladders of inference）、'系统思考'这类的话。对我来说，这根本就是丈二和尚，摸不着头脑。"

"他们享受了太多的乐趣，"另一位团队领导者坦率地说，"没有正常人能这么享受工作。"业绩评估是一项复杂的工作，而富有激情的倡导者通常会带有偏见。他们会看到业绩改进的某些方面，却容易漠视工作中的其他方面，于是被玩世不恭或者持怀疑态度的人挑出了毛病。后来，我们把这类问题称为"真信者综合征"（true believers syndrome）。我们意识到，这正是本来很有希望的创新，却常常不能推广的主要原因。

硬币的另一面，就是我们讨论过的第二个策略："从现有条件入手"，即熟练处理组织内部各种政治力量关系。创新者要建设学习型和开放性文化，他们有时候会感到身处两个世界：一个是自己推动建设的团队或组织的开放性、学习型世界；还有另一个，即在组织机构中占据主流的、更传统的世界。随着我们进一步理解创新者与公司的防卫和免疫系统之间的相互冲突，我们开始看到，要保持创新势头，就要求领导者学会双向交流文化能力，即能够在两个不同的世界之间有效地来回转换，并遵守每个世界的基本运行规则。

秘密的转化

有些创新领导者发现，应对这种局面的策略，就是让创新活动保持在高管层的雷达探测平面之下，低调隐秘地进行。英特尔的马辛，第一次在国际组织学习学会上介绍他在第 11 芯片制造厂实现突破性进展的过程时，用"秘密的转化"（stealth transformation）来描述整个经历。他关注的重点，正是如何在实现组织中工作环境转化的同时，不引起整个公司的注意。他的部分做法是避免使用专门术语，避免采用公司系统中别人不好理解的交谈方式。他说："我们没有特意隐藏我们做的事，但同时，我们也没有声张。如果别人问起，我们很高兴和他们分享，并尽力向他们解释。"

在我们采访马辛时，他表示，"秘密的转化"现在仍然需要。"话说起来，今天甚至更需要对权力政治保持清醒的理解，这不是因为高管们的权力欲望更大了，而是因为每个人都有更大的财务压力。你需要去创新，但又不能制造危险报警信号。你的策略必须在文化和语言上经过缜密设计。假如我今天再做第 11 芯片厂，我还会用同样的方法。我们当时能够实现比'市场上最佳'的业绩更好的水平，而像英特尔这样的公司管理层，总是要做这种比较。但是，我会尽量用高层能听懂的语言，来描述我们努力实现的变革。比如，英特尔有非常注重测量的公司文化。假如我再回公司做，我会和领导者一起开发一系列方法，来测量技术的灵活度和应对市场变化的能力，以保持高投资回报率。我会寻找一些方法，来把这些战略思考与建设更具灵活性和流动性的运营环境相互结合起来"。

使用掌权者的语言

与马辛一样，萨朗特也了解到："你必须使用掌权者的语言。这意味着，必须非常清醒地意识到正式的组织权力分配和使用情况。比如在墨西哥这类地方，我的工作有很大一部分就是把掌权者的语言，即关于数字的语言,与我的属下能理解的、基于深层价值的语言相互联系起来。厂里的人不是对福特高管层的要求漠不关心,但他们不是总能理解并把它和自己关心的问题联系起来。他们有可能理解时,我就简单地告诉他们,如果能够完成高管层对我们的要求,我们就同时也创造对我们自己关系重大的东西。我努力对高管层保持完全的透明度,并达成明确的协议。他们往往不关心我们如何完成任务,但我希望确保他们不会感到我含糊其辞,或有意隐瞒什么。"

在处理与老板的关系时,萨朗特还遵循一条管理信条:"少许诺,多兑现。"这是有效管理期望值的一个谨慎的策略。"我非常严肃地对待承诺。承诺过的就一定要兑现。但是,在信任感很强、热情高涨的工作环境中,大家很容易做出一些断言和宣称,这让持怀疑态度的人总想努力找到否定它的理由。你必须用等级体系中的主流世界观和语言来阐述目标,然后再帮助大家用自己的语言和方式来理解这种目标。大家往往还想有其他目标,或要求更大的目标弹性与延伸范围,这对工作团队是没有问题的,但最好仅限于团队内部。"

策略 4 建立演练场

创建"演练场"是建设学习型组织的八项策略中的第四项,它经常融入比较成熟的学习型基础设施中。演练场的理念来自以下简单的事实:没有练习的机会,是很难学会新东西的。虽然大家在听到"学习"这个词时,首先想到的往往是教室的场景,但是典型的教室,一般都没有学习实践的精神内涵,也没有演练的内容。教室学习通常是被动的,其主要内容是听讲和思考,而不是做事。对很多人来说,教室的情景能激起强烈的情绪化的记忆:需要躲避错误的心情,和找到"正确答案"的重要性和压力等。而真正的学习过程,恰恰要求尝试新方法,并会犯很多错误。相比传统的教室,演练场或彩排厅提供了非常不一样的环境:大家主动地去做想要做好的事;大家在犯错误,然后停下来,再试;大家谈论怎么做是对的,怎么做是不对的,然后逐步开发更高的技能,以便最后在关系重大的"演出场"上,做出有效的动作并取得出色的演出结果。因此,建立演练场,安排经常性的定期演练,就成为学习型组织开发实践者的一项共同的策略。

露营与等级制

与加洛韦的反思聚会类似,萨朗特也建立了一个用于世界各地的简单的策略:"露营"与"等级制"。他的策略是基于组织心理学家布鲁斯·吉布斯(Bruce Gibbs)的研究。首先,萨朗特想让大家很好地区分正规的管理系统,即管理工作所测量的东西、正式的职务角色和职能责任,以及既定的目标等,与"我们花时间真正地交谈,更深层地了解各自的情况",这两者之间的差别。他后来把它叫"露营"策略,因为许多人在孩童时期都有去野营的经历;他希望确定一个地方,在那里大家可以"玩耍、放松,但也处理困难的问题,包括情感问题"。和加洛韦一样,萨朗特也发现引入露营的概念是件很棘手的事,因为大家都很忙,而抽出时间"不干工作"了,这在一开始听上去好像没有任何效率。但是,后来"随着大家了解到事情的真相,就看到它是无价之宝了。结果,露营变成了我们的管理方法的一部分"。

例如,萨朗特曾在北爱尔兰有家工厂,深受那个地区的冲突的影响。工厂经理是天主教徒,而大多数员工都是新教徒。"有两个人 10 年没说过话,只是因为有一次在停车场里,其中一个人打断了另一个人讲话。"后来,这里的露营过程成为显露"大家重视的价值的真相,并克服维持冲突的习惯"的方法。对许多人来说,他们真正重视的其实是他们的子女。"我发现,他们想让自己的子女有个好的未来。我就告诉我的上司,说要录用 20 名厂里员工的子女,让他们进入实习计划。尽管工厂还没有完成财务指标,尽管当时福特公司在严格控制员工人数。露营聚会让我确信,作为加深信任感的举动,我们需要这么做。"后来,工厂有了起色,成为一个成功的企业,"原因就是,我们能够拨开所有表面争吵的迷雾,直面真正重要的东西,并且付诸实际行动"。

火墙与旋涡

有些组织把定期的演练和实践,包括在组织设计之中。比如在哈雷－戴维森公司,那里的"管理体系"和"旋涡"(swirl)之间,是有区分的。前者包括业务目标、正式的职务角色和责任,以及控制机制。而后者则是指不断在整个组织中进行辩论、实验及检测的一系列想法和问题。哈雷－戴维森公司用其特有的语言,把分开这两者的隔断称之为"火墙"(Wall of Fire)。如果某个想法或目标能够成功穿越火墙,那么其价值已经赢得足够多的人的确信,并值得全公司的承诺和投入。

许多可能非常重要的想法,即使有高管的支持,也可能要留在"旋涡"里许多年。哈雷－戴维森的总裁曾主办一次 SoL 可持续发展协作组的会议。他在会上说:"可持续发展现在还不是我们公司的管理目标。"许多参会者是全身心投入到可持续发展事业的人,所以,听到这种言论,他们多少有点震惊。但是,随着他发言的继续,大家很清楚地看出,他是在十分严肃地对待可持续发展的议题。公司战略副总裁是公司"非正式"可持续发展专项任务小组的主席。他们在做许多与可持续发展相关的事:公司的核心业务战略是营销"哈雷体验",而不只是摩托车(这产生了很大的二手摩托车需求,从而显著延长了他们的产品使用期);公司在建立一个重要的业务部门,用旧零部件的再制造给二手车提供服务(不让旧部件落入填埋场);公司还在建设新的节能环保的产品研发中心。

"旋涡"逐渐清晰地自我成长为一项重要业务,一种孵化器。它催生新事物,同时是让经常性的探索和演练合法化的一种方式。

在哈雷－戴维森总裁发言之后,一位进入《财富》500 强前 50 名的公司代表（协作组的长期成员）说："也许我一直在使用一种错误的策略，总试图让公司的管理层正式拥抱可持续发展。我们是可以建立起一些新目标，以及一些新的测量指标，但是，这很可能只产生一种表面的投入。在大家看清这些问题对企业的未来至关重要之前，也许最好让它们留在'旋涡'里。问题是，目前我们还没有什么办法，对有潜在重要性而又激进的新思想，进行正当的探索。这可能是我们真正的局限。"

演练场有各种不同的形式和大小。从萨朗特的露营聚会，到加洛韦的反思静修营（retreat），再到哈雷-戴维森的组织旋涡，各式各样。也许，我们正处在演练场不断向高级精致化方向迈进的开端，比如福特公司，就正在开发使用一种模拟的微世界[①]方法。我认为，这些进展都是开发未来学习能力的关键环节。

但是，开发过程始于经理人接受"没有演练就没有学习"这一简单原则。没有一个运动队可以不需练习，就直接参加比赛，还能指望获得成功。同样，没有一个剧团或交响乐队，可以只参加演出，而不需要排练——但这恰恰是我们在大多数组织里所企望的。难怪学习实践的发生少得如此可怜——这样的结果一点儿都不奇怪。

策略5 与核心业务联系起来

对主流组织机构的尊重，能够激励大家学会双向交流文化能力，包括在语言和策略两个方面的能力；还能够帮助大家开发演练场，并且最大限度地缩小与正规管理体系的矛盾与结构冲突。但是，第五项策略要涉及深层的关联，它最终对开发指导思想和意向目标会起到关键作用。激进的新思想和实践方法若要在组织中生根，就必须有肥沃的土壤。要

[①] 微世界（microworld），圣吉的"组织学习实验"实际上是一个简化并压缩了的系统动力模拟实验，他称之为"微世界"。——编者注

找到这种土壤,在开始时并不那么容易。成功的学习实践者要想产生大规模的影响力,就要学会如何与组织的核心业务联系起来,并且是在最深层的个人和集体的身份认同感方面联系起来;还要学会组织最自然的价值创造方式。

起步:发现我们究竟是谁

没有固定的可行方法来把组织的核心身份认同感,与其历史上从未有过的新事物联系起来。但是,开始的方法,是确信这种认同感是存在的,即确信组织不只是为了赚钱而存在,也不只是为了提供现有的产品和服务而存在。这要求一种真正的探索精神,愿意让自己的内心来引导自己;还要求有心理准备,去发现本来固有的,但从未显现出来的东西。

过去十年里,耐克公司发展出一个非常出色的"为环境而设计"的产品设计和管理人员网络。最初有这一想法的是高级研发部主管达茜·魏斯洛(Darcy Winslow),她开始想:"这个企业组织的境界水平一定不只限于下一个很酷的小发明"。那时,环境设计师麦克·布朗加(Michael Braungart)和比尔·麦唐诺(Bill McDonough)刚刚设计了耐克的欧洲总部,然后用毒性物质检测方法测量了耐克的产品和生产过程。结果,用魏斯洛的话说,"这真正打开了我的眼界。于是,我就问自己:'我们真正理解我们以及我们这个产业在制造的产品吗?'"她的问题后来导致一个新岗位的设立:可持续业务战略总经理。"可持续发展是当时耐克管理层谈论的话题,但是,那主要是从合规顺从的角度考虑,涉及政策法规以及与生产合作伙伴们共同处理劳工问题。我告诉他们:'我们如果要真正严肃地对待可持续发展问题,就必须从产品创新和制造领域内部入手。我们必须找到削减我们产品的生产和使用所带来的废弃物和毒性物质的办法。消费者是通过我们的产品来直接感受和了解耐克公司的。'[12]他们说:'很好,去做吧'。于是,我们设立了这个新岗位。"

一般来说，许多到新岗位的人，都要集中关注正在形成的新问题，而且虽然工作责任很大，却没有多少权威。魏斯洛也一样。实际上，没有一个产品开发团队向她报告工作，而她处理的问题，是很大的、没有明确定义的问题，例如，"需要怎么做，才能把可持续发展融入我们公司的业务里面去？"还有，"我们怎么和消费者沟通这个问题？"但是她说，整个可持续发展的理念，"在我内心深处有共鸣，这是很个人的感受。我不用去想、不用去考虑这是否对我很重要，因为我知道'我们必须这么做'。它成为我工作中最能激发身心能量，也是最具复杂性的挑战之一"。

大约就在那时，她读了马尔科姆·格莱德威尔（Malcolm Gladwell）的《引爆点》（*The Tipping Point*）。"格莱德威尔说，如果你能让20%的人都朝着一个方向努力，你就达到了引爆点。所以，我就想，耐克有2.5万人，20%就会是很难达到的人数。"但是，她并不孤单。公司有几位处在不同但又平行的岗位上的女同事，与她一起主持了一个为期两天的会议。会议邀请了耐克200位重要的经理人参加，还请来了布朗加和麦唐诺，以及可持续发展领域的其他几位商界领袖和杰出人物，目的就是让可持续发展进入大家的思想意识。

"我看到大家对我们初步工作的反应，觉得深受鼓舞。我又重温了我热爱这个公司的感受。我们和其他大公司一样有各种问题，但我又重新发现了耐克公司是'谁'。我认识到，我们是一群创新者。这个公司就是搞创新的，而创新就是触动大家的灵魂，而我们都看到了，整个可持续发展领域，给我们提供了尚未为人所知的、前所未有的各种创新机遇。"

要成为变革领袖的人，常常由于无法辨别前进道路上的两个微妙的障碍，而受到限制：他们未能足够地深入自我，发现自己的真正的心灵召唤；同时，他们未能足够地深入组织中，发现它究竟代表什么。如果不能足够地深入自我，我们就只会追随"好理念"，却不能激发自己的激情。如果不能足够地深入组织所代表的内涵，我们会试图把自己的理念"推进"组织中去。

谈论一个组织是"谁"，或者"代表"什么，可能看似奇怪。但如果把组织看成是由人所组成的社区，就不会觉得奇怪了。作为一个社区，组织的形成是由于有足够多的人都关心某件事，都想一起完成它。比如耐克公司，它的创始人都是热爱跑步和运动的人——他们都非常热爱跑步，非常关心给跑步的人制造更好的跑鞋。随着时间的推移，企业演化了，超出了跑步的范围，那就需要深入新的水平，寻找既能够超越，又能够包容初始愿景的核心内涵或内在本质。今天，耐克有 11 条箴言。第一条是"创新是我们的本性"。当魏斯洛能够看清她对可持续发展的激情其实是创新的激情时，她的整个变革策略就发生了转变。

实地研究：辨别组织创造力的源泉

随着"我们是谁"的问题开始得到解决，还会出现下一个问题：新的愿景怎样才能激发组织的创造过程；在组织中，怎样才能以最自然的方式产生新的价值源泉。这是一个从愿景到现实的过程，我们要从中发现，令人信服的新观念怎样才能最自然地带来组织的行动结果。在耐克，这意味着到产品设计师和生产部门的经理中间去。

随着魏斯洛发现了创新对耐克的重要性，她马上意识到"必须到上游，联系我们的设计师和产品部门经理"。耐克有大约 300 名重要的设计师，她问自己："我应该怎样和我们 20% 最有影响力的设计师沟通呢？"答案就是去逐一拜访他们。

"那是个很有必要的过程。我去敲门，如果感觉有沟通，我就深入交谈。领导者在涌现出来，那些人会自己掌握并实行新理念。在交谈中，领导者自己冒出来了。

"这与其他可持续发展计划非常不同。比如，'企业（社会）责任'团队有一个指令，说：我们的鞋要完全废除使用聚氯乙烯，实现'无

PVC'产品。[13]但是,这项要求等于命令说:'停!你不能那样做了。'对设计师来说,一扇门在他们眼前关上了。而我们是想多开几扇门,我们对他们说:'这么来考虑这件事:从根本上说,有许多尚未被人认识的机遇,可以创造全新的产品,同时还不损害业绩,也不影响运动员。'这要花很多时间,我和他们也不止一次交谈。我必须回去,和他们再谈。但这就像在乱石中发现钻石——他们就在那里,等待着这样的交谈。

"在和大家谈话的时候,我觉得与真正的耐克联系在一起了,包括这个公司的驱动力、自我形象的核心,以及我们成功要素的核心,"魏斯洛继续说道,"和大家交谈得越多,我就越清楚地看到,零废弃物和零毒性是我们自然而然的目标。"尽管耐克还没有"完成攻坚",把可持续发展融入业务中,并与顾客沟通,但公司还是取得了实质性的进展。"过去五年,我们已经建立了可持续发展长期目标,即'零废弃物、零毒性和100%循环利用'(所有生产过程的副产品和产品中的材料,都能够再利用或可降解)。我们已经开发了一些达到这些目标的新产品,像不使用胶和接合剂,产品在使用周期结束后可以拆开,像用编织方法替代切割,这样就不会产生废料。我们还有一系列的有机棉花制品[耐克帮助建立了有机棉交易所(Organic Cotton Exchange),在世界范围促进有机棉市场的繁荣],一个给设计师提供材料选择信息的内部可持续材料小组,加上许多回收再利用计划。"最近,"提供可持续产品和实现创新"已经成为公司首要的前三项管理目标之一。魏斯洛指出:"越来越多的顾客已经理解我们了。谁知道呢,没准儿这就是我们最大的机遇。仔细想想,耐克真的是能够把可持续发展这件事做得很'酷'的少数几家公司之一。"

策略6 建设学习型社区

正如魏斯洛所发现的,当我们自己的深层问题和愿望,与组织的内在本质联系在一起的时候，社区就得到了形成和发展。在共同目标和价值的基础上，建立领导者与之协调融合的、新的学习型社区和人际关系网络，这是一项策略，也是一种结果。它绝不仅限于企业组织。

用心与意的交谈

莱斯·麻真户二（Les Omotani）是纽约长岛休利特－伍德米尔教育系统（Hewlett-Woodmere system）的负责人，在此之前，他还曾连续10年担任西得梅因（West Des Moines）公立学校系统的负责人。麻真户二说："'什么对孩子有益？'——让大家问这个简单的问题能产生巨大的力量，这也许是我们最重大的发现。对这个问题的探索逐步发展成以学习型社区建设为核心的变革战略。"

麻真户二刚到西得梅因时，看到的是"一个很典型的学校系统"。因为城郊开发主要集中在西部，所以这个社区有一部分很富裕。但不同学校之间的成绩差距很大，发展也很不平衡，甚至还有三所"一类学校"（接受州政府资助的低收入地区的学校）。

"新学校一般都建在西部，跟着人口走向建。但我还发现，其实大家关心所有的学校和学生，盼着他们都好。

"有很多人参加我们组织的定期社区对话，不仅是教师、学校管理人员和家长，当地商界人士和政府官员也都来了。渐渐的，我们开始探讨一些问题，包括主流教育界称之为'不可移动的墙'的问题。为什么一学年只能有180天？如果增加30天的课，那么很多孩子都会从中受益。我们是不是没有给予老城区的学校以足够的重视？为什么幼儿园只上半天课？我们都知道全天的幼儿园教育对孩子们更好。整个对话进程不是由我推动的。虽然花了一些时间，但通过这些谈话，曾经一直被忽视的问题都自然显露出来了。"

与此同时，麻真户二组织了由教师、管理人员和社区成员组成的各类团队，针对不同想法和问题的细节进行研究。对话与实施两个过程并行,这正是反思和行动的结合,两者相互促进。"后来,我们在社区论坛上引入一些新理念、一些正在形成的新想法,尽管不成熟,但也不用担心。我们说:'我们为什么不表示出大家相互间有足够的信任?为什么不说出来,其实可以有不同选择?下一所学校不一定非得建在西部,这钱可以花在别的地方。我们没有改善好老学校,假如我们用不同的方法,将会怎样?'"

他们后来确实用新方法做了许多事。有一所"一类学校"和它的生源学校一起成为"雷昂纳德·伯恩斯坦模范学校"。这所学校用的是以艺术为基础的整合式学习(integrated learning)方法。麻真户二说:"强调'和其他课程一样,音乐和艺术也有根本的重要性',在这所一类低收入家庭子女最多的学校,这是很有震撼力的,因为美国其他地区的学校都已经削减甚至完全取消了艺术课。"今天,最新的一所小学建在了最老的城区,第二所一类学校也正在全面翻新。而且今年已经是学校系统第六年给所有有需要的学生,提供约210天课程的延长学年计划。麻真户二说:"我走以后,这个社区承诺保持我们建立的早期幼教中心所提供的全天幼儿园教育。对我来说,这些理念已经牢固生根,这就是真正的标志。"从整体上看,学校之间的成绩差距已经减小许多了,而且整个系统的学生的成绩都比以前更好了。

"很难向别人解释这些是怎么发生的,"麻真户二说,"并不是某件事导致了这些创新的出现,但那些深度汇谈确实促成了所有事情的发生。全部工作都围绕一个重点:在背景多样的人群中间,开发共同探讨问题的能力,开发大家相互支持的协作网络,并通过这些来激发大家对孩子们的深层关怀。"

"我是日本裔加拿大人,在加拿大艾伯塔省长大,还在夏威夷与我们的族人一起住过很长时间。在这些文化里,如果一个小孩来到一群成人当中,大家总是把话停下来,看孩子需要什么。我搬到美国以后,引起我注意的第一件事就是,大人不怎么理会孩子。我还注意到,这儿的人们总是直接进入谈话。

"但大家其实都一样，同为人类，我们之间并没有很大的差别。只是我们的生活方式里似乎有些东西，使我们远离了人类本性中固有的对孩子的关心。随着社区变成深度汇谈研究者所谓的'安全的容器'（safe container），我们本性中的关爱心会更多地显现出来，而那里的交谈和思考，也和其他地方有了根本的不同。我们有一句简单的话：'作为社区的学校，作为学校的社区。'如果你反复说这句话，自然会懂它的意思。大家记住了这句话，并经常说起。"

用"世界咖啡馆"（World Café）的方法，我们可以把大型会议变成真正的深度汇谈。"世界咖啡馆"方法的创始人华妮塔·布朗（Juanita Brown）认为："社区的成长，要从大家探寻对自己有意义和本质内涵的问题入手。"与魏斯洛一样，麻真户二和他的同事们创造了深层交谈的空间。这件事一旦完成，学习型社区就是自然发生的副产品。重要的一点是，要有意识地创造和维护这种"社会空间"。另外还要认识到，学习型社区的创建是一个自然的过程，不需要控制或操纵——实际上，试图去控制它，会很容易产生事与愿违的结果，这一点同样重要。

策略7　与"对手"协作

致力于社区发展可能出现的负面问题，就是拉帮结派，甚至是狂热崇拜：当看法基本一致的人聚集在一起的时候，其他人就被排除在外了。因此，第七项策略是要包容多样性，对领导者来说，这要成为一项指导思想和原则，它超越政治正确性（political correctness）的姿态，也超越仅仅从感情出发的境界。

几年前，长期研究生命系统和组织机构的玛格丽特·维特里（Margaret Wheatley），[14] 对当时新出现的"因特网社区"进行了研究。她的评语很令人惊讶："我越是仔细观察这些社区，就越觉得它们像

'反社区'。"后来我问她这是什么意思，她说："在因特网上，下线是没有任何代价的。如果有人感到厌烦，或者兴趣转向其他人的话题，他们就简单地退出了，就这样完事了。结果这些'社区'都是物以类聚的，每个人的意见基本一致。这使我意识到，只有在我们互相纠缠在一起不能轻易分开时，才可能形成真正的社区。"

与传统的非伙伴沟通

与不同于自己的人结成伙伴，是马萨诸塞州切尔西的社区服务机构罗卡所采用的核心策略。罗卡注重"构筑跨界之桥"，以突破年轻人困于其中的各种体制的藩篱——这些体制无法与年轻人的现实协调一致，也无法满足他们的需求。奥蒂兹说："一直以来，我们的工作是建立有转化力的人际关系网络，由此，我们可以开始理解社区问题背后的结构模式。这些关系网络从街上的孩子们，包括小混混和不良少年开始，然后逐步包括了其他组织，像警察、法院、学校以及马萨诸塞州政府社会服务部。就这样，我们开始创造了一些特别照顾这些孩子的需要的新体制。"

鲍德温说："我们曾经给警察局一类的组织造成很大麻烦，因为我们总想保护这些孩子。后来，我发现了非同寻常的东西。当设身处地以不同的视角来看系统时，你会更有责任心。你会开始意识到，偏见和对自己观点的执着，其实是一种自我保护的方法。这还可以帮助别人反观自我，看到自己的偏见。

"有时会有些小奇迹发生。皮特警官曾参加过一次圆圈小组培训。有一位参与者讲了一则海星的故事：一位老人站在海滩上，他周围有退潮后搁浅的数百只海星。老人捡起一只海星，把它扔进大海。有位旁观的人冲他喊：'那有什么用？不就只是一只海星吗，还有这么多只在搁浅着啊。'老人回应道：'对那只海星来说就很有用。'"

罗卡工作人员阿尼沙·查布拉尼（Anisha Chablani）接着说："两天后我在街上遇见一位刑警，他问我：'你们都给皮特做了什么手脚？他一直在讲什么海星的故事。'这真是不可思议,我真感动死了,皮特警官!这是我有生以来听到的最酷的事。"

跨部门联合

在不同类型的组织之间建立跨界联系,正在成为影响更大系统的核心策略。联合利华管理委员会成员安德烈·凡·赫姆斯特拉(Andre van Heemstra)说:"我们发现,通过合作伙伴来增加观点和视角的多样性,是战略变革的关键杠杆之一。"

最近,联合利华完成了一项与乐施会合作的历史性研究,课题是联合利华在印度尼西亚的脱贫工作。[15] 两个组织都为此冒了很大风险。作为领先的日用消费品跨国公司和企业社会责任的支持者,联合利华在发展中国家实施正面影响的努力,必须要接受严格审查和评估。而作为全球领先的 NGO 组织,乐施会曾公开批评偏袒跨国公司的不公平的国际贸易规则,现在又和跨国公司合作,难免会受到指责。凡·赫姆斯特拉说,"我们这样的大公司一直在努力增加内部的多样性文化,但我们还需要增加外部的多样性关联,这很难。但与乐施会联合,公司就能做许多不能自己单独完成的事。"乐施会的总裁芭芭拉·斯托金也是项目的支持者。"我们都知道跨国公司的问题,但我们必须超越扔砖头和责骂的层次。我们开展活动来提高公众意识,让他们认识真正的问题。但对于超越单个公司行为的问题,这是不够的。只有合作,才能创造系统的解决方案。"

下一阶段的多样性

在网络化程度不断增加的世界里,建设背景更加多样和更为包容的社区,是越来越紧迫的任务。如加洛韦所说:"我看到的最大的变化之一,就是我们现在需要和非常不同于自己的人合作。工作越来越靠建立联系网络的方法完成。因此,与各种不同背景的人合作的能力,比以往任何时候都更为重要。"加洛韦说:"不久以前,人们还主要在'同类人的小圈子'里工作，大家都在同一个工作小组，都来自同一个地方。但是现在，大家经常从世界各地来到一起，做日常的工作。这是更大的圈子，有些人在许多方面都与我们很不一样。许多组织有各种'多样性计划'，包括建立通过多样性支持业务发展的实例，协调人力资源方针和政策制定，以及雇用各类背景的员工。这些基础工作完成之后，创建有包容性的工作环境，就变成每一个员工都要面对的真正的挑战。我们必须检查，团队所选进的人都是谁，我们都做了哪些选择和取舍，这些取舍和选择是否真正出自完成工作的需要。假如我对和华人同事一起共事感到不适应，或者反过来，他对我不适应，那么，我们形成的团队网络，可能就排除了很好地解决我们之间的问题的机会。"

加洛韦指出，应对多样性的传统方法，是把人分成三六九等和各种类别。"真正的问题，却是更为个人化的，更关系到人的成长，而这与大多数公司看待多样性的方法不同。它是关于我们理解和欣赏（别人的）思考方法，沟通方式，以及待人接物的行为模式。它是关于人们在一起生活的问题。"

策略 8 开发学习型基础设施

前面的许多例子都说明，学习型基础设施（learning infrastructures）的创新，常常是有效的学习策略的关键因素。当英特尔、福特、DTE 能源公司或耐克公司创造新的，或重新定义旧的管理岗位，来支撑反思实践或系统思考时，它们就创建了学习型基础设施。同样，当经理人建立定期演练场，或投资信息分享技术，以便使工作小组更方便地相互沟通，他们也在建立这样的基础设施。然而，这项工作往往被忽视，也许是由于基础设施的创新，不像阐述新的指导思想那么富有戏剧性，也不像新工具和方法那么具体实在。但是，只阐述新指导思想，而没有配合资源调配，是不合情理的。同样，引进新工具和方法，而没留什么机会去应用，也不会有帮助。

学习型基础设施可以保证学习实践不至于成为偶然发生的事件。一个令人信服的案例是日本质量管理运动的振兴，它揭示了学习型基础设施的重要性。20世纪50年代至60年代初，戴明和约瑟夫·朱兰（Joseph Juran）等专家，给高层经理们教授了基本原则（指导思想）。后来，许多人接受了基本工具的训练，如统计过程控制等。但是几年后，有几家公司，如丰田，意识到他们需要让第一线员工接受基本工具的培训，同时，最重要的是重新定义岗位责任，以便使员工掌握分析和改进自己工作流程的权力。如果不改变岗位责任，质量控制就会停留在专家责任的范围，不会成为工人自己的责任，工作和学习也就不会有整合效益。

学习型基础设施的先锋

美国陆军是SoL网络的长期战略伙伴。关于学习型基础设施，我们从他们那里学到的最多。在这方面，我还没有发现有哪家公司能与他们的经验和程度相比。

对美国陆军来说，学习型基础设施包括：

- **培训和正规教育**：这包括初级培训机构，如西点军校，还有各级培训机构，一直到最高级的陆军战争学院，那里有上校们在提升到最高将领级别前必修的12个月的教学计划。
- **演练**：运用不同的（包括基于电脑和针对身体的）模拟训练方法，并应用行动后反思等工具总结演练过程，从模拟经历中学习。这里包括陆军国家训练中心这类进行大规模、多天模拟演练的机构。
- **研究**：对象是真实的或模拟的作战情况，分析成功的和失败的案例。这包括陆军课程研究中心，其职责是集中经验教训、提升洞察力，设计未来教学和培训，形成新模拟演练以及陆军准则。
- **准则**：即最高的政策方针，它涵盖有关成功作战指挥的核心假设和信念。这是由最高上将领导的作战准则办公室的职责。

从许多方面看，陆军对学习型基础设施的不断投入，都是基于对从经验中学习的坚定信念和追求。陆军参谋长曾连续几年接待 SoL 公司会员的高管们，并由陆军"首席历史学家"担任向导，带领他们参观葛底斯堡（Gettysburg）南北战争战场。有两件事给公司高管们留下了深刻的印象：一是陆军"首席历史学家"这个职位本身的设立；二是担任这个职务的人的级别是将军，而且从职位设置一开始就一直这样。在参观的路上我们才明白，这个陆军军官团队全都深入地了解著名的葛底斯堡战役的细节（普遍认为是南北战争的转折点），并能够很快把那场战役的经验教训与他们眼下面对的挑战联系起来。这并不是学术性的历史研究，而是"口头历史"的极好案例：人们对它的意义有很深的直接感受。军官们都清楚当时哪个人指挥了哪场遭遇战，还知道谁在哪个特定的地点受伤或战死（3 天的战斗中有 6 万人阵亡）。这段历史触及了他们个人，与他们自己作为士兵和军官的经历直接联系在一起，并与个人判断和作战行动错误的代价直接联系在一起——他们感到了学习的紧迫性和必要性。

经历这项参观的大多数公司高管都深刻地感受到，学习实践的要求远不止良好的愿望和几个工具方法。如果要让学习实践产生实际的效果，它就必须与组织运作的机制有深层的耦合。许多人得出这样的结论：对研究过去的组织战略策略、运营变革和领导方法，及其成功与失败的经验教训，他们投入得太少，这几近玩忽职守。他们差不多都是"随着事情的发生去不断修补问题"，很少有严肃的指导原则来帮助各级领导工作。结果，新上任的 CEO 往往都把自己的工作看成是推行全新的战略策略，似乎公司根本没有任何历史，也就不奇怪了。

是否有其他类型的组织，准备严肃对待之？

美国陆军的各种学习型基础设施中，被其他组织采用最多的就是正规教育和培训，但即使是这个，也往往在公司财务压力到来时被迅速裁减。但如果没有其他三种设施，即演练、研究和准则，孤立的培训一般不会产生有的放矢的聚焦作用，更不会变成实际工作中的有效行动。不从管理原则上明确学习型基础设施的关键作用，就不会有根本的改进。也许，学习型基础设施不被广泛重视的真正原因，是大多数经理人仍然只有短期业绩的狭隘视野，不肯为未来的成功而建设容量能力。有一位 CEO 伤心地说："我们有很多作决策的基础设施，却没有一个是为了学习。"

我个人认为，缓慢的觉醒正在发生：比如 DTE 对行动后反思的投入，还有英特尔对加洛韦这样的反思型教练的投入。我觉得，如果说"学习型组织"不会只停留在口号标语的层次，那么这种觉醒过程就是跨越的关键。

一些企业高管，像福特公司的亚当斯，也这么看。这个群体的人数还在不断增加。"总的来说，公司在系统地理解问题方面做得很差，"亚当斯说，"这也很容易理解，大家都有时间的压力，还有管理职责上的条块划分。但相互的依赖性在急剧增加，在开发理解和应对复杂性的能力上取得进展的公司，哪怕只是微小进展，都将会获得真正的竞争优势。我们已经看到许多在这方面得到回报的案例：由于采纳了合理的复杂性系统战略，并看清了系统的模式，从而使本来难于驾驭的公司业务问题，得到了明智而适合的解决。"

亚当斯认为，关键"是在组织中建立这些学习能力"，而不只是零敲碎打的学习活动。"下一代学习型基础设施将利用分布式计算技术、模拟技术以及高级的内部咨询资源。还有很长的路要走，但回报将是丰厚的。"

创造现实而非贴标签

过去几年，我看到人们用许多不同的方式来描述自己创建学习型组织文化的工作,这是件很有趣的事。福特公司的亚当斯讲到构建"适应性企业"。惠普公司的阿兰说的都是"理解工作实际上是怎么完成的,以及协作如何推进了知识网络的演化"。新加坡警察总监邱文晖强调了"在鼓励学习实践的文化中管理知识"的重要性。国际金融公司的滨地–贝利则关注"愿望"和"探寻与深度汇谈的技能"。离开福特以后来到小型燃料电池企业普拉格动力公司(Plug Power)的萨朗特及其同事,谈的是"学习如何成为学习型组织"(这是我最喜欢的表述之一)。麻真户二代表许多人说:"当你有关爱心、去服务,并通过聆听和关注社区里的所有人,包括孩子和老人,来实现领导力时,你不必非给它冠什么名。那里的文化会发生改变,你只需要深入到群众中去,那就是大家需要的。"

当初,在选择"学习型组织"这个词的时候,我和我的同事是很惶恐和担忧的。我们知道这很可能变成一种时尚,而时尚通常只流行一时。[16] 但"学习型组织"这一简单形象的表述,似乎很符合基于以下原则理念的组织建设工作:反思的心态、深层的愿望,以及渴望看清系统性障碍并激励各种系统向大家想要创造的未来演进。

戴明博士晚年宣布,"质量管理"、TQM、QM等这些词已经没有任何意义了,因为它们的含义已经是"人们想让它们是什么意思就是什么意思"。但他工作的精髓却是连贯一致的,并且在他一生中不断得到发展和演进。

亲眼看到"学习型组织"注定会遭遇的时尚和后时尚阶段的历史进程,我得出一个结论:大家需要开发自己的语言来描述自己的工作目的和意义,要使描述方式符合自己的环境背景,并使之成为自己的战略开发和领导风格的一部分。我们怎样谈论自己的工作,虽然很要紧,但事情的关键还在于我们自己的反思过程、实验经历和开放历程,而不在于我们使用什么词汇。重要的是我们创造的现实,而不是我们给现实贴上的标签。

| 第 15 章 |

领导的新工作

本书第一版第四部分中传播最广的章节，就是以此命名的。[1] 回想起来，我觉得这里面的原因是：大家都知道，要想实现创建学习型组织所要求的那些变革，需要面对巨大的挑战，需要真正的领导力。在那一章的开始，引用了汉诺瓦公司的奥布赖恩的话："我在美国各地和人谈起学习型组织和'精神转变'，反应总是非常积极的。如果这种组织是如此广泛地受人青睐，人们为什么不去创建它呢？我认为，原因正是领导力的问题。人们并没有真正理解，建设这样的组织所需要的那种承诺和行愿。"

在国际组织学习学会 2005 年度的"高级领导研习营"上，萨朗特（现在普拉格动力公司）和刚刚退休的世界银行东南亚区副总裁西水美惠子（Mieko Nishimizu），都是研习营高级经理人学员的导师。美惠子在世行广受尊敬，这不仅是因为她在许多国家的创新工作，还因为她帮助了年轻领导者成长——有好几位年轻人，现在已经在世行的关键岗位上了。在研习营最后一天，大家都要求有更多的时间，来了解他们两位是如何成长为领导者的。

在美惠子的要求下，我们三人坐在了学员围成的圆圈的中心。他们两人开始探讨塑造他们个人的各种经历。萨朗特讲述了他在墨西哥、北爱尔兰和中国的故事：在那里，一些以前从不讲话的人，后来却成为杰出的领导者。美惠子讲述了她接受经济学教育的背景，以及最后认识和接受贫困存在的现实的艰难经历。

后来，萨朗特突然发问："西水，你什么时候发生了转变？"我感到，在场的许多人并没有听懂他的意思。但是，我就坐在美惠子对面，可以看到她准确地理解了这个问题。她直接望着萨朗特，回答道："是在开罗的时候。那之前有两天时间，我一直在一家豪华酒店里参加世行会议。我想出去走走，于是就到了'死者之城'，那是开罗城郊的坟场，也是无家可归的人的住所。那些人很穷，住在在发展中国家常见的棚屋里。我坐在一位母亲身边，她的小女儿病得很厉害，这不是什么复杂的病，不过是因为拉肚子而引起的脱水。她们在等药来，但其实只要干净的水和一些盐就能帮到她。我观察了小女孩，觉得即使等到药品，可能也不管用了。我问是否可以抱抱孩子，母亲就把孩子递给了我。"讲到这里，美惠子的眼里充满了泪水，在场的人都非常安静。"几分钟以后，她就死了。"说到这儿，她停了下来。过了好一会儿，她补充道："我知道，这不是不可避免的；我知道，那个小女孩不应该死。就在那一刻，我发生了转变。"

"领导"是什么意思？

2 500多年前，孔子代表的儒家思想认为，要成为领导者必须首先学会如何做人："学而优则仕。"[①]在著名的《大学》里，孔子的弟子阐述了领

---

① 英文"to become a leader, you must first become a human being"，直译是："要成为领导者，你必须首先要成为人。"翻译内容出自《论语·子张》："子夏曰：仕而优则学，学而优则仕。""学"，本是"修学"，是学礼、学做人，是为人之学、做人之学；即儒家修身、立德之"内圣之学"，或"大学"。"修己以安人"（《论语·宪问》），"内圣"而"外王"。"为政以德"（《论语·为政》）；政，即治理；"政者，正也"（《论语·颜渊》），乃王道政治。曾子在《大学》中所述"八目"，即"格物、致知、诚意、正心、修身、齐家、治国、平天下"。这与后来科举制度中"学"的含义，有根本不同。后者不再为立身而学，而是为"仕"而学，为功名利禄而学，故无法安心、安人、安家、安国、安天下。——译者注

导力开发的"七步内证层次"的修养理论。[1]这些理念在世界各地的智慧传统中也都有类似的说法。其实智慧本身,就是与领导力相关的最古老的理念之一。

不幸的是,今天这种领导力的理念几乎完全消失了。"领导"(leader)一词,现在主要是指权位,是最高管理层的同义语。比如,大家总说"只有领导驱动,变革才能发生",或者"我们这里的问题是领导不得力"。不管这些说法是否准确,它们传达的是一种深层的信息。这些说法都指向在高层管理岗位的特定的人,把他们称为"领导"。为什么不直接说"我们的高管层",或者"我们的执行经理们"?这样意思会清楚很多。当我们把这些人称为领导时,我们加进了更宽泛的信息:只有在等级体系顶层的人,才有能力促成变革;下面的人是不行的。这是一个非常不幸的、根本性的概念混淆。首先,它宣称:所有其他人都不是领导,都无法推动变革。其次,它过于简单化地理解一个很复杂的重要问题:如何理解在不同层次上的、发挥多样性角色的领导者?如何开发领导者的联系网络,以保持深层变革的势头?

许多年前,当意识到这种情况以后,我们开始考虑"领导力生态"问题:一线领导者、内部网络领导者,以及高层执行领导者,如何共同为这种生态圈做出贡献。我检查了国际组织学习学会中各种各样的建设学习型文化的努力,我清楚地看到,尽管作用不同,这三种领导者都至关重要,缺一不可。后来,这种"分散式领导"(distributed leadership)就作为实践案例篇写进了《第五项修炼·变革篇》。该书讲述了在启动和保持深层变革势头的工作中,会反复遇到的十大挑战,以及应对这些挑战的各种领导者之间相互依赖的关系。[2]

一线领导,如英特尔的马辛和在福特的萨朗特,他们是整合各种创

---

[1] 即曾子《大学》中之"知、止、定、静、安、虑、得",称为"七证";见南怀瑾著《原本大学微言》第二篇。——译者注

新实践，并把它们融入日常工作的关键。这包括：测试系统思考工具的有效性，处理各种心智模式问题，深入沟通交流，建立共同愿景并与大家的现实联系起来，以及建立学习和工作相结合的工作环境。没有局部一线领导，不管有多么令人信服的新理念，都不会转变为行动，上层的变革计划背后的意图，也很容易因此受阻。

内部网络领导者是助产士、播种者和联络人，像联合利华的坦塔维-蒙索和英特尔的加洛韦。他们常常和一线领导密切合作，建立本地的自治能力，并整合各种新的实践方法。对于新理念和实践方法在各个小组以及各个组织机构之间的传播，对于各个局部的一线领导者之间的联系，他们都发挥着至关重要的作用。他们建立起更大的网络，推广成功的创新实践经验，传播重要的学习实践知识。

高级执行领导，即组织的高管们，像 BP 的考克斯和在西得梅因学校系统的麻真户二，影响着总体的创新和变革环境。他们的领导力，是通过开发指导思想、志向目标、价值体系，以及整个组织的愿景来实现的。他们不一定是这些思想的唯一来源，因为这些思想可能来自许多不同的地方。但是，他们必须负起责任，确保令人信服的、激励人心的指导思想在自己组织中的持续活力。高级执行领导对处理阻碍创新的结构性问题，比如糟糕的考评和奖励机制，是至关重要的。同时，他们还必须是以身作则的榜样，身体力行那些价值观和热望目标，从而令所有人信服。在许多方面，这种象征旗帜的影响力，是等级体制中的权威对推进变革进程的最重要的作用，却也是最容易被忽视的作用。高级领导者要拥抱一句古老的格言："行胜于言。"在组织中处于最显眼地位的人，尤其要身体力行。

这些不同类型的领导者都互相需要。局部的一线领导需要高管领导去领悟更大系统中阻碍变革的因素，还需要网络领导来防止自己陷入孤军作战，并来帮助自己向其他从事变革的同行学习。网络领导需要一线领导来在实践中测试理念和想法，还需要高管领导来把局部的洞悉变成组织更大范围的指南和标准。高管领导需要一线领导来把战略目标的概念变成执行能力，还需要网络领导来建立学习与变革的更大的网络。

贯穿这些不同类型的组织领导职位，有三种基本的角色，它们概括了所有领导者的工作特征。第一版《第五项修炼》中有这样一段话："根据我们传统的理解，领导者是指引前进方向、做出重要决策，并激励团队斗志的一些特殊人物。这种观点来自个人主义的、非系统性的世界观。领导者就是英雄——那些伟大的男人（女人会非常偶然地出现），在危急时刻'挺身而出'——这种观点在西方尤其普遍。只要这种神话仍然广泛流行，它就会强化对短期事件和英雄式魅力人物的关注，从而忽视系统的影响力和集体学习的作用。传统领导观念的核心，是基于群众无能为力的假设：群众缺乏个人愿景，也不能掌握变革的力量，而这些缺陷就只能由少数伟大的领袖人物来弥补了。

"学习型组织的领导力新理念，则围绕那些更微妙、更重要的任务。在学习型组织中，领导者是设计师，是老师，是受托人。"

今天，我认为这些根本角色的作用，比以往任何时候都更重要。同时我也认识到，这些角色意味着各种艰辛困难和对自我的挑战。

领导即设计师

把组织想象成一艘远洋客轮，你是它的领导，那你的角色是什么？多年来我们问经理人这个问题，得到的最普遍的回答就是"船长"，其他人可能会说"领航员，确定航向的人"，少数人会说"舵手，实际控制航向的人"，或者"在下面添加燃料的司机，提供动力的人"，或者甚至是"社会工作主管，确保每个人都报名、参与并沟通"。虽然这些都是正当的领导角色，但还有一种角色，其重要性在很多方面都高于所有这些角色，却反而很少有人想到。

这个被忽视的领导角色正是客轮的设计师。设计师对客轮的影响作用之深、范围之广，无人能及。如果设计师造了只能向左舷转动的舵，或者需要六个小时才能转向右舷的舵，那船长喊"右转舵30度"又有什么用呢？在设计很糟糕的组织里做领导是不会有成效的。

把设计师的角色从工程技术系统延伸到社会系统环境中，是件很棘手和危险的事。作为组织机构中的领导，你不是在设计一个与你自己分立的东西。当我们说你是设计师时，你会很容易把组织机构想象成某种机器，某种需要你重新设计的机器。但是，我们都是系统的参与者，不是置身局外的人，这意味着，你不能像重新设计汽车那样，重新设计一个生命系统。

如果领导者把组织机构理解成生命系统，他就会用不同的方法进行设计。他们认识到，可以创建组织机构的软硬件构造，比如新的考评标准、正式职位和程序、内部网站或新颖的会议方式，但真正重要的是，大家在使用这些硬件、程序或在参加会议时，会发生什么。

反复设计与学习型基础设施

能够把学习和工作有效结合起来的基础设施，不是一蹴而就的。相反，它需要领导者理解和适应开放的反复设计过程，并在这一过程中不断演化。

建立新的基础设施，要从允许实验、愿意尝试的心态开始。2003年，沙特石油公司的工程技术和运营服务业务部门决定使用"世界咖啡馆"这种激进的新方法，来组织大型业务会议。在此之前的几年里，该部门的领导团队和各种小型工作团队已经开始使用系统思考和相关的学习工具，来改进解决问题的方法，并澄清业务发展战略。但他们还没能有效地影响到整个公司组织。当时的情况，根据高级副总裁萨里姆·阿尔阿伊得（Salim Al-Aydh）的说法，是他们部门的创新开始让"大家感到孤独"："我们的做法和公司其他部门没有联系。我们大家不合拍，不能让各级各部门理解我们的新想法。"

阿尔阿伊得参加了 2002 年春 SoL 在埃及举办的高级领导研习营，亲眼看到了世界咖啡馆方法的应用，他开始考虑用这种方法来推进大规模的学习实践。由 SoL 网络的老成员华妮塔·布朗和戴维·艾萨克开发的世界咖啡馆交流模式，是简单有效的大型会议深度汇谈的方法。[3] 开始时大家要围坐在小咖啡桌，聚焦在大家认为意义重大的共同的问题或主题上。在几个小时的时间里，大家加入多个咖啡桌小组的交谈，从而可以了解全体参会人员对问题的看法。阿尔阿伊得说："咖啡馆的方法对我帮助很大。在研习营上我意识到，这些来自不同背景和不同领域的人，其实面对的是非常相似的问题。通过接触不同的观点，咖啡馆方法帮助我提高了理解力。"

与此同时，沙特石油公司的高管层也在重新考虑在沙特现有经济背景下的公司业务战略。大量的青少年人口正在进入劳动力市场；失业率在 30% 的高位徘徊；人均 GDP 下降（与 20 世纪 70 年代中期相比实际下降了 50%）；依赖石油产业造成的不可持续性。"在我们公司历史上，这是第一次以团队的方式确立战略方向，而深度汇谈开拓了我们的视野。与其他企业一样，我们必须让股东满意。但是，为了发展和繁荣，我们也必须推进地方的经济。我问自己：'我们怎么与员工交流这些问题，怎么让组织的各级人员都了解这些考虑？'大多数人会告诉你，我们作为组织机构的弱点之一，就在与人沟通这方面。我一直在寻找克服这一缺点的方法，在埃及的研习营真正触发了我的想象力。"

2003 年，阿尔阿伊得和同事一起举办了"咖啡馆'03"研习营，把主管、经理、总经理、执行董事和高管团队聚集在一个房间，总共有 600 人。应用咖啡馆交流模式，他们尝试围绕公司战略为什么需要改变，以及与之相关的重大问题进行沟通。"我们给大家提供了一个共同交谈的机会，共同提出问题，发现和理解各种不同的观点。"

咖啡馆'03 研习营朝着新方向迈出了一步，但也仅仅是第一步。"我们作了会后跟踪调查，以发现这次活动在多大程度上真正影响了大家的思考和行动。尽管结果比通常的交流方法好很多，但我们仍然对沟通的深度不满意。除非你花足够的时间去回答这个问题：'这对我意味着什么？'否则大家最终还是不能真正理解，这对他们会有什么影响。"

后来，阿尔阿伊得和同事设计了"视界线"(line of sight)系列会议，把不同组织的人聚集在一起，讨论这些问题如何与他们的日常业务活动相互关联。再后，还有"视界明"(clarity of sight)系列研习，那是有15~25人参加的小型会议。通过这些活动，阿尔阿伊得亲自与1 000多名员工，围绕变革的需要问题进行了交谈。

"这些聚会很有帮助。有一次，我们谈到人均GDP将下降到735美元，也就是每天2美元。大家就问：'这就是说，如果不改革，我们就会生活在每天2美元的水平，对吗？'我回答说'对'，并解释了我为什么认为这是可能的。'每天2美元'成了我们公司的一句名言。大家开始说：'如果我们不帮助发展地方经济，如果我们不发展石油以外的产业，如果我们不把外包业务交给地方承包商，并培训、雇用更多的当地员工，那么我们最终要生活在每天2美元的水平，我们的孩子会失业，我们会陷入贫困。'"

随着这种质疑和重新思考的势头的增长，咖啡馆的模式也在演变。"随着时间的推移，我们的理解在深化，我们学会了更好地吸引大家参与，以及如何与各利益相关方的思虑和工作实际相联系。我们认识到，内部沟通的改变很棒，但是和公司里周围其他部门的人以及公司外部的人，又该如何沟通呢？"这个问题引发了咖啡馆'04研习营的举办，聚集公司内部和外部的客户来参加研习。进而还举办了视界线'04和视界明'04研修营，由此，沙特阿美公司的人不再只是进行内部沟通。到了咖啡馆'05研习营的时候，他们把参与者扩大到承包商和服务商，有1 000多人同时参加了世界咖啡馆交流，地点也挪到了一个大飞机库里。"我们把咖啡馆交流安排在一月份，以便把问题的探讨和当年的运营计划背景联系起来。在这之前，大多数员工从来没有参与过任何计划工作。但我们认识到，如果我们要共同面对这些重要问题，就必须让大家了解，公司为下一步工作在作什么样的计划。"

新的学习型基础设施只涉及阿尔阿伊得的工程技术和运营服务业务部门，以及相关的业务伙伴网络，但也开始引起其他部门的注意。2004年的调查显示，阿尔阿伊得的业务部门的员工对公司战略及其与自己工作的关联的理解，远远超过其他部门。"我认为，基本情况是，我们的努力奏效了。公司认识到其他业务领域也需要进一步的改善和沟通。现在，咖啡馆模式已经开始在整个公司推广。"

世界咖啡馆是个有用的方法，但也不是灵丹妙药。沙特阿美公司咖啡馆交流的故事所揭示的，有关学习型基础设施"设计师"的角色意味着什么这个问题，其实同样重要。首先，你必须看到，大家对沟通和学习的重要需求，还没有得到满足。然后，你要有勇气和灵感去打破现状，用不同寻常的激进方法来满足这一需求。再后，你要保持开放心态，去严格审视初期的结果，去调整和修正方法，并用耐心和毅力去坚持下去，决不能指望一开始就十全十美。最后，作为设计师的角色，领导者必须愿意让其他人去不断发展基础设施，以适应他们自己的情况，决不能想自己操控这一发展进程。

IT 基础设施

通过反复设计而产生的领导力，也同样会发生在像网站或网络门户这种更流行的沟通基础设施上。在许多年里人们一直假设，这些基础设施会像其技术设计师想象的那样运行。然而，实际上却可能发生相反的情况。例如，第一个"群组软件"发布以后，许多公司都投资购买，希望借此提高内部合作水平。这个意图却往往被内部竞争的既成组织文化完全淹没。我在麻省理工学院的同事万达·奥尔利科斯基（Wanda Orlikowski）发现，在安装了莲花便笺（Lotus Notes）文档数据库管理系统软件的某家咨询公司，几乎没人用它来分享新的客户信息或技术信息，大家仍然只是用它做以前做的事，如收发邮件、安排会议时间表等。[4]如果我所知道的就能决定我的地位和收入，那么在这样一种文化里，设想某种新的计算机基础设施能使大家开始合作，是很幼稚的想法。新的基础设施更有可能被用来强化现有文化，而不是改变它。

在设计基于 IT 系统的基础设施方面发挥领导力，应该从设计负责实施工作的团队组成开始。惠普公司的阿兰说："我在领导惠普打印机部门 SAP 项目的实施工作时，有 80% 的团队成员来自财务、采购和制造等业务部门。所有的团队成员都在一个场地工作。你看不出谁是从 IT 部门来的，谁是从业务部门来的。我们不是在安装新工具器械，我们在改变工作方式。很多年以后，我回顾了领导惠普内部员工门户网站和知识管理项目的经历，那时我们使用的方法也一样。当时的指导战略，是聚焦在如何让技术来促进公司的员工相互沟通、相互帮助，并帮助建立和扩展跨组织界限的知识网络上。这比技术本身要重要得多。"

建立更加新颖的学习型基础设施，比如微世界，也需要同样的指导思想。当年在写这本书的时候，我曾想象这些模拟学习环境会成为未来的一种关键的学习型基础设施，并大胆地在章节子标题中宣称它们是"学习型组织的技术设施"。尽管这些年来，模拟模型已经更加普遍了，但我对微世界的作用的期望并没有实现。我认为罪魁祸首正是过分强调技术本身（这里就是模拟模型），却忽视耐心的反复设计过程，即真正的学习和变革过程。

福特公司亚当斯团队的高级成员杰里米·塞利格曼（Jeremy Seligman）说："我认为《第五项修炼》里描述的微世界理念太超前了，但计算机技术的广泛使用和不断改进，确实已经开始产生影响。我们看到越来越多的管理飞行模拟器（management flight simulator）和微世界的应用，它们成为业务战略开发和决策工作的有价值的驱动器。一个福特工厂的经理让 1 000 多名员工经历了车间场地和生产过程飞行模拟，使制造程序中各个环节的员工都在事情发生前就看到可能出现的情景和结果，让他们对自己身处其中的整个系统有了更多的理解。

塞利格曼认为："这极大地增加了车间的生产效率，我认为其他工厂也会开展类似的项目。我们还在营销计划工作方面有成功的案例。有一个微世界曾转变了一家很大的地区性企业的领导团队的思考，改变了他们的营销计划、考核指标以及核心战略假设。与马拉松式的会议室讨论相比，这是个很大的进步。因为这种会议室讨论，往往仅局限在有关未来可能性的某些残缺的数据，还有未经缜密构思的某些观点上。

"你必须有耐心，不断寻找针对大家实际需要的切入点和有效参与方式。设计工作的框架和范式在迅速变化。我认为我们会逐步提高和深化理解，并掌握组织机构成功应用微世界的关键要素。"

塞利格曼和亚当斯在实验和改善学习工具方面的不懈努力，来源于一种深层信念，用塞利格曼的话说，那是"关乎企业生死存亡的信念，它在当前竞争激烈的市场条件下，激励着我们去探索如何把这类学习工具，整合到实际工作的环境中"。

指导思想

把设计作为生命系统的一部分来看待，同样适用于更微妙的设计任务，比如"设计"指导思想。奥布赖恩曾说："组织设计被广泛误解成线条和箱子的摆放游戏。其实组织设计的首要任务是设计指导思想，包括：志向目标、愿景，以及大家生活中遵守的核心价值。"虽然高管团队常常会拿出愿景和使命宣言，但还要理解，大家对这些宣言会有各种不同的解释和各式各样的行动反应，因此需要制定各种不同的策略。

这一点在设计指导思想时要记住。会有几种情况发生：第一，你不再为使用正确的词汇而烦恼，而是采用适当的语言来吸引大家参与。长岛学校系统的主管麻真户二说："我们曾经以为，苹果派只有完全烤好了才能拿出来交给社区。而随着教师、管理者和社区成员习惯了一起工作和学习，我们不再害怕给他们展示半生不熟的观点和愿景，因为他们正是和我们一起工作、拿出细节方案的团队。我们已经达到这个阶段了,我们会说,为什么不相信大家,为什么不到社区中间告诉大家:'现在有不同的选择,我们需要一起决定应该做出什么样的选择和承诺'。"

第二,对指导思想宣言,你要有花更长时间来推敲完善的准备。2001 年,魏斯洛成为耐克女鞋部的领导,那是公司第一个专做女鞋的部门。她和她的管理团队花了一年时间,才形成服务顾客的四条指导原则。[5]"重要的是寻找这样的原则,它能通过我们的承诺来表达我们是谁。理解这些原则的过程和在生活中遵循这些原则的经历,在我们的团队建设中发挥了核心作用。尽管一定会继续演化,这些原则的效用已经持续了四年。即使在我换了另一个岗位之后,大家仍然会看着这些原则说:'我们眼下的决策有正当的理由吗?'"

第三,正如魏斯洛最后的话所指出的,你要关注指导思想是如何得到应用的。奥布赖恩曾用自己心里的"胡话计"(BS meter)来判断愿景和价值是真的呢,还是仅仅为"感觉良好"的宣言,或者根本就是胡话。"一天忙完之后,你只需要问自己:'我们的愿景和价值对我今天作的决定有什么影响?'如果没有影响,那么它们就只是些胡话。"从根本上说,前一章讨论的指导思想或主导理念,与仅仅是另一个好主意之间的差别就在于此。2002 年春在 SoL 可持续发展协作组一次会议上,创始成员之一,BP 公司的巴尼·巴尔金(Bernie Bulkin)把他刚刚买来的 T 恤衫拿出来给我们看,它背面的四个词是:Respect(尊敬)、Integrity(诚实)、Communications(沟通)、Excellence(卓越),然后他给我们看前面的字:Enron(安然)。

最后这一点揭示了人们对指导思想的最根本的误解。人们可能执迷于寻找正确的词汇。甚至问"这是正确的愿景吗?"——其实这反倒是个错误的问题。执着于选用正确的辞藻可能会带来优美华丽甚至鼓舞人心的愿景宣言,但它对实际的变革作用却很小,甚至毫无功效。另一方面，指导思想领域的巧妙的设计师深知，用我的同事弗里茨的话说，"愿景是什么并不重要，重要的是愿景能做什么"。他们把愿景和其他指导思想看成激发和聚焦能量的工具。他们判断这些思想的出发点是其实际作用和影响，而不是听上去有多么悦耳。而且他们不会忘记，指导思想永远是正在创作进展过程中的艺术作品。

对设计师的承认

尽管领导者的设计工作会带来多方面的广泛影响和成果，但却常常得不到承认——了解这一点很重要。这就是为什么轮船设计者的工作没有被看作是领导工作。好的设计在今天产生的成果，可能是很久以前的有效工作的结果，而今天的工作，则可能在很久的未来才产生效益。好的设计的标志性特征，是不造成危机问题——在"领导是英雄"的组织文化中，这恰恰得不到多少注意。那些想要靠控制、靠名气，或者靠占据行动的中心位置来起领导作用的人会感到，起到静默的领导力作用的设计工作没什么吸引力。萨朗特说："假如你聚焦在做好小事、步步为营，而不去计较别人因此而得到荣誉和承认，你就可以在组织里的几乎任何岗位上，成就大事。"

精湛的设计，到了登峰造极的程度，可能根本就是无形的了。2500年前，老子已经精辟地阐述了这一点：

"太上，下知有之；其次，亲而誉之；其次，畏之；其次，侮之……悠兮，其贵言；功成事遂，百姓皆谓：我自然。"

这段话的意思就是：太古无名之君，是最好的领导，下面的人只知道他的存在；次一等的领导，大家和他很亲近，赞誉有加；再次一等的，大家都害怕他；最次的，就遭到大家的轻侮、辱骂……最好的领导，活得真是悠然自在，思虑真是宁静致远，却很少发号施令。功业成就，万事遂心如意。而百姓们都说：我们本来一直就是这样。①

这样的领导风格不是没有回报。这样的领导者会在内心深处得到满足，因为自己所在的组织，能够让大家实现真心关怀的结果。实际上，他们会觉得这种满足感，与更惯常的领导所得到的权力和赞誉相比，要有更加永久的意义。

领导即老师

一个好的老师能让周围的人都得到学习的机会。好老师会创造出学习的氛围，并邀请他人加入进来。相反，差一些的老师则关注教授什么和怎样教授。关于领导者的精神实质，格林里夫有一个极好的形容——"人的栽培者"。20世纪20年代中期到60年代中期，与美国电话电报公司和很多有才干的领导者一道工作之后，格林里夫找出了伟大领导者的核心动力，即渴望去服务。他把他们称为"仆人式领导"，其主要特征就是让手下的人都成长。"对仆人式领导最好的检验就是：他们栽培的人真正成长了吗？变得更健康、更聪明、更自由、更有自主性了吗？自己也更有成为仆人式领导者的潜力了吗？"⁶

---

① 原文出自老子《道德经》第十一章。此处的解读是根据英文原文的意思，也是《道德经》原文这一段的一般的现代解释。而另一种解释为：

太上，即"形而上者之谓道"（《易经·系传》）；太上忘情，并非无情，而是大慈大悲；有一种下等人，我们认为很笨，其实他有真智慧，早已悟"道"，达到了大慈悲。再次一等人，相信并亲近道，要烧香磕头，赞誉不绝。更次一等的人，也许不信道，但内心无形中却有一个可敬畏的东西。又次一等的人，偏不信道，认为信道是神经病，还以为信道对人格是一种侮辱。"下士闻道，大笑而走之"。（英文此处没有引用的一句是："信不足焉，有不信焉"。意即：有些人信是信，却不彻底，半信半疑；有些人根本就不信。三六九等，不一而足。）道不藏私，悠然自得，但却很难用语言形容其境界。等你的事功表达出来，久而久之，大家习惯成自然，就说这本来就合于自然之道，没有什么好大惊小怪的。见南怀瑾《老子他说》第十七章。——译者注

发现组织中能力的差异

能够意识到交流和协作这一重要需求未被满足,常常可以促进组织管理设计工作。同样,领导者作为老师的工作,也往往从发现组织中所缺少的重要能力开始。2001年起,考克斯开始组织沙龙,让BP公司的经理们有机会一起思考未来。她说:

"当被提升到公司中更高层位置的时候,我开始意识到对于我们来说,一个核心问题就是集体领导力。在BP中有很多个人能力很强的领导者,我们也有一种强调个人问责的文化,常常加剧了员工之间的过度竞争。

"开始,我的想法是召集会议,展开一系列不限定议程的讨论。会议为期一天半,我邀请了二三十人,请他们加入自己喜欢的谈话中。小组的构成非常多样化,他们包括BP公司中跨部门的和不同级别的人,有高级的和较为初级的经理,还有刚刚加入这个组织的毕业生。大约有三分之一的人来自BP公司以外,第一组的人包括一位校长、一位芭蕾舞演员和一位来自慈善团体的人,也有从事其他行业的人。规则是每人必须至少要认识屋子中的另一个人。

"从某种意义上来讲,我并不在意谈话取得了哪些具体成果,而更在意的是谈话交流本身。我选择了一些很广泛的主题,例如全球化问题、我们的管理问题以及我们在世界上的影响。有一次我们与约翰逊就'数字专政'(tyranny of numbers)展开了一场讨论,我们在管理业务时,倾向于过分关注能够测量的东西。然而大家都清楚地知道,许多重要的事情是无法度量的。[7]那是一场极其吸引人的讨论,大家很高兴有机会谈论自己所关心的事情。话题从哪儿开始并不重要,讨论总是会以自己的方式进行下去。

"像这样为培养新能力而做出的努力,其效果是很难度量的。它成功与否的标准之一,就是看有没有人参加。在考克斯的沙龙这个例子里,尽管它与BP以业绩为导向的文化有所冲突,但人们仍然坚持参加。

她的一位高管同事告诉我："维维安的会议让我发狂。"但他还是在繁忙的日程中留出时间，尽量来参加。考克斯也不确定会议到底产生了多大的影响，因为这个沙龙缺少了她的召集之后，并没有自己继续下去。"我感到十分沮丧，直到发现这个沙龙的理念其实得到了传播。也许大家认为自己没有像我一样的职权来举行这个沙龙，也可能他们就是不想做。最终我发现有些人已经被这些讨论改变了，他们开始召开会议、组织研习营，或是用新的、不同的方法来探讨问题。

"在创造学习环境、缩小重要能力差距方面，沙龙同样给考克斯上了有价值的一课。这一课在她被提升到更高级的职位上时，显得尤为重要。当你不能直接参与每件事时，怎样领导一家大规模和具有广泛影响力的组织机构？对我来讲，秘诀在于关注少数几个经过深思熟虑的介入措施，并让自己的行为和它们保持一致。例如，当我们召集大家进行战略讨论时，我唯一控制的就是场地氛围和讨论的方向，我觉得这些是真正需要我做的。其他东西我并不控制，而通过参与者的交流互动来把握。"

教师的两难困境

在本书的第一版中，我谈到了一种根本需求，即帮助人们发展更能"给人带来力量的现实观"。在这里，我指的是一种看待现实的方法，它能够加强而不是削弱我们塑造未来的信心。大多数组织中的大多数人都将"现实"看作必须承担的压力、必须应对的危机和必须接受的约束。如果这样看待现实，那么愿景就只是一个虚无缥缈的美梦，或者在最坏的情况下，是一个自我嘲讽的幻象，而不是一个可以抵达的目的地。那么，领导者又怎么能帮助人们将现实视为创造愿景的媒介，而不是束缚的来源？这是"领导作为老师"的核心任务。

一个办法是帮助人们看到问题背后的系统结构和心智模式，而不仅仅是短期的事件。这有助于我们认识塑造现实的影响力，并认识到我们也是其中的一部分，也能对其产生影响（见第 3 章："是系统的囚徒，还是我们自己思想的囚徒？"）。但是，培养系统思考能力需要时间和耐心，致力于这条道路的领导者都处于一个进退两难的境地，所有传授难学的新技能的老师都熟悉这种处境。

"我们已经成功地运用系统思考方法解决了一些很重要的问题，"亚当斯说，"但同时也有些担心，因为我看到了关于完成此事的方法上的一些局限。例如，我们不得不将全球 35 亿美元的 IT 预算减少将近 10 亿美元。我们当中的一个小组画出了 10 张系统思考图，揭示了实现最高杠杆效益的机会，使我们既能削减开支又不削弱能力。我们没有把这些图展示给组织中的所有成员，而是开展了 10 个工作方案，确保介入措施来自那 10 张图给我们的启示。我们成功地削减了 10 亿美元，但我个人觉得很遗憾，因为没有与大家分享那些启示，也没有让更多的人参与系统思考。我们在幕后使用这些技巧，有点像暗箱操作。我觉得如果能看到一幅画面，那就得向大家解释：'这就是为什么我们在这儿介入，而不是在那儿。'"

亚当斯意识到，尽管他的介入措施很成功，但仍然存在两个问题。第一，当时很少有人不得不自己培养看清系统影响力的能力；第二，介

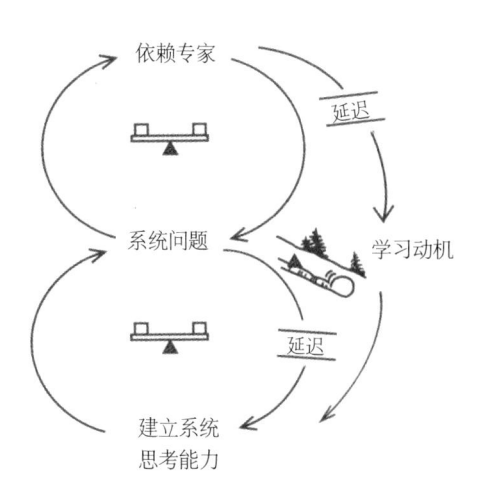

入措施之所以成功，是因为他掌握了进行必要变革的资源。其实在大多数情况下，亚当斯和他那些进行系统思考的同事，更多是充当了解决业务问题的"影响者"，而不是"介入者"。因为不同的人在用新方法看问题的时候，必然会采取不同的行动。他说："我们需要描绘出图画，让其他人也能够看到它，而如果能帮助他们自己画出图来，那就更好了。"

亚当斯知道，如果这个进退两难的问题得不到处理，那么就会产生"转移负担"这种模式，这时解决重要问题的压力，就会转给能够分析局势并得出深刻见解的专家组。但如果这么做，建立更大的组织能力就变得没有必要了。而且，人们会习惯于由专家来解决问题，并且很容易失去发展自身能力的动力。随着时间的推移，正反馈压力会加强，这导致人们更加依赖专家。问题可能会得到解决，但组织不会变得更聪明。

像大多数转移负担模式一样，成功的反应策略是抓住短期的机会，并以此建立长期能力。将"应对事件的系统思考"和"促进发展的系统思考"联系起来。

先做一个学习者

从惠普公司喷墨供货组织总经理兼副总裁的职位上退休后不久，默顿做出了一个有力的阐述。要想做一个真正的老师，你必须先成为一个学习者。事实上，与他的专业知识一样，老师对于学习的热情也能够启发和激励学生。所以同样的，对组织学习工具和原则有承诺的管理者，必须成为实践者，而不仅仅是宣扬和鼓动者。在很多年里，惠普公司喷墨供货组织都是公司最大并且利润率最高的分支。默顿认为，学习实践是领导力真正的来源。"回首自己在惠普的职业生涯，我周围有很多技术熟练的人，但那些最终成为最有影响力的领导者的，无论是在哪个层级扮演什么角色，他们都是无可争议的、真正的学习者。无论过去有什么成就，在他们的心目中都微不足道。他们一直谨记，人总有需要改进的地方，并且明白'学习游戏'需要坚持不懈的参与投入，来发现在此时此刻什么是有效的。我很清楚，公司生意兴隆的时候，是因为许多关键岗位上的人都是学习型的员工。如果情况不是这样，我们就会遇到困难。"

很显然，默顿认为领导者必须是学习者，但这个观点的含义需要一段时间才能被人们接受，尤其是对那些投入付出很多的人来说，恰恰是这些投入付出使他们看不到自己对学习的需要。罗卡的鲍德温说："有40个人来参加我们维和圆圈小组开展的第一次培训，他们中有年轻人、警察和感化官、社团的成员，也有些朋友。当会议开场部分进行到一半的时候，我们当中的一些人坐在全组人员围成的一个圆圈中间，开始交谈。不到3分钟就全乱套了，人们叫喊着，孩子们咒骂着，所有人都说：'看到了吧！这永远行不通！'看着会议崩溃是令人痛苦的。但最终我意识到了，我是那么投入和致力于分裂，而不是团结；我离一个矛盾调和者还有很大的距离。我从更深的层次上理解了'我们和他们的'这种想法是有问题的。我还意识到，我是怎样使这个问题在我个人身上、在组织上，都一直得不到解决。继续坚持：'我是对的，你是错的！问题是你，而不是我们，因为我们的道德境界更高！'这是我们的问题的主要来源。"[8]

领导即受托人

格林里夫在其《仆人式领导》（*Servant Leadership*）一书中说："仆人领导首先是仆人……这起始于我们服务他人的自然愿望……然后才是有意识的选择，要立志发挥领导作用。这样的人与没有成为仆人就先成为领导的人截然不同，因为后者也许就是要满足一种不寻常的权力欲，或是要获取物质财富。"[9]

领导者做被领导者的仆人，这个理念可能看似理想化，但我深信这是实用的理念。我曾问过一位海军陆战队上校，为什么仆人式领导的理念在陆战队被广为接受。他说："战场经历反复告诉我们，当大家的生命处于危险之中时,肯定只追随被大家信任的指挥官。他们认为,只有这样的指挥官才会把大家的福祉放在心上。"

受托责任意识(stewardship)也是围绕某种更大的目标。奥布赖恩曾说:"真正的承诺和行愿所针对的,总比我们自身更大。"在1990年出版的书中我写过"志向目标故事"(purpose story),它似乎是各个层次上的自然领导者的指引。我写到,很不同的人"可以从同样的源头引发自己的灵感……追溯到某个深层经历,某种深层的志向目标和使命感,以及在个人愿景背后的、某种更大的'运动演进模式'(pattern of becoming)……许多很有能力的经理人,虽然处在领导岗位,却不是这样的领导者,因为他们没有一个大故事……来把他们和某种大事业联系起来……并且来使他们的愿景富于深层意义,并给他们一片更广阔的天地,在那里,个人的梦想和目标,对他们而言只是某种更大的征途上的里程碑和突出事件"。

今天回顾这些话,我看到其中隐藏着两个自相矛盾的悖论。一个是关于确定性和承诺投入;另一个则是关于保持现状与变革。

受托的悖论

知道自己的志向目标的由来,可以很容易产生一种对自己全部人生追求的坚定不移的感觉,这甚至会变成一种封闭状态。反过来,那些缺乏这种人生确定性的领导者,可能会认为他们没有大的志向目标,并因此受到局限。

我现在认为,对自己志向的坚定和明确感,对自己目标的确定无疑,是有危险性的,而且这种危险在今天的世界里常常发生。哲学家埃里克·霍弗(Eric Hoffer)在其著作《狂热分子》(*The True Believer*)中对此有精辟透彻的见解。他提出了以下问题:承诺投入者和狂热信徒,他们之间究竟有什么区别?[10]他的结论是:"确定性"。狂热信徒确定:他自己是正确的。按照霍弗的定义,不管做什么事,一旦我们确定自己有正确的答案，并依此行事，那我们就是狂热信徒了。此时我们有封闭的一面，用非白即黑的观点看世界。但真正的承诺投入，却总是伴随着一定的质疑心态和不确定性。在这个意义上说，承诺投入是真正的自主性选择，而非强迫性的冲动。

受托责任的第二个悖论，是保持现状与变革。从某种意义上说，领导力总是关于变革的。领导者的工作，无论是个人还是集体，都是要实现新的不同的秩序，并总是聚焦在正欲破土而出的新生事物上。我认为，对于领导者来说，深层志向目标之所以重要，原因之一是它提供了一个精神支柱。领导者在追求新生事物的同时，还要成为某种他们认为需要保持不变的东西的受托人。而他们要保持不变的东西，恰恰又是激励变革的关键所在。这看似自相矛盾。比如，在魏斯洛等人的故事里，你就可以看到这种情况。她想与耐克公司保持创新者的身份进行"心灵对接"和深层认同：在这样做的同时，她释放了变革的能量。国际金融公司的多萝西·贝利，帮助 IFC 的经理们把自己协同和联合各个成功的私营企业的变革愿望，与可持续发展的一贯目标结合起来，也是这种情况。英特尔的马辛发现，他和同事们都真正想保持健康的生活现状，并为此需要变革工作方式，还是这种情况。

智利生物学家马图拉纳认为，进化是"通过保持现状而实现转化"的过程，即自然界会保持一些基本的特性，并由此来释放所有变化的可能性。一个简单的例子是动物世界的"双边对称"（Bilateral symmetry）现象：两只眼睛、两只耳朵、四条腿等。重要的是，在双边对称原则的限制下，发生了如此非凡的多样性进化。变革领导者往往忘记问一个重要而有力量的问题："我们要寻求保持什么东西？"变革自然会引起我们所有人的担心：担心未知的领域、担心失败、担心在新秩序中不再被人需要。如果我们一味执着地关注需要改变的东西，而忽视我们想要保持的东西，这种担心就会加剧。而如果我们能够明确大家想保持的东西，部分的担心就会消失。如果领导者有意识地应用这一原则，往往会发现大家寻求保持的，是身份的认同和人际关系，比如创新者的身份和减贫伙伴关系，或者大家对各自的身心健康和福祉的相互支持。

雄心的性质和力量

令人伤心的是，这种真正的受托责任感与大家今天看到的、完全不同的领导力现实形成巨大反差：滥用权力所表现出的对受托责任的亵渎。维萨创始人哈克说："我认为当今世界的最大邪恶，就是权力和财富在不断集中到越来越少的人手中。"

关于信息技术如何使权力不断分散，关于"分布在各处，却由通信技术连接在一起的人们，现在能够以从前无法想象的规模，根据从别处传来的信息，做出自己的决定"，今天已经有许多遐想。[11] 然而，分散权力和降低权威的可能性，往往与个人欲望，特别是高级经理人的个人欲望相互冲突。惠普的阿兰说："社会网络的滋养和支持作用，如果发生的话，一般是在业务部门的层次，因为那里的产品和服务更直接地关系到顾客。不幸的是，这些协作网络往往被总部高层的雄心或欲望之网吞噬，这种情况我见得太多了。"

乐施会的斯托金看到了雄心、结果，以及总部办公室传统的男性支配地位之间的关联。"现在有很多研究显示，在竞争和雄心方面，女性的领导方式是不一样的。当高管团队陷入地位和职务之争而不能做出成绩时，其中的女性成员就会站出来说：'坦率地讲，我对这个没兴趣。我有家人要照顾，有后半生要过，我不会花大量的时间和精力来搞这些争斗。'我不知道这是由于大多数女性都有其他责任，还是因为女人有这样的天性。但她们倾向于退出争斗，认为'如果做不成什么事，就不要在这上面浪费时间'。总体来看，处在高位的女性的雄心倾向于聚焦在事情本身上，而不在她们自己的未来或职业生涯。"

斯托金的评论揭示了一个秘密，一个在经理人中鲜为人知的秘密：更为广阔的生活可能会帮助经理人保持一种超脱的视野，成为更好的经理人。几年以前，当考克斯将要晋升到 BP 公司高管职位的时候，她刚刚生下第一个孩子。她对公司的最高经理人说："我只是想告诉你，我生活中最重要的东西不是 BP，而是我的女儿。如果你认为这会与那些新职责发生冲突，那最好不要提拔我。"今天，考克斯回顾起来，认为"虽然工作对我的要求非常高，但我对个人优先选择的明确表态其实帮了我的忙，也许还帮了公司其他人。"

可持续的成果

近来，没有理智和不受约束的个人雄心所引起的商业道德沦丧，使整个商业世界都陷入这些问题的困扰中。可大家却忽视了更重要的问题：不管有没有彻底的管理层不法行为，个人雄心怎么就能损害企业已经取得的成果呢？我认为，像斯托金和考克斯这样的领导者，她们能够实现重大的、长期的成果，并非偶然。它是从集中注意力开始的：当职务权威让经理人花很大精力去维护或扩张势力范围时，会损害大家对自己试图实现的成果或斯托金所说的"事情本身"的注意力。另外，还有时间范围的问题。如果经理人只关注短期的结果，他们往往会不停地介入下属的工作，以保证工作会持续出结果，而且他们的做法也会显得很正当。不管他们是有意还是无意，都会产生转移负担的效果，即对管理层介入的自我增强的依赖性。由此，关注短期结果会成为进一步集中权力的策略和方法。

斯托金说[12]："我在国家卫生局（NHS）工作时对此做过很多反思。我观察经理们为了修补眼前的应急问题，如'等候名单目标'，而无暇顾及其他任何事情。但如果不对系统运作方式作任何根本性变革，你一旦放手，问题又会立刻重新出现。和大家一起弄清如何让系统不断产生更好的结果，这需要花更多时间，可是一旦成功，你就不会失去它。我认为：'这也许让我花更长一点的时间来达到目标，可一旦达到，我得到的将是更可持续的结果。'我们后来开发了指导原则：如果我们需要介入,比如医院,那么我们的方法是,让那里的人更好地了解以后如何进行自我救助。总的来说,就是改善那里的能力,使我们不用一再介入。

"现在在乐施会,我们有个类似的挑战。在人道主义救援工作中,介入危机并成功救助危机会带来很大的心理回报,会带来荣誉和个人满足感。你也知道这种情况:'白人男性身穿短裤飞抵现场并解救危机。'现在我们在努力做到,不用再进入某个国家去开展人道主义救助。如果我们把自己的工作做好,我们就帮助了当地人开发足以自救的能力。我觉得在救援界,动机不在个人控制欲的权力,而是一种更微妙的权力感,它从被人需要的感觉中来。不管怎样,其心态和效果是一样的,即对处于权力感中的人有不断增强的需要。"

做自己愿景的受托人

用一位年轻的罗卡街道工作者的话说,受托责任最终是关于"做对整体有利的、正确的事"。这种承诺会带来我们与自己个人愿景的关系的变化。个人愿景不再仅是个人拥有的东西。比如,不能说"这是我的愿景"。相反,我们成为这个愿景的受托人。我们是属于"它的",就像它属于我们一样。前面提到的萧伯纳的话精辟地表达了这种关系:"你在被一个崇高伟大的志向目标所利用。"

而黎巴嫩诗人卡里·纪伯伦(Kahlil Gibran),则用略有不同的语气、在稍有差异的主题下,写下了具有同样召唤力的表述。在谈到父母和孩子时,纪伯伦表达了那种特殊的、没有占有欲的责任感,这和作为受托人的领导者对自己愿景的感受一样:

> 你的孩子不是你的孩子。
> 他们是生命对自身渴望的子女。
> 他们通过你来到这里,却不是源自你。

尽管和你同处，他们并不属于你。

你可以给予他们的是你的爱，而不是你的思虑，

因为他们有他们自己的思虑。

你提供的居所可以安其身，却不能安其神，

因为他们的神魂，乃是属于明天的居所，而那，却不是你可以

造访之地，甚至在你的梦里也不可以。你可以试图模仿他们，但是切忌

试图使他们像你。

因为生命不会走回头路，不会止于昨日。你是弓，

从中发出的生命之箭，就是你的孩子。

那射手看到无限的时空之道上有那个印记，于是

他以其神力拉开了你，以使那箭能急速射向遥远的天际。

请你在射箭者的弯弓之臂上得到欣慰。因为，虽然他欢喜疾飞之箭，却也同样欢喜

弯弓不抖，稳如大地。[13]

如何培养这种领导者？

英语中的动词"lead"（领导）来自印欧语系词根 leith，意思是"越过临界点"（cross a threshold），跨越门槛，并且常常与死亡过程要跨越的阴阳界限相关。因此，也就不奇怪为什么出色的领导者，如美惠子和萨朗特，都常常有深层的个人觉醒经历：一部分老的自我死去，而新的自我又诞生了。有意思的是，另一个广泛使用却很少真正被人理解的词"charisma"（领袖魅力），也表达着相关的概念。

形容词"charismatic"（有领袖魅力的）往往指强势而有力的，甚至有催眠力的人物，这种人会要求很多特殊的注意力。不幸的是，人们通常认为，是某种个人特质使那个人很"特殊"，比如外貌奇特、声音浑

厚。但是，我有幸接触到的杰出领导者，即没有身体外表的奇特，也没有强势的个性。他们的特点是思路清晰，有说服力，有很深的承诺和行愿，有不断学习的高度开放的心态。他们并不"拥有答案"，却似乎能够给周围的人一种自信心，即相信共同"学习就可以掌握我们需要的任何东西，就可以成就我们真心渴望的结果"。

实际上，"charism"（恩赐，与魅力 charisma 一词很相近）这一概念来自天主教堂，意思是圣灵给予某人的特别的个人"天赋之礼"。于是，有领袖魅力就是指开发自己的天赋。简言之，我们在什么程度上回归自我，就在什么程度上成为真正有领袖魅力的领导者。这就是真正的领导力开发的秘密。

通过观察这种现象在不同领导者身上的表现，我注意到他们成长过程所开发的目标和方法各式各样。有些开发了理念和沟通技能，另一些努力学会了聆听和欣赏别人的观点；有些用了五项修炼作为开发框架，另一些则使用了其他方法。但是，他们都投入自我开发中，如萨朗特所说，他们要"努力成为一个真正的人"。

尽管工作方法上有差异，但似乎还有一个超越这些差异点的共同点。这个共同点就是创造性张力原理。尽管有各种不同，真正有效的领导者似乎都理解，保持愿景的同时坦诚而深入地研究现实所能产生的力量。我见过的优秀的领导者都理解这个道理，不管他是否有意识地考虑过它。

我们没有通过组织学习工作发明创造性张力原理。其实，过去有许多人都曾经描述过这个原理。马丁·路德·金因组织历史性的反种族隔离示威游行被捕，关押在亚拉巴马州伯明翰市监狱。他在狱中写的信中说："就像苏格拉底认为，有必要在心中建立一种张力，以便使大家从神话、谎言和半真半假的束缚状态中解放出来……我们也必须……在社会中建立一种张力，以帮助人们从偏见和种族歧视的黑暗中解脱出来。"[14] 金博士以他追求平等之"梦"而闻名于世，而他的领导力，就像在他之前的甘地一样，却深深植根于帮助大家看清现实之中。用他自己的话说，是帮助"把现实戏剧化"。他知道，只要把梦想与现实放在一起，就会产生真正的变革动力。

我发现，"领袖"的标签通常是别人评价时加上去的，这令我很吃惊。真正起领袖作用的人似乎很少这样看自己。他们的注意力一定是集中在要做的事情上，集中在他们身处其中的更大的系统上，集中在与他们共同创造未来的同事身上——而不是集中在他们作为"领袖"的自我的身上。其实，如果不是这样，就可能会出现问题。特别是对处在领导岗位的人，总会有一种危险，用我的长期同事和合著者布莱恩·史密斯（Bryan Smith）的话说，就是自己成为"自己心里的英雄"的危险。

惠普公司有一位员工在学习公司历史时，问创始人之一戴维·帕卡德（David Packard），他的领导力理论是什么。这位员工后来说，帕卡德停顿了好长时间，说了一句简单的话："我不知道什么领导力理论。那时，我和比尔 [比尔·休利特（Bill Hewlett），另一位创始人] 只是在做我们爱做的事，我们很高兴有人想加入我们。"

第 16 章

系统的公民

2002年秋，世界银行的美惠子受邀回到祖国，在庆祝日本加入战后国际货币体系"布雷顿森林协议"（Bretton Woods Accord）50周年纪念仪式上发表主题演讲。她在演讲中分享了她的个人经历，她如何最终承认了世界贫穷状态的现实，以及她对全球现状的看法。演讲结束时，她精辟地概括了我们这个时代的辛酸：

> 未来对于我们来说很陌生。它与过去最大的不同点在于：地球本身变成构筑和度量未来的单位。塑造未来的标志性议题，都是全球性的。我们同属一个无法回避的、相互依存的网络：生态系统的相互依存，更具流动性的信息、观念、人力、资本、商品和服务之间的相互依存，以及和平与安全的相互依存。我们确实被绑在了一起，被编织在同一张命运之网中。

建设组织学习能力的推动力，传统上来自寻求更有效的组织变革方法的人们，来自想要建立更具适应性的企业的人们，来自相信增加金融资本需先开发人力和社会资本的人们。但时至今日，随着大家对"同一张命运之网"的觉醒，随着大家意识到我们面对的深刻的社会学习与组织学习实践的挑战，一系列新的外部动力已经开始形成。我认为，今天创建学习型组织的真正潜力，也许将在这两种变革需求的交叉点上展现出来。

所有组织都处在更大的系统之中：产业、社区，以及更大的生命系统。从某种意义上说，如果认为一个公司组织的健康发展，可以脱离它所依赖的产业、社会，以及自然系统的健康发展，那是不合逻辑的。在过去很长的时间里，企业一直把这些更大系统的问题视作理所当然，不予以重视。而现在越来越明显的是，企业作为个体或集体对这些系统产生的影响及其后果将日益严峻。有些影响相当清楚，譬如当制造业企业搬迁造成城镇一半人口失业，或者当发电厂向大气中排放一氧化二氮和二氧化硫。但还有许多影响来自大多数人始终无法洞察到的更大系统的关联。

我在写这段的时候，美国东南湾区海岸带又发生了一场毁灭性的飓风灾害。我和其他人一样在担心那里的人们的安全和福祉，但我还担心我们只关注紧急救援，而不考虑更多：一旦眼前的危机过去，深层的系统问题还会持续存在。飓风灾害中暴露的贫困痼疾的景象让很多人感到震惊。其实，有许多美国人都处于第三世界的生活水平上。飓风袭击最严重的地区，阿肯色州、密西西比州和路易斯安那州，在美国贫困线以下人口比例排名中，分别处在第一、第三和第五位。[1] 而过去几个季度中飓风灾害频率和强度的增加，也不只是不幸运的偶然现象。多年来气候专家一直在警告我们，随着海洋温度的上升，气候不稳定会加剧；他们还特别指出，热带风暴经过这些高温水域时就会吸收更多的能量，增加强度，导致越来越严重的飓风灾害。

我认为，气候变化、贫困顽疾与经济繁荣并立是我们时代的象征，就像因特网和全球市场一样。作为个人和企业组织，我们从来没有考虑，买什么产品、使用什么能源等日常决定，会影响到生活在千万里之外甚至地球另一端的人。这就是全球化对人们的影响，而这对我们所有人而言，的确都是陌生的。我们从来没遇到过目前这种情况——而未来正在密切审视着当下。

看清系统

系统的公民首先需要看清与我们相互影响的系统。就像啤酒游戏的参与者所学到的那样，如果我们因于无法正常运作的系统中，必定会导致挫败感，除非我们能看清更宏观的模式，以及自己在这些模式形成过程中扮演的角色。一旦做到这些，新的选择就显而易见了。

看清系统基本上包括两方面：看清相互依存关系的模式和洞悉未来。看清依存关系模式的能力，可以从系统模式图等工具上得到帮助，但也能得益于故事、图片和歌谣。洞悉未来，则首先需要解读已经显现，却被缺乏系统洞察力的人忽视的征兆。

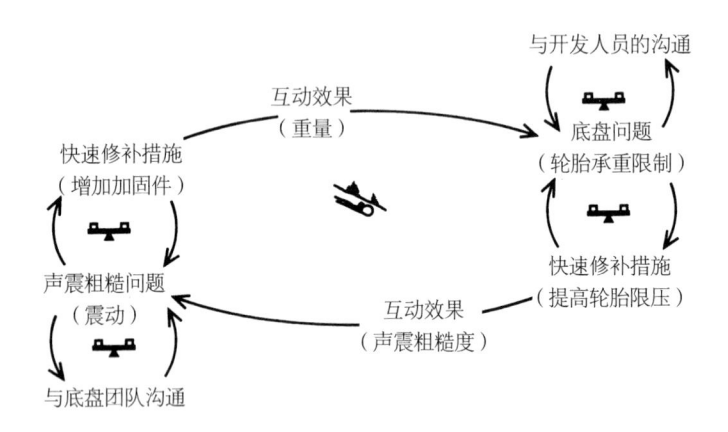

如果能看清我们一直看不见的相互依存的关系模式，我们将走向某种意义上的觉醒，"终于明白我们曾知道，只是一直蒙在鼓里，不明白我们其实曾知道"。几年前，某个大型商品开发团队的两组工程专家设计了下图，用于体现他们如何无意中制造了问题，影响了对方。[2]

当第一组工程师（NVH，噪声—震动—粗糙度）遇到一个与震动相关的问题时，他们选择了应急之道，譬如"增加加固件"，而不是与另一组工程师合作，寻求更综合的解决方案。这个做法的副作用，例如加固件增加的重量，通常会影响到第二组。第二组（负责车辆总重量）也没与第一组NVH工程师合作，而仅仅是从别处减掉多余重量，并采用诸如提高指定轮胎压力的应急之道做弥补，以达到安全标准。但是，提升轮胎压力的副作用是声震粗糙度会相应提高，给第一组NVH工程师带来了新一轮难题。两组工程师共同考虑这个图后，终于发现了这个困扰他们多年的模式：工期紧张的压力，使他们都不愿花时间寻求综合完善的解决方案，对"应急之道"与权宜之计的依赖逐渐加深。他们坐在那儿摇头无语，预见到了这个模式意味着怎样的未来：彼此间逐步升级的敌意和质量低劣的产品设计。最终，有人这样感叹："看看我们都对自己做了些什么！"

经验告诉我，当人们真切地认识到自己造成的系统模式，理解到它未来将导致的痛苦的时候，便总能找出方法改变模式。对那些工程师来说，改变模式只需要培养相互之间的信任，更紧密地为实现目标而合作。他们真的做到了。其他几次类似的觉醒经历后，整个大团队得到了激励，终于提前一年完成了重要车型的开发，同时还节省了超过6 000万美元的已经分配下来的"逾期预算"。

看清全球气候变化系统

以激励变革的方式观察全球系统，表面看似乎更困难，但我认为基本原理是大同小异的。以下是简单的系统模式图，可以帮助大家看清影响全球气候变化的系统。[3]和啤酒游戏一样，我们首先要让我们个人意识的范围超越对自己职位的管理。在这个问题上，传统企业和社会一直以来都在关注经济活动，关注在收入、市场需求和投资之间的正反馈过程中所实现的增长。直到最近我们才发现，像二氧化碳这样的温室气体

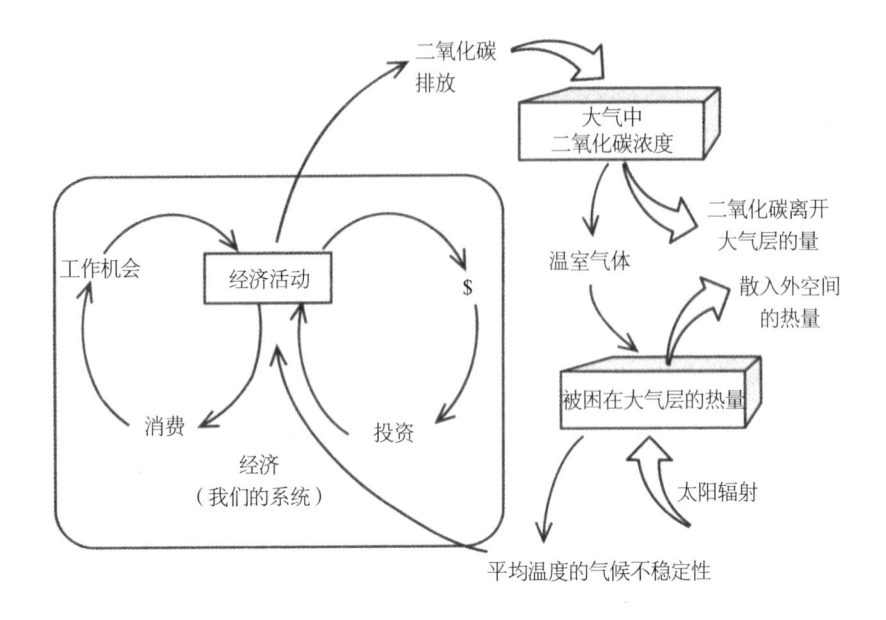

```
            二氧化碳
            排放         ┌─────────┐
                         │ 大气中   │
                         │二氧化碳浓度│
                         └─────────┘
                              │      二氧化碳离开
                              │      大气层的量
   工作机会    经济活动    $    温室气体
                                     散入外空间
                                     的热量
                                   ┌─────────┐
     消费       投资              │被困在大气层的热量│
              经济                 └─────────┘
           （我们的系统）           太阳辐射

            平均温度的气候不稳定性
```

作为经济发展的副产品之一，正源源不断地被排放到大气中。

就像啤酒游戏里零售商和分销商的订单流入供货商的积压订单一样，这些温室气体也汇入大气中原本存储的二氧化碳中（即增加了二氧化碳浓度）。[4] 大气层中的二氧化碳含量增加，使越来越多的热量困在大气层内。由此引发的气温升高对生态系统和经济活动最终会产生什么影响，大部分还是未知数。有些人声称，气候变暖对商业和经济发展有益，但是许多人质疑这种乐观的假设。事实很简单，未来充满了极大的不确定性，包括气候的不稳定、热带疾病的扩散、冰川与极地冰雪融化后注入海洋所造成的影响，以及洋流变化所造成的影响。

近年来，世界各地的人们开始看清整个系统，但关于它对未来几十年有何影响，以及因此是否急需削减二氧化碳排放量，却是众说纷纭。为二氧化碳减排而设计的《京都议定书》，在1994年终于得到足够多国家的认可而通过，并在2003年正式生效。但是全球最大的二氧化碳排放国——美国（约占全球总排放的25%）却拒绝加入。少数全球性企业的领导人甚至认为，必须采取更激进的行动。执此意见的全球性企业领导人越来越多，比如 BP 公司的约翰·布朗，就在 1997 年首先从各大石油公司 CEO 行列中站了出来，在斯坦福大学做了历史性的演讲，大胆谈论气候变化的危险。[5] 对于世界上许多人来说，气候变化始终是个令人不安但却很遥远的担忧。就像一位美国朋友最近说的一样："嗯，那大概在 100 多年以后才会成为人类的问题。"

但这些差别极大的看法昭示了一种悲哀，那就是连最初步的系统思考我们都没有能力实施，无法看到当下的事实对未来的影响。上页的图展示了过去 150 年间二氧化碳的排放量和地表平均温度之间的联系。这些地球生态变量与前文系统模式图右下方的变量对应，但它们均处于我们心智模式的边缘，几乎无人关注。[6] 最下面的图展示了年平均气温的轻微增长，还不到 1 摄氏度，加上还有许多短期波动，不太可能引起大规模恐慌。但上面的两张曲线图就非常明确了：过去 150 年来，大气层中的二氧化碳增长了大约 30%（中间的图），化石燃料的燃烧（最上面的图）从零开始大幅度增长。[7]

2004 年，在欧洲的一个可持续发展相关主题的重要商业会议上，我首次展示了这些图。与会人士有 500 多名，他们知识渊博，而且都参与过各类包括应对气候变化在内的可持续发展计划和工作。我很想测试他们对这些图的系统分析能力，于是我问："一个 8 岁的孩子会怎样理解这些情况？他会想知道什么？"我向他们提议，以流进浴缸的水为思考的切入点。他们很快看到，二氧化碳排放就像流进浴缸的水一样，而二氧化碳浓度就像浴缸里的水位。当我问他们，孩子还想知道什么其他信息时，几个与会者意识到，我们的未来同样取决于流出浴缸的水量，也就是二氧化碳离开大气层的速度。认识到这项缺失资料的重要性后，我问他们，有多少人知道二氧化碳离开大气层相对于进入大气层的速度，也就是"碳固存"①的水平。我震惊地发现,只有大概10个人举起了手。在那一刻我明白了,我们陷入麻烦和危机究竟是为什么。在这样高水平的一群人中,竟然只有这么少的人知道,二氧化碳离开大气层的速度还不到它进入速度的一半![8]

这个数据的重要性逐渐让这群人如梦初醒。就算世界上的每一个国家都能在明天达到《京都议定书》的目标(将全球碳排量稳定在1990年的水平),二氧化碳的浓度依然会永远增长下去!全球必须削减50%甚至更多的碳排放量,才能保证二氧化碳的浓度不继续增长,[9]这比任何最为激进的碳减排计划都还要激进得多。[10]

谁也不知道全球气候系统会对二氧化碳浓度的持续性大规模增长做出何种反应。更重要的是,谁也不知道我们这些地球的居民该如何减低碳排放量。我们如果一意孤行,必将自食其果。我们知道,这里面提到的"我们"还包括我们的子孙后代。即使考虑所有的不确定因素,我们也能有把握地说,虽然目前没有看到气候变化的真正影响和严重后果,但我们的后代会看到的——除非我们现在能学会看清我们创造的系统,并改弦更张,向着不同的方向前进。

---

① 海洋表层中的微生物吸收二氧化碳,当这些微生物死亡时含碳酸盐的微生物残骸便下沉到深海中去;因此海洋仍是最大的碳储存库。但研究发现,因为气候变化,海洋从大气中吸收二氧化碳的能力正在受到侵扰。另外,森林、土壤有机质(SOC)、泥炭地等都能吸收和固存碳。热带森林是最大的陆地碳存储库,每年吸收大约13亿吨碳,相当于人类活动引发的碳排放总量的15%。2009年6月5日联合国环境规划署发布的一份报告指出,增加对森林、土壤、泥炭地、海洋和其他关键生态系统的保护、修复和管理,让它们充分发挥捕获和存储碳的作用,可大大削减大气中的温室气体。但目前全世界砍伐热带森林的速度约为每年14.8万平方公里,由此缩减的碳固存能力相当于全球温室气体排放量的近五分之一,高于整个交通行业的碳排放。——译者注

| 第 16 章 | 系统的公民

人类活动造成的全球碳排放量
（单位：每年 10 亿吨）

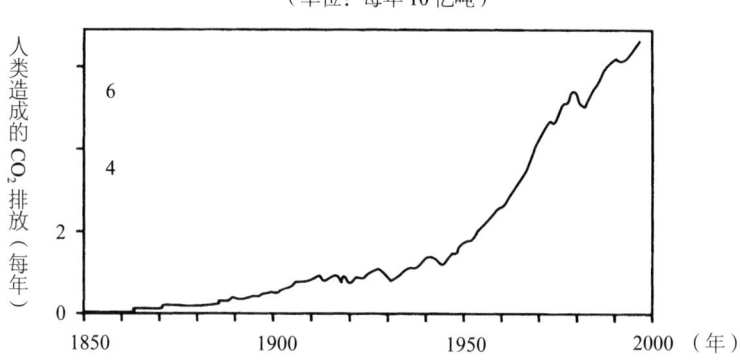

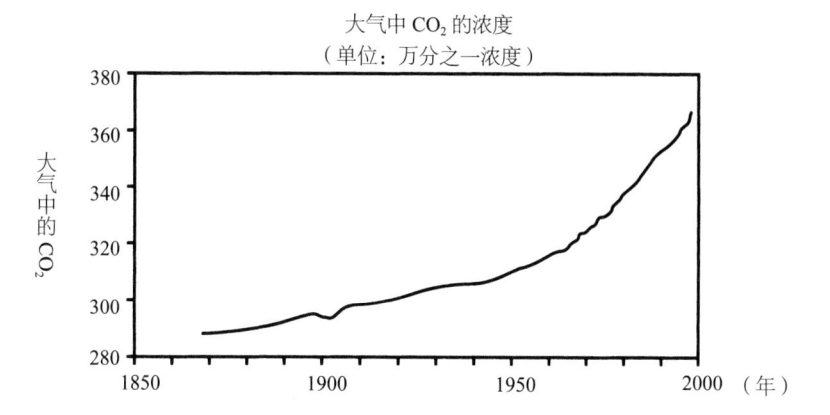

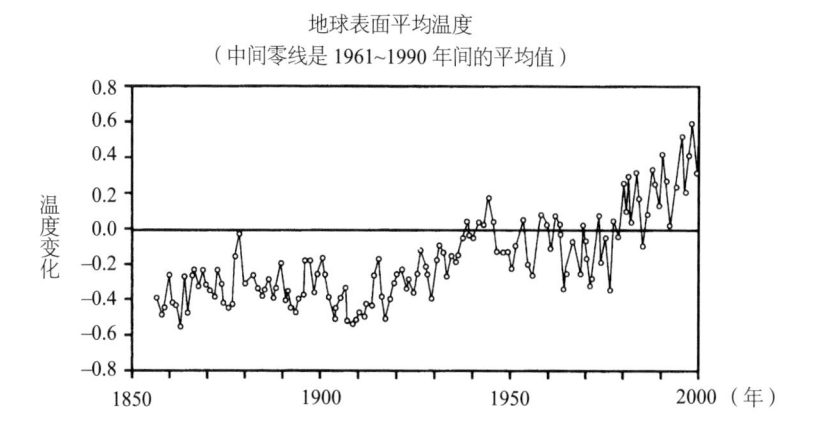

人类造成的 CO_2 排放（每年）

大气中 CO_2 的浓度
（单位：万分之一浓度）

大气中的 CO_2

地球表面平均温度
（中间零线是 1961~1990 年间的平均值）

温度变化

377

实践系统

如果思考全球性问题，譬如气候变暖，人们很容易迷失方向，感到自己无能为力，甚至感到所有人都无能为力。但全球系统并不只是全球性的，它们也恰恰就近在眼前。

系统世界观的一个秘密便在于此。系统不但远在天边，还近在眼前。我们持有在更大的系统里流行的心智模式，好比我们携带着社会整体性的种子。我们都是全球能源系统、全球食品系统和全球工业化进程的参与者。我们要么按照现在系统运行的模式来思考和行动并加强这个系统，要么做出促进系统变革的思考和行动。塑造我们生活的各种系统本身在不同的层面起作用，因此，我们能在这些不同的层面上开展工作。

然而，这并不意味着任何个人或组织机构能在一夜之间单方面改变这些更大的系统。实际上，根本的法则是谁都不能单方面做到这一点。就算是世界化石燃料消耗量最大的美国和中国，它们的总统和主席也无法左右世界各国目前对化石燃料的依赖。他们也只是更大的系统的参与者，受到的局限通常也比我们想象的要多很多。然而，是人和人所创办的组织机构建立了全球能源系统。它的建立并非基于物理定律，并非板上钉钉不能更改，人类还能创造出新的系统来替代它。

在理解足以造成重要影响的大规模系统性变革问题上，我们都是初学者。但是国际组织学习学会网络中的许多人过去15年的经验表明，这个问题的切入点在于让足够多的个人和组织机构看清现有的系统，看清他们自己在系统运行中扮演的角色。就温室气体问题而言，一些领导者，尤其是一些必须真正进行全球性思考的大型跨国企业和非政府组织的领导者，似乎正在逐步增强这种意识。联合利华公司的安德鲁·凡·赫姆斯特拉（Andre van Heemstra）说："如果我仔细考虑许多机构的经历，可持续发展的意识在一直增长，因为各种形式的系统思考能让我们看到比过去更强的相互依赖性。正是这些相互依赖性让我们得出结论：不顾社会或环境的可持续性而单独考虑商业的可持续性，不但是愚蠢的，而且是鲁莽而不顾后果的行为。"[11]

持有这个见地的当前系统维护者的数量，最终必须达到关键变化临界点，此时我们把这些人的群体称为"战略微系统"。在一个公司里，这个战略微系统可看作是塑造目前系统的个人和团队的一个有代表意义的横截面，比如，汽车工程设计单位的产品开发团队中，有足够多的经理和工程师意识到他们自己制造了妨碍计划实现的障碍。相似的战略微系统可以实现在产业界、在复杂的全球性供应网络、甚至是社会中的变革。有系统思考和相关的学习修炼基础的组织机构，能够促进集体的重新思考和创新工作，并成为更大系统的战略微系统的召集人，以此为实现变革贡献力量。

作为孵化器的企业：新能源系统的种子

> 作为企业，要改变世界，先要改变我们自身。这意味着几乎一切都将改变：我们的产品，我们的工作程序，我们的商业模式，我们的管理领导方法，以及我们与他人相处的方式。我们不可能只做零星的少许变动，就期望实现整体的变革。
>
> ——罗杰·萨朗特，美国普拉格动力公司

富勒曾经喜欢说，我们必须学会利用"能源收入"，也就是来自太阳的稳定能源，来支撑我们的社会，而不是继续依赖我们的"能源资本"，即千百万年前由阳光滋养的、如今深埋地下的生命的残留。创建这样的能源系统来满足现代社会的需求，将需要许多新科技，其中之一当数新一代燃料电池。用氢和氧作为输入端，燃料电池通过电化学反应来发电，副产品只有热和水。多年以来，人们都认为燃料电池是环保能

源系统的重要元素之一,但对于大多数商业应用来说,它还未达到有竞争力的价格和使用可靠性。[12]

萨朗特对这一切了如指掌。他离开了工作 30 年的福特汽车零部件供应商伟世通公司,成为一家小型燃料电池生产厂商的 CEO。这个厂只有大约 500 名员工(不到他以前管理的员工数量的 5%),从来没有盈利过。在网络股崩盘时,这家工厂的股票也从最初的每股 150 美元跌破 10 美元,卷走了很多雇员的财产。但是,萨朗特曾经做过 4 年的化学专业博士后研究,多年来一直在构思着如何过渡到氢经济,也深知这对当今的世界形势有多么重大的潜在影响。他还知道,他在把组织学习和世界顶级生产运营的经验带入一个经常遭遇宣传过度而管理不足的行业。

在普拉格动力公司,萨朗特发现雇员们不光士气低落,而且不了解自己工作的重要性。他们是一家技术公司,所以人们关注的都是燃料电池实际可行的设计和制造的技术问题,从来没有想过有关可持续发展的重大问题,也从没考虑过要创建学习型工作文化。"人们从来没思考过,要如何尝试将我们的科技创新与人际交往的创新联系起来,并与更大的世界(及相关的创新)联系起来。"一位工程师说。不过,领导小组很快成立了,里面不光有高级经理,也有工程师和部门经理。"把学习型组织的原则和可持续发展原则相结合,并以此为基础",开启了建立全世界最优秀的燃料电池企业的征程。

现在,普拉格动力公司的全体员工设计了一个"我们是谁"的宣言:"普拉格动力公司是一个在共同目标指导下团结热情的社区集体。我们的目标,是达到三重底线:人类社会、地球环境和经济利益。我们的成功,基于三个要素:我们改造能源产业的愿望、我们参与社区的热情以及我们家庭的爱——这三者同等重要。我们通过榜样的力量来实现领导力,并以坚定的决心和义无反顾的精神投入到工作中。"

在萨朗特到来后的 5 年中,普拉格动力公司在通往成功的道路上行进了一大步。[13] 同样重要的是,这家公司将为可持续"垃圾零填埋"的产品设计制定标准,从而进一步塑造刚刚兴起的燃料电池产业。[14]"我们相信我们能证明,设计出可完全再利用的燃料电池不仅在技术上可行,而且在经济上更占优势。"高级技术员约翰·艾尔特[①]说,"在未来,购买燃料电池产品的顾客应该在电池用完时将其返还,而且生产商也希望他们返还,因为昂贵的产品部件如果作为垃圾填埋掉,就太浪费了。"[15]

在许多人批评美国浪费能源的时候,萨朗特看到了这个国家的巨大领导潜力。"美国只占全世界5%的人口,却消耗着世界25%的能源,并产生相同比重的温室气体。我们设计和生产产品的方式为全世界制定标准,但我们当下的制造模式却害得我们每人每年要浪费近454吨材料,换句话来说,就是每人每天超过一吨。美国在西方文化中举足轻重,西方文化在世界上同样举足轻重。我们能否负责任地运用在世界上的主导和优势地位,将会极大地加快或减慢我们所期待的变化。"

萨朗特在世界各地学到的知识,使他对如何推进变革深有领悟。"通过在墨西哥中北部、北爱尔兰、东欧和亚洲的工作生活,我学到了很多为客之道。我认为,我们必须要学会如何在所有的人际关系、社区交往和在地球的生活环境中做一个更好的客人,我们在精神方面需要成长,去追赶科技发展的脚步。我们有远见,头脑聪慧,并且积极进取。但我们首先只能把自己当作全球系统的一部分,并由此扮演好自己的角色。"

国际组织学习学会研究人员卡特琳·科伊弗(Katrin Kaeufer)曾经研究过许多正在向可持续产品和流程发展的企业。她说:"普拉格是我们所研究过的公司中唯一一个将可持续企业与学习型组织紧密联系起来的公司。当我对职员访谈时,他们说到的'可持续性'和'学习成为一个学习型企业'几乎是能够相互转换的。看来大家认为,只有建立起一

[①] 约翰·艾尔特(John Elter)曾获得美国国家科技勋章提名。20世纪90年代后期,他在施乐公司领导著名的"湖"(Lakes)团队,生产出革命性的新复印机技术平台,其产品的94%能够再制造,96%可回收再利用。

个学习型文化，才能建立可持续性企业，并已经内化了这个理念，把它牢牢记在了心中。"

供货网络：系统要看清自身

> 整合完整的价值链，并使社会、生态和经济系统都保持长期健康活力的创新，将产生最大的影响力。
>
> ——达茜·魏斯洛，耐克公司

如今的企业都置身于四通八达、横跨世界的供货网络中。近年来，领导者们着眼于管理供货网络以提高效率、减低成本并获得更灵敏的反应能力。但是，与建立真正在未来能保持可持续性的供货网络相比，这些改变都是微小的。要建立起那样的网络，需要促使整个供货网络里的所有组织共同参与，看清他们创造的更大系统，并对合作运营的方式进行创新。

影响人数最多的全球性供货网络是食品产业。食品生产和分销是世界上最大的产业，拥有超过10亿的员工。对于北半球富裕国家的大多数人来说，全球食品产业系统似乎运作良好。毕竟，纽约或者巴黎的顾客可以在深冬时节花1.5美元买到一个甜瓜。但富裕的消费者享受的合理价格与充足供给的背后，是全世界贫穷、政治经济不稳定以及当地环境被破坏的罪魁祸首：全球食品产业链系统。

在过去的50年间，大豆、玉米、小麦、棉花和土豆等农产品的价格下跌了60%~80%，产量却增长了2~10倍。降价对于富有的消费者来说或许是件好事，可对于世界各地依靠农业收入的家庭来说，却是个悲剧。譬如，现在咖啡的平均售价，大约相当于生产成本的一半。[16] 实际上，如今的全球食品系统提供的食品对富人来说很廉价，对穷人来说却很昂贵。越来越多的跨国企业正逐渐意识到这一点。[17] 联合利华公司欧洲部的市场副总裁克里斯·庞弗雷特（Chris Pomfret）在一个高级广告执行官会议上说："全球食品供应链的安全对于我们企业的未来绝对至关重要。'可持续发展是否有人接受？'这样的问题是错误的。真正的问题在于：'像我们这样的企业，如果没有可持续发展，还能长期维持下去吗？'"[18]

共同看清系统。真正看清全球食品系统的人和主要机构依旧寥寥无几，并且缺乏整合，无法形成变革力量。虽然联合利华公司是世界上数一数二的食品销售商，它能独自完成的工作却非常少。"要为可持续发展的农业做贡献，需要平时不合作的各方共同参与。"凡·赫姆斯特拉说。对于像全球农业这样的系统来说，企业界、政府和非政府组织必须学会如何共同看清系统。

2004年，联合利华公司、牛津乐施会和超过30家跨国食品公司、国际组织和地方的非政府组织、大型基金会，以及荷兰、欧盟和巴西的政府代表共同参与了一项新颖的实验，叫作"可持续食品实验室"（Sustainable Food Lab）。它的目的在于"将可持续食品供应链带入主流"，用全新的程序促进供应链之间的协作学习。[19]

随着可持续食品实验室项目开始发展，我们清晰地认识到，关于现有系统内部的相互依赖性，以及这个系统目前走势的令人伤心的画面，参与者们都深有同感。用他们的话说，他们被"竞次"（race to the bottom）所困，以越来越快的速度奔向没有人愿意看到的未来。三方面互动的正反馈力量促使这个竞赛不断进行：[20]

1. 提高产量和利润，以促进供应量的增长，这导致投资和进一步的产能增加（食品生产商）；

2. 提高供应量以降低价格、增加食品的可获得性，进而促进需求的增长，这使生产商看到更多的市场机会，导致供应进一步增加（食品公司、零售商和消费者）；

3. 价格下降导致产能进一步增加，刺激用来增加效益的投资，以保持农场收入（地方性和更大的食品生产商）。

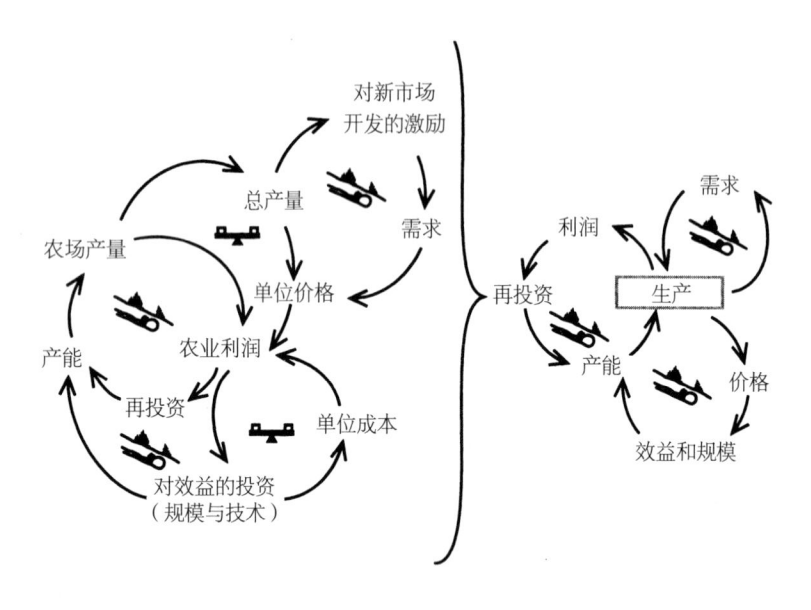

第一和第二方面的力量推动了许多产业的增长，而并不局限于食品业的产能、产量和需求的增长。随着资金丰富、技术先进的大型跨国公司进入市场并占据主导地位，前两种力量被加强了。但食品生产至少有两个新特征，使这些基本经济力量变成了问题。一般来说，随着产量增加、价格下降，商品变成日用品，生产商会寻求低成本生产方式，直到利润下降到使企业失去扩张动机的水平。但是贫穷国家的农民和小型农业公司在面对价格下跌时，经常在零利润甚至亏损的情况下继续增加产量。农民之所以这样做，是因为他们除此之外唯一的选择就是抛弃农田和传统生活方式，迁入城市，去面对更加不确定的未来。他们试图通过使用化肥和杀虫剂等增加效益的生产方式，或是在更多边缘化的土地上耕种，来保证收入水平（第三组正反馈作用）。总之，我们食品系统的现实是，哪怕经济状况不佳，产量依然持续上升，价格也依然持续下降。或者，像可持续食品实验室的成员所说的，"收入提高时，产量会上升；收入下降时，产量仍然上升"。

这关系到食品系统的第二个独特的现实：不能超出环境的可持续性而无限增加产量。农民被逼进了一个只寻求短期产量持续增长的怪圈。这降低了农田的长期生产力，并导致更多盲目保持短期高产出和收入的行为。在过去的50年中，过度生产的国际趋势直接使超过1 200万平方公里的表层土壤（中国和印度的国土面积总和）遭到破坏。

各种不同的、相互冲突的心智模式在驱动这个系统。可持续发展研究所所长、可持续食品实验室项目的共同负责人哈尔·汉密尔顿说："全球食品生产系统已经成为无法控制的系统的经典案例。没有人有意做出让系统不可持续的决策。每个人都做出了自己认为最好的决策，但他们都处于同一个严重分立隔离的系统。大多数公司都认为，应用技术来增加生产效率是一切问题的答案。而他们办公室前面的大街上就是决意对抗跨国公司的众多抗议者。抗议者认为，大公司破坏了当地的农业社区和生态环境。而政府则被夹在中间，一方面是公司增加生产的压力，另一方面是农产品价格下降造成农民失去土地、背井离乡以及随之而来的政治不稳定的压力。各个富国政府的应对措施是给他们的农场提供每年5 000亿美元的补贴，但穷国的政府就没有这种选择。现在缺乏的就是某种共同思考的方法，让所有这些利益相关方坐在一起，从长计议，找出大家的共同利益。"

可持续食品实验室试图寻找这种共同思考的方法。他们的做法是"感知"（sensing）、"呈现当下"（presencing）和"实现收获"（realizing）——这是一套特别的方法，能让背景多样的各利益相关方一起，来整合处理复杂问题的不同的学习修炼实践。（见附录3）

协同感知（co-sensing）要求人们在向外观察的同时进行内视反思。可持续食品实验室的团队在向外观察中应用了系统模式图和其他概念工具，还包括去巴西农村的"学习之旅"，大多数人从未有过对食品系统这部分底层现状的亲身体验。面对这种我们参与造成的系统的现状，大家的心中可能会生发强烈的变革动力，当然前提是要有足够的时间，使这一现状的意义和内涵深入我们习惯的感觉和思考方法中，并催生新的个人和集体的深层愿景。通过从概念上理解系统的影响力，又通过学习之旅，即从更感性的体验上看清系统现状，可持续食品实验室团队成员认识到，"竞次"是场悲剧式竞赛，没有人会成为胜利者。[21] "很明显，整个农业系统都处于病态。"一位公司成员说。

学习之旅结束后两个月，还有一次为期 6 天的静修营，大家花两天两夜时间做了"野外独处"（wilderness solo）训练。这种古老的方法，能让我们温柔地打破习以为常的思维定式，并孵化新的愿景。团队没有强行把每个个人愿景整合成为共同愿景，而是通过建立一些"原型项目"来反映各自占据的独特视角和有影响力的领域。这包括聚焦在特定产业链的项目，也包括与公众沟通整个系统的现状的研究项目，还包括建立食品产业的广泛联盟，以改变那些影响所有农产品交易的现存规则。[22]

建立能改变大系统的共同愿景。要判断这些特定的项目的影响，目前还为时过早。但我相信，它们为其他想要看清并改变大系统的人，提供了四项重要的启示。

首先，由于大多数无法理清的系统问题跨越了地域和组织机构界限，因此，应对系统问题的战略微系统也同样要跨越部门界限，由来自商业界、政府和公民社会的代表组成。要组成这样的来自不同世界的代表团队，让他们捐弃前嫌，不互相扔砖头打斗，而是能共同协作，这本身就是项重大的任务。以可持续食品实验室为例，它最初的合作承诺来自联合利华和牛津乐施会，而光是初始团队的建立，就用了两年多的时间。

其次，团队共同看清系统，需要对思考和感知的多方面的学习历程。当大家超越互相指责，认识到自己也是问题的一部分时，大家就开始看到系统了。全球食品系统的动力来自：(1) 以一如往常的态度行事的公司，它们不考虑对农业家庭、农村社区和环境的影响；(2) 被持续增加生产的压力弄得快招架不住的农场主;(3)我们消费者,以最便宜的价格购买食品,却无法想象食品来自何处。

第三个启示是,集体观察的质量及其所生发的共同承诺,取决于大家一起开发的人际关系的质量。大系统的转变不可能出自大多数企业、政府和非政府组织通常的交易型关系。汉密尔顿说:"主要变革的最核心要素,应该是跨越常规界限的领导者之间的关系质量。"食品实验室的参与者开发了深层关系、深层信任以及相互尊敬,他们认识到,团队整体的力量既来自他们之间的共同点,也来自他们之间的差别。

最后,创造和培育新系统的活力不在于找出"答案",而在于在积极参与和相互信任的人际网络中,发展对现行体系的共识,同时培养对创造新体系的承诺投入。"假如说我学到什么了……那就是我们需要同时面对系统中的所有环节,以便成功改变整个系统。"实验室的一位参与者评论道。另一位实验室成员的观点与麻真户二对大型学校体系变革的看法类似:"一开始你不必对所有问题都有答案、对所有要做的事都面面俱到。实际上,假如你真有对所有问题的答案,那可能不是最好的答案。"

随着我们开发容量能力、看清更大的全球系统,深层的模式就会显现出来。在麻省理工学院一次全天的国际制造业会议上,一位领先的劳工权利非政府组织代表谈到跨国服装制造企业的问题,恰好与全球食品生产的情况惊人地相似:价格下跌、持续扩张、工人收入状况低于最低生活标准。然后,令我吃惊的是,他不止一次地谈到全球服装制造业"竞次"。离开会场时我就想,可持续食品实验室也许不只对食品行业有用,它能让大家学会改变支配着许多全球供应链的动力源头,而这种动力正把供应链推向没有人愿意去的谷底。

社会:跨界交流

大家都必须共同思考我们想创造的未来,现在就是这样做的时候。如果我们什么都不做,我们的孩子就可能要生活在每天 2 美元的水平上。

——萨里姆·阿尔阿伊得

在相互依存度不断增加的世界里,许多社会却越来越分化隔离、冲突对立,这是很有讽刺意味的。面对复杂问题,人们可能会有很多恐慌心理,而退缩在某种特定的意识形态里,固守某种"真正的"答案,则可能给人带来安全感。但意识形态对每个不同的人群都会有差别,很少有产生共识的机会,所以产生人群之间壁垒森严的隔阂,而且很快会成为一种身份认同,从而使意见分歧不断自我强化。

世界的内在互通性要求所有人类社会重新建立一起交流和共同生活的容量能力,这对中东地区尤为关键。2004 年秋季,沙特石油公司应用自己在深度汇谈,尤其是世界咖啡馆交流方法方面的知识,在哈瓦群岛召开了深度汇谈会议。那是一系列非常会议的首次会议。该公司此前一直在进行内部战略对话,探讨沙特社会面对的核心问题,并开始邀请关键业务伙伴参加对话。在许多方面,哈瓦群岛会议就是这个过程的自然延伸,参会者却大大超出了以前的范围。会议召集方是海湾地区组织学习学会(Gulf SoL),它是由该地区(科威特、迪拜、阿联酋、巴林以及沙特阿拉伯)的二十几家公司组成的 SoL 网络。比起以前的会议,这次的参会者资历更高,包括了许多公司的创始人和领导者、有影响的非政府组织和学校的创始人,以及知名思想家和学者。而且,这次会议的参与者还包括了妇女——对许多参会者来说,这是他们平生第一次参加男女同堂的会议。

与以前的会议一样,这次的深度汇谈一开始还是展示一份有关海湾地区各国经济状况的调查报告。几乎所有各国都有和沙特一样的核心问题:年轻人的失业率很高,失业人数很多,人均 GDP 下跌或没有增长,经济过分依赖石油。这一调查报告激发了两天时间的热烈讨论，内容涉及该地区的传统文化、学校、依赖石油的经济体系，以及变革的可能性。

以我的经验来看，一旦有机会对自己最关心的问题进行真正的讨论，大家几乎都有使不完的精力和深入探索陌生领域的精神和勇气。会议间歇时，身穿传统服饰的阿拉伯绅士们来和我交谈，他们面带各种表情，有的迷惑不解，有的惶惶不安。他们说了类似这样的话："我平生从未和女士谈论过这种话题。"我感到，从某种意义上说，女士们对这种严肃的对话更有准备。在许多海湾国家中，法律禁止女性参与职业活动，但她们组织了各种网络来相互支持及提供咨询指导。和其他被排除在外的群体一样，她们一直在等待着这一天的到来，一旦接到参加活动的邀请，她们非但没有害羞，而且说话情真意切，热烈而有说服力。她们对社会面临的紧迫问题能给出清晰有力的阐述，对变革的可能性也有毫不懈怠的积极态度。

我在聆听中还发现，大家面对的问题具有普遍性。与会者面对的核心问题，与各地的人们面对的一样：如何保持传统中大家最珍视的东西，同时又使传统与时俱进，与现实世界和谐发展？我们怎样对孩子们负责？怎样创造条件，让他们保持真正阿拉伯人的身份，同时又能在全球化的世界中兴旺发达？21世纪健康的海湾伊斯兰社会应是什么样的？

哈瓦群岛对话6个月以后，第二次类似的对话举行了。在写本书这部分内容时，人们已经在安排第三次对话了。好几个实际项目已经形成：沙特年轻人求职培训中心，帮助学生完成从学校到职场的过渡；全国指导网络，把成功的企业领导者和年轻人联系起来；在传统学校系统中鼓励创新的各种教育计划，人们广泛认为它们是至关重要的变革领域。许多年轻领导者参加了对话，其中一位参与者在沙特吉达建立了一所女子学院。与传统大学不同的是，这所学院与沙特企业界密切合作，以确保教育面向社会变革和创新的实际需要。

在哈瓦群岛对话闭幕式上，我也坐在大家围坐的圆圈中。一位年长的女导师聆听了许多沙特参会者表达的这次对话对他们的意义,然后她侧身对我轻声说道:"这是历史性的时刻。"我仅仅点了点头——我大体知道她这句话的含义,但同时我也意识到,这一切对她、对圆圈中的其他女士以及其他男士真正意味着什么,其实我只有最肤浅的理解。

她的话让我想到两件事。politics(政治)一词来自希腊语 polis,意思是公民聚会谈论当下问题的地方。哈瓦群岛发生的事,还有可持续食品实验室这样的项目,是这种聚会的重生,各自的差别使大家来到一起,而不是让大家分崩离析。不重新建立这种对话的容量能力,我们就无法想象用什么方法才能有效地改变地球上现有的共同生活方式及其所引发的一系列失衡状态。

我在第二件事中强烈地感到了似曾相识的处境,那是 15 年前发生在南非的事。我的好友和同事亚当·卡汉(Adam Kahane)曾在南非、危地马拉和其他一些地方成功主持公民的对话。[23] 但他曾认为,这在以色列和巴勒斯坦似乎是不可能的,因为"双方仍然坚持原有的做事方式,而且都还没有意识到,不改变各自的思考方法和战略策略,就没有未来的出路"。南非的情况很不同,那里的文化冲突和对立状态在 20 世纪 80 年代中期开始转变。人们开始看到未来,开始意识到一个简单的事实:他们当时的行为方式只能导致没有人愿意看到的结果。社会中发生这种意识的转变时,原来对立的人们,包括被接受和被排除在外的人,就会开始对话——作为有共同命运的公民的对话。他们看到,为了创造不同的未来,大家要相互依赖,于是,推动变革的新的力量源泉就得到了释放。

从某种意义上说,企业是当今世界上全球化程度最高的组织,但这也让企业感到有些窘迫。大的跨国公司,比如 BP、联合利华和沙特石油,也许比大多数国家的政府更全面地了解全球经济、文化和环境的走势。因此,在召集探讨跨越国界、观察更大系统以及应对那些可能被政治党派偏见混淆的深层问题时,这些公司可以扮演至关重要的角色。在促进整体健康方面，在应用具体的探寻方法、系统思考方法、建立共同愿景方法等方面，跨国公司可能是最有效的推动者，因为它们为解决自己的问题已经测试和提炼过这些方法。企业最大的贡献之一，其实就是它们应用这些方法的实践经验。在分散隔离、冲突对立和互不信任的政治氛围中，最好的领导者就是实际体悟到反思对话力量的人，就是从经验中理解到有转化力的人际关系能够解决复杂问题的人。正因为如此，我认为"一如往常"的惯性状况，会在未来数年中发生重大的改变。

面向未来的教育

真正的系统公民大多数在 20 岁以下。今天，越来越多的孩子在成长过程中形成了世界是整体的看法和意识，而从前是没有这种现象的。与他们的前辈相比，他们更多地看到世界范围发生的事，于是自然以不同的方式对待其他文化和民族，并对其未来充满深切的关怀。

几年前我们就开始请孩子和青年人参与 SoL 的深度汇谈，特别是关于教育的未来以及全球系统的问题。我不会忘记，一名 12 岁的女孩对一位 45 岁的高管，以一种不容争辩的语气说："我们觉得，好像你喝了你的果汁，然后又把我们的也喝了。"

年轻人对未来的担忧，可以转变成培育积极有为的系统公民的基础养料。在这方面，学校是可以发挥关键作用的，只要它们把这作为自己的职责，并把自己当作全球系统的一部分。麻省理工学院工程学院前院长戈登·布朗（Gordon Brown）晚年一直支持在学校中的系统思考教育。他曾说："当老师就是当先知。我们不是帮助孩子们准备面对我们的世界，而是面对我们几乎无法想象的未来。"不幸的是，世界范围内的学校都被维持旧体系的艰难和困扰所累，而这个旧体系自身又充满了矛盾和压力，根本无法进行创新。结果是，虽然孩子们在成长过程中有了系统公民的直觉冲动，却没有人鼓励和帮助他们向这个方向发展。

这很有讽刺意味，特别是有越来越多的证据证明，孩子们是自然的系统思考者。如果有机会开发他们的天资，他们就能够掌握高度发达的严谨思考的技能，而且速度之快，超出我们的想象。把系统思考融入整个课堂教学的学校，学生和老师共同工作，是学习者和指导顾问的关系，而不是被动的听讲者与无所不知的专家的关系，学生的天资就会得到充分的开发。如果我们能够成功培育以学生为中心的、以系统思考为基础的教育体系，我认为我们就会看到系统公民的成长，如雨后春笋般迅速；也会看清传统的以教师为中心的课堂教学模式，实际上是多么无效。[24]

我还认为，在这一转变中有一个关键，那就是要承认：教育体系所需要的创新是一个更大的任务，它不是教育界单独就能完成的；这种创新之举将需要整个系统的战略微系统。包括工商界人士和学生自己，来共同创造。纽约长岛休利特－伍德米尔区教育系统主管麻真户二说："我发现，启发大家针对建设真正的学习型社区进行新思考，最可靠的方法之一，就是提升学生的声音的分量，发挥学生在我们的对话、规划和决策过程中的作用。比如去年，我们和学生一起办了'健康咖啡馆'，那是关于健康主题的用世界咖啡馆模式的研讨会。50名学生志愿者成为咖啡桌主持和辅导员，200名社区成员，包括一些教师，参加了研讨。这里的孩子非常渴望承担这类更负责任的、积极的领导者角色。我还认为，这可能演变为一场全国性运动。我们的学校都瘫痪了。教师和管理人员都极度紧张，拼命要摆脱来自心怀不满的企业领导者和忧心忡忡的家长的压力。而我们都清楚，21世纪的教育必须根本摆脱19世纪和20世纪的模式。这就要求创新的空间，而不只是追求成绩的压力。年轻人对此感受最为深切。他们知道自己必须成长为世界的公民。他们需要理解世界所面对的问题。他们想知道如何有效地解决这些问题。不满足这种需求的学校会变得越来越边缘化，越来越没有价值。而且，年轻人都热切期待能参与到其中去。现在真正的问题是：我们也这样期待吗？"

| 第 17 章 |

未来的前沿

我们站在重新塑造流行管理体系的工作前沿。数百年发展出来的局面，不可能在几年之内逆转。也还没有任何迹象让我们乐观，认为新的就一定会稳步取代旧的东西。根深蒂固的思想方式和行为习惯，决定着企业的运作方式，使经理人感到需要保持控制力；还使投资人感到，必须不惜任何代价保持业务增长；更使整个私营经济系统，经常以成本的"社会化"，包括环境和社会资本的恶化，来实现利润的"私有化"。

尽管如此，变革的巨大压力也在聚集：因特网正在突破传统的信息独占方式，不断网络化的组织不再能够从高层来控制，而对全球工业化模式所带来的代价的认识，也在不断增加。

在前面的章节里，我描述了世界各地各种类型的组织中正在出现的创新故事，重点强调了已经在发生的事，包括学习型文化的基本要素，在企业、学校、社区、政府和非政府组织中得到整合的各种方式和方法。所有这些放在一起来看，我觉得某种全新的东西正在出现，而这在15年前（1990年）本书第一版（英文版）出版时是不可能理解的。

发现并运用自然的模式

多年来,国际组织学习学会网络对学习的常用定义是:学习是一个过程,它会增强个体和集体取得自己真正想要的结果的能力。这个定义有所裨益,因为它强调了常被错误理解的两个关键性学习要素:(1) 学习不是单纯的智力开发、知识积累,而是对有效行动能力的建设;(2) 建设这种能力需要时间,而且通常是大量的时间。我们曾考虑过很多关于学习的不同定义,但没有一种能如此简单有效。因此,两年前偶然读到另一个风格迥异,却更为简单的对学习的定义时,我感到十分惊奇。

这个新定义出自世界著名的会计学家 H·托马斯·约翰逊(H. Thomas Johnson)。约翰逊是作业成本法(activity-based costing, ABC)的发明者之一,也是《管理会计兴衰史——相关性的遗失》(*Relevance Lost: The Rise and Fall of Management Accounting*)的合著者,这本书被《哈佛商业评论》评为"过去75年中最具影响力的管理学著作之一"。[1] 尽管作业成本法是被公认的重要发明,约翰逊却认为这仅仅是对绩效管理进行根本反思的第一步,并在接下来的10年间投身于对少数几家全球领先的工业企业的深入研究之中。

丰田是约翰逊研究的企业之一。在《不可测量的利润》(*Profit Beyond Measure*)[2] 这本反传统的书中,约翰逊记录了丰田的成本管理方法,并指出:谨慎地限制经理使用绩效考核指标,是丰田取得卓越的长期成功的原因之一。约翰逊还特别指出,当这些绩效考核指标用于向上级报告的时候,上级经理们会不由自主地用它们来制定量化目标、强行推动变革——戴明把这称为"瞎搅和"。和戴明一样,约翰逊也指出,只有根据对具体生产过程的深刻了解,来设计绩效测试和量化指标,才能实现持续的学习,并取得卓越的业绩。这一点恰恰与许多经理人的看法直接冲突,他们认为制定量化目标和操控结果才是首要任务。也许这就是为什么,丰田的长期绩效几乎无人能敌。[3]

但复杂生命系统的运作方式，正是基于系统局部的感知和行动——实际上，正是通过对生命系统进行研究，约翰逊才理解了丰田的成本管理方法。在森林里没有谁是"负总责"。要是手指被划伤，你的身体会立刻自动释放凝血剂，而不需要等待大脑的指令。任何自然存在的"集中"控制之所以成为可能，正是因为复杂的局部控制网络的存在。我们不知道自己是如何行走的，不过一旦获得了这种"身体知识"（body knowledge），身体就会直接对有意识的指令做出反应；如果没有这种知识，无论什么中央指令都不起作用。约翰逊认识到丰田的绩效管理方法体现了生命系统的本质：公司经理参与到基层生产技术的持续开发和改进中，并放心地把管理和改进成本绩效的工作交给生产第一线的工人。实际上，丰田对绩效管理的基层化，正是对自然结构模式的发现、理解和表达，也是丰田团队能更好地学习的原因。

对学习的这个简明的定义，揭示了社会系统中大范围的、潜在的根本性变革，从我们一起工作的方式到整个工业系统的性质的变革。例如：正是受到了零废弃物，即"废弃物就是食物"——这一生命系统的卓越法则的启示，普拉格动力公司提出了燃料电池生产"垃圾零填埋"的愿景。自然系统的任何副产品都是另一个自然系统的营养物质。我刚去过中国，在那里国家主席和总理常常谈到的"循环经济"，也是基于同样的自然原理。对所有产品、产品包装和产品生产的全过程进行设计，以实现废弃物的零排放，这体现了工业经济的根本性变革，而希望实现这一愿景的任何国家，都是任重而道远。但是，循环经济的基本概念是十分清晰的，它和工业经济体过去两百多年的发展模式的区别也一样十分明显（见下页图）。[4]

同样是这种学习与自然相和谐的精神，在许多方面指导着可持续食品实验室的工作——这个案例中的和谐是全球范围的。可持续食品实验室的成员清楚地认识到，如果对其赖以生存的社会和生态系统造成系统性损害，经济系统就不可能持续存在。人类的第一个经济系统就是组织

为什么工业产生废弃物

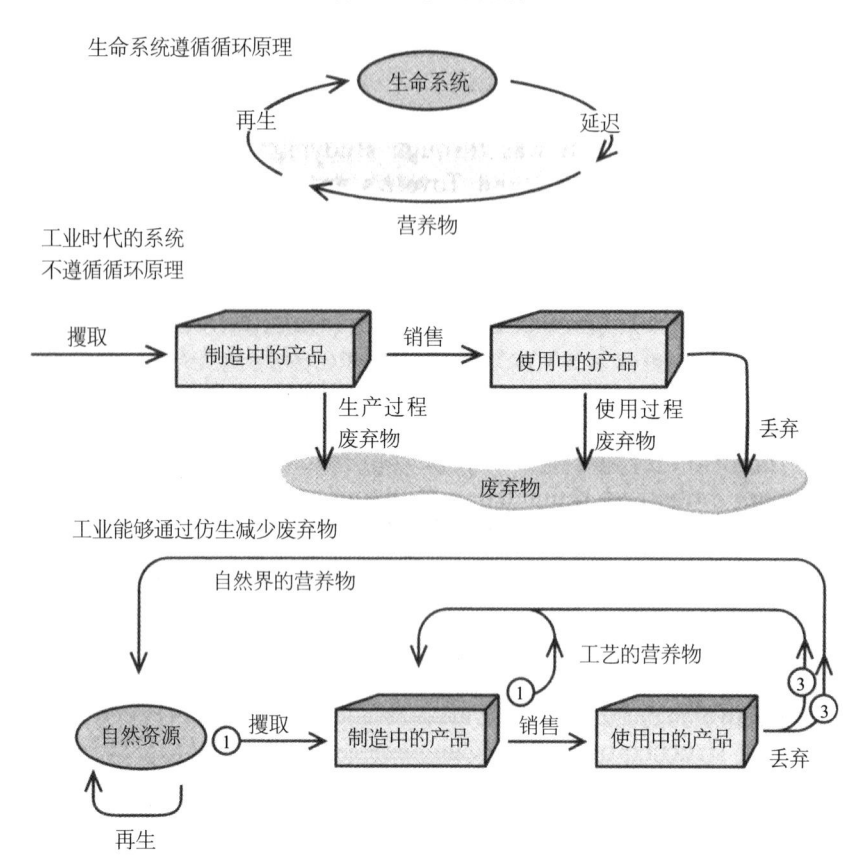

生命系统遵循循环原理

```
生命系统 → 延迟 → 营养物 → 再生 → 生命系统
```

工业时代的系统不遵循循环原理

攫取 → 制造中的产品 → 销售 → 使用中的产品 → 丢弃
      ↓ 生产过程废弃物   ↓ 使用过程废弃物
              废弃物

工业能够通过仿生减少废弃物

自然界的营养物 / 工艺的营养物

自然资源 →① 攫取 → 制造中的产品 →① 销售 → 使用中的产品 →③ 丢弃 →③
↺ 再生

食品生产和分配。因此，食品生产和分配系统也自然应该成为首个重新与社会和生态系统和谐相处的经济系统。

学习实践是发现并运用自然的结构模式，这一精神潜移默化地渗透到了前面几章谈到的所有创新中。当经理们承诺使员工成长，以实现企业的发展，或者承诺把交流作为变革的核心方法时，他们的做法就反映了对人性的深刻理解——我们与生俱来的，希望得到成长并与他人建立联系的愿望。同样，我们需要考虑这种新看法：有自我创造能力的社会网络是组织的自然形式。正如阿兰所说，这就是"工作实际上是怎么完成的"。另外别忘了,使维萨公司彻底进行分权化管理改革的,正是哈克具有启发性的提问:"为什么人类组织机构就不能像热带雨林那样运行?"

约翰逊关于学习的定义使我逐步认识到,我们关于组织学习工作的第一要义其实很简单,就是要建设与自然相一致的管理系统。在这里,自然是指人的本性,以及我们身处其中、对其进行经营建设的更大范围的社会系统和自然系统的本性。还记得我和一位中国姑娘的第一次谈话,我问她为什么《第五项修炼》在中国如此受欢迎,她的回答却让我惊讶。她说:"我们觉得这是一本关于个人成长的书。中国人相信,应该开发人之所以为人的最深层的本性。我们看过太多与这个基本思想相冲突的西方管理学理论。但你的这本书却肯定并加强了这个信念。这给了我们希望,即中国的基本思想,是与建设成功的组织相一致的。"人类学家爱德华·霍尔认为,学习的欲望是"人类最基本的欲望"。什么是学习的驱动力?毫无疑问,这种驱动力是我们每个人与生俱来的天性——不断探索和发现自然的模式,并把它运用于生活的各方面。

新型领导者

我现在相信,在未来的几十年里,大部分最重要的领导人将来自我们意料之外的人群。新的秩序必将由新型的领导者创造。因此,以下现象也就不足为奇了:凡是我们看到新型管理系统开始生根发芽的地方,其领导人不是来自传统的权力中心,而是来自主流经济文化外围的弱势群体——女性、收入低下者和青年。

女性以女性的方式去领导

几十年来,各行业中女性领导者所占的比例持续上升。但第一或第二代身居高位的女性却常常不得不表现得"比男人还要男人",以证明在男性化标准占主导地位的世界中,她们是真正的领导者。相反的情况则是以"女性"的方式去领导。然而,根据乔伊斯·弗莱彻(Joyce Fletcher)的研究,这么做的女性往往被贴上"不错的团队成员"的标签,或者背上"优美""花瓶"之类更糟的称呼,这些都是使她们无法升迁的死亡标签。弗莱彻指出,在大部分组织中,如果女性根据自己的天性去领导,她们根本得不到同事的重视,也不可能出现在男性化领导模式的视野范围内。[5]

因此,"女性领导可持续发展"项目就成为 SoL 可持续发展协作组开展过的最有意思的项目之一。[6] 这个项目的缘起是我们发现,在这个网络中最有影响力的大部分项目,都是由女性领导者发起的,像耐克的魏斯洛、乐施会的斯托金、联合利华的坦塔维-蒙索、世界银行的贝利和西水美惠子。这种现象让我们思考一个很明显的问题,是"女人的敏感性中的什么东西让她们站出来,推动可持续发展?还是她们的领导方法中有哪些东西,使她们发挥了有效的领导力?"

关于这些问题的答案,有许多可以在前面几章找到。斯托金认为自己是"偏重人的发展的经理人",认为女性没工夫参与公司的政治和内部斗争,还说到女性的雄心往往不在于个人职位的升迁,而是关于"事情本身"。在研究生院的时候,加洛韦认识到,作为一名黑人女性,她"无法得到任何组织的领导职位",她从那时起就开始了探索的旅程,去发现作为网络型组织的内部网络领导者的独特力量——她的威信源于知识和正直,而不是职位。

很明显,女性还会被自然地吸引到像可持续发展这类处于大多数企业关注范围边缘的、长期性的问题;而且女性会以合作和发现的态度,而不是以方案和计划的方式,来处理这些问题。例如全球最大的油田技术服务公司,斯伦贝谢公司(Schlumberger)的前高级财务经理之一西蒙·安伯(Simone Amber),现在主持着一个基于网络的教育项目,即斯伦贝谢卓越教育发展(SEED)项目。SEED 有 1 500 名来自斯伦贝谢公司的志愿者，他们为 35 个发展中国家的 20 多万名儿童提供辅导。一个没有正式权力和（最开始）没有经费的女性是如何完成这项事业的？其秘诀在于把公司的核心价值和对公司所依赖的社区的承诺投入联系起来，在于激发了人们想要参与到孩子们的生活中去的愿望。SEED 技术先进的网站令人赞叹（网站可以用全球七种主要语言浏览），但 SEED 优秀的志愿者网络，才是项目成功的关键。[7] 安伯说："公司中有潜在的良好意愿，尚未被开发，尚未发挥光和热。这些善意的激发和显现要靠大家心灵的沟通，从而避免政治角逐和内部斗争。这是我们能够帮助实现的。"

来自低收入群体的领导者

和其他正规组织的领导者一样，无数来自低收入群体的领导者也正在运用同样的学习原理和方法。他们给基层带去愿景，并深度聆听基层群众的心声，这些社区领导者完成了大的组织机构无法完成的事情——催化系统变革的力量。罗卡的塞拉·平托（Sayra Pinto）说："我为大家服务的能力和作为一名领导者的能力，本质上就是来自大家都知道我是他们中的一员，我走过了他们走过的路，承受过他们所承受的恐惧和痛苦，而且我知道他们其实有多么聪明、能干。"

和我交往时间最长的社区领导人，可能要数姆瓦利穆·穆西西（Mwalimu Musheshe）了。带着运用学习原理和实践来推动农村发展的理想，他在 20 世纪 80 年代初发起了乌干达农村发展和培训项目（URDT）。[8] 这个项目在当时乌干达最贫困的地区开展，穆西西和他的同事教给当地人如何建立个人愿景和共同愿景，如何认识使自己停步不前的心智模式，如何通过相互倾听来解决分歧，以及如何把他们的村子看成一个系统。他们把所有这些与具体项目相结合，像挖更好的水井和修建更安全的谷仓。"最重要的是，我们必须帮他们摆脱世代相传的宿命思想。"穆西西说，"无法把握、无法改变未来的态度，实际上是我们最大的障碍。"如今，这个项目集中力量建设的地区，已经成为乌干达最繁荣的乡村。URDT还开始建设乌干达的第一所女子大学，这样女性也可能成为更大范围的领导者，不再受到缺乏高等教育的限制。

通过开发和培养当地的领导力，像平托和穆西西这样的领导人，帮助当地建立了持久发展的基础，而来自北半球的很多发达国家在国际援助中却忽视了这方面的工作。津巴布韦的库芳达村是发展可持续农业的示范点和学习网络，[9] 其创办人玛丽安娜·克努斯（Marianne Knuth）写道："发展部门在很大程度上仍然用机械和官僚的方法来解决贫困问题，以及所谓的不发达地区问题。在经济发展的名义下，村庄和社区被迫接受越来越非社区化、非人性化的交往方式；在发展的名义下，社区的问题是得到了解决，但却没有顾及社区的主人翁地位，忽视了社区自己建立发展项目的需求……结果，规模较大的发展项目往往只在短期内解决了问题，几年之后，问题又会重新出现（废弃的井眼，坏掉的厕所，或者是在外来的项目建设者走掉之后，无人负责的社区公用抽水机）。"

有意思的是，克努斯并不认为库芳达村有什么特别。"这是一场日益壮大的世界范围的运动，它包括教育、商业、设计和建筑领域的个人和组织。我们就是其中许多伟大的实验中的一个。"她说，"大家都有共同的追求，都在探索如何才能使我们回归一种滋养和激发生命力的工作方式。"

青年领导力

系统变革所需要的领导力越来越多地来自年轻的一代。谈到领导者，年轻人往往被忽略，但他们才是未来主要的也许是最主要的利益相关者。过去，我们在年轻人身上投入最少，这反倒给他们一种独特的能力，去发现主流的心智模式和组织行为模式中的错误和缺陷，同时给他们一种创新的勇气。当年轻人具备了基本的领导能力和协作学习的技能，他们将成为令人惊叹的变革力量。

克努斯作为一名活动家的时间已经很长了。为了去欧洲学习（她的父亲是丹麦人），她16岁就离开了津巴布韦。10年后，她与人合作创办了青年领导者全球网络——"变革先锋"。用她们的话说，变革先锋致力于"忠于自己，做重要的事，从现在做起，密切联系他人，永远保持好奇心"。在过去的几年里，我认识了许多这样的年轻人，并且深深地被他们打动了：他们沉着冷静，在应对困难时充满想象力，并且取得了令人赞叹的成绩。

最近，我和几位变革先锋网络的成员在瑞典举办的一次关于全球变化的重要会议上见面了。参会人士主要是企业高管、政府高官，以及关于全球事务的各方面专家。在我的请求下，主办方为变革先锋安排了一场专门的会议，让他们谈谈进行大范围组织变革的领导方法——这场对话交流展现了变革先锋和更有经验的领导人之间，一些有意思的不同之处。

"我们知道得很少，所以容易有很多问题要问。"先锋网络发起者之一克莉丝特·斯克尔顿（Christel Scholten）说。斯克尔顿提出并推动了荷兰银行的一个主要的可持续发展项目，现在她负责整个项目的运行。是斯克尔顿锲而不舍地提出问题，才让人们终于看到了她们的重要作用，项目才得以建立。随着谈话的进行，会议上许多经验丰富的经理们开始认识到，过去的知识和成功，反而有可能成为领导变革的绊脚石。有位从业多年的经理发现，不仅过去的知识会误导他的看法，而且"人们往往根据他们自己对我的看法的猜测和期待，来与我交往。结果，我往往下意识地为那些我自己其实并不太在意的观点进行辩护"。与此相反，青年领导者能够保持开放的心态，并且常常通过他们的真心探寻，而不是会起阻碍作用的极力宣扬，来建立起相互理解、共识和承诺投入。

其次，这些青年领导者建立了令人注目的全球性网络。在遇到困难的时候，他们可能会向在孟加拉国、印度、南非、菲律宾或者克罗地亚的伙伴们寻求帮助。通过不断地相互帮助和分享，他们对问题的不同看法兼容并蓄，并且能够动员令人惊叹的资源来推动变革。比如，当为银行的新工作头疼的时候，斯克尔顿从亚洲和欧洲做全球金融工作的先锋伙伴那里得到了鼓励和帮助。

最后，这些年轻人致力于摆脱自己习惯的观点所带来的束缚。几年前，变革先锋的一个小组成立了"虚伪者俱乐部"（The Hypocrites Club）。克努斯说："俱乐部的活动方式，是无论什么时候大家见面，都进行一场小型的讲故事比赛。每个人都说说自己为了避免冲突，或者为了让事情更顺利些，是如何放弃了自己的信念而选择背叛或者屈服，或者做违心的事情。有时候我讲的是一直压在心头的事，有时候是发生时并没有注意到的事情。但有些故事其实很好笑，而且到了活动要结束时，我们已经尽力证明了每个人都同样有虚伪的时候。这样的夜晚很有意义。"

三个开放

还剩下一个问题。过去 25 年，我看到许多人在许多不同的背景下，应用各种不同的工具和原理，推动愿景开发和志向目标的建立，加深交流和反思层次，以及促进系统思考。可以很清楚地看到，有的人取得了出色的成绩，而另一些人却所获甚微。这是为什么呢？我觉得，问题不在聪明才智，甚至奉献精神的差距。可以肯定，这不是由于在组织机构的岗位或职权方面的差异。但是，"出自什么地方"，即缘起的心态，似乎很有关系。奥布赖恩生前最后一段时间曾认为："决定介入措施结果的主要因素，是介入者的内心状态。"

我的同事和《体悟当下》一书的合著者奥托·夏莫（Otto Scharmer）认为，意向和方向的转变，需从根本性变革的领导者所必须跨越的三个"门槛"或开放窗口中实现：开放头脑、开放心胸、开放意志。[10]

第一个开放是指看到和听到本来就在我们面前，而我们却一直没能发现的东西。这就是跨越一个开放门槛，去"悬挂"习以为常的假设。第二个开放是指看到本心，开放心扉，看到自己与周围的关联，包括与痛苦、困扰、问题和欢乐的关联。这里，我们超越自己的舒适地带，不再责怪外力或别人把事情搞糟了，而是看到自己在问题局面中所扮演的角色。第三个开放门槛，指的是放弃最后一点，即夏莫所说的"小我"，让自然呈现的东西都通过自身呈现出来。此处，我们连接到"通过我们呈现出来的未来，和我们应该在这里做的事"。越过这个门槛，并不意味着有关我们生命意义的所有问题都立刻得到了解答，而是意味着"我们内心被这一问题激活，它支撑着我们前行"。

我认为，面对当前的深刻挑战，越来越多的各种类型的领导者都开始理解这三个跨越和转变。他们对我们所面对的深刻的挑战，有了新的意识：这个挑战，用福特公司亚当斯的话说，就是在"加速提高的相互依存度，与我们的组织机构所缺乏的系统思考和行动的能力"之间的不断加大的差距。而这一新意识，也在通过特定的经历产生。比如，随着更多的人在从事心智模式的修炼，推动更多探寻式的交流与变革，开放心态的力量就明确显现出来了。BP公司的考克斯说："我意识到，当大家不那么倾向于认为自己的观点就是事实的时候，我们就在进入更深层、更有效力的交流对话。大家不再那么烦躁，声音不再那么刺耳；不再对什么东西都那么肯定；并且开始有了幽默感，觉得轻松愉快了。尽管在讨论严肃的议题，我们也不那么一本正经了，我们更爱说笑，更富于探索精神了。那时我就意识到，真正的探寻气氛已经形成了。"

夏莫所说的第二和第三个开放转变，要通过在心智和情感两方面，都看清并连接到我们最深层的愿望。萨里姆·阿尔阿伊得在海湾地区组织学习学会网络中主持的每一场深度汇谈，都从展示孩子的图片、分享自己孙子辈的故事开始。借此方法，就使大家在谈论地区经济前景时，不再仅仅看统计数字，而是想象他们的孩子以及孩子的孩子的未来生活。他说："没有我们的心胸的开放，就不能严肃地共同探讨我们真正渴望创造的未来，并探讨这样的未来所要求的变革。没有心的开放，就绝不可能采取需要采取的行动。"

这种心胸的开放让我们准备面对自己的脆弱，传统上很少有经理人培养了这种素质。萨朗特在回顾20世纪八九十年代他在福特公司力挽狂澜的出色业绩时说，他的老板们从不问他是怎么完成这些业绩的。他的结论是，在某种程度上，这些老板们也知道，这需要一种承担做人的脆弱性，而这是件很不舒服的事，他们大多数人是没有准备那么暴露自己的。

随着我们跨越第三个开放门槛，我们就愿意放下我们自己的动机和预定的目标，愿意让比自己个人的意志力更大的影响力来塑造自己的意向目标和战略策略。在三个开放中，这一项最难以用抽象的语言描述，但在这个跨越发生时，就变得非常清晰了。

玛丽安娜·克努斯对库芳达村运行模式的反思，漂亮地阐释了这三个开放的整个过程。"我们定期把津巴布韦各地的社区组织者聚集在一起，相互学习，并使他们更明确地意识到可能阻碍自己的无意识的假设（包括继承下来的和文化背景中的），并使他们了解怎样面对和处理这些假设。但为此我们也必须开放自己，必须意识到我们并没有答案，并不知道他们该怎么做才能实现自己的梦想。"

克努斯认为，通过开放头脑开始产生的力量，会进一步通过"相互连通的魅力"得到增长和扩大。"其实我很容易因感动而流泪，并曾为此感到尴尬。但我现在意识到，这标志着我与某种本质的东西连通了：可能是深层的喜悦、慈悲、忧伤或者灵感。有时这是我自己的感受，它像在告诉我什么；而另一些时候，它是另一个人释放出来的喜悦或痛苦，深深地触动了我。我还意识到，如果我在讲话时因感动而流泪，这也无妨。其实那往往反而会把我正在沟通的对象拉近：我们在另一个层面相遇了，而不只停留在智力层面。我们相遇……在心灵的门槛处，而不只在大脑的门槛处。"

克努斯的第三个开放发生在她从丹麦毕业后，回到津巴布韦，没有明确的计划，只是觉得那是"一个召唤，我必须回去：看究竟怎样才能在世界都认为是贫穷落后又毫无希望的国度里和大陆上，创造或再创造健康兴旺、充满活力的社区。我相信我们每个人来到世上都有某种原因，而如果你能发现这个原因并拥抱它，你的心就会歌唱，你会顺其自然地随着它对你的愿望去生活"。

当处在任何层次、任何环境的领导者经历了这三个开放以后，就不再有什么东西会限制你达到你的潜力和可能了。萨朗特说："如果你在你的追求中实现了真正的单纯和天真，真正变得微不足道：即你不会试图觉得那是你的东西，或者想被别人承认那是你的成就。我知道这很难做到，但如果你做到了，天赐的礼物也就到了。那礼物可能是影响力、力量、意志力、志向目标感、能量和精力，或各种其他的东西，它们来帮助这个事业成功。当你在心中发现了这些，并与我们都隐约感到存在的东西连通了，达到了那种光明境界，你就得到了最大的礼物。那是奇迹出现的地方。"

回顾自己的历程，克努斯简单地说："开始是那次会面……我们怎样与人会面决定了其他的一切。我们会面时是否对对方有最好的设想？是否对我们即将接触的人的生命奇迹和非凡经历感到好奇？如果对方是穷人，我们是否准备帮助那个人？

"昨天我又见到库芳达社区组织者之一安娜·马伦达（Anna Marunda）。她 46 岁，是个寡妇，每月有 2 美元已故丈夫的抚恤金，但每季度要给孩子们付 30 美元的学杂费。过去一年，她组织了妇女编织合作社，最近刚开始向当地的妇女传授编织手艺；她自建了堆肥厕所，并在教其他人自建这种厕所；她还在组织艾滋病深度汇谈小组，并为艾滋病患者提供家庭护理服务。我们谈及过去一年她在自己身上发现的神奇的事。她说，'我了解到我成了我们社区的样板，因为作为寡妇我克服了巨大的困苦和磨难；我了解到我是个坚强的女人，我能够找到内心

的平静；我了解到我是个很好的聆听者，很值得信赖，所以大家都来找我，并邀请我参加各种社区组织。'

"我不知道为什么所有这些事都在发生。但我知道，我们遇到的是安娜的智慧，而不是她的贫穷。"

克努斯在笔记本上写下了简单的评论："生命是神圣的，而且应该这样与她会面。"她还写道："我猜想，就简单地放缓脚步，放缓到足够慢，你就会体验到，就会真正欣赏到自己周围的美：晚霞天空的绚丽多彩、奶牛群的温和之美、种子发芽破土而出的奇迹、作为津巴布韦乡土标记的花岗岩巨石落成时的落地生根的感受、与另一个人的喜悦或哀伤深层连通的魅力体验……我每次注意到，并欣赏到这些看似简单的创造行动的神奇，都使我更加确信，生命是无限丰富多彩的、充满着魅力和爱心，而能够保持连通到这种感受的生命，比不能这样做的，就有更加丰富的体验。"[11]

读到萨朗特和克努斯这些话，我不禁深受感动。毫无疑问，我最努力试图表达的就是这种实际的体验，即当我们以这种方式开放自我时所产生的可能性。我见到非常多的奇迹：不可能解决的问题局面，不知为什么迎刃而解了；我见到非常多的人物：他们成长为自己真正的自我，然后就挺身而出去面对下一个难题，并充满轻盈和喜悦。而由于这种经历，他们与内在的自我更近了，他们相互之间更近了，也与生命本身更近了。

有多少人在经历这一历程，就有多少种方式来描述其精神实质：这是与自然、人性和更大的生命系统的特性相一致的管理系统；这是为实现我们的最高愿望而共同工作的方式和方法；这就是我们变成自己想创造的变革本身；或者，借用克努斯的精彩描述：这就是保持连通，与从未曾停止过连通的生命本身保持连通。

第五部分 总 结

The Fifth Discipline
The Art & Practice
of the Learning Organization

| 第18章 |

不可分割的整体

小时候，我总希望长大了能当宇航员。为了做好这方面的准备，我甚至在大学里选修了航空和航天专业。但是后来，我迷上了"系统理论"，开始转而从事一项新的、在地面上的事业。

可是我对太空仍然保有极大的关注，阿波罗号拍摄的第一组地球照片尤其吸引了我。多年前，宇航员拉斯蒂·斯韦卡特（Rusty Schweickart）来参加我们的领导力项目时，我怀着极大的兴趣满心期待，终于有机会与他结识了。

我从拉斯蒂那里知道，许多宇航员返回地面后，都感到很难用语言描述在地球上空环绕飞行的经历和感受。拉斯蒂"挣扎"了5年以后（他1969年3月乘坐阿波罗9号绕地试飞了登月舱），才开始找到恰当的语言。

1974年夏，拉斯蒂应邀来到纽约长岛的林迪斯法恩的精神社群（spiritual community），参加主题为"行星的文化"的集会。他曾想了许多描述自己经历的方法，后来都放弃了。最后他意识到，以个人的经历来描述是行不通的，因为它是大家共同的经历。他认识到，他和其他宇航员共同代表了"人类感官的延伸。我虽然通过自己的眼睛和其他感官感知了这次经历，但那同时也是我们大家共同的眼睛，我们大家共同的感官。我们几个人首先上了太空，首先俯瞰了地球，但那同时也是替整个人类进行的俯瞰。尽管直接经历的只有我们几个人，但我们有责任报告我们的经历"。意识到这一点之后，他决定用简单的语言形容他的经历——就好像你和我，和在场的听众，都随着他在太空旅行一样。[1]

太空飞船每一个半小时绕地球一圈，如此循环反复。宇航员通常会在早晨醒来，根据旅行轨道的位置，你可能会在中东、北非上空醒来。吃早餐时往外看，你在飞经地中海地区，希腊、罗马、北非、西奈半岛，整个那片地区。只看一眼你就会意识到，你看到的是整个人类多少年的历史——那是文明的摇篮。看着窗外的景象，你就想起整个历史，历史的画面随着你的想象力展开。

通过北非以后，你进入印度洋上空，你会看到你头顶上方的印度次大陆，在你经过时一直向下对着你。转到斯里兰卡边上之后，就是缅甸、东南亚，进而到达菲律宾，以及巨大的太平洋上空，它庞大的水体真像个怪物——你无法想象它有多大。最后你到达加州海岸线，找到亲切的洛杉矶、凤凰城、得州艾尔帕索，然后就是休斯敦，那就是我们宇航员的家乡——没错，你找到了阿斯托洛圆顶体育馆。你知道你和它有身份认同，那是执着和眷恋。

再往下经过新奥尔良，然后向下看，南面延伸的就是整个佛罗里达半岛。你在这下面的大气层里曾飞行过数百小时，它们都成了你亲切的回忆。随后你进入大西洋，最后又回到非洲。

那是种身份认同感：你认同休斯敦，然后认同洛杉矶、凤凰城、新奥尔良等地，每个地方都认同。过一会儿你发现自己在认同北非，你期待着它的到来，知道它会来。果然，它来了。你身份认同的整个过程发生了转变，因为你每一个半小时绕地球一圈，你会开始觉得与整个地球发生了认同感。转变就这样发生了。

你往下看着，无法想象自己一次又一次地跨越了多少条边界，可你其实根本看不见它们。你醒来时看到的景象——中东，那里可能有千百人正在相互杀戮，为的就是想象中的某条边界，某条你根本看不见的边界。从你这个角度看到的就是个整体，很美丽的整体。你真希望相互杀戮的每一方都有人在跟你一起看，"从这个角度看，看那里，什么才是真正重要的？"

于是，不久以后，你的朋友，还是原来的邻居，你旁边的人，到了月球。他往回看，发现地球不再是庞然大物，也看不见它美丽的细节了，他只与看起来很小的地球遥遥相对。这时，蓝色明亮的地球成了白色圣诞树的装饰，漆黑的天空变为广袤无垠的宇宙，这种意境的转变和对比，可谓淋漓尽致。

你不由想到它的尺寸，和它的意义，它同时包含了这两个方面。一方面，它微小脆弱，是宇宙中那么小而又珍贵的一点，你可以用大拇指挡住它。而另一方面你意识到，这个小点，这个蓝白色的小东西，就是对你有全部意义的一切：所有的历史和音乐、诗歌和艺术和战争和生死和爱、眼泪、喜悦、游戏，所有一切都在这个小点上，而你却可以用大拇指盖住它。

于是你意识到，那个视角……由于你的转变，从那个角度里看出了新东西。那种（与地球一切的）关系和过去不一样了。你回顾因为照相机出了问题，自己在舱外的活动。并且你有空闲回想发生了什么事。你记起自己瞪着眼睛，盯着眼前走过的情景。因为不在舱内，所以你是在太空中看画面，没有通过窗户看画面；你头上四周像个金鱼缸，但却没有边界。没有条框，也没有界限。

拉斯蒂在遨游太空时发现了系统思考的第一原则。但很少有人能经历到他的发现方式：在直接体验的水平发现，而不是在理性或智力的水平。地球是不可分割的整体，就像我们每一个人都是不可分割的整体一样。自然界（它包括我们）不是由整体中的部分组成的，而是由整体中的整体组成的。所有边界，包括国界，从根本上说都是人为的。具有讽刺意味的是，我们发明了边界，最后却发现自己被困在其中。

而且还有呢，在林迪斯法恩第一次演讲以后数年间，拉斯蒂发现自己经历了一系列个人转变，有了全新的洞察力。他辞去了加州能源委员会委员的职务，开始从事新工作，积极参与有美苏两国航天员参加的联合项目。[2] 他聆听并理解其他人的经历，同时也开始参加与自己的新理解相符的其他各种活动。

学习盖亚假说（Gaia hypothesis），对他产生了特别的影响。该假说认为，地球上所有的生命，即生物圈，本身就是一种生命体。[3] 这个观念植根于许多前工业化社会，如美洲印第安文化。它"深深地打动了我"，拉斯蒂说："让我体内的科学细胞第一次学到了描述某些太空经历的方法，而此前我连自己描述这种经历都做不到。那时，我体验的地球是我无法描述的。我体验了它的生命力——它整体的生命力。"

领导力研习营结束时，有人即兴发问道："拉斯蒂，告诉我们，你在上面的感觉怎么样？"他停顿了很长时间，最后说了一句："感觉好像看到一个婴儿即将诞生。"

新生命正在生发着。它必定关乎所有一切——关乎整体。

五项学习修炼

五项修炼的每一项都可以分成三个不同层次：

- 实践演练（practices）：你做的事
- 原则理念（principles）：指导思想和理念
- 精神实质（essences）：高水平掌握修炼实质的人的身心状态（state of being）

实践演练是修炼者集中时间和精力从事的活动。比如，系统思考需要应用"系统基本模式"来看清和理解复杂局面背后的结构模式。而自我超越修炼则要"澄清个人愿景"和"保持创造性张力"，即在关注愿景的同时，把注意力聚焦到现实情况中，让这两者之间的差距来激发能量，成为实现愿景的动力源泉。心智模式的修炼也需要区分直接经验的"数据"，和我们基于这些数据而形成的一般化概况和抽象。

实践演练是任何修炼中最突出的方面，也是个人和团队开始从事某种修炼时，所主要聚焦的活动。对初学者来说，这些都需要"修炼训导"（discipline），即有意识的、连贯的努力，因为那些实践演练内容还没有成为自然而然的第二天性。在激烈的辩论中，心智模式修炼的初学者必须下大气力，才能辨别出他所做出的假设，并弄清为什么做出了这样的假设。一项修习的初学者的努力，常常会经历时间延迟：只有在辩论之后，才会看清假设，并把它与它所依赖的"数据"和推理过程区分开来。但是，修习演练逐渐会更加"实时化"，更加自动化，更加生动有力。你会发现自己不由自主地想到系统基本模式、即时重新创造（不是重新想起）你的愿景；并且，在面对紧迫问题，假设开始起作用的时候，你就能当即辨认出来。

修炼背后的原则理念也同样重要。原则理念是修炼实践背后的理论。比如，系统思考背后的核心原则理念，就是"结构影响行为"；还有"政策阻力"（policy resistance），即复杂系统总是倾向于抵制改变其行为的努力。前者意味着，结构模式决定行为和事件，影响现实的能力正是来自对结构模式的清晰观察。而后者则意味着，操控行为的努力，比如愿望良好的在破落城区新建住房的计划，通常只会带来短期改善，而长期看来却往往会出现更多问题。类似的，自我超越修炼的原则理念，包括愿景的力量，还包括"创造性张力"和"情感张力"之间的区别。

修炼背后的原则理念，对初学者和大师都同样重要。对初学者来说，原则理念能帮助理解修炼背后的基本原理，了解修炼实践的意义；对大师来说，原则理念是参照，它能帮助不断完善修炼实践，并向他人解释和描述。

精通任何一项修炼，都需要既提升理解原则理念的水平，又提高实践演练的水平。牢记这一点很重要。只理解了某种原则理念，就认为已经"学会"了那项修炼，这是经常发生的思想诱惑。这就是大家熟悉的陷阱：把理性知识的理解与学习实践的收获相混淆。学习实践总要有知性的理解，同时还要产生新的行为习惯："想"与"做"并举，知行合一。这就是为什么要区分原则理念和实践演练的原因。两者都至关重要。

第三层次，是修炼的"精神实质"。这是不一样的东西。没有必要刻意把精力集中在寻求某项学习修炼的精神实质上,这就好像不需要刻意去努力体验恋爱、愉悦或者宁静的感受。修炼的精神实质,是个人或团队在高水平精通修炼实践时,所自然出现的身心状态。这很难用语言描述,但对于完全掌握每项修炼的意义和目的,它又是至关重要的。每一项修炼都会以某种非常根本的方式,改变修习实践者的状态。这就是为什么我们把这些修习叫作个人修炼(personal disciplines),这甚至包括那些必须在集体中进行的修习。

比如,系统思考导致越来越多地体验生命的"内在互通性"(interconnectedness),从而能够看见整体,而不仅仅是局部。如果家庭或组织中有问题发生,系统思考大师就自然会看到,问题来自背后的结构模式,而不是个别的失误或恶意所为。类似的,自我超越导致越来越深入地感知本体的"当下存在"(beingness)和当下意识:这既包括我们自己内部的状态,也包括外部状态。自我超越还导致更深的"生成力"(generativeness)体验:体验到自己成为塑造自己生命的创造力的一部分。

在精神实质的层面上,各项修炼开始融合。会有一种共同的敏感性来整合各项修炼,这种敏感性就是在相互依存的世界里,成为学习实践者的灵敏度。然而,各项修炼之间仍然有差别,只是这种差别会越来越微妙。比如,"内在互通性"(系统思考)和"连通感"(connectedness)(自我超越)就是很微妙的区分。前者是关于对事物之间相互联系的意识;后者是指意识到自己是世界的一部分,而不是与之分立的。还有,"意向共通性"(commonality of purpose)(共同愿景)和"协同校正"(alignment)(团队学习)之间,也是一种微妙的差别。前者指对生存意义的"共同取向"(common direction)和"共通理由",而后者则是大家实际共同工作时的"整体功能作用"(functioning as a whole)。尽管很微妙,这些差别却十分重要。正如品酒大师可以做到的区分不是品酒新手能够做到的;高水平精通各项修炼的个人和团队可以看到的差别,对初学者而言

系统思考

- **精神实质**
  - 整体论
  - 内在互通性
- **原则理念**
  - 结构影响行为
  - 政策阻力
  - 杠杆作用
- **实践演练**
  - 系统基本模式
  - 模拟演练

自我超越

- **精神实质**
  - 生存状态
  - 生成力
  - 连通感
- **原则理念**
  - 愿景
  - 创造性张力 VS. 情感张力
  - 潜意识
- **实践演练**
  - 澄清个人愿景
  - 保持创造性张力
    – 关注愿景的结果
    – 看清现实
  - 做出选择

心智模式

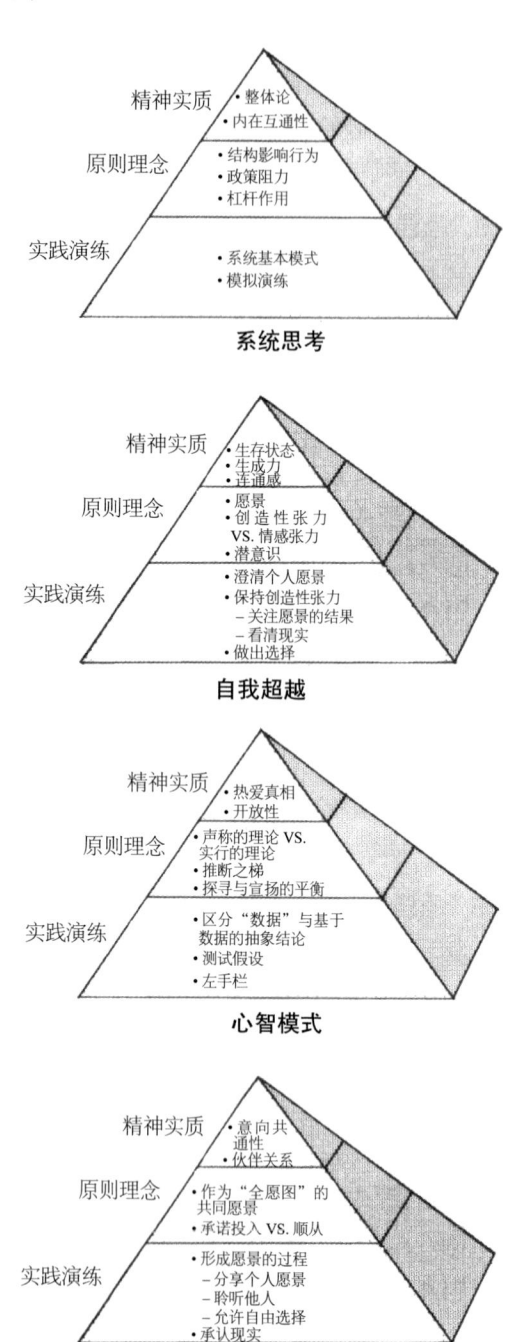

- **精神实质**
  - 热爱真相
  - 开放性
- **原则理念**
  - 声称的理论 VS. 实行的理论
  - 推断之梯
  - 探寻与宣扬的平衡
- **实践演练**
  - 区分"数据"与基于数据的抽象结论
  - 测试假设
  - 左手栏

建立共同愿景

- **精神实质**
  - 意向共通性
  - 伙伴关系
- **原则理念**
  - 作为"全愿图"的共同愿景
  - 承诺投入 VS. 顺从
- **实践演练**
  - 形成愿景的过程
    – 分享个人愿景
    – 聆听他人
    – 允许自由选择
  - 承认现实

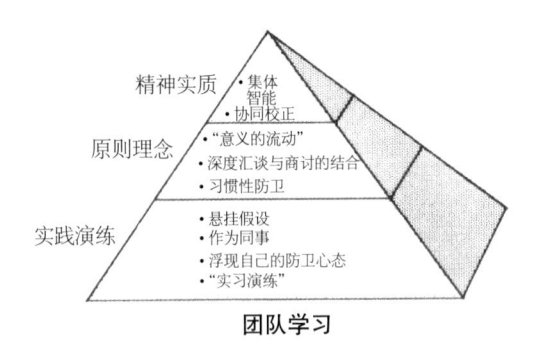

```
         精神实质 • 集体
                  智能
                • 协同校正
     原则理念   • "意义的流动"
               • 深度汇谈与商讨的结合
               • 习惯性防卫
   实践演练   • 悬挂假设
             • 作为同事
             • 浮现自己的防卫心态
             • "实习演练"
                   团队学习
```

则可能模糊不清。

最后，建立共同愿景和团队学习这两项修炼，与其他三项不同。因为这两项是集体性的修炼，其实践演练活动需要由团队共同完成，因此必须由团队集体去理解，而作为身心状态的修炼精神实质，也必须由集体来共同体验。

不可能同时掌握所有各项修炼。每个人都会经历不同的学习阶段。戴安娜·史密斯（Diana Smith）设想了一个分三阶段连续开发新容量能力的模型。这对掌握各项学习修炼的入门方法很有帮助：

新价值观和假设	**第三阶段：价值观与操作假设**（operating assumptions） 大家可以把反映新的行为价值观和操作假设的规则整合在一起。大家在压力和不确定性来临时候启用这些规则，来帮助自己和别人学习。到了这个阶段，大家已经把规则变成自己的特别模型，并用自己的语言来描述它。
新行为规则	**第二阶段：新行为规则**（action rules） 在第一阶段认知收获基础上，旧的假设"动摇"了。大家开始用新的假设建立行为规则，并付诸实践，以便观察结果。大家可能还需要依赖新的语言来促成新的行为，在压力之下大家会感到很难把握和实行，或串联整合新规则。

新认知和语言能力

第一阶段：新认知能力

大家看到了新事物，用新语言名词来表达自己。这帮助大家更好地看清自己和他人的假设和行为，以及这两者的后果。但大家往往不能把新的认知和语言能力，转变为有根本差别的新行为。大家可能开始有新行为，但基本规则、假设和价值观却依然如故。

系统基本模式

有延迟的负反馈

结构：

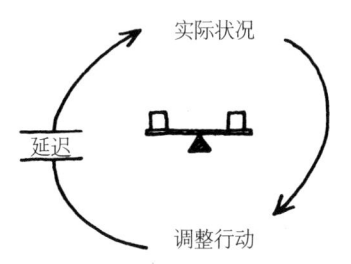

描述： 个人、群体或组织为某个目标而行动，并针对反馈过程的延迟做出反应，调整行动。如果意识不到延迟，他们就会做出过多的调整和修正，也（有时）可能由于看不到任何进展而完全放弃行动。

早期症状预警："我们原来以为很稳妥，但结果做过了头。"（然后可能从相反的方向上再次做过了头。）

管理原则： 在迟钝的系统里，富有攻击性的过分行动将导致不稳定。要么保持耐心，要么使系统反应更灵敏。

商业案例：地产开发商不停地上新项目，直到产生销售疲软——然而那时市场上已经有足够多的其他在建项目，供过于求的结果已成定局。

其他例子：热水开关反应迟钝的淋浴；生产—分销系统供应过度和短缺的波动（如啤酒游戏）；由于生产周期过长而产生的生产率和在制品库存量的波动；股市突然间暴涨和暴跌。

增长极限

结构：

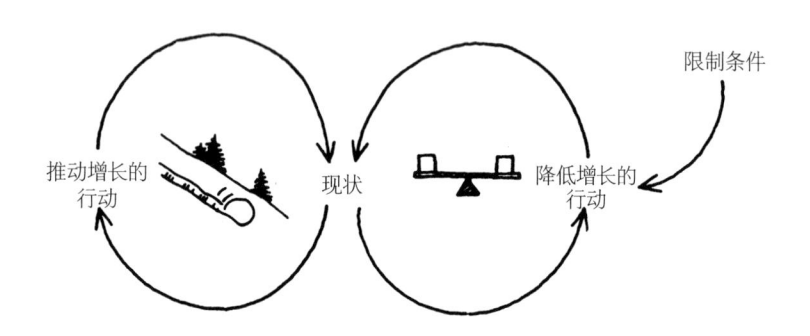

描述：这是在一段时间内加速增长或扩张的自我增强过程。但之后增长开始放缓（系统内的参与者往往无法理解），并逐渐完全停止，甚至有可能逆转，开始加速崩溃。

早期症状预警："我们为什么要担心尚未出现的问题呢？我们增长得很快呀。"（稍后，"我们是有些问题，但只要我们按照原来管用的方法做就没事了。"再后,"我们越是使劲儿努力,越是似乎原地不动。")

管理原则:不要在正反馈(增长)环路上使劲儿推,要设法消除(或削弱)限制因素。

商业案例:公司制订了平等权利计划,得到越来越多的支持和参与,许多合格的来自少数族群或弱势群体的雇员成功进入公司的各种工作团队。但阻力也逐渐开始增加,人们认为这些新员工并没有"挣得"自己的工作职位,这对其他合格的求职者不公平。这些团队被迫接受这些新雇员的压力越大,阻力也越大。

其他例子:学习一种新技能,比如打网球,最初可能进步很快,你的技术水平和自信心都在增长。但随后你天生的自然的能力开始遇到极限,而这只能通过学习新技术来突破,但对这种新技术你开始会觉得"不自然"。

新公司从零开始迅速增长,达到一定规模以后就要求更专业的管理技能和正规的组织;新产品开发团队表现出色,成绩非凡,但它吸纳的新成员,许多并没有协调的工作风格,也没有创始成员的价值观,于是麻烦就来了;城市开发规模直线上升,直到土地资源枯竭,结果使房地产价格飙升;社会运动发展遇到"非信徒"(nonconverts)的不断增加的抵制;由于天敌消失,动物群迅速繁衍,但很快导致其生活地域里食物匮乏,最终由于饥饿而大量死亡。

转移负担

结构:

描述:为纠正问题而使用的短期"缓解方法",看似立即奏效,但随着这种纠正方法的反复运用,更根本的长期纠正方法就越来越被忽

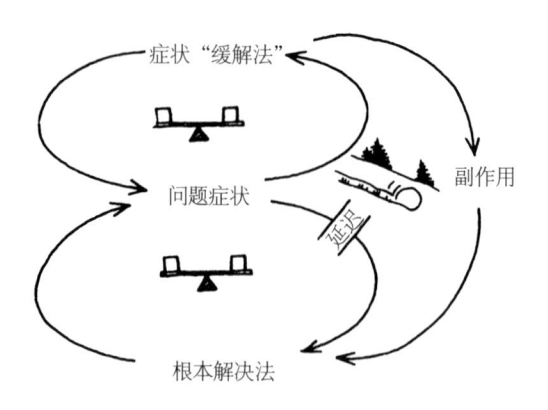

[图：症状"缓解法"、问题症状、副作用、根本解决法，含延迟]

视。最终的结果是开发根本解决方法的能力萎缩或消失，导致对"症状缓解法"的更严重的依赖。

早期症状预警："你看，这个解决方法一直有效！你说什么，这种做法以后会遇到麻烦？"

管理原则：聚焦在根本解决方法上。假如"症状缓解法"是必要的（因为根本解决法有延迟），那就用它来争取时间，以完善根本解决方法。

商业案例：一项突破性新电路板技术可以用来开发独特的功能，并能在众多新产品应用上带来节约成本的效益。但现有产品的电路板也可以代替它。营销人员可以向理解这项新技术的特殊性能的"特别客户"推销它，并逐步充分利用这些技术来开发完整的新产品线（"根本解决法"），也可以向不关心特殊性能的一般"商品用户"推销只使用现有电路板的产品（"症状缓解法"）。但管理层有季度销售额的压力，因此营销人员就会采取谁要买就卖给谁的方针，而这往往都是一般的商品用户，因为他们人数较多，销售周期的延迟较短。最终这将导致突破性新技术无法发展忠实的客户群体，结果变得和一般产品一样，承受价格和利润空间的压力。

其他例子：不拓宽客户群，而向现有客户推销更多产品（第 11 章中 ATP 案例）。借钱还债，不想做严格的开支预算。不降低工作压力本身，而通过饮酒、吸毒或较好的体育锻炼方法来减轻工作压力。上瘾，包括各种场合和各种形式。

特别案例：转移负担到介入者身上

结构：

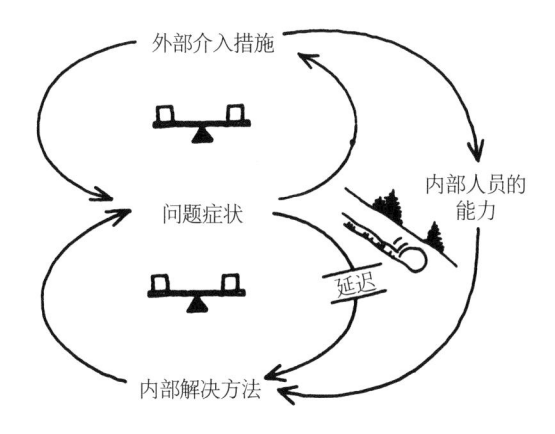

描述：转移负担中非常普遍又非常有危害的情况，是外部"介入者"试图帮助解决问题，这特别值得注意。介入措施是要改善问题的明显的症状，而且非常成功地做到了这一点，以至系统内部的人根本无法学会自己解决问题。

管理原则："要授人以渔，而非授人以鱼。"要关注"主人的系统"发展自己解决问题的能力。如果需要外来帮助，"帮助者"应当要么严格局限在一次性的介入（而且大家事先都清楚这一点），要么有能力帮助大家开发自己的技能、资源以及基础设施，以便在将来有更大的能力。

商业案例：一家有创新传统的保险公司承诺以下的原则：其独立的地方分支机构只能偶尔寻求总部的帮助。开始时这条原则实行得很好，但后来整个产业出现了危机。面对突然发生的严重损失，地方机构把更有经验的总部专业人员请来重新制定费率结构——这通常需要好几个月的时间来完成。与此同时，地方经理们聚焦在危机管理上。危机过去了，但下一次又碰到利率结构问题时，地方经理们已经失去了自信心。他们又请总部经理们来做"保险"了。这种情况一连在几年内发生，结果是，地方机构再没有人能独立管理利率结构改变的工作。

其他例子：工作依赖外部承包商，而不是培训内部员工。众多的政府援助计划，试图解决紧迫问题，但却养成依赖性，需要不断增加援助：针对单亲家庭的福利计划；住房和就业培训项目，把贫困人群吸引到有最好项目的城市；给发展中国家的粮食援助，降低了死亡率，同时增加了人口；减少个人储蓄、鼓励拆散大家庭的社会保障体系。

目标侵蚀

结构：

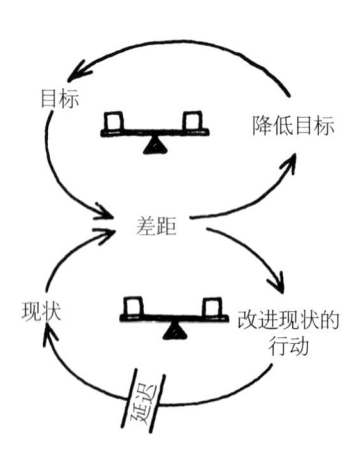

描述：这是转移负担的模式之一，其短期缓解方法使长期的、根本的目标受到侵蚀。

早期症状预警："工作标准现在降低一些也可以，等危机一过再恢复。"

管理原则：保持愿景。

商业案例：虽然产品很棒，而且不断有改进，高科技制造商却在丧失市场份额。但这家注重自己的产品设计"天才"的公司，从未能有效控制生产进度。外来的调查人员发现，其客户对公司交货逾期越来越不满，并正在转向其竞争对手。公司却坚持自己的立场，满足于自己的业绩："我们在答应客户的交货时间内，一直保持了90%的成功交货纪录。"于是公司反而去寻找业绩不佳的其他原因。但实际情况是，每次公司交货开始出现延迟的情况，都会把承诺的交货时间加长一些。结果是，客户得到的承诺交货时间一步步变得越来越长了……

其他例子：成功人士降低自己的标准，渐渐失去成功的表现。公司为了降低成本，隐秘地降低质量标准，而不是投入开发新的可以提高质量（而且可能也降低成本）的工作方法，但仍然一路宣称自己不断保持注重质量的传统。政府"全面就业"的目标，或削减联邦赤字的目标，越来越低。控制危险的污染物排放的目标，或保护濒危物种的目标，遭受侵蚀。

恶性竞争

结构[1]：

描述：两个人或者两个组织认为，自己的福祉依赖于建立对对方的

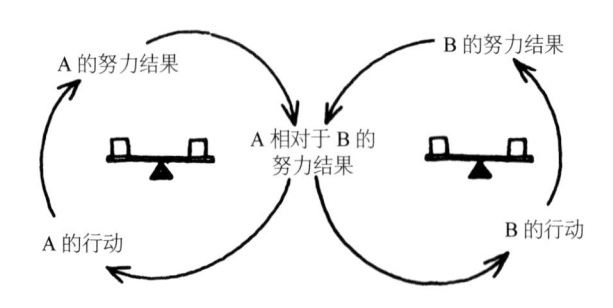

```
         A 的努力结果                    B 的努力结果
                         A 相对于 B 的
                           努力结果
         A 的行动                         B 的行动
```

优势。如果一方占据了优势，另一方就觉得受到更大的威胁，于是便更加咄咄逼人地去重建自己的优势，结果又使前者受到更大的威胁，也使前者更咄咄逼人，如此等等。双方往往把自己咄咄逼人的行为看成是对对方的防卫反应，而各自的"防卫"行动导致双方都不愿意看到的恶性循环。

早期症状预警："如果我们的对手不再咄咄逼人，那我们就可能停止争斗，而去完成其他事情。"

管理原则：寻找"双赢"的方法，让双方都达到自己的目标。在许多情况下，某一方可以单方面逆转这种恶性循环，方法是公开、主动、大胆的"和平"行动，以使对方感到没那么多威胁了。

商业案例：某公司开发了一种婴儿小推车，可以同时坐三个学步年龄的小孩，而且很轻便。这在小孩儿多的家庭群体里立刻成为畅销产品。而几乎在这同时，另一家公司也开发出一种类似的产品。几年后，第一家公司对另一家公司的市场占有率非常嫉妒，决定降价20%。于是第二家公司的销售受到影响，也决定降价。而第一家公司仍然想继续提升市场占有率，于是进一步降价。第二家公司利润开始受损害，虽然不情愿，但还是又跟进，再次降了价。又过了几年，两家公司的利润都降低到难以为继的程度，三座小推车是否能继续存在，也成了疑问。

其他例子：广告战。越来越依赖律师来解决分歧。黑帮火拼。离婚过程。虚增预算：一些部门虚增预算，其他部门为了争得自己的份额也虚增预算，于是导致大家都进一步做更膨胀的预算。为争宠而对公司领导进行游说战。当然还有军备竞赛和反恐战争。

强者愈强

结构：

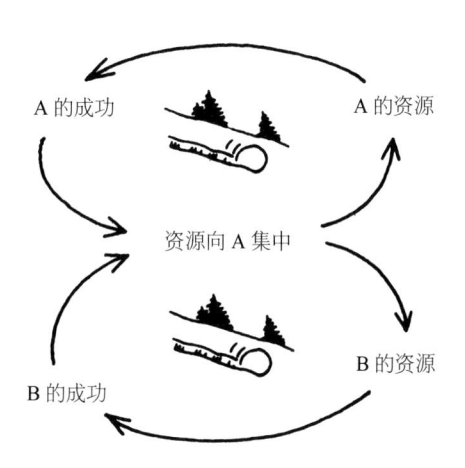

A 的成功 → 资源向 A 集中 → A 的资源
资源向 A 集中 → B 的资源
B 的成功

描述：两个活动为有限的支持或资源而竞争。某一方变得更成功，就会获得更多的支持，而另一方就会失去支持。

早期症状预警：相互关联的两个活动、两个团体或个人，有一方开始表现优异，另一方则在挣扎状态中。

管理原则：寻找两者的总目标，以使两者获得平衡的表现。有时候要切断或削弱两者之间的关联，这样就避免它们对同一个有限资源的竞争

（如果两者的关联只是由于偶然的疏忽，却引起对资源的不良竞争，那就需要这样做）。

商业案例：某经理人希望自己的两个亲信都能在公司里得到发展，但由于其中一个生病告假一星期，另一位就得到优惠待遇。前者上班后，经理人由于觉得内疚，于是就躲避前者，结果是后者有更多的机会，感觉受到肯定，工作更成功了，进而得到更多的机会。前者由于心神不定，工作效率也下降了，于是机会就更少了。其实两者开始都有同样的能力。前者最后离开公司。

其他例子：平衡家庭和工作：经常加班过多，影响到家庭关系，于是回家就变成更"痛苦"的事，这又使家庭生活在未来更加被忽视。两种产品在公司里争夺有限的财务和管理上的资源：一个是刚上市就走红的产品，于是得到更多的投资，结果另一个就没有什么投资了，这是一个正反馈过程，对第一个产品是不断增长，对第二个是持续萎缩。害羞的学生一开始上学就遇到问题（也许由于情绪原因，也许因为尚未发现的学习障碍），于是被贴上"笨学生"的标签，结果相比其他有积极表现的同学，他受到的鼓励和关注就越来越少了。

公地悲剧

结构：

描述：个体仅仅根据自身的利益需要来使用有限的公共资源，开始大家都各有所得，后来得到的越来越少，结果促使大家加倍努力获取资源。最后，资源明显损耗、毁坏或完全用光。

早期症状预警："原来每个人都得到许多资源。现在很紧张了。今

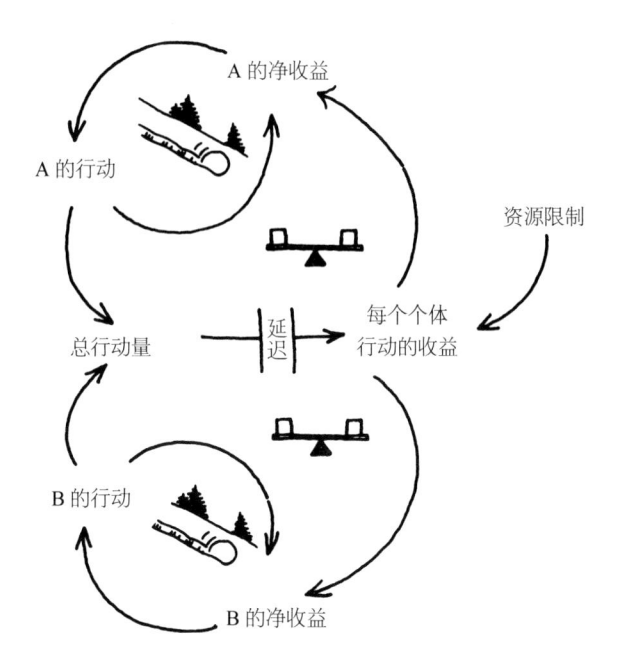

年要想从中赢利，我就必须加倍努力。"

管理原则：要管理"公地"（Commons）①，如要对大家进行教育，建立自律机制和同行约束；或者建立官方法规，不过这最好由参与使用公地的人来共同制定。

商业案例：某公司的好几个部门达成一致，都使用同一家零售机构。开始时每个区域经理都担心，只用一家零售机构可能无法给每个特定的业务领域都提供足够的关注，因而可能会引起销售额下降。于是其中一位咄咄逼人的经理，就让辖下所有客户账户经理都设立高于真正需要的销售额指标，以使零售机构至少提供他们所需要的最低限度的支撑。其他部门的经理人看到这种情况，也决定采取同样的策略来获取更

---

① commons 是公共用地，如供大家放牧的草场等。1968 年英国人哈丁（Garrett Hardin）首先提出"公地悲剧"理论。——译者注

多的支撑。新零售机构的经理们想照顾好所有这些"顾客",于是就不断接受各个部门的要求。这导致工作量过大,工作效率下降,人员流失加剧。很快,在这家零售机构工作,已经不比加入法国外籍雇佣兵团[①]好多少了。

其他例子:不同领导合用同一个秘书班子,使秘书们精疲力竭。某公司六个不同部门的销售人员争夺顾客对六种不同产品的兴趣,致使公司客户服务的声誉下降。(这里的"公共资源"是公司顾客服务的良好声誉。)很成功的零售连锁店接到洪水般涌来的各类制造商的促销建议,最后不得不拒绝这些建议,或者提出不给制造商利润空间的合作条款。各个采矿公司都开采同一个矿产地,使资源枯竭。当然还有各种污染问题,如酸雨、臭氧层破坏和"温室效应"。

饮鸩止渴

结构:

问题 ↔ 修补措施
延迟
未料想到的后果

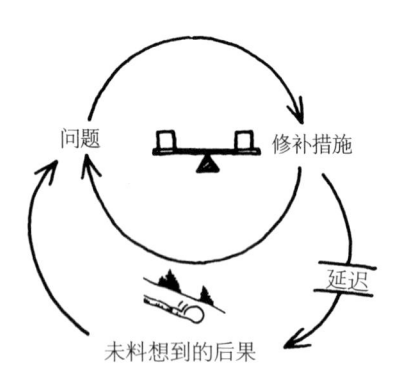

② 法国外籍雇佣兵团在1831年成立以后虽有不少战功,特别如第二次世界大战,但败绩更多。部队间曾因为种族、观点及内部矛盾等引发的争斗屡屡不绝,还曾在叙利亚因效忠的立场不同而互相残杀。——译者注

描述：短期内有效的修补措施带来未知的长期后果，可能造成不断使用更多类似修补措施的需要。

早期症状预警："这方法以前似乎一直奏效，现在为什么却不管用了？"

管理原则：保持对长期目标的关注。如可能，要避免使用短期"修补措施"，或者只为"争取时间"才使用它，但同时要开发长期解决方法。

商业案例：制造厂商推出一组新的高性能零部件，马上获得巨大的市场成功。但公司 CEO 只关心投资回报最大化，所以决定延期购买昂贵的新生产设备，结果使生产质量受到影响，损害了公司的质量声誉。接下来的一年，客户订单急剧下降，投资回报也加剧萎缩，进而使 CEO 更不愿投资购买新的生产设备。

其他例子：个人和组织通过举债来偿还贷款利息，使将来要偿还更多的利息。为节省开支而减少设备维护频率，结果导致更多故障和更高的维修成本，也使降低成本的压力越来越大。

增长与投入不足

结构：

描述：公司或个人成长遇到极限，但可以通过建设更大的"容量能力"来突破极限，或延缓极限的到来。但对这种建设的投入必须及时充分，并在增长降速之前完成，否则就永远不会完成。人们往往降低关键目标或性能标准，以使投入不足合理化。但这样一来，就会实现一种自证预言：降低的目标导致降低的预期，而这些反过来又被投入不足带来的较差的性能表现所证实。（第 7 章中神奇科技的案例就是这种模式。）

431

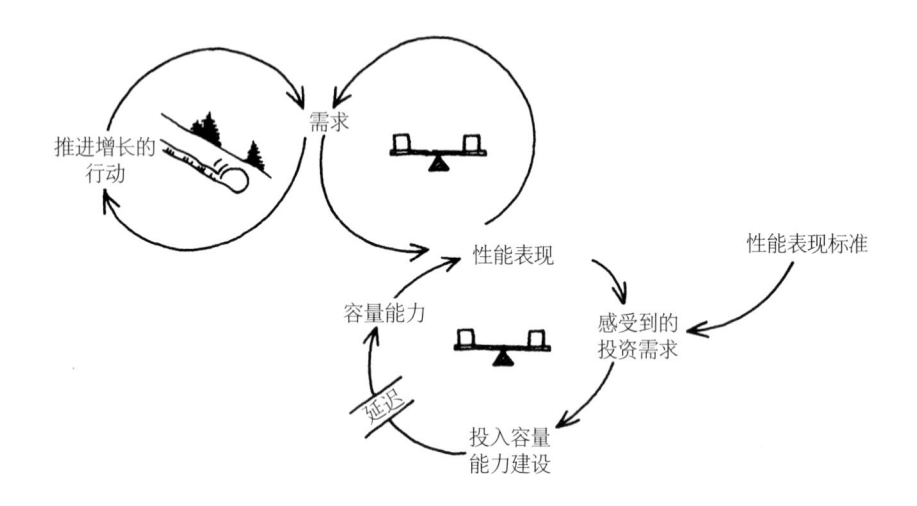

[图示:推进增长的行动 → 需求 → 性能表现 → 感受到的投资需求 ← 性能表现标准;投入容量能力建设 →(延迟)→ 容量能力 → 性能表现]

早期症状预警:"你看,我们曾经是最棒的,将来也还会是最棒的,只不过眼下得节省资源,不能过度投资。"

管理原则:假如真有增长的潜力,那一定要在市场需求到来之前建设自身的能力,这是创造市场需求的策略。要保持愿景,特别要关注关键的性能标准,以及目前自身的能力是否能充分适应潜在的市场需求。

商业案例:人民快线航空公司面对市场迅速增长的需求却无法建设自身的服务能力,他们没有投入资源进行培训,或降低增长速度(比如通过适当提高票价),反而试图通过"超增长"来使问题消失掉。结果是服务质量不断下降,竞争愈演愈烈,士气每况愈下。为了应付压力局面,公司的"缓解方法"是继续对服务质量投入过低,直到公司对顾客不再有任何吸引力。

其他例子:公司服务质量或产品质量下滑,却埋怨竞争对手,或抱怨销售部门促销乏力。愿景远大的人,却没有切实估计要实现愿景所必须投入的时间和精力。

U 型过程

U 型过程理论是夏莫、约瑟夫·贾沃斯基（Joseph Jaworski）、亚当·卡汉以及其他许多同事共同开发的设计和引导深层集体学习过程的方法。[1] 实际上，U 型过程可以为五项修炼应用的时序步骤提供一个组织框架（见下页图）。

U 型过程帮助团队协作从事：

1. 感知：通过超越偏见来观察现实，从而深入探寻其心智模式。

2. 呈现当下：以此进入深层连通过程，个人和集体连通志向目标并形成愿景。

3. 实现收获：然后，快速形成原型，以把愿景变为具体的工作模型，从而收集反馈，并进一步修改和调整模型。

虽然五项修炼可以用在 U 型过程的全部三个阶段，但各阶段的侧重有所不同。U 型过程的"下行阶段"，特别涉及悬挂既有的心智模式，通过直接体验系统的实际情况进行集体探寻，并在不同观点之间进行深度汇谈。个人愿景和共同愿景的形成是 U 型过程底部的核心内容。而团队学习和继续进行的对心智模式和愿景的反思活动，则是"上行阶段"的特点。

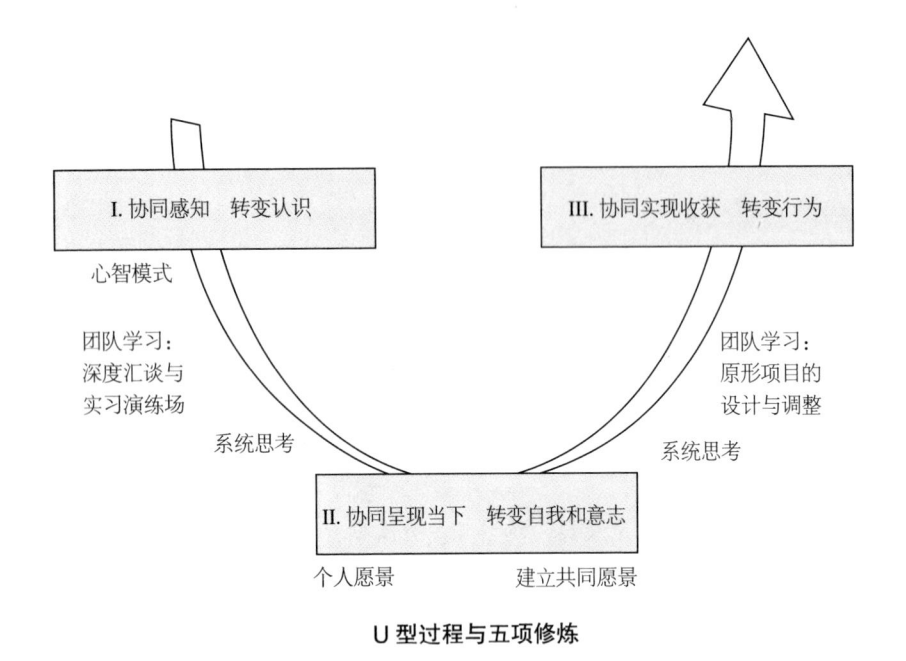

```
    I. 协同感知  转变认识              III. 协同实现收获  转变行为
        心智模式

    团队学习:                              团队学习:
    深度汇谈与                              原形项目的
    实习演练场                              设计与调整

        系统思考                              系统思考

                    II. 协同呈现当下  转变自我和意志

                    个人愿景        建立共同愿景
```

U 型过程与五项修炼

例如，对于可持续食品实验室，感知阶段包括对个人看全球食品系统的方法的反思，还包括在巴西的 5 天学习之旅。这意味着直接接触艰难打拼的农民及其家人，接触农民合作社、跨国公司的食品加工企业、环保主题的非营利组织，还有政府机构。这些经历对来自公司的参与者尤其有震撼力，因为他们以前从未见过"下面的"真实世界。

"拉丁美洲大部分地区的农民，已经不再是地方开发的主体，而变成了扶贫计划的接受者和救济对象。"一位实验室的参与者说。"我们该怎么帮助这些（从传统的农村社区中流亡出来的）前途渺茫的年轻人？"另一位问道。那次的经历之所以有震撼力，还因为它让大家看到，不同的人看到同一个现实，却对现实有不同的理解。在参观过一家小型农民合作社之后，团队成员的观感包括：工作很辛苦、很有政治观点、不可持续、非常可持续、需要现代化、需要时间来成熟、出色的模式。一位实验室团队成员说道："我感到非常吃惊，我们都看了同一个地方，却看到这么不同的东西……对别人的视角和看法，我的确所知甚少。"

在U型过程的底部，有人静和聆听——聆听当下正在呈现的新事物，聆听我们在创造这些新事物的过程中能够扮演的角色。相对五项修炼来说，U型过程对形成愿景有独到的方法，即在U型过程的底部，在广泛感知现实的过程完成之后再进行。首先，这种次序安排保证大家对自己的现实情况有脚踏实地的深入理解，包括看清不同的人对现实的不同看法。其次，把形成愿景的工作植根于一种更远大的志向目标感之中。尽管开始时的愿景对激励整个学习过程可能很重要，但它一定会在感知阶段得到发展，得以深化，并被赋予更重大的意义。这并不是说，大家会从感知和评估现实的活动中"推导出"自己的愿景。正相反，在U型过程的底部留出时间进入真正的静默和深层的反思，就会激发真心的关爱，体悟某种呼唤的感召力。从创造性张力的原则来看，连通现实的强烈共鸣，会给我们带来新的选择：真诚倾诉我们真心渴望的东西。

在可持续食品实验室核心团队的6天静修营里，30名成员有机会对学习之旅的经历进行了综合总结，这深化了他们创造新的食品替代系统的志向目标感，还开发了初步的原型计划。两天的野外独处使参与者进入了静默和与自然更直接连通的状态。帮助团队准备野外独处体验的经济学家布赖恩·阿瑟（Brian Arthur），在团队从野外返回时与他们作了进一步交流，他注意到团队的精神能量已经改变了，变成"沉静与善良"的状态。从沉静中生发了一种想象力，它带来了以前没有人能想到的原型计划。

U型过程右侧的上升段也一样包含各项修炼，但团队学习却有着特别的重要性，因为大家在共同探索如何创造复杂系统的新的替代运行方式，既要有可操作性，又要带来根本性的变革。整个收获阶段都用了系统思考、处理心智模式，以及愿景工作的模式，因为之前的感知和呈现当下的过程都在不断地反复。这种情况的发生有两个原因：（1）原型计划工作中有新加入的人（他们必须经历自己的感知和呈现当下的过程）；

(2）大家通过试图引发变革和不断回顾愿景，又发现了系统现实中的新事实，或者发现原来的愿景已经发生了变化。根据创造性张力的原则，U型过程上升段中的愿景改变，不是为了减小情感张力而"降低愿景"，而是真切地看到了大家真正想要创造的东西。

所以，实现收获的阶段不只是成功创造了现存系统的替代方案，还是不断深化共识和澄清愿景的过程。有些系统变革的努力会成功，有些则会失败。成功的变革往往以出乎预料的方式发生了，或许走入了始料未及的新的方向。U型过程上升段的真正意图，也是整个U型过程的意图，是在背景多样的大社区里建立容量能力，以看清"现存"并激活新的社会系统，它是复杂的组织机构和跨组织机构网络学习如何学习的过程。可持续食品实验室的主要资助方、美国凯洛格基金会（Kellogg Foundation）农业计划主任欧兰·海斯特曼（Oran Hesterman）说："这样的过程我真是从没见过。它把背景如此多样的团队带到一个深层连通的地方——团队成员相互之间的人际连通，以及大家与要共同去做的事的连通。"

修订版序言

1. 这张要素清单是由国际组织学习学会（SoL）和哈佛大学教育研究生院"变革领导力小组"（Change Leadership Group）共同组织的企业和教育创新者小组开发的（Booth Sweeney, Senge, Wagner, 2002）。

第1章 从个人学习到组织学习的五项修炼

1. Daniel Yankelovich, *New Rules: Searching for Self-fulfillment in a World Turned Upside Down* (New York: Random House), 1981.

2. 基础创新是在很多不同的技术整合成新集合以后才完成的，这一深刻见解来自我的 MIT（麻省理工学院）同事阿兰·格雷厄姆（Alan Graham）。我对他深表感谢。参见 A.K. Graham, "Software Design: Breaking the Bottleneck," *IEEE Spectrum* (March 1982)：43-50; 参见 A.K. Graham and P. Senge, "A Long-Wave Hypothesis of Innovation," *Technological Forecasting and Social Change* (1980)：283-311。

3. Arie de Geus, "Planning as Learning," *Harvard Business Review* (March/April 1988)：70-74.

4. 尽管像英特尔和微软等半导体和软件生产商逐渐占据了电脑产业的金融资产主导地位，但苹果公司却是"用户图形界面"的商业化先驱，并把界面友好、使用方便的电脑带给主流大众。

5. Edward Hall, Beyond Culture (New York: Anchor), 2007, 207.

第 2 章　你的组织有学习障碍吗？

1. Arie de Geus, "Planning as Learning," *Harvard Business Review* (March/April 1988): 70-74.

2. 图表来源于美国商务部 (the United States Department of Commerce, U.S..) 文件 Industrial Outlook, in 1962 (pp. 58-59), 1970 (p. 355), 1975 (p. 355), 1979 (p. 287), 1981 (p. 320), and 1989 (pp. 34-35), 以及美国国会技术评估办公室，*Technology Assessment, Technology and the American Economic Transition*: *Choices for the Future Washington*: (US. Government Printing Office), 1988 (p. 326)。

3. Draper Kauffman, Jr. *Systems 1: An Introduction to Systems Thinking* (Minneapolis: Future Systems Inc.), 1980 (available through Innovation Associates, P.O. Box 2008, Framingham, MA 01701).

4. Chris Argyris, *Overcoming Organizational Defenses* (New York: Prentice-Hall), 1990.

5. Barbara Tuchman, *The March of Folly: From Troy to Vietnam* (New York: Knopf), 1984.

6. 同上。

7. Jared Diamond, Collapse: How Societies Choose to Fail or Succeed (New York: Penguin), 2004.

第 3 章　是系统的囚徒，还是我们自己思想的囚徒？

1. 对这一互动游戏的说明可以参考 MIT 斯隆管理学院"系统动力小组"，获得地址：Cambridge MA 02139. http://www.systemdynamics.org/Beer.htm。

2. 在实际决策模拟中有四个角色，为了简化已经很复杂的故事描述，其中一个（批发商 distributor）在此省略了。

3. 但是，模拟都是简化。你可能要问，假如改变游戏中某些细节是否会得出不同的结果。我们也有这个疑问，并且多年来常常设法摆弄和修补游戏。有时我们用三个角色，像这里一样，但通常我们用四个角色。我们曾改变对存货过多和订单积压的惩罚标准。有时我们使用计算机模拟来计算结果，而大多数时间我们是在大桌子上，用硬币代表啤酒，从一个方格移到另一个，代表送货。我们曾改变提前告诉大家的零售商要接到的顾客需求量范围。我们也实验了顾客需求的不同模式。这些改变中有的使危机情况更严重一些，有的则使之轻一些，但都没有改变总体的危机状况。

4. 美国国会技术评估办公室：*Technology and the American Economic Transition: Choices for the Future* (Washington: U.S. Government Printing Office), 1988, 324。

5. Steven Burke, "Chip Manufacturers Find a Pot of Gold in DRAM Shortage," *PC Week*, May 31, 1988, 107; Steven Burke and Ken Siegmann, "Memory-Board Prices Surging in the Wake of Growing Chip Shortage," *PC Week*, March 1, 1988, I.

6. J. Rhea "Profits Peak as Semiconductor Sales Boom," *Electronic News* 18: 1 (August 6, 1973); "Boom Times Again for Semiconductors," *Business Weekly*, April 20, 1974, 65-68; "Semiconductors Take a Sudden Plunge," *Business Week*, November 16, 1974, 64-65; F. Pollare, "Inventory Buildup: Semiconductor Distress Sales Emerge," Electronic News 20:45 (February 10, 1975).

7. Joseph B. White and Bradley A. Stertz, "Auto Industry Battens Down for a Slump," *Wall Street Journal*, May 30, 1989, sec. A.

8. "MacNeil-Lehrer Newshour," 是有关啤酒游戏与商业周期的视频文件（与 John Sterman 在麻省理工学院的访谈），aired November 1989, Public Broadcasting System。

9. Donella H. Meadows, "Whole Earth Models and Systems," *Co-Evolution Quarterly* (Summer 1982): 98-108.

10. Leo Tolstoy, *War and Peace* (Constance Garnett translation).

11. 同上。

12. Janice T. Gibson and Mika Haritos-Fatouros, "The Education of a Torturer," *Psychology Today*, November 1986, 50. Also: "The Mind is a Formidable Liar: A Pirandellian Prison," *New York Times Magazine*, April 8, 1973.

13. 类似的放大作用也是实际业务波动的特征，特别在原材料生产领域，波动要比零售和服务业大很多。见 Gottfried Habeler, Prosperity and Depression (London: Alien & Unwin), 1964; Alvin H. Hansen, *Business Cycles and National Income* (New York: Norton), 1951。

14. John Sterman, "Modeling Managerial Behavior: Misperceptions of Feedback in a Dynamic Decisionmaking Experiment," *Management Science*, vol. 35, no. 3 (March 1989): 335.

15. 在计算机模拟中，"无策略"策略会导致零售商更严重的订单积压，因为零售商只能在分销商的积压情况解除以后才能接到完整的送货。这意味着零售商特别容易遭受这个策略的负面影响——正因为如此，在真实世界里，零售商会下比较大的订单。

16. 在模拟游戏中，每个单位（每周）订单积压的成本是1美元，每个单位（每周）库存积压的成本是0.5美元，把每个角色的成本算出来，再和其他角色的加在一起，就得出整个团队的成本。四个角色游戏35周模拟的平均总成本是2 028美元，（Sterman, "Modeling Managerial Behavior"），331-39，三个角色游戏30周模拟的平均总成本是1 270美元。"无作为"策略团队总成本是825美元。

17. 游戏参与者有可能从游戏经历中学到很多在真实世界的生产分销系统中无法学到的东西——前提是要反复完成游戏，并能与游戏伙伴协作来共同理解游戏中的决策如何影响了更大的系统。这样，啤酒游戏就成为一种"微世界"。

18. 由于游戏通常的设计没有让各个角色之间进行沟通,所以没有机会观察参与者面对面交流的情况。尽管如此,目前的团队运作模式还是使团队成员因为出现的问题而陷入相互埋怨和争吵中。其他一些决策模拟演练设计,有特别针对团队学习中互动关系的。

19. 观察商业行为模式的普通例子有"趋势分析"(trend analysis),其目的是使公司能够对人口变化趋势或顾客偏爱情况的改变做出反应。

20. William Manchester, *The Glory and the Dream* (Boston: Little, Brown), 1974, 80-81.

21. 游戏的物质结构也可以重新设计,但在游戏开始之后参与者是没有办法这样做的。比如,可以重新设计一套信息系统,使分销商、啤酒厂和零售商都能及时了解零售情况。或者,也可能去掉分销商这个中间环节,让啤酒厂直接给零售商供货。在实际生活中,重新设计物质系统(商品、人员、材料、信息等的实际流动;还有超越个人决策直接控制的奖励系统等其他因素)是一项重要的领导工作。但要成功地实现这种设计,需要领导者有系统的理解,就像要改变参与者个人下订单的方式也需要系统的理解一样。因此,主要的任务是开发系统的理解力,然后,对物质系统的重新设计和运行政策的制定,就都能自然形成了。

第 4 章　第五项修炼的法则

1. 这些法则是从系统研究领域许多学者的工作成果中提炼出来的,包括加里特·哈丁,杰伊·福雷斯特,德内拉·梅多斯,德雷珀·考夫曼,详见参考资料:Garrett Hardin, *Nature and Man's Fate* (New York: New American Library), 1961; Jay Forrester, *Urban Dynamics*, Chapter 6 (Cambridge, Mass.: MIT Press), 1969; Jay Forrester, "The Counterintuitive Behavior of Social Systems," *Technology Review* (January 1971, pp. 52-68; Donella H. Meadows "Whole Earth Models and Systems," *Co-Evolution*

Quarterly (Summer 1982): 98-108; Draper Kauffman, Jr., *Systems I: An Introduction to Systems Thinking*, (Minneapolis: Future Systems Inc.), 1980 (available through Innovation Associates, PO. Box 2008, Framingham, MA 01701。

2. This and many other Sufi tales can be found in the books of Idries Shah, eg., *Tales of the Dervishes* (New York: Dutton), 1970, and World Tales (New York: Harcourt Brace Jovanovich), 1979.

3. George Orwell, *Animal Farm* (New York: Harcourt Brace), 1954.

4. D. H. Meadows, "Whole Earth Models and Systems."

5. Lewis Thomas, *The Medusa and the Snail* (New York: Bantam Books), 1980.

6. Charles Hampden Turner, *Charting The Corporate Mind: Graphic Solutions to Business Conflicts* (New York: Free Press), 1990.

第5章 心灵的转变

1. 有关社会科学中的"控制论"和"伺服机构"理论学派综述，参见 George Richardson, *Feedback Thought in Social Science and Systems Theory* (Philadelphia: University of Pennsylvania Press), 1990.

2. 恐怖分子这个词的使用本身就代表一种立场观点。许多支持"恐怖主义"事业的人认为他们是在为自由而战。我使用这个词是因为它代表了广泛流行的、横跨各种政治立场的观点，这包括大多数中东国家的立场，即针对平民的有组织的袭击，应使用这个词来描述。

3. 美国国防部（DOD）、国家安全局（National Security Agency）和中央情报局（CIA）的自称为"系统分析师"的人，可能比所有其他政府部门都多。其实苏联人是系统理论的先驱者；在过去40年间，苏联数学家在理论方面的贡献也许比所有其他国家都大；部分原因是苏联政府支持了系统研究，因为他们想使用先进的计算机工具来控制国家的经济系统。

4. 参见 Nancy Roberts, "Teaching Dynamic Feedback Systems Thinking: An Elementary View," *Management Science* (April 1978), 836-843; and Nancy Roberts, "Testing the World with Simulations," *Classroom Computer News*, January/February 1983, 28。

5. 系统思考的原则和工具源于许多学科：物理学、工程学、生物学、数学等等。这一章中描述的特定的工具，来自麻省理工学院福雷斯特创立的"系统动力学"。这一节中的内容特别基于梅多斯提出的模型，及其所带来的研究进展。比如：*Industrial Dynamics* (Cambridge, Mass: MIT Press), 1961; *Urban Dynamics* (Cambridge, Mass: MIT Press) 1969; and "The Counterintuitive Behavior of Social Systems," Technology Review (January 1971), 52-68. This particular section owes a special debt to Donella Meadows, whose earlier article "Whole Earth Models and Systems," *Co-Evolution Quarterly* (Summer 1982), 98-108 provided the model and the inspiration for its development。

6. 相比之下，"东方语言"，如汉语和日语，并非基于"主语—动词—宾语"这种线性顺序。David Crystal, *The Cambridge Encyclopedia of Language* (New York: Cambridge University Press), 1987。

7. The Bhagavad-Gita, or "The Lord's Song," translated by Annie Besant, reprinted in Robert 0. Ballou, *The Bible of the World* (New York: Viking), 1939.

8. Robert K. Merton, "The Self-Fulfilling Prophecy", in Robert K. Merton, editor, Social Theory and Social Structure (New York: Free Press), 1968.

9. R. Rosenthal, "Teacher Expectation and Pupil Learning"; and R. D. Strom, editor, *Teachers and the Learning Process* (Englewood Cliffs, N.J.: Prentice-Hall); R. Rosenthal, "The Pygmalion Effect Lives," *Psychology Today*, September 1973.

10. 这并非意味着自由市场的力量就足以实现现代社会需要的平衡和控制——延迟、信息匮乏、不现实的预期以及垄断造成的扭曲，都会降低"自由市场"的效率。

11. 有关精益生产的信息可以从"精益企业"（Lean Enterprise）网站上找到：www.lean.org。

第 6 章　把系统观点融入实践：掌握系统基本模式

1. 下面介绍了两个基本模式；本书使用的总共有八个模式，这大约是专业系统思考学者"脑袋里装的"模式数量的一半。

2. 有关通用结构模式的初步课程建设已经开始了。参见 Mark Paich, "Generic Structures," in System Dynamics Review, vol. 1, no. 1 (Summer 1985): 126-32; Alan Graham, "Generic Models as a Basis for Computer-Based Case Studies" (Cambridge, Mass.: System Dynamics Group Working Paper D- 3947), 1988; Barry Richmond et al., *An Academic User's Guide to STELLA*, Chapters 8, 9 (Lyme, N.H.: High Performance Systems), 1987. David Kreutzer, "Introduction to Systems Thinking and Computer Simulation," Lesley College Graduate Course Comp 6100, 1987。

3. 这里的负反馈过程是绕着图的边沿走的：从研发预算，到管理复杂程度的增加，产品开发时间的加长，新产品推出频率的下降，最后又回到研发经费的削减。

4. 就我所知，贝瑞·里奇蒙（Barry Richmond）是分析这个结构的第一人。后来我发现，这个结构模式在管理咨询公司中几乎成了流行病，更不用说学术机构迅速发展以后，变得头重脚轻、大教授比重过高的情况。

5. Peter Senge, Art Kleiner, Charlotte Roberts, George Roth, Rick Ross, Bryan Smith, *The Dance of Change: The Challenges to Sustaining Momentum in Learning Organizations* (New York: Doubleday/Currency), 1999.

6. Facts on File 1990 (New York: Facts on File).

7. 书中引用的"系统基本模式"样板，包括这个，经过了创新伙伴公司的允许。同时也应用在该公司以下的研习营中：*Leadership and Mastery and Business Thinking: A Systems Approach workshops*。

8. 有关匿名戒酒协会的信息，参见：Alcoholics Anonymous, 1976; Living Sober, 1975; *Twelve Steps and Twelve Traditions*, 1953; 由 Alcoholics Anonymous World Services, Inc 出版., P.O. Box 459, Grand Central Station, New York, NY 10163。

第7章 是自我局限，还是自我持续地增长

1. 下面的模型是根据福雷斯特最早对公司增长的研究而发展出来的。Jay W. Forrester, "Modeling-the Dynamic Processes of Corporate Growth," IBM Scientific Computing Symposium on Simulation Models and Gaming (December 1964), and 1. W. Forrester, "Market Growth as *Influenced by Capital Investment*," Industrial Management Review, 1968, 83-105。

2. David Birch, *Job Creation in America* (New York: The Free Press), 1987, 18.

3. 这张图是通过计算机模拟神奇科技模式中的交往关系画出的，其中的交货时间标准是固定的。为简单起见，模拟中假设了无限的市场潜力，这对神奇科技早年的情况也基本正确。模拟表明，即使有实际的市场潜力限制，只要交货时间标准保持不变，公司的业绩表现也将有巨大的提升。模拟使用的是高绩效系统公司（High Performance Systems）提供的系统思考建立模型和动态模拟软件 STELLA。实际的模拟模型在以下图书中使用：Jay Forrester, 1968, and in P.Senge, "Systems Principles for Leadership," in Transforming Leadership, J. Adams, editor (Alexandria, Va.: Miles River Press), 1984。

第8章 自我超越

1. K. Inamori, "The Perfect Company: Goal for Productivity." Speech given at Case Western Reserve University, June 5, 1985.

2. 麦肯锡公司一项题为"历程"（The Journey）的研究报告指出，汉诺瓦公司是1978年到1993年全部时间里排名都进入地产责任保险业前四分之一的仅有的两家公司之一。这段时间里，共同人寿保险公司（State Mutual）一直持有汉诺瓦公司的多数股票，奥布赖恩的退休是该公司强行操控的结果。

3. Henry Ford, *Detroit News*, February 7, 1926.

4. Robert Fritz, *The Path of Least Resistance* (New York: Fawcett-Columbine), 1989.

5. William O'Brien, *Character and the Corporation* (Cambridge, MA: SoL), 2006.

6. 同上。

7. M. dePree, Leadership is an Art (New York: Doubleday), 1989.

8. George Bernard Shaw, *Man and Superman, Preface* (Penguin, 1950).

9. Pierre Wack, "Scenarios: Uncharted Ahead," *Harvard Business Review* (September/October 1985): 73-89.

10. 这个原理来自弗里茨的研究，他把这叫作"结构性张力"（structural tension）。但在系统思考中"结构"一词有其他含义，所以，为了避免混淆，我们改变了他的用词。

11. Bill Russell and Taylor Branch, *Second Wind: The Memoirs of an Opinionated Man* (New York: Random House), 1979.

12. Fritz's Path of Least Resistance delves into the reasons behind this habit.

13. 同上。

14. 同上。

15. David Kantor and William Lehr, *Inside the Family: Toward a Theory of Family Process* (San Francisco: Jossey-Bass), 1975.

16. "潜意识"这个词有很多人都用过,包括弗洛伊德和荣格;但它在这里所代表的现象与其他人所指的还是有所不同的。

17. 后面的简短讨论中借用了许多精神传统的说法,从基督教修炼教派(developmental Christianity)到禅宗,但尤其借鉴了弗里茨的研究。有关这些传统的参考书有:*Finding Grace at the Center*, editor Thomas Keating et al. (Still River, Mass.: St. Bede Publications), 1978; and Shunryu Suzuki Roshi, Zen Mind, Beginner's Mind. (New York and Tokyo: Weatherhill), 1975。

18. 引自 Fritz, *The Path of Least Resistance*。

19. Weston Agor, *Intuitive Management: Integrating Left and Right Brain Management Skills* (Englewood Cliffs, N.J.: Prentice-Hall), 1984; Henry Mintzberg, "Planning on the Left Side and Managing on the Right," *Harvard Business Review* (July/August 1976): 49-58; Daniel Isenberg, "How Top Managers Think" *Harvard Business Review* (July/August 1976): 49.

20. Karen Cook, "Scenario for a New Age; Can American Industry Find Renewal in Management Theories Born of Counterculture?" *New York Times Magazine*, September 25, 1988; Robert Lindsey, "Gurus Hired to Motivate Workers are Raising Fears of Mind Control," New York Times. April 17, 1987.

第9章 心智模式

1. H. Gardner, *The Mind's New Science* (New York: Basic Books), 1984, 1985.

2. C. Argyris, *Reasoning, Learning and Action: Individual and Organizational* (San Francisco: Jossey-Bass), 1982.

3. Thomas S. Kuhn, *The Structure of Scientific Revolutions* (Chicago: University of Chicago Press), 1962, 1970.

4. Ian Mitroff, *Break-Away Thinking* (New York: John Wiley), 1988.

5. 底特律的例子显示，整个行业都可能形成长期脱离现实的心智模式。从某种意义上说，行业内更容易形成这种问题，因为所有成员都在相互之间寻找最佳实践标准。破解这种执迷状态，最后可能需要有不同心智模式的"系统之外"的人，如外国竞争者。

6. Pierre Wack, "Scenarios: Uncharted Waters Ahead," *Harvard Business Review* (September/October 1985), 72; and "Scenarios: Shooting the Rapids," *Harvard Business Review* (November/December 1985), 139.

7. 米尔顿·莫斯科威兹（Milton Moskowitz）在他1987年的著作中写道："中东和北非国家坚持自己控制本国石油资源以后，壳牌公司的地位就上升了，并一直享受一种优势，这使它几乎实现了创始人德特丁（Deterding）的目标：超过埃克森公司成为世界最大的石油公司。"*Milton Moskowitz in The Global Marketplace* (New York: Macmillan), 1987。

8. 除了开放性和公德心以外，汉诺瓦的核心价值还包括"地方性"（localness，即除非绝对必要，任何决策都要在相应的地方级别上完成，而不能由上级完成）和"精益性"（leanness，即不断提高能力，以用更少的资源做出更多、更好的成绩）。

9. C. Argyris and D. Schon, *Organizational Learning: A Theory of Action Perspective* (Reading, Mass.: Addison-Wesley), 1978; C. Argyris, R. Putnam, and D. Smith, *Action Science* (San Francisco: Jossey-Bass), 1985; C. Argyris, *Strategy, Change, and Defensive Routines* (Boston: Pitman), 1985.

10. Donald Schon, *The Reflective Practitioner: How Professionals Think in Action* (New York: Basic Books), 1983.

11. G. A. Miller, "The magical number seven plus or minus two: Some limits on our capacity for processing information," *Psychological Review,* vol. 63, 1956, 81-97.

12. 非常感谢戴安娜·史密斯（Diana Smith）允许我在此引用这些指南。

13. John Sterman, "Misperceptions of Feedback in Dynamic Decisionmaking," Cambridge, Mass.: MIT Sloan School of Management Working Paper WP- 1933-87,1987.

第10章　共同愿景

1. 有关 Spartacus 的事迹参见 Arthur Koestler's postscript to his novel The Gladiator, translated by Edith Simon (New York: Macmillan), 1939。

2. 关于公司愿景的这些案例分析来自 G. Hamel and C. K. Prahalad in "Strategic Intent," *Harvard Business Review*, May-June, 1989。

3. Kazuo Inamori, "The Perfect Company: Goal for Productivity," speech given at Case Western Reserve University, Cleveland, Ohio, June 5, 1985.

4. Max de Pree, *Leadership is an Art* (New York: Doubleday/Currency). 1989.

5. A. Maslow, *Eupsychian Management* (Homewood, Ill.: Richard Invin and Dorsey Press), 1965.

6. William Manchester, The Glory and the Dream (Boston: Little, Brown and Company), 1974.

7. G. Hamel and C. K. Prahalad, "Strategic Intent."

8. 同上。

9. 这一节中的观点来自我和创新伙伴公司的许多同事的长谈，特别包括查理·基佛、阿兰·戈捷（Alain Gauthier）、查罗特·罗伯茨（Charlotte Roberts）、李科·罗斯（Rick Ross）和布赖恩·史密斯。

10. M. Moskowitz, *The Global Marketplace* (New York: Macmillan Publishing Company), 1987.

11. "IBM's $5,000,000,000 Gamble," *Fortune*, September 1966, and "The Rocky Road to the Marketplace," *Fortune*, October 1966 (two-part article).

第 11 章　团队学习

1. W. Russell and T. Branch. *Second Wind: Memoirs of an Opinionated Man* (New York: Random House), 1979.

2. 这张图最早出现于基佛与斯特洛（P. Stroh）1984 年的一篇文章。"A New Paradigm for Developing Organizations", in J. Adams, editor, *Transforming Work* (Alexandria Va.: Miles Riler Press), 1984。

3. 这一节的内容得益于我与艾萨克以及与波姆的交谈。波姆还热情地应允我引用他的许多观点。参见 William Isaacs, Dialogue and the Art of Thinking Together (New York: Currency), 1999。

4. David Bohm, *The Special Theory of Relativity* (New York: W. A. Benjamin), 1965.

5. 这里引用的波姆的观点，出自在剑桥和其他地点举办的、有他亲自参加的"深度汇谈"会议记录。感谢他允许我引用这些观点，还有他著作中的观点。他与 Mark Edwards 同著的书暂定名为 *Thought, the Hidden Challenge to Humanity* (San Francisco: Harper & Row)。其他被引用的书籍包括 *Wholeness and the implicate Order* (New York: Ark Paperbacks), 1983: with F. D. Peat, Science, Order, and Creativity (New York: Bantam), 1987。

6. 例如可参见 E. Schein, *Process Consultation*, vol. 2 (Reading, Mass.: Addison Wesley), 1987。

7. C. Argyris, *Strategy, Change, and Defensive Routines* (Boston: Pitman), 1985.

8. 同上。

9. 同上。

10. 例如可参见, D. C. Wise and G. C. Lewis, "A Fire Sale in Personal Computers," Business Week, March 25, 1985, 289, and "Rocky Times for Micros," *Marketing Media Decisions*, July 1985。

11. Argyris, *Strategy, Change, and Defensive Routines.*

12. 有趣的是，降低讨论敏感问题的危险性，正是"深度汇谈会议"中发生的现象；对话的基本规则很快就会把对说出"正确"或"错误"观点的疑虑打消。深度汇谈成为团队日常工作的一部分时，团队成员对这种危险性的疑虑通常也会削弱。

13. 创建一种学习的氛围，即我们所说的微世界，会帮助我们减少防卫心态。在这样的氛围中，大家可以公开谈论有关增加公开性的疑虑。大家的疑虑在这种氛围中表达出来时，可以设计微型实验，帮助大家在保留疑虑的同时，一步一步地尝试新的行为方式。

14. Donald Schon, *The Reflective Practitioner: How Professionals Think in Action* (New York: Basic Books), 1983.

15. 故事中的名字和特定的细节是假的，但深度汇谈本身以及它所针对的组织问题的背景都是真的。这里引用的对话内容是从实际会议记录中（我们研究"团队学习"时通用的方法）减缩而成的，但并没有经过编辑，因为我想保持对话过程本身的实际风格。感谢艾萨克在我组织这段内容时所提供的帮助。

16. Michael Porter, Competitive Advantage: *Crearing and Sustaining Superior Performance* (New York: Free Press), 1985, and Michael Porter, *Competitive Strategy: Techniques for Analyzing Industries and Competitors* (New York: Free Press), 1980.

第 12 章　反思型文化的基础

1. Chris Argyris, "Good Communication That Blocks Learning," *Harvard Business Review*, July-August, 1994, 77-85.

2. Jay Bragdon, *Living Asset Management* (Cambridge, Mass.: SoL), 2006 (forthcoming); Jim Collins, *Built to Last* (New York: HarperCollins), 1997.

3. 联合利华召集了其他企业、政府与非政府组织，建立了一个可持续渔业全球认证系统，"海洋受托责任委员会"（Marine Stewardship Council）。另外，联合利华还启动了可持续农业和水资源保护计划，见网站：www.unilever.com。

4. Sayra Pinto, Jasson Guevera, and Molly Baldwin, "Living the Change You Seek: Roca's Core Curriculum for Human Development," *Reflections, the SoL Journal*, vol. 5, no. 4. For more on Roca, 参见 www.roca.org.

5. 按照这里使用这些词汇的方法，虽然你可以变成"工具的使用者"，但你就是"组织学习的实践者"。

6. Arie de Geus, *The Living Company* (Boston: Harvard Business School Press), 2002.

7. Dee Hock, *One From Many; Visa and the Rise of Chaordic Organizations* (San Francisco: Berrett-Koehler), 2005.

8. Gregory Bateson, *Steps To and Ecology of Mind* (New York: Ballantine), 1972。

9. Anne Murray Allen and Dennis Sandow, "The Nature of Social Collaboration," *Reflections, the SoL Journal*, vol. 6, no. 2.

10. Murray Allen and Sandow, op cit., 1.

第 13 章　学习型文化的推动力

1. 例如，IFC 在 2002 年首次发布明确的可持续发展目标，认为要在财务底线之外提升其项目的影响力（包括公司治理、环境和社会可持续性措施等），对业务发展有利。

2. Robert Axelrod and Michael Cohen, *Harnessing Complexity: Organizational Implications of a Scientific Frontier* (New York: Basic Books), 2000.

3. 后面的引语来自邱文晖 2004 年 11 月在亚洲知识管理（Knowledge Management Asia）会议上的讲话，还包括讨论发言。

第 14 章　战略思考与 8 种应用策略

1. 这张图从第一次在英文第一版《第五项修炼》中出现，已经有好几次演化，但基本特征仍保持未变。

2. 三角和圆圈图形象征着显而易见和模糊不清两种状况，即浮在"水面之上"和潜在"水面以下"的两种东西。有经验的组织领导者就像老师一样，他们知道他们不能造成深层学习环路的改变，就像老师不能造成学生学习一样。他们能做的，就是创造一种氛围，在那里学习更有可能发生。这就是战略结构设计的含义。

3. 艾德佳·沙因（Edgar Schein）认为，大家觉得理所当然的假设就是最深层的文化。其他层面的文化包括人工制品（衣服、演讲、会议风格等等）和表白的价值（如官方的使命宣言），这些都比深层假设容易改变。参见 Edgar Schein, *The Corporate Culture Survival Guide* (San Francisco: Jossey-Bass). 1999。

4. 深层学习环路上的基本关联是这些环节之间的许多反馈互动的简化。例如，由于习惯做法能提供反复学习某些特定技能的机会，所以能决定技能和技巧的发展，但反过来也成立，以为我们目前的技能决定我们的习惯做法，即我们擅长做什么。

5. 开场破冰是在开会之前使团队每个成员都有机会进行反思并分享自己的思想。参见 Peter Senge et al, *The Dance of Change*: 192。

6. 改编自 Marilyn Darling, David Meador, and Shawn Patterson, "Cultivating a Learning Economy," *Reflections, the SoL Journal*, vol. 5, no. 2。

7. Ann Graham, "The Learning Organization: Managing Knowledge for Business Success," Economist Intelligence Unit, New York, 1996.

8. 同上。

9. George Roth and Art Kleiner, *Car Launch: The Human Side of Managing Change* (New York: Oxford University Press), 1999.

10. Art Kleiner, *The Age of Heretics* (New York: Currency), 1996.

11. Peter Senge, et al, *The Dance of Change: The Challenges to Sustaining Momentum in Learning Organizations* (New York: Doubleday/Currency), 1999.

12. William McDonough and Michael Braungart, *Cradle to Cradle: Remaking the Way We Make Things* (New York: North Point Press), 2002. 有关毒性的研究，更加详细的内容参见 www.greenblue.org，以及作者的网站 www.mbdc.com。

13. 聚氯乙烯 PVC 在如鞋类产品中，通常被认为是惰性和无害的，但在某些生产过程和焚化过程中会释放有毒气体。

14. Margaret Wheatley 的网站是 www.margaretwheatley.com。她最近的著作是 Finding Our Way (San Francisco: Berrett-Koehler), 2005。参见 *Leadership and the Nell' Science* (San Francisco: Berrett-Koehler), 1999。

15. J. Clay, "Exploring the Links Between International Business and Poverty Reduction," Oxfam GB, Novib, Unilever, and Unilever Indoncsia joint research project report, 2005. To download a copy of the report, 参见 http://www.oxfam.org.uk.

16. 在研究系统思考、个人愿景、共同愿景以及心智模式如何与实际工作相结合的头 10 年中，我们并没有使用这个词 Charles kiefer and Peter Senge," Metanoic or ganizations, in J. Adams, Transforming Work (Alexandria, Va: Miles River Press), 1984。

第 15 章　领导的新工作

1. 与此相关的论文 "The Leader's New Work." 成为 MIT 的 *Sloan Management Review's* 杂志最佳文章之一。Reprint 3211; Fall 1990, vol. 32, no. 1,7-23。

2. 参见 Peter Senge, "Leading Learning Organizations: The Bold, the Powerful, and the Invisible," in Frances Hesselbein, Marshall Goldsmith, and Richard Beckhard, *The Leader of The Future: New Visions. Strategies, and Practices for the Next Era* (San Francisco, CA: Jossey-Bass, Publishers), 1996 and Peter Senge and Katrin Kaeufer, "Communities of Leaders or No Leadership at All," in Ed. Subir Chuwdhury, *Management in the 21st Century* (London: Financial Times Publishing), 2000。

3. Juanita Brown and David Isaacs, *The World Café* (San Francisco: Berrett-Koehler), 2005.

4. Wanda Orlikowski, "Learning from Notes," *The Information Society*, 9, 1993, 237-250.

5. 这四项原则是：激励她去努力保持健康和活力；尊敬她人生的各个阶段；与她沟通联系；未来导向的生活和工作。

6. Robert Greenleaf, *Servant Leadership: a Journey into the Nature of Legitimate Power and Greatness* (New York: Paulist Press), 1977, 13.

7. 托马斯·约翰逊（H. Thomas Johnson）是世界闻名的会计理论专家，与人共同发明了作业成本法（activity-based costing ABC），并在 2002 年与人合著《不可测量的利润》（*Profit Beyond Measure*），记载了丰田等公司在业绩管理方面的根本重新：传统制造业的中央控制的成本管理系统，被成本业绩和创新的地方责任所取代。

8. Sayra Pinto, Jaason Guevera, Molly Baldwin, "Living the Change You seek: Roca's Core Curriculum for Human Development," 同上。

9. 参见 Robert Greenleaf, op cit, 13. 另参见 Peter Block, Stewardship (San Francisco: Berrett-Koehler), 1996。

10. Eric Hoffer, *The True Believer* (New York: Harper Perennial), 2002.

11. Malone 认为要实现 IT 的潜力，还必须依靠愿意"培育"（cultivating）人的经理。参见 Thomas Malone, *The Future of Work: How the New Order of Business will Shape Your Organization, Your Management Style, and Your Life* (Boston: Harvard Business School Press), 2004, 4。

12. 斯托金作为健康局的地区领导，负责管理 75 家信托公司，每一家公司都有一些医院和社区服务中心，共计大约 180 000 名医务人员和行政管理人员。

13. Kahlil Gibran, *The Prophet* (New York: Knopf), 1923, 15.

14. Martin Luther King, "Letter from a Birmingham Jail." *American Visions*, January/February. 1986, 52-59.

第 16 章　系统的公民

1. 参见 www.usccb.org/cchd/povertyusa/povfacts.shtml。

2. 改编自 George Roth, Art Kleiner, Car Launch (New York: Oxford University Press), 1999。

3. 这张图是基于各种相对简单的系统动力学模型和模拟学习工具，其目的是为非专家的一般人研究气候变化的基本原理以及不断改进对它的理解。参见 John Sterman, Linda Booth Sweeney, "Cloudy Skies: Assessing Public Understanding of Global Warming," *System Dynamics Review*, Wiley and Sons, (18), 207-240, and http://web.mit.edu/jsterman/

www/cloudy_skies.html。

4. 大气中的二氧化碳 CO_2 也由于生物、包括人类的存在而增加——因为他们呼出的是 CO_2。地球的生物总量增加，就会导致 CO_2 总量的增加。

5. John Browne, "Rethinking Corporate Responsibility," *Reflections. the SoL Journal*, vol. I, no. 4, 48-53. Recently Browne has been one of the first corporate advocates for "carbon stabilization," a target that requires dramatic reductions in CO_2 emissions, as shown below.

6. 联合国政府间气候变化专门委员会（IPCC）2001 年报告，"Climate Change 2001: The Scientific Basis. A Summary for Policymakers." 参见：www.ipcc.ch。

7. CO_2 浓度和地表温度数据实际上来自对大气层底部和海洋表层的测量结果。

8. 这个碳固存数据，包括图表，也在联合国的报告中，但并没有和 CO_2 排放数据一起显示。显然，没有人觉得这个数据很重要，必须把它和排放量图表并列。

9. 许多科学家宣称，要稳定大气中的 CO_2 含量，必须减少排放 70% 以上，因为大气中碳浓度已经超出常规很多而使地球的碳固存能力趋于饱和。

10. 一次在欧洲的会议结束时，一位妇女告诉我，她 8 岁的儿子会问她"浴缸有多大？"我把这个问题转告给我的同事史德门，他已经花好几年时间研究人们对气候变化的理解。他建议，从美国航天局对大气层气体含量长期波动的冰核研究中可以找出最好的答案。从那里我发现二氧化碳浓度在 1850 年已经接近大约五万年一次的历史周期的峰值。今天已经高于峰值 30%，那是过去 45 万年的峰值，也就是说我们已经大大高于历史上的"浴缸容量"。

11. 联合利华是世界上最大的日用品公司之一，他们已经把可持续农业、可持续渔业和水资源问题列入战略计划，并在所有这些领域开展内部和外部协作项目。参见 www.unilever.com。

12. 部分原因是这种效率不足的问题，满足燃料电池商业运营的足够量的氢气将主要从化石燃料（主要是天然气）的氢碳化合物中来，这个提取过程也要产生二氧化碳，尽管排放量要比燃烧煤炭或天然气要小很多。要达到其潜力，未来需要效率更高的燃料电池，它只分解水就可以得到氢气，而分解水所用的电能可以从非化石燃料中来（如风能、地热能、太阳能和核能）。在这样的系统中，氢气只不过是能源的"载体"，而不是能源本身，它可以把太阳能储存起来，以便在需要时使用。

13. 萨朗特任 CEO 的 5 年期间，普拉格公司核心产品的单位成本降低了 82%。2005 年对整个行业的研究显示，普拉格动力公司的市场价值份额已从 2000 年的 4% 上升到 2005 年的 24%。根据公开的市场信息数据，公司已从行业排名第五位上升到第一位。

14. 普拉格的主要产品是质子交换膜 PEM 燃料电池。这类产品在目前市场上仅有的三种基本燃料电池产品中销量最大。通过广泛分享自己的方法，普拉格希望传播垃圾零填埋的设计原则，以便使整个产业得到提升。他们实际已经影响了该产业的商会，美国燃料电池委员会（U.S. Fuel Cell Council），后者已经采纳了一系列可持续发展的原则。

15. Roger Saillant, 在鲍登学院（Bowdoin College）进行的演讲 on October 5, 2004。

16. "Mugged: Poverty in Your Coffee Cup," *Oxfam International, September* 2002, 参见 from www.maketradefair.org。

17. 即使对便宜丰富的食品的受益者而言，未来的生产也陷入危险之中。1945 年以来，全球可耕作表层土壤破坏已经达到 1 200 万平方公里，是中国和印度的面积总和，而且仍然以每年 10 万平方公里的速度遭到破坏。为生产食物而进行的灌溉使用了人类索取的淡水资源的 70%，其中只有 30%–60% 被再度利用，因而灌溉成为全球淡水资源的最大用户。参见 Jason Clay, "World Agriculture and the Environment: a commodity-by-commodity guide to impacts and practices," Washington, E.C.: Island Press,

2004; Stanley Wood, Kate Sebastian, and Sara J. Scherr, "Pilot Analysis of Global Ecosystems: Agroecosystems (Washington, E.C.: World Resources Institute), 2000。

18. Chris Pomfret，在 IPA 可持续发展会议上的演讲，May 2002。

19. 最初参与的企业有美国通用磨坊公司（General Mills），世界最大的养鱼企业荷兰泰高国际集团（Nutreco），巴西跨国食品企业之一萨迪亚（Sadia），世界最大食品分销商美国西斯科公司（Sysco），还有其他15家企业。非政府组织有世界自然基金会、美国大自然保护协会（Nature Conservancy）、牛津乐施会等共9家。美国凯洛格基金会是地方可持续农业项目的主要赞助者，不仅提供启动资金，还参与实际项目。参见"The Sustainable Food Laboratory: a multi-stakeholder, multi-continent project to create sustainable food supply chains" at www.glifood.org and www.sustainer.org。

20. 基于对全球农业产品40年的系统研究，这个理论由美国可持续发展研究所开发，深度研究见"Commodity System Challenges: Moving Sustainability into the Mainstream of Natural Resource Economics." Sustainability Institute Report, April, 2003。参见 www.sustainer.org。

21. 有人可能认为，真正的赢家是买到便宜产品的消费者，以及赚了钱的投资者：尽管扩张不可持续，但他们在赚不到钱的情况到来之前就会变卖资产并逃脱掉。然而，所有人都会遭受不可持续的食品供应状况，而且对社会和环境状况的破坏也会同样殃及穷人和富人。

22. 最初的原型项目计划包括"构思"（framing，开发使主流社会的价值观与可持续农业相联系的新方法）；"小渔场"（给开发可持续水产业的小渔场主提供进入市场的方便）；"负责任的产品和投资"（改进对投资者和购买方的筛选，以在国际行业范围推动承担更多的社会和环境责任）；"小农场进入市场"（通过市场结构的创新和对基础设施的投资，让拉丁美洲的家庭农场的生计得到改善）；"地区学校和医院食品供应"（建立地区网络，改善对特定机构的食品供应）；"产业链项目"（增加特定产业链生产过程和资金流动的透明化）；以及一个"商业联盟"（推动更可持续方法的一组企业联合起来促进经济的稳定发展）。

23. Adam Kahane, *Solving Tough Problems* (San Francisco: Berrett-Koehler), 2005.

24. 教育领域的系统思考运动已经吸引了数千教育工作者和数百个学校参加。见：www.solonline.org; www.clex.org; www.watersfoundation.org。

第 17 章　未来的前沿

1. H. Thomas Johnson, *Relevance Lost: The Rise and Fall of Management Accounting* (Boston: Harvard Business School Press), 1991.

2. H. Thomas Johnson and Anders Broms, *Profit Beyond Measure* (New York: Free Press), 2000.

3. 丰田公司的市场价值总额已经接近、有时还超过"三巨头"的总和（通用、福特和戴姆勒－克莱斯勒）。

4. Peter Senge and Goren Carstedt, "Innovating Our Way to the Next Industrial Revolution," *Sloan Management Review*, Winter, 2001. 使用"技术养分"和"生物养分"并循环利用，使之成为流动环路的概念，出自麦唐诺和布朗加的研究。中国工业规划中使用的这类概念的文献汇集见：www.solonline.org。

5. Joyce Fletcher, *Disappearing Acts. Gender, Power, and Relational Practice at Work* (Cambridge, Mass.: MIT Press), 1999.

6. 项目的更多内容，参见 www.solonline.org 有关"Women Leading Sustainability" project，以及 SoL Sustainability Consortium。

7. 有关 SEED 项目的更多内容，参见 www.seed.slb.com. 有关项目背后的教育理念，参见 Seymour Papert, Mindstorm (New York: Basic Books) 1980; also Michael Resnick, "Lifelong Kindergarten" in Ed. David Aspin,

International Handbook of Lifelong Learning (New York: Springer), 2001。

8. 参见 Web site www.urdt.net。

9. 参见 Web site. www.kufunda.org。

10. Peter Senge, C. Otto Scharmer, Joseph Jaworski, Betty Sue Flowers, *Presence: An Exploration of Profound Change in People, Organizations, and Society* (New York: Doubleday/Currency), 2005. 参见 also C. Otto Scharmer, Theory *V* (Cambridge, Mass.: SoL), 2006 (forthcoming)。

11. 一篇基于 Knuth 的经历而写的文章 "Stories from An African Learning Village," *Reflections*, *the SoL Journal*, vol 6. no. 8-10。参见 Web site www.solon-line.org; www.kufunda.org。

第 18 章　不可分割的整体

1. 以下内容经 "Whose Earth," 授权使用，作者为 Russell Schweickart, in *The Next Whole Earth Catalog*, Stewart brand, editor (New York: Point Foundation/Random House), 1980。

2. 最近的成果是一本精美的图书，名为 *The Home Planet*，由 Kevin Kelley 主编，其中包括多幅宇航员与太空飞行员的图片。该书于 1988 年圣诞节首发，是第一本在美国（Reading, Mass.: Addison-Wesley）和苏联同时出版发行的书。

3. 有好几位科学家都提出来这个假设，一本包括理念和数据的很好的入门书是 Jay Lovelock, Gaia: *A New View of Life on Earth* (New York: Oxford University Press), 1979。

附录 2　系统基本模式

1. 系统动力学领域有许多人都对这些基本模式或（他们经常使用的词）"通用结构"的发现和表述做出了贡献；在此我想特别感谢 Jennifer

Kemeny, Michael Goodman, Ernst Diehl, Christian Kampmann, Daniel Kim, Jack Nevison 和 John Sterman。

附录3 U型过程

1. Senge, et al, Presence: *An Exploration of Profound Change in People, Organizations, and Society* (New York: Doubleday/Currency), 2005; Adam Kahane, *Solving Tough Problems* (San Francisco: Berrett-Koehler), 2005; and C. Otto Scharmer, *Theory U* (Cambridge, Mass.: SoL), 2006 (forthcoming).

2006年英文修订版致谢

我们采访了许多有天赋的创建学习型组织的"艺术和实践"大师。很明显，如果没有他们的激励和帮助，没有书中列举的、从他们那里得来的实例和领悟，就绝不会有这次增订版的内容。他们是：

BP公司的维维安·考克斯；福特公司的马弗·亚当斯和杰里米·塞利格曼；惠普公司的安玛莉·阿兰（退休）和格雷格·默顿（Greg Merten，退休）；休利特－伍德米尔学区的莱斯·麻真户二；英特尔公司的艾琳·加洛韦和戴维·马辛（退休）；国际金融公司的多萝西·滨地－贝利；库芳达村的玛丽安娜·克努斯；耐克公司的达茜·魏斯洛，牛津乐施会的芭芭拉·斯托金；美国普拉格动力公司的罗杰·萨朗特；社区组织罗卡的莫莉·鲍德温，奥玛·奥蒂兹，图恩·克劳奇图得，玛丽娜·罗德里格兹（Marina Rodriguez），西罗姆·冯格，阿尼沙·查布拉尼，和苏珊·尤尔里奇；沙特阿拉伯阿美石油公司的萨里姆·阿尔阿伊得；可持续发展研究所的哈尔·哈密尔顿；联合利华公司的安德烈·凡·赫姆斯特拉和布丽奇特·坦塔维－蒙索；以及世界银行的西水美惠子（退休）。

尤其对于在职的经理们来说，被这样一本书引用是个双刃剑。一方面，所有人都有理由为他和他的同事们的成绩而感到自豪。我希望，把他们的话和故事记录在书中，是对他们工作的一种受欢迎的、微小的认可。但是没有一个个人和组织需要被抬到一个显要位置上，被当作成功创新的典范。每当有写作者问我"学习型组织"的例子时，我总是说"没有模范，只有学习者"。每个人都在做艰难的努力，没有人已经"达到"；而且每次向前迈步都会带来向后的倒退，或者至少是出现偏差。所以，我特别感激他们愿意分享自己的故事，只来帮助别人，而非成为所有正确东西的样板。

我还想在此特别感谢我的一些朋友和同事们，是他们的帮助推动了国际组织学习学会（SoL）全球网络的发展。这个"学习型基础设施的创新"被我们当中的很多人当作是支配一切的战略关注点。SoL 作为一个从麻省理工学院组织学习研究中心衍生的自治型网络，它的基本目标在于促进实践者（比如经理人）、咨询师和研究人员之间的合作，进而积累并分享实践经验。所有被采访的人都活跃在这个 SoL 网络中。

另外，我从许多没有被正式采访过的人士的作品中提取了大量灵感。这些人有的在上面提到过，有些还没有；他们包括：约兰·卡斯泰德（之前在沃尔沃和宜家工作）；罗伯特·汉宁（Robert Hanig）；SoL 常务理事谢丽·伊米迪阿多（Sherry Immediato）；卡特琳·科伊弗；奥托·夏莫，麻省理工的万达·奥利考斯基（Wanda Orlikowski）；SoL 可持续发展协作组的乔·劳尔（Joe Laur）和莎拉·施莱（Sara Schley）；BP 公司的约翰·列盖特，丹尼斯·萨多；可持续发展研究所的唐·塞维尔（Don Seville）；里奇·提尔林克（曾在哈雷－戴维森公司工作）；尼克·赞纽克（Nick Zenuick，曾在福特工作）；SoL 中国的张成林（C.Will Zhang），美达·霍斯曼（Mette Husemoen），宋凯（Kai Sung），孟庆俊（Stephen Meng）；当然还有阿里·德赫斯。他们中许多人与我合作超过 20 年并且遍布世界各地。和每个人合作都让我感到很愉快。

最后，如果没有这次项目的执行编辑和总协调人妮娜·克鲁奇维茨（Nina Kruschwitz）的帮助与合作，我这次的修订工作就根本无法启动。

妮娜和我一起工作了超过 15 年,包括《第五项修炼》系列图书,以及最新的《体悟当下》一书。她的风趣幽默和温和的性格,让频繁的截止日期变成了一个持续的反思("这里真正需要说的是什么?")和探索发现的过程("噢,是那个……")。谢谢你!

| 译后记

学习型组织不是"学习型组织"

凡所有相,皆是虚妄。若见诸相非相,即见如来。

——《金刚经》

2009年6月16日,作为国际组织学习学会(SoL)网络中新成立的组织索奥中国(SoL China,北京索奥管理咨询有限公司)的董事会主席,彼得·圣吉在北京与中信出版集团签署了战略合作协议,并与30家媒体的记者见了面。SoL网络在30多个国家都有类似维萨公司的分散式、自制、自组织的成员组织。彼得虽然是1997年从麻省理工学院"组织学习研究中心"(Center for Organizational Learning)派生出来的创始SoL的首任主席,但早已不是现任主席。他已过花甲之年,这次破例亲自担任一个SoL网络成员组织的董事会主席,也代表了他对中国情有独钟。

记者问起《第五项修炼》和彼得2008年出版的《必要的革命》(*The Necessary Revolution*,中文版也已由中信出版社出版)之间有何必然联系,他说这两本书其实是一本。《必要的革命》描述了过去十多年应对全球环境与社会危机以及可持续发展挑战所做的跨界协作的案例,及其应用的系统思考方法和实践原则;而《第五项修炼》中阐述的组织学

| 译后记 |

习各项修炼的修习原则和演练方法，则是这种跨界协作项目团队及其成员组织机构的内部容量能力建设的基本功。两本书的出版虽跨越18年时间，却一脉相承，其关联好比普遍理论原则和当下具体实践。仔细想来，这中间的确有很深的道理。

我在麻省理工学院读博士时曾听一位老教授讲起"斯隆学院一位年轻教授"刚刚出了一本书，异常畅销。可我当时处在本书所说的"碎片化"（fragmentation）的学习压力之中，无暇关注邻近大楼里彼得的火爆。10年后我在挪威理工大学（NTNU）新泰富研究院（SINTEF）时，我太太美达·霍斯曼（Mette Husemoen）在SoL欧洲研讨会上结识了彼得，后来还成了他的博士后。记得我们在挪威和彼得第一次见面，他就说中国传统文化中有关人的修养和修身的方法，在西方几乎是完全陌生的，但对现代组织中的自我超越和系统思考修炼意义重大，大有开发的价值和潜力。

2009年5月，我参加了《新智囊》杂志举办的"智囊沙龙"企业责任论坛，会上国资委的周放生先生提到了"贪婪"的问题。很显然，没有自我超越，这样或那样形式的"贪婪"早晚会使组织和个人的"生意"覆灭；不认识个人或个体（组织乃至国家）行为在（全球）"系统问题"中的角色并承担相应的变革责任，也不会有真正的系统思考和协作解决系统问题的方案。但如何才能使长期被忽视的东方数千年经典人本文化底蕴的种子，在由西方现代外向型文化主导的（中外）组织机构中生根发芽并与时俱进？如何使有关人的成长、发展和修养提升的可能性，在组织管理、教育界乃至社会中形成广泛认同并付诸开发实践呢？尤其对中国的组织机构而言，这是个严峻而深刻的时代挑战。

前几年我和美达负责协调SoL中国项目和"谊来亚"国际创新领导人进修项目（ELIAS）时，就一直带着这个问题。20世纪80年代，我在清华读书和工作时感受到的"苏俄"式的西方专业分工"碎片化"，在今天虽然有很大改善，但似乎并没有根本性的变革，反倒加上了全球

467

市场化的"贪婪"和浮躁。在各种论坛、培训班、研习班上,我被问及最多的是,到底什么是"学习型"组织?却几乎没有人问,到底什么是"修炼"?或者,什么是组织的修炼?

学习型组织,英文为"learning organization",直译是"学习中的组织",或"学习实践中的组织",或"获取(知识和能力)过程中的组织";本书,特别是第一章末"心灵的转变"一节,更是强调其精神取向和行动能力。由于它并没有特别的"型"或"式"的含意,所以译成"学习型"有很大歧义,还特别影响了这套理论和以往案例在中国的学习和实践。只是它早已成为习惯用语,恐怕要一直沿用下去。

中国正在进行前所未有的转型——要成为创新型国家,要推动世界和谐,甚至引领全球可持续发展。因此,中国的组织要成为创新型组织,其实正需要突破各种已有的"型"和"式",并真正培育团队和组织的深层沟通和互动协作,这样才能有强大的"团队",才能改变"三个和尚没水吃",都要当"龙头"或"鸡头"的传统习惯。如《必要的革命》一书中揭示的,可持续发展的挑战不能靠简单地使用过去熟悉的方法,靠解决危机中的问题,靠灭火、消除"危";根本的出路在于创新,在于寻找"机";而且关键在于跨界协作,即超越传统条块划分、部门或集团利益界限的利益相关方组成的社群协作。靠学习西方200年工业化时代的"型""式"不行了;靠精英个人"才能""背景"和领袖"魅力"驱动的家长式领导模式来实现企业发展,像中国过去30年那样,恐怕也不是未来的根本方法了。

未来几十年的变革需要中国的组织开发"集体领导力",或曰"团队创造力"。迎接无型无式的跨越式创新时代,我们要获取新的实践发展能力,必须靠有组织的学习来建设"无束缚"的创新机制,这涉及法律、规章与规范环境,以及工作生活的习俗和氛围,即书中所说的"学习型基础设施"。团队学习和集体文化创新,是组织容量能力建设的切

| 译后记 |

入点。在中国建设这种团队精神和创新机制,要面对的传统习惯,包括沿袭"体制"方面的挑战之深,是人类史上空前的:主要古代文明体系中,华夏是唯一连续传承至今未断的,但至少从宋朝开始,有千年积弱,百年救亡,内忧外患,社会组织细胞活力历尽内外创伤。现在要从注重模仿外部"先进",甚至全盘照抄西方,到自主创新,就变成无型可依,无式可守了。也许我们更要学习的是如何"卸载",如何改变根深蒂固的思维习惯和行为传统。而这样的深度思想解放和深层学习实践,这样的个人和集体修炼与文化变革,若非大愿心,绝无成功可能。

愿心成就精进的勇气。如书中所讲,在坚定的志向目标指导下,在认清现实的基础上建立清晰的愿景,可以让我们保持创造性张力;但无论对个人或组织而言,真实的愿景都是相对于现实的演进而不断变化的。在现实中,华夏延绵数千年人本文化的底蕴,是中华复兴的深层动力;而千年积弱的传统习惯与全球工业化时代物质消费主义的结合,则成为和谐发展的深层阻力。动力和阻力、危机与机遇并存,有如阴阳一体的变革之舞。可持续发展之道正如《易经》所言:穷则变,变则通,通则久。

这次的翻译任务,包括《必要的革命》等共 6 本彼得的书,是索奥中国正式成立以后的一项基础工作,不培育团队协作是无法完成的。对这项"投资"或投入的决策和领导力来自索奥中国的董事会集体:彼得·圣吉、刘晓红、宋军、车建新、陈肖纯、罗杰·伯顿(Roger Burton),具体工作由李晨晔和我负责。彼得和合著者布莱恩·史密斯,双日出版社的代理博达公司的 Annie 陈,中信出版社的王斌社长、潘岳女士都帮助促成了索奥与中信的战略合作。我们还得到太湖大学堂特聘教授魏承思博士和出版界老前辈董秀玉老师的热心指导,在此深表谢意。

这次全新扩充修订版《第五项修炼》的翻译工作有许多人参加,大家以协作学习的方式进行了部分内容的翻译和全部草稿的阅读修改工作,留下了难忘的记忆。朱蓉参加了第17章"发现并运用自然的模式""新型领导者"和第3章"啤酒游戏"等小节的翻译,以及第1~7章、第12~15章、第16章部分、第17章部分和附录1、3等章节草稿的阅读和修改工作;彭天参加了第8章"保持必要的张力"、第10章"愿景为何夭亡"、第13章"一支适应型警队"和第3章"啤酒游戏"等小节的翻译,以及第8章、第9章、第11章、第18章、第16章部分、第17章部分和附录2等章节的草稿阅读和修改工作;孙茜参加了第16章"看清全球气候变化系统"小节、"我们就是系统,要如是生活"中两个小节和"2006年英文修订版致谢"中的部分翻译工作,以及1990年英文版致谢和2009年中文版序言的草稿阅读和修改工作,并帮助完成了作者注的标注工作;冯辛可和王焕参加了第15章"领导作为老师"小节的翻译工作,另外冯辛可还参加了第10章草稿阅读和修改工作;李楠参加了第10章、第12章、附录2和全书图表文字的草稿阅读和修改工作,并帮助整理了全书二级目录;游弋帮助阅读了全书二级目录和"2006年英文修订版致谢",并提出了很好的修改意见;索奥中国行政管理团队的陈红和陈京瑜做了大量组织协调工作,另外,陈红还参与了第3章"啤酒游戏"部分内容的翻译和"修订版序言"、第7章部分草稿的阅读和修改工作,陈京瑜参与了"2006年英文修订版致谢"的部分翻译工作;在半年多的时间里,彼得曾多次耐心解释原文中的一些难点和疑点;罗杰也多次帮助澄清原文含义并参加翻译团队的工作;而书中许多重要概念的翻译,是我与同事加伙伴李晨晔共同商讨完成的,还与李晨晔共同辅导了翻译团队。目前这个翻译团队还在增加新鲜血液,在索奥中国今后的出版翻译工作乃至跨界交流协作中,一定能焕发出更大的生机和活力。

张成林

2009年8月20日于北京